FROM PUSHKIN TO PASTERNAK

Intermediate Russian Literary Reader

PRENTICE-HALL INTERNATIONAL, INC.
London · Tokyo · Sydney · Paris
PRENTICE-HALL OF CANADA, LTD.
PRENTICE-HALL DE MEXICO, S.A.

FROM PUSHKIN TO PASTERNAK

Intermediate Russian Literary Reader

HARRY H. JOSSELSON

Chairman, Department of Slavic and Eastern Languages
Wayne State University

FAN PARKER

Head, Russian Language and Literature Division,
Department of Modern Languages
Brooklyn College of The City University of New York

PRENTICE-HALL, INC.

Englewood Cliffs, N.J.

1963

LIBRARY OF CONGRESS
CATALOG CARD NO. 63–7135

PRINTED IN
THE UNITED STATES OF AMERICA
33153–C

FOREWORD

From Pushkin to Pasternak is a literary reader of Russian prose, poetry and literary criticism, selected with the educational purpose of aiding the American student who has mastered the fundamental structure of the language.

The authors have sought to accomplish the following objectives: *first*, to provide the student with a diversified choice of reading material whose content would be stimulating to the mind of the American student; *second*, to select material of literary merit which would enable the student to strengthen his audio-lingual skills; *third*, to offer the student the opportunity to promote his study of Russian through deepening his knowledge of the structure of the language; and *fourth*, to give the student the opportunity of reading Russian literary works in the original and in their entirety.

The book consists of original works by representative Russian authors of the nineteenth and twentieth centuries. Selection implies that some authors are included, others omitted. The motives are not always literary. They are sometimes pedagogical. Each selection is prefaced by a brief biographical sketch of the author. Stress marks are placed on all words in the text. The words which occur less frequently in literary Russian, are given in a glossary appended to each page of text. In addition, there is a general glossary at the end of the book. Structural difficulties, both morphological and syntactic, are explained in notes which follow each selection. The notes are followed by a section entitled *Language Analysis*, the purpose of which is to strengthen the student's command of Russian. This section contains numerous exercises on vocabulary, morphology and syntax.

The choice of works for this literary reader was governed by the considerations outlined above. These selections are widely representative in style and subject matter of prose, poetry and literary criticism of both Russian and Soviet literatures. To acquaint the student with some of the finest examples of Russian literary writings, the authors included in their entirety works of the foremost Russian authors of the nineteenth century. In the selection of items by Soviet writers, they sought to include stories which would promote familiarity with the new idiom, structure, orthography and stress of contemporary

Russian. Above all, the authors wished to present complete and unabridged versions of the original. With the exception of a few items, such as Pushkin's *Evgenii Onegin*, Tolstoy's *Anna Karenina*, and literary criticism, from which excerpts were taken, every item in this reader is a complete literary piece as it appeared in the original.

These selections are of various levels of learning difficulty for the student. In each of the two periods, Russian and Soviet, the authors have arranged the prose material in order of increasing difficulty, starting with the easier material and progressing to the more difficult selections. Literary criticism and poetry have been placed in chronological order in separate sections, following prose.

To aid the student in the reading of the authentic texts of Russian authors, and to stimulate student participation in class discussions conducted in Russian, elaborate notes and questions for discussion have been appended to the selections. These are based on nearly twenty years of experience in teaching Russian to American undergraduates. They explain vocabulary and structural items, and they supply information concerning Russian literary, historical, social and geographical background.

The linguistic difficulties which the student encounters in the reading of this text should be analyzed and understood in specific and concrete ways. The student must be drilled in coping with these difficulties. That is the reason for the section titled *Language Analysis*. Here the aspects of Russian structure, which must be understood in order to enable the student to read the Russian text, were stressed. To illustrate: if the student meets an irregular case or tense form in the text, he will not be able to find the canonical form in the dictionary without further explanation. If the structure of the Russian sentence differs radically from its English equivalent, the meaning of the former will escape him, unless the contrast between the English and Russian structures is adequately explained. A jumble of translated words does not constitute a sentence. It might be added here that practice in this type of contrastive linguistic analysis is one of the suggestions for language learning currently recommended by leading experts in foreign language teaching in this country.

The glossary at the end of the book contains translations that fit the context in which the Russian words are used in the various selections. It is assumed that the student knows the 695 words contained in Lists I and II of H. Josselson's *The Russian Word Count* (Wayne University Press, 1953). It is suggested that the student should become acquainted with all the words in Lists III–V appearing in the text, as well as those in List VI, i.e. those recommended for active and passive mastery by a committee of experienced college teachers of Russian in the United States. Samplings of the vocabulary of the selections used in this reader, indicate that three quarters of the words in *From Pushkin to Pasternak* belong to lists I and II of the *Russian Word Count*. The remaining four lists account for about 15% of the vocabulary of the text, while about 10% of the words of the selections do not appear on the basic six lists. Thus, 90% of the words appearing in the literary reader are included in the six published lists.

To sum up, the authors believe that the general plan of the book is unique in that it is intended to help the student to learn the Russian language and the teacher to teach it. The student has been provided with a generous amount of concrete and specific help to aid him in learning standard literary Russian. The teacher has a wealth of questions and exercises to choose from in the drilling of students. The variety of literary genres and the varying degree of linguistic difficulty of selections will enable the teacher to be selective and thus render the book useful in all types of schools.

The authors share equally in their responsibility for the text as a whole. They wish to express their appreciation to everyone who aided in the preparation of special parts of the material, including succeeding generations of students who suggested the need—and occasionally the specific form—of many of the instructional features of this textbook. A number of scholars in the United States as well as in Leningrad and Moscow, were kind enough to give their counsel concerning literary, pedagogical and methodological aspects, and the authors wish to express their warm appreciation to all individuals who have shown interest in the project.

H. H. J.

F. P.

TABLE OF CONTENTS

Part I: Prose

Part 1
PROSE

Фёдор Михайлович Достоевский
(1821–1881)

В 1846 году критика восторженно встретила первую повесть Достоевского „Бедные люди" и предсказывала блестящую будущность молодому писателю, но литературная деятельность Достоевского катастрофически оборвалась в 1849-ом году, когда его арестовали и сослали на каторгу за участие в политическом кружке Петрашевского.

В 1859 году Достоевский вернулся из Сибири в Петербург больной, надломленный, полный религиозного мистицизма. Его имя снова появилось в печати („Село Степанчиково", „Дядюшкин сон").

В 1861 г. Достоевский вместе с братом приступил к изданию собственного журнала, „Время", в котором в том же году были напечатаны „Записки из мёртвого дома" и „Униженные и оскорблённые". В 1866 г. вышел в свет его знаменитый роман „Преступление и наказание".

В 1867 г. Достоевский был принуждён, из-за недостатка денег, прекратить издание журналов „Время" и „Эпоха"; не имея возможности заплатить все долги, он уехал за границу, где оставался четыре года. В эти годы Достоевский написал романы „Идиот" и „Бесы", повесть „Вечный муж" и несколько рассказов, в числе которых находится рассказ „Мальчик у Христа на ёлке".

В последние годы своей жизни Достоевский написал ещё два романа: „Подросток" (1875 г.) и своё великое произведение „Братья Карамазовы".

Ф. М. Достоевский умер 28-го января 1881 года.

восторженно, enthusiastically
предсказывать, to predict
блестящий, brilliant
оборваться (P), to stop suddenly
сослать (P), to banish
каторга, hard labor
кружок, circle
М. В. Петрашевский (1821–66), whose real name was Буташевич-Петрашевский, one of the leaders of the revolutionary movement of the period.
надломленный, broken
появиться (P), to appear

дядюшкин, uncle's (adj)
приступить (P), to begin
издание, publication
униженные, humbled
оскорблённые, outraged
преступление, crime
наказание, punishment
принуждён, forced
недостаток, shortage
долг, debt
бес, demon
вечный, eternal
ёлка, fir, spruce
подросток, adolescent (noun)

3

Ф. М. ДОСТОЕ́ВСКИЙ

Ма́льчик у Христа́ на ёлке

Но я романи́ст, и, ка́жется, одну́ „исто́рию" сам сочини́л. Почему́ я пишу́: „ка́жется", ведь я сам зна́ю наве́рно, что сочини́л, но мне всё мере́щится, что э́то где́-то и когда́-то случи́лось, и́менно э́то случи́лось как раз[1] накану́не Рождества́, в како́м-то огро́мном го́роде и в ужа́сный моро́з.

Мере́щится мне, был в подва́ле ма́льчик, но ещё о́чень ма́ленький, лет шести́ и́ли да́же ме́нее. Э́тот ма́льчик просну́лся у́тром в сыро́м и холо́дном подва́ле. Оде́т он был в како́й-то хала́тик и дрожа́л. Дыха́ние его́ вылета́ло бе́лым па́ром,[2] и он, си́дя в углу́ на сундуке́, от ску́ки наро́чно пуска́л э́тот пар изо рта и забавля́лся, смотря́, как он вылета́ет. Но ему́ о́чень хоте́лось ку́шать. Он не́сколько раз с утра́[3] подходи́л к на́рам, где на то́нкой, как блин, подсти́лке и на како́м-то узле́ под голово́й вме́сто поду́шки лежа́ла больна́я мать его́. Как она́ здесь очути́лась? Должно́ быть,[4] прие́хала со свои́м ма́льчиком из чужо́го го́рода и вдруг захвора́ла. Хозя́йку угло́в захвати́ли[5] ещё два дня тому́[6] в поли́цию; жильцы́ разбрели́сь, де́ло пра́здничное,[7] а оста́вшийся оди́н хала́тник[8] уже́ це́лые су́тки лежа́л мертво́ пья́ный, не дожда́вшись и пра́здника. В друго́м углу́ ко́мнаты стона́ла от ревмати́зма кака́я-то восьмидесятиле́тняя стару́шо́нка, жи́вшая когда́-то и где́-то в ня́ньках,[9] а тепе́рь помира́вшая одино́ко, о́хая, брюзжа́ и ворча́ на ма́льчика, так что[10] он уже́ стал боя́ться подходи́ть к её углу́ бли́зко. Напи́ться-то он где́-то доста́л в сеня́х, но ко́рочки нигде́ не нашёл и раз в деся́тый уже́ подходи́л разбуди́ть свою́ ма́му. Жу́тко ста́ло ему́, наконе́ц, в темноте́: давно́ уже́ нача́лся ве́чер, а огня́ не зажига́ли. Ощу́пав лицо́ ма́мы, он

сочини́ть (P), to write, compose
мере́щиться, to seem
накану́не, on the eve of
ужа́сный, awful
моро́з, frost
подва́л, cellar
просну́ться (P), to wake up
сыро́й, damp
хала́тик, smock
дрожа́ть, to shiver
дыха́ние, breathing
вылета́ть, to rush out
ску́ка, boredom
наро́чно, on purpose
пуска́ть, to let, allow
забавля́ться, to amuse oneself
блин, pancake
подсти́лка, bedding

у́зел, knot, bundle
поду́шка, pillow
очути́ться (P), to find oneself
чужо́й, strange
захвора́ть (P), to be taken ill
жиле́ц, tenant
разбрести́сь (P), to disperse
пья́ный, drunk
дожда́ться (P), to wait for
су́тки, 24 hours
стона́ть, to groan
о́хать, to moan, sigh
брюзжа́ть, to grumble
ворча́ть, to mutter
жу́тко, terrifying
зажига́ть, to set fire to, to kindle
ощу́пать (P), to feel

подиви́лся,[12] что она́ совсе́м не дви́гается и ста́ла така́я же холо́дная, как[13] стена́. „Очень уж здесь хо́лодно",—поду́мал он, постоя́л немно́го, бессозна́тельно забы́в свою́ ру́ку на плече́ поко́йницы, пото́м дохну́л на свои́ па́льчики, чтоб отогре́ть их, и вдруг, наша́рив на на́рах свой картузи́шко, потихо́ньку, о́щупью,[14] пошёл из подва́ла. Он ещё бы и ра́ньше пошёл,[15] да[16] всё боя́лся вверху́, на ле́стнице, большо́й соба́ки, кото́рая была́ весь день у сосе́дних двере́й. Но соба́ки уже́ не́ было, и он вдруг вы́шел на у́лицу.

Го́споди,[17] како́й го́род! Никогда́ ещё он не вида́л ничего́ тако́го.[18] Там, отку́дова[19] он прие́хал, по ноча́м тако́й чёрный мрак, оди́н фона́рь на всю у́лицу. Деревя́нные ни́зенькие доми́шки запира́ются ста́внями; на у́лице, чуть сме́ркнется—никого́,[20] все затворя́ются по дома́м, и то́лько завыва́ют це́лые ста́и соба́к, со́тни и ты́сячи их во́ют и ла́ют всю ночь. Но там бы́ло зато́ так тепло́ и ему́ дава́ли ку́шать, а здесь—Го́споди, кабы́[21] поку́шать! И како́й здесь стук и гром, како́й свет и лю́ди, ло́шади и каре́ты, и моро́з, моро́з! Мёрзлый пар вали́т от за́гнанных лошаде́й, из жа́рко ды́шащих морд их; сквозь ры́хлый снег звеня́т об ка́мни подко́вы, и все так толка́ются, и, Го́споди, так хо́чется пое́сть, хоть бы кусо́чек како́й-нибудь, и так бо́льно ста́ло вдруг па́льчикам. Ми́мо прошёл блюсти́тель поря́дка[22] и отверну́лся, чтоб не заме́тить ма́льчика.

Вот и опя́ть у́лица,—ох, кака́я широ́кая! Вот здесь так разда́вят наве́рно; как они́ все крича́т, бегу́т, и е́дут, а све́ту-то,[23] све́ту-то! А э́то что? Ух, како́е большо́е стекло́, а за стекло́м ко́мната, а в ко́мнате де́рево до потолка́; э́то ёлка, а на ёлке ско́лько огне́й, ско́лько золоты́х бума́жек и я́блоков,[24] а круго́м тут же ку́колки, ма́ленькие лоша́дки; а по ко́мнате бе́гают де́ти, наря́дные, чи́стень-кие, смею́тся и игра́ют, и едя́т, и пьют что́-то. Вот э́та де́вочка начала́ с ма́льчиком танцева́ть,[25] кака́я хоро́шенькая де́вочка! Вот и му́зыка, сквозь стекло́ слы́шно. Гляди́т ма́льчик, диви́тся, уж и

бессозна́тельно, unconsciously	вали́ть, to pour
поко́йница, the deceased (fem)	загна́ть (P), to exhaust
отогре́ть (P), to warm	мо́рда, snout
картузи́шко, cap	ры́хлый, loose, crumbly
выть, to howl	звене́ть, to ring, jingle
мрак, darkness, gloom	подко́ва, horseshoe
фона́рь, (street) light	толка́ться, to push, be pushed
запира́ться, to be locked	раздави́ть (P), to crush, squash
ста́вня, shutter	потоло́к, ceiling
сме́ркнуться (P), to get dark	ёлка, fir tree
затворя́ться, to close up	бума́жка, bit of paper
завыва́ть, to howl	ку́колка, dolly
стук, noise	наря́дный, smart, well dressed
гром, thunder	диви́ться, to marvel at
мёрзлый, frozen	

смеётся, а у него боля́т уже па́льчики и на но́жках, а на рука́х ста́ли
совсе́м кра́сные, уж не сгиба́ются и бо́льно пошевели́ть. И вдруг
вспо́мнил ма́льчик про то, что[26] у него́ так боля́т па́льчики, запла́кал
и побежа́л да́льше, и вот опя́ть ви́дит он сквозь друго́е стекло́
ко́мнату, опя́ть там дере́вья, но на стола́х пироги́, вся́кие—
минда́льные, кра́сные, жёлтые, и сидя́т там четы́ре бога́тые ба́рыни,
а кто придёт,[27] они́ тому́ даю́т пироги́, а отворя́ется дверь помину́тно,
вхо́дит к ним с у́лицы мно́го госпо́д. Подкра́лся ма́льчик, отвори́л
вдруг дверь и вошёл. Ух, как на него́ закрича́ли и замаха́ли! Одна́
ба́рыня подошла́ поскоре́е и су́нула ему́ в ру́ку копе́ечку, а сама́
отвори́ла ему́ дверь на у́лицу. Как он испуга́лся! А копе́ечка тут
же вы́катилась и зазвене́ла по ступе́нькам: не мог он согну́ть свои́
кра́сные па́льчики и придержа́ть её. Вы́бежал ма́льчик и пошёл
поскоре́й—поскоре́й,[28] а куда́, сам не зна́ет. Хо́чется ему́ опя́ть
запла́кать, да уж бои́тся, и бежи́т и на ру́чки ду́ет. И тоска́ берёт
его́, потому́ что ста́ло ему́ вдруг так одино́ко и жу́тко, и вдруг,
Го́споди! Да что ж э́то опя́ть тако́е? Стоя́т лю́ди толпо́й[29] и дивя́тся:
на окне́ за стекло́м три ку́клы ма́ленькие, разоде́тые[30] в кра́сные и
зелёные пла́тьица и совсе́м—совсе́м как живы́е! Како́й-то старичо́к
сиди́т и бу́дто игра́ет на большо́й скри́пке, два други́х стоя́т тут же и
игра́ют на ма́леньких скри́почках, и в такт кача́ют голо́вками, и друг
на дру́га смо́трят, и гу́бы у них шевеля́тся, говоря́т, совсе́м говоря́т,—
то́лько вот из-за стекла́ не слы́шно. И поду́мал сперва́ ма́льчик, что
они́ живы́е, а как догада́лся совсе́м, что э́то ку́колки,—вдруг
рассмея́лся. Никогда́ он не вида́л таки́х ку́колок и не зна́л, что
таки́е есть! И пла́кать—то ему́ хо́чется, но так смешно́-смешно́
на ку́колок. Вдруг ему́ почу́дилось, что сза́ди его́ кто́-то схвати́л
за хала́тик; большо́й злой ма́льчик стоя́л подле и вдруг тре́снул
его́ по голове́, сорва́л карту́з, а сам сни́зу по́ддал ему́ но́жкой.[31]
Покати́лся ма́льчик на́земь, тут закрича́ли, обомле́л он, вскочи́л

сгиба́ться, to bow down	ру́чка, hand
пошевели́ть (P), to stir	тоска́, anguish
минда́льный, almond (adj)	ку́кла, doll
отворя́ть, to open	скри́пка, violin
помину́тно, every moment	такт, time (in music)
подкра́сться (P), to steal up to, sneak up to	кача́ть, to rock, swing
замаха́ть (P), to begin to wave	шевели́ться, to stir
су́нуть (P), to thrust, slip	догада́ться (P), to guess
испуга́ться (P), to be frightened	ему́ почу́дилось, it seemed to him
вы́катиться (P), to roll out	схвати́ть (P), to grab
зазвене́ть (P), to ring out	тре́снуть (P), to crack, hit
ступе́нька, step	сорва́ть (P), to tear away
согну́ть (P), to bend	на́земь, to the ground, down
	обомле́ть (P), to be stupefied

и бежа́ть—бежа́ть,[32] и вдруг забежа́л сам не зна́ет куда́, в подворо́тню, на чужо́й двор,—и присе́л за дрова́ми: „Тут не сы́щут, да и темно́".

Присе́л он и скорчился, а сам отдыша́ться не мо́жет от стра́ху и вдруг, совсе́м вдруг, ста́ло так ему́ хорошо́: ру́чки и но́жки вдруг переста́ли боле́ть и ста́ло так тепло́, так тепло́, как на пе́чке, вот он весь вздро́гнул: ах, да ведь он было засну́л![33] Как хорошо́ тут засну́ть: „Посижу́ здесь и пойду́ опя́ть посмотре́ть на ку́колок,—поду́мал ма́льчик и усмехну́лся, вспо́мнив про них,—совсе́м как живы́е!..." И вдруг ему́ послы́шалось, что над ним запе́ла его́ ма́ма пе́сенку. „Ма́ма, я сплю, ах, как тут спать хорошо́!"

—Пойдём ко мне на ёлку, ма́льчик,—прошепта́л над ним вдруг ти́хий го́лос.

Он поду́мал было,[34] что э́то всё его́ ма́ма, но нет, не она́; кто же э́то его́ позва́л, он не ви́дит, но кто́-то нагну́лся над ним и о́бнял его́ в темноте́, а он протяну́л ему́ ру́ку и... и вдруг,—о, како́й свет! О, кака́я ёлка! Да и не ёлка э́то, он и не вида́л ещё таки́х дере́вьев! Где э́то он тепе́рь: всё блести́т, всё сия́ет и круго́м всё ку́колки, —но нет, э́то всё ма́льчики и де́вочки, то́лько таки́е све́тлые, все они́ кру́жатся о́коло него́, лета́ют, все они́ целу́ют его́, беру́т его́, несу́т с собо́ю, да и сам он лети́т, и ви́дит он: смо́трит его́ ма́ма и смеётся на него́ ра́достно.

—Ма́ма! Ма́ма! Ах, как хорошо́ тут, ма́ма!—кричи́т ей ма́льчик, и опя́ть целу́ется с детьми́, и хо́чется ему́ рассказа́ть им поскоре́е про тех ку́колок за стекло́м.—Кто вы, ма́льчики? Кто вы, де́вочки?— спра́шивает он, смея́сь и любя́ их.

—Это „Христо́ва ёлка",—отвеча́ют они́ ему́,—У Христа́ всегда́ в э́тот день ёлка для ма́леньких де́точек, у кото́рых там нет свое́й ёлки....—И узна́л он, что ма́льчики э́ти и де́вочки все бы́ли всё таки́е же, как он, де́ти,[35] но одни́ замёрли ещё в свои́х корзи́нах, в кото́рых их подки́нули на ле́стницы к дверя́м петербу́ргских чино́вников, други́е задо́хлись у чухо́нок, от воспита́тельного до́ма на прокормле́нии, тре́тьи у́мерли у иссо́хшей гру́ди свои́х матере́й, во вре́мя сама́рского[36] го́лода, четвёртые задо́хлись в ваго́нах

подворо́тня, gate-way	**блесте́ть,** to glitter
присе́сть (P), to sit down	**сия́ть,** to shine
ско́рчиться (P), to be in pain	**ра́достно,** joyfully
отдыша́ться, to recover one's breath	**замёрзнуть** (P), to freeze
вздро́гнуть (P), to quiver	**корзи́на,** basket
прошепта́ть (P), to whisper	**подки́нуть** (P), to abandon
нагну́ться (P), to bend	**задохну́ться** (P), to suffocate
обня́ть (P), to embrace	**прокормле́ние,** boarding
протяну́ть (P), to stretch	**иссо́хший,** shrivelled

тре́тьего кла́сса от смра́ду, и всё-то они́ тепе́рь здесь, все они́ тепе́рь как а́нгелы, все у Христа́, и он сам посреди́ их, и простира́ет к ним ру́ки, и благословля́ет их и их гре́шных матере́й . . . . А ма́тери э́тих дете́й все стоя́т тут же, в сторо́нке, и пла́чут; ка́ждая узнаёт своего́ ма́льчика или де́вочку, а они́ подлета́ют к ним и целу́ют их, утира́ют им слёзы свои́ми ру́чками и упра́шивают их не пла́кать, потому́ что им здесь так хорошо́ .

А внизу́ нау́тро дво́рники нашли́ ма́ленький тру́пик забежа́вшего и замёрзшего за дрова́ми ма́льчика;[37] разыска́ли и его́ ма́му . . . . Та умерла́ ещё пре́жде его́; о́ба сви́делись у Го́спода Бо́га в не́бе.

И заче́м же я сочини́л таку́ю исто́рию, так не иду́щую[38] в обыкно-ве́нный разу́мный дневни́к, да ещё писа́теля? А ещё обеща́л рас-ска́зы преиму́щественно о собы́тиях действи́тельных! Но вот в то́м-то и де́ло,[39] мне всё ка́жется и мере́щится, что всё э́то могло́ случи́ться действи́тельно,—то есть то, что происходи́ло в подва́ле и за дрова́ми, а там об ёлке у Христа́—уж и не зна́ю, как вам сказа́ть, могло́ ли оно́ случи́ться, и́ли нет? На то я и романи́ст, чтоб выду́мывать.

Дневни́к писа́теля
за 1876 год, янва́рь

смрад, stink, stench	**сви́деться** (P), to meet
простира́ть, to extend, stretch	**разу́мный,** reasonable, clever
благословля́ть, to bless	**дневни́к,** diary
гре́шный, sinful	**преиму́щественно,** primarily
утира́ть, to wipe, dry	**собы́тие,** event
упра́шивать, to entreat, beg	**происходи́ть,** to happen
тру́пик, little dead body	**дрова́,** firewood
разыска́ть (P), to look for	**выду́мывать,** to invent, make up

I. Notes

1. **как раз,** just, precisely.
2. **бе́лым па́ром,** in the form of white vapor. This is an example of the adverbial use of the instrumental (see Language Analysis).
3. **с утра́,** since morning. Here **с** governs the genitive.
4. **должно́ быть,** probably.
5. **хозя́йку угло́в захвати́ли . . . в поли́цию,** the rooming-house landlady was arrested by the police. Here **у́гол** means part of the room. In Russia sometimes parts of rooms were rented.
6. **два дня тому́,** „наза́д" is missing here.
7. **де́ло пра́здничное,** holiday.
8. **оста́вшийся оди́н хала́тник,** the one remaining peddler. **Хала́тник,** from **хала́т,** long robe worn over clothes by Tartar peddlers in Russia. Here **хала́тник** means 'peddler,' while **хала́т** today means any kind of a robe or long smock.

9. жи́вшая . . . в ня́ньках, who lived as a nursery maid.
10. так что, (conj.) so that.
11. ко́рочки, dim. of ко́рка.
12. подиви́лся, (colloq.) удиви́лся.
13. така́я же холо́дная, как, as cold as.
14. о́щупью, gropingly, see Note 2 above.
15. он ещё бы и ра́ньше пошёл, he would have gone even earlier.
16. да, but.
17. Го́споди, Lord, vocative of Госпо́дь. The vocative case form, used in addressing people, has completely disappeared in modern Russian and survives only in such expressions as Го́споди and Бо́же—'Lord, God.'
18. ничего́ тако́го, anything like it.
19. отку́дова, folk speech for отку́да.
20. никого́, add нет here.
21. кабы́, folk speech for е́сли бы.
22. блюсти́тель поря́дка, policeman, ironic reference to the 'guardian of law and order.'
23. све́ту-то, what light! Све́ту, part. gen. (cf. ча́ю, са́хару).
24. я́блоков, alternate regional gen. pl.
25. танцева́ть, alternate of танцова́ть.
26. про то, что, that.
27. а кто придёт, and whoever comes.
28. поскоре́й-поскоре́й, very fast.
29. стоя́т лю́ди толпо́й, there stands a crowd of people. See Note 2.
30. разоде́тые, all dressed up.
31. по́ддал ему́ но́жкой, tripped him.
32. вскочи́л и бежа́ть, бежа́ть, jumped up and started running. The infinitive is occasionally used, instead of finite verb forms, as the predicate, to express energetic action.
33. он бы́ло засну́л, he almost fell asleep. Бы́ло (unstressed) is used with the past tense, participles or gerunds of verbs to indicate the interruption of either a begun or supposedly begun action. The other past tense verb in the sentence agrees with the subject.
34. он поду́мал бы́ло, he thought at first. See Note 33.
35. таки́е же, как он, де́ти, children like him. See Note 13.
36. сама́рского, from Сама́ра, now called Ку́йбышев.
37. забежа́вшего и замёрзшего за дрова́ми ма́льчика, of the boy who ran in and froze to death behind the firewood. Notice here that in translating, all the participles and the words intervening between them and the noun to which they refer, will be placed in English after the noun.
38. не иду́щую, not belonging.
39. в то́м-то и де́ло, that's just it.

II. Language Analysis

A.

1. Check in the dictionary for the several meanings of the preposition с and the three cases that it governs. Find instances of its use in the story and write sentences illustrating the different usages of с.

я ничего не знаю о том что он сказал

2. Emphasis in Russian is frequently expressed by means of particles: **ведь, да, ещё, же (ж), и, уже́ (уж)** and combinations of the foregoing like **да ещё, да и, да уже́ (уж)**. Find examples of the emphatic particles in the story and render the English counterparts of the sentences in which they occur.

3. Word repetition in Russian is sometimes used to express intensive or energetic actions. Find the following instances in the story and render their flavor in English: **бежа́ть—бежа́ть; поскоре́й—поскоре́й; смешно́—смешно́; совсе́м—совсе́м.**

B.

1. Indefinite pronouns and adverbs in Russian are formed by adding **-то** or **-нибудь** to the interrogatives/relatives **кто, что, како́й, чей, где, когда́, куда́.** When **-то** is added to nouns, verbs and other pronouns, it is used as an emphatic particle.

  (a) Find the following indefinites in the story: **како́й-то хала́тик; в како́м-то огро́мном го́роде; на како́м-то узле́; кака́я-то восьмидесиле́тняя старушо́нка; како́й-то старичо́к; кусо́чек како́й-нибудь; пьют что́-то; кто́-то его́ схвати́л; кто́-то нагну́лся над ним; где́-то; когда́-то.** How would you express these in English? What is the difference between the indefinites **-то** and **-нибудь**?

  (b) Find the following expressions in the story in which **-то** is used as an emphatic: **све́ту-то, все-то, в то́м-то и де́ло, напи́ться-то, пла́кать-то.** What would their English equivalents be?

2. Some Russian verbs are used as impersonals, without any reference to person at all. These occur in 3rd person singular of present and future and neuter singular in the past. Other Russian verbs can be used both personally or impersonally. In the latter instance, all reference to person is in the dative case. Find the following impersonals in the story: **мне всё мере́щится, ему́ о́чень хоте́лось ку́шать, жу́тко ста́ло ему́, сме́ркнется, бо́льно ста́ло вдруг па́льчикам, хо́чется ему́ опя́ть запла́кать, и пла́кать-то ему́ хо́чется, ему́ послы́шалось.** Check with the dictionary to see which of these are impersonals only and which can be used both personally and impersonally. Write sentences illustrating both usages.

3. The following gerunds occur in the story: **си́дя, смотря́, дожда́вшись, о́хая, брюзжа́, ворча́, ощу́пав, забы́в, вспо́мнив, смея́сь, любя́.** Write out the infinitives from which these are formed and indicate their tense. Find the sentences in which they are used in the story and render these into English.

4. Adding a prefix to a Russian verb quite frequently changes the meaning of the latter. The prefix, thus, has a certain meaning. Find in the text the following: **вылета́ло, вы́бежал, вы́катилась; зазвене́ла, закрича́ли, замаха́ли.** Check with the dictionary to compare the meanings of these verbs with the same verbs without the prefixes **вы-** and **за-**. What is the meaning of each of these prefixes?

5. Diminutive suffixes, in addition to serving a purely diminutive function, can be added to Russian nouns to change their meaning to either endearing or pejorative. Different suffixes are used for these purposes. Find where the following diminutives occur in the story and, by checking with the dictionary, find the noun from which they are formed and determine whether they are endearing, pejorative or purely diminutive: **хала́тик, старушо́нка, ня́нька, ко́рочка, карту́зишко, ни́зенькие, доми́шки, кусо́чек, па́льчик, бума́жек, ку́колки, лоша́дки, чи́стенькие, хоро́шенькая, но́жки, копе́ечка, пла́тьица, старичо́к, скри́почках, ру́чки, пе́чка, пе́сенка, де́точек, сторо́нке, тру́шки.**

C.

1. Look up in the dictionary the compound conjunctions **так что** and **то, что.** What happens to **то, что** when preceded by a preposition, a negative or when governed by a verb? Write illustrative sentences.

2. Find in the story the following examples in which the Russian word order differs from English:

   (a) *Subject after predicate:*
       оде́т он был; был в подва́ле ма́льчик; не мог он согну́ть; стоя́т лю́ди.
   (b) *Adjectival and pronominal modifiers after noun:*
       дыха́ние его́, больна́я мать его́, морд их, де́ло пра́здничное.
   (c) *Numeral after noun:*
       лет шести́, раз в деся́тый. What is the function of inversion here?
   (d) *Direct object before verb governing it:*
       хозя́йку угло́в захвати́ли, огня́ не зажига́ли.
   (e) *Adverb between adjective and noun:*
       како́й здесь стук.

III. Questions

1. Когда́ и где случи́лась э́та „исто́рия" с ма́льчиком? *Питербурге*
2. Ско́лько лет бы́ло ма́льчику?
3. Как он жил в подва́ле с больно́й ма́терью?
4. Кто ещё жил в угла́х подва́ла с ним?
5. Ча́сто ли он подходи́л буди́ть свою́ ма́му?
6. Почему́ ма́льчику ста́ло жу́тко в темноте́? *ему было холодно*
7. Почему́ его́ ма́ма совсе́м не дви́галась?
8. Чего́ он боя́лся вверху́ на ле́стнице?
9. Что вспо́мнил ма́льчик?
10. Что уви́дел ма́льчик на у́лице го́рода? *лошадей*
11. Стоя́л ли си́льный моро́з?
12. Почему́ смея́лись и игра́ли наря́дные, чи́стенькие де́ти в тёплой ко́мнате? *им радостно, и весело*
13. Почему́ ма́льчик запла́кал и побежа́л да́льше?
14. Что уви́дел ма́льчик сквозь друго́е стекло́?
15. Почему́ он не мог придержа́ть копе́ечку, кото́рую ба́рыня су́нула ему́ в ру́ки?
16. Каки́х ку́колок уви́дел ма́льчик в окне́?
17. Почему́ забежа́л ма́льчик в подворо́тню, на чужо́й двор?
18. Почему́ его́ ру́чки и но́жки вдруг переста́ли боле́ть?
19. Чей ти́хий го́лос позва́л его́ на ёлку?
20. Почему́ всё блесте́ло и сия́ло, и де́вочки и ма́льчики летя́я, кружи́лись о́коло него́? *он был в небе*
21. Как случи́лось, что ма́ленькие де́точки бы́ли у Христа́ на ёлке?
22. Благословля́ет ли Христо́с де́точек и их гре́шных матере́й?
23. Како́й ма́ленький тру́пик нашли́ дво́рники у́тром? *замёрзшего*
24. Счита́ет ли а́втор свой расска́з пра́вдой или вы́думкой? *замерз, мальчик*

Лев Николаевич Толстой
(1828–1910)

Жизнь и творчество великого русского писателя Льва Николаевича Толстого невозможно уместить в рамки короткой заметки.

Лев Николаевич Толстой родился 28-го августа 1828 г. в родовом имении Ясная Поляна. Там и в Москве прошло детство Толстого. В 1844 г. Толстой поступил в Казанский университет, который бросил, не окончив, в 1847 г. В 1851 г. Толстой зачислился юнкером в Кавказскую армию и там началась его литературная деятельность. Трилогия ,,Детство", ,,Отрочество" и ,,Юность" были написаны в 1852–56 г.г. Личное участие в Севастопольской битве дало Толстому материал для известных рассказов о Севастополе.

В 1856 г. Толстой вышел в отставку и уехал на короткий срок за границу. Затем он вернулся в Ясную Поляну и занялся педагогической деятельностью в основанной им школе.

В 1864 г. Толстой берётся за работу над своим величайшим произведением—,,Война и мир", которое он заканчивает в 1869 г.

Вторым замечательным произведением Толстого, упрочившим за ним славу мирового писателя, был роман ,,Анна Каренина" (1873–1877).

Постепенно в Толстом назревают новые философские взгляды и идеи, которые приводят его к полному разрыву с дворянским классом, и которые ложатся в основу его учения, известного под именем ,,толстовства". Этот идейный перелом заметен в таких произведениях как: ,,Власть тьмы", ,,Крейцерова соната", ,,Смерть

творчество, creative activity	битва, battle
уместить (P), to confine	отставка, retirement
рамка, limit	срок, period (of time)
заметка, notice	основанный, founded
родовой, ancestral	заканчивать, to finish
поляна, glade, clearing	упрочивший, strengthened
поступить (P), to enter	назревать, to mature
зачислиться (P), to enlist	разрыв, break
юнкер, cadet officer	дворянский, noble
деятельность, activity	перелом, turning point
отрочество, adolescence	заметен, noticeable
юность, youth	власть, power
личный, personal	тьма, darkness
участие, participation	

13

Ива́на Ильича́" и др. Поучи́тельную тенде́нцию соде́ржит в себе́ та́кже це́лый ряд ма́леньких расска́зов для наро́да: ,,Бог пра́вду ви́дит, да не ско́ро ска́жет", ,,Два старика́", ,,Све́чка" и други́е.

Сле́дующим кру́пным произведе́нием Толсто́го был рома́н ,,Воскресе́нье"; кро́ме э́того Толсто́й написа́л большо́е коли́чество пове́стей и расска́зов.

Лев Никола́евич Толсто́й у́мер 7-го ноября́ 1910 г. и похоро́нен в своём люби́мом име́нии ,,Ясная Поля́на".

поучи́тельный, didactic
све́чка, candle

воскресе́нье, resurrection
похоро́нен, buried

Анна Каре́нина

Пя́тая часть

XXIX

Одна́ из це́лей пое́здки в Росси́ю для Анны бы́ло свида́ние с сы́ном. С того́ дня, как[1] она́ вы́ехала из Ита́лии, мысль об э́том свида́нии не переставала волнова́ть её. И чем бли́же она́ подъезжа́ла к Петербу́ргу, тем ра́дость и значи́тельность э́того свида́ния представля́лись ей бо́льше и бо́льше. Она́ и не задава́ла себе́ вопро́са о том, как[2] устро́ить э́то свида́ние. Ей каза́лось натура́льно и про́сто ви́деть сы́на, когда́ она́ бу́дет в одно́м с ним го́роде;[3] но по прие́зде в Петербу́рг ей вдруг предста́вилось я́сно её тепе́решнее положе́ние в о́бществе, и она́ поняла́, что устро́ить свида́ние бы́ло тру́дно.

Она́ уже́ два дня жила́ в Петербу́рге. Мысль о сы́не ни на мину́ту[4] не покида́ла её, но она́ ещё не ви́дела сы́на. Пое́хать пря́мо в дом, где мо́жно бы́ло встре́титься с Алексе́ем Алекса́ндровичем, она́ чу́вствовала, что не име́ла пра́ва. Её могли́ не пусти́ть и оскорби́ть. Писа́ть и входи́ть в сноше́ния с му́жем ей бы́ло мучи́тельно и поду́мать: она́ могла́ быть споко́йна, то́лько когда́ не ду́мала о му́же. Увида́ть сы́на на гуля́нье, узна́в, куда́ и когда́ он выхо́дит, ей бы́ло

пое́здка, trip
свида́ние, meeting, rendezvous
волнова́ть, to excite
подъезжа́ть, to approach
Петербу́рг, St. Petersburg, former capital of Russia, now called Leningrad
значи́тельность, significance
задава́ть вопро́с, to ask a question
устро́ить (P), to arrange
прие́зд, arrival

предста́виться (P), to appear
тепе́решний, present (adj)
покида́ть, to leave
Алексе́й Алекса́ндрович, Anna's husband
пусти́ть (P), to allow
оскорби́ть (P), to insult
сноше́ния, dealings
мучи́тельный, painful, tormented
гуля́нье, taking a walk

ма́ло: она́ так гото́вилась к э́тому свида́нию, ей сто́лько ну́жно бы́ло сказа́ть ему́, ей так хоте́лось[5] обнима́ть, целова́ть его́. Ста́рая ня́ня Серёжи могла́ помо́чь ей и научи́ть её. Но ня́ня уже́ не находи́лась[6] в до́ме Алексе́я Алекса́ндровича. В э́тих колеба́ниях и в разы́скиваниях ня́ни прошло́ два дня.

Узна́в о бли́зких отноше́ниях Алексе́я Алекса́ндровича к графи́не Ли́дии Ива́новне, А́нна на тре́тий день реши́лась написа́ть ей сто́ившее ей большо́го труда́ письмо́,[7] в кото́ром она́ умы́шленно говори́ла, что разреше́ние ви́деть сы́на должно́ зави́сеть от великоду́шия му́жа. Она́ зна́ла, что е́сли письмо́ пока́жут му́жу, он, продолжа́я свою́ роль великоду́шия, не отка́жет ей.

Комиссионе́р,[8] носи́вший письмо́, переда́л ей са́мый жесто́кий и неожи́данный ею́ отве́т,[9] что отве́та не бу́дет. Она́ никогда́ не чу́вствовала себя́ столь уни́женною, как в ту мину́ту, когда́, призва́в комиссионе́ра, услы́шала от него́ подро́бный расска́з о том, как он дожида́лся и как пото́м ему́ сказа́ли: ,,отве́та никако́го не бу́дет"[10] А́нна чу́вствовала себя́ уни́женною, оскорблённою, но она́ ви́дела, что с свое́й то́чки зре́ния графи́ня Ли́дия Ива́новна права́. Го́ре её бы́ло тем сильне́е, что[11] оно́ бы́ло одино́ко. Она́ не могла́ и не хоте́ла подели́ться им с Вро́нским. Она́ зна́ла, что для него́, несмотря́ на то, что он был гла́вною причи́ной её несча́стья, вопро́с о свида́нии её с сы́ном пока́жется са́мою нева́жной ве́щью. Она́ зна́ла, что никогда́ он не бу́дет в си́лах[12] поня́ть всей глуби́ны её страда́нья; она́ зна́ла, что за его́ холо́дный тон при упомина́нии об э́том она́ возненави́дит его́. И она́ боя́лась э́того бо́льше всего́ на све́те и потому́[13] скрыва́ла от него́ всё, что каса́лось сы́на.

Просиде́в до́ма це́лый день, она́ приду́мывала сре́дства для

обнима́ть, to hug	столь, so
целова́ть, to kiss	уни́женный, degraded
ня́ня, nursemaid	призва́ть (P), to summon
Серёжа, dimin. of Серге́й, Anna's son	подро́бный, detailed
научи́ть (P), to instruct	дожида́ться, colloq., to wait
колеба́ние, vacillation	то́чка зре́ния, point of view
разы́скивание, search	го́ре, grief
графи́ня, countess	одино́кий, lonely
Ли́дия Ива́новна, countess, friend of Karenin, Anna's husband	подели́ться (P), to share
	Вро́нский, Anna's paramour
умы́шленно, intentionally	глубина́, depth
разреше́ние, permission	страда́нье, suffering
зави́сеть, to depend	упомина́ние, mention
великоду́шие, generosity	возненави́деть (P), to come to hate
роль, rôle	скрыва́ть, to conceal
отказа́ть (P), to refuse	каса́ться, to pertain to, to touch
переда́ть (P), to transmit	приду́мывать, to think up
жесто́кий, cruel	сре́дство, means

свида́ния с сы́ном и останови́лась на реше́нии написа́ть му́жу. Она́ уже́ сочиня́ла э́то письмо́, когда́ ей принесли́ письмо́ Ли́дии Ива́новны. Молча́ние графи́ни смири́ло и покори́ло её, но письмо́, всё то, что[14] она́ прочла́ ме́жду его́ стро́ками, так раздражи́ло её, так ей возмути́тельна показа́лась э́та зло́ба[15] в сравне́нии с её стра́стною зако́нною не́жностью к сы́ну, что она́ возмути́лась про́тив други́х и переста́ла обвиня́ть себя́.

„Э́та хо́лодность—притво́рство чу́вства,—говори́ла она́ себе́.—Им ну́жно то́лько оскорби́ть меня́ и изму́чить ребёнка, а я ста́ну покоря́ться им! Ни за что![16] Она́ ху́же меня́. Я не лгу,[17] по кра́йней ме́ре". И тут же она́ реши́ла, что за́втра же, в са́мый день рожде́нья Серёжи, она́ пое́дет пря́мо в дом му́жа, подку́пит люде́й, бу́дет обма́нывать, но во что бы ни ста́ло[18] уви́дит сы́на и разру́шит э́тот безобра́зный обма́н, кото́рым они́ окружи́ли несча́стного ребёнка.

Она́ пое́хала в игру́шечную ла́вку, накупи́ла игру́шек и обду́мала план де́йствий. Она́ прие́дет ра́но у́тром, в 8 часо́в, когда́ Алексе́й Алекса́ндрович ещё, ве́рно,[19] не встава́л. Она́ бу́дет име́ть в рука́х де́ньги, кото́рые даст швейца́ру и лаке́ю, с тем, чтобы они́ пусти́ли её,[20] и, не поднима́я вуа́ли,[21] ска́жет, что она́ от кре́стного отца́ Серёжи прие́хала поздра́вить и что ей пору́чено поста́вить игру́шки у крова́ти сы́на. Она́ не пригото́вила то́лько тех слов, кото́рые она́ ска́жет сы́ну.

Ско́лько она́ ни[22] ду́мала об э́том, она́ ничего́ не могла́ приду́мать.

На друго́й день, в 8 часо́в у́тра, А́нна вы́шла одна́ из изво́зчичьей каре́ты и позвони́ла у большо́го подъе́зда своего́ бы́вшего до́ма.

реше́ние, decision
сочиня́ть, to compose
смири́ть (P), to subdue
покори́ть (P), to subjugate
строка́, line
раздражи́ть (P), to irritate
сравне́ние, comparison
стра́стный, passionate
зако́нный, lawful
не́жность, tenderness
возмути́ться (P), to become indignant
обвиня́ть, to accuse
притво́рство, pretense
изму́чить (P), to torment
покоря́ться, to submit
ху́же, worse
по кра́йней ме́ре, at least
день рожде́ния, birthday
подкупи́ть (P), to bribe
обма́нывать, to deceive
разру́шить (P), to ruin

безобра́зный, hideous
обма́н, deceit
окружи́ть (P), to surround
игру́шечный, toy (adj)
ла́вка, shop
накупи́ть (P), to buy up
игру́шка, toy
обду́мать (P), to think out
де́йствие, action
швейца́р, doorman, hall porter
лаке́й, footman
кре́стный оте́ц, godfather
поздра́вить (P), to congratulate
ей пору́чено, she is instructed
крова́ть, bed
пригото́вить (P), to prepare
изво́зчичий, hired cabby's (adj)
каре́та, carriage
позвони́ть (P), to ring
подъе́зд, entrance
бы́вший, former

—Поди́ посмотри́, чего́ на́до. Кака́я-то ба́рыня,—сказа́л Капи-
то́ныч, ещё не оде́тый, в пальто́ и кало́шах, вы́глянув в окно́ на да́му,
покры́тую ву́алем, стоя́вшую у са́мой две́ри.

Помо́щник швейца́ра, псзнако́мый Анне молодо́й ма́лый, то́лько
что отвори́л ей дверь, как она́ уже́ вошла́ в неё, и, вы́нув из му́фты
трёхрублёвую бума́жку,[23] поспе́шно су́нула ему́ в ру́ку.

—Серёжа . . . Серге́й Алексе́ич,—проговори́ла она́ и пошла́ вперёд.
Осмотре́в бума́жку, помо́щник швейца́ра останови́л её у друго́й
стекля́нной две́ри.

—Вам кого́ на́до ?[24]—спроси́л он.

Она́ не слы́шала его́ слов и ничего́ не отвеча́ла.

Заме́тив замеша́тельство неизве́стной, сам Капито́ныч вы́шел к
ней, пропусти́л к две́ри и спроси́л, что ей уго́дно.

—От кня́зя Скороду́мова к Серге́ю Алексе́ичу,—проговори́ла она́.

—Они́ не встали ещё,[25]—внима́тельно пригля́дываясь, сказа́л
швейца́р.

Анна ника́к не ожида́ла, чтобы та, соверше́нно не измени́вшаяся,
обстано́вка пере́дней того́ дома́, где она́ жила́ де́вять лет, так си́льно
поде́йствовала на неё. Одно́ за други́м воспомина́ния, ра́достные и
мучи́тельные, подняли́сь в её душе́, и она́ на мгнове́нье забы́ла,
заче́м она́ здесь.

—Подожда́ть изво́лите ?[26]—сказа́л Капито́ныч, снима́я с неё
шу́бку.

Сня́в шу́бку, Капито́ныч загляну́л ей в лицо́, узна́л её и мо́лча
ни́зко поклони́лся ей.

—Пожа́луйте,[27] ва́ше превосходи́тельство,—сказа́л он ей.

Она́ хоте́ла что́-то сказа́ть, но го́лос отказа́лся произнести́ каки́е-
нибудь зву́ки; с винова́тою мольбо́й взгляну́в на старика́, она́

ба́рыня, lady	**что . . . уго́дно,** what can I do (for you) ?
оде́ть, to dress	**внима́тельный,** attentive
пальто́, overcoat	**пригля́дываться,** to look intently
кало́ши for **гало́ши,** galoshes	**ника́к,** at all
вы́глянуть (P), to look out	**измени́ться** (P), to change
да́ма, lady	**обстано́вка,** furnishings
покры́ть (P), to cover	**пере́дняя,** anteroom
помо́щник, assistant	**поде́йствовать** (P), to affect
ма́лый, young fellow, lad	**воспомина́ние,** recollection
отвори́ть (P), to open	**мгнове́нье,** instant
вы́нуть (P), to take out	**шу́бка** dimin. of **шу́ба,** fur coat
му́фта, muff	**загляну́ть** (P), to look in
поспе́шно, hurriedly	**поклони́ться** (P), to bow
су́нуть (P), to thrust	**превосходи́тельство,** excellency
проговори́ть (P), to utter	**произнести́** (P), to utter
осмотре́ть (P), to examine	**звук,** sound
стекля́нный, glass (adj)	**винова́тый,** guilty
замеша́тельство, confusion	**мольба́,** entreaty
пропусти́ть (P), to let through	

бы́стрыми, лёгкими шага́ми пошла́ на ле́стницу. Перегну́вшись весь вперёд и цепля́ясь кало́шами о ступе́ни, Капито́ныч бежа́л за ней, стара́ясь перегна́ть её.

—Учи́тель там, мо́жет,[28] не оде́т. Я доложу́.

Анна продолжа́ла идти́ по знако́мой ле́стнице, не понима́я того́, что говори́л стари́к.

—Сюда́, нале́во, пожа́луйте. Извини́те, что нечи́сто. Они́ тепе́рь в пре́жней дива́нной,[29]—отпы́хиваясь, говори́л швейца́р.—Позво́льте, повремени́те,[30] ва́ше превосходи́тельство, я загляну́,—говори́л он и, обогна́в её, приотвори́л высо́кую дверь и скры́лся за не́ю. Анна останови́лась, ожида́я.—Только проснули́сь —сказа́л швейца́р, опя́ть выходя́ из две́ри.

И в ту мину́ту, как[31] швейца́р говори́л э́то, Анна услыха́ла звук де́тского зева́нья. По одному́ го́лосу[32] э́того зева́нья она́ узна́ла сы́на и как живо́го увида́ла его́ пе́ред собо́ю.

—Пусти́, пусти́, поди́!—заговори́ла она́ и вошла́ в высо́кую дверь. Напра́во от две́ри стоя́ла крова́ть, а на крова́ти сиде́л, подня́вшись, ма́льчик в одно́й расстёгнутой руба́шечке и, перегну́вшись те́льцем, потя́гиваясь, дока́нчивал зево́к. В ту мину́ту, как гу́бы его́ сходи́лись вме́сте, они́ сложи́лись в блаже́нно—со́нную улы́бку, и с э́тою улы́бкой он опя́ть ме́дленно и сла́дко повали́лся наза́д.

—Серёжа,—прошепта́ла она́, неслы́шно подходя́ к нему́.

Во вре́мя разлу́ки с ним и при том прили́ве любви́, кото́рый она́ испы́тывала всё э́то после́днее вре́мя, она́ вообража́ла его́ четырёх-ле́тним ма́льчиком, каки́м она́ бо́льше всего́ люби́ла его́. Тепе́рь он был да́же не таки́м, как она́ оста́вила его́; он ещё да́льше стал от четырёхле́тнего, ещё вы́рос и похуде́л. Что э́то! Как ху́до его́ лицо́, как коро́тки его́ во́лосы! Как дли́нны ру́ки! Как измени́лся он с

л́естница, stairs
перегну́ться (P), to bend over
цепля́ться, to catch on
ступе́нь, step (of a staircase)
перегна́ть (P), to overtake
доложи́ть (P), to announce
нале́во, to the left
извини́ть (P), to excuse
отпы́хиваться, to pant
обогна́ть (P), to pass
приотвори́ть (P), to open slightly
скры́ться (P), to disappear
просну́ться (P), to wake up
услыха́ть (P), to hear
зева́нье, yawning
расстёгнутый, unbuttoned
руба́шечка dimin., shirt
те́льце dimin. of те́ло

потя́гиваться, to stretch
дока́нчивать, to finish
зево́к, yawn
сходи́ться, to come together
блаже́нный, blissful
со́нный, sleepy
сла́дкий, sweet
повали́ться (P), to throw oneself
прошепта́ть (P), to whisper
неслы́шный, inaudible
разлу́ка, separation
прили́в, surge
испы́тывать, to experience
вообража́ть, to imagine
четырёхле́тний, four-year-old (adj)
вы́расти (P), to grow up
похуде́ть (P), to become thin
худо́й, thin

тех пор, как она́ оста́вила его́! Но э́то был он, с его́ фо́рмой головы́, его́ губа́ми, его́ мя́гкою ше́йкой и широ́кими пле́чиками.

—Серёжа!—повтори́ла она́ над са́мым у́хом ребёнка.

Он подня́лся опя́ть на ло́коть, поводи́л спу́танною голово́й на о́бе сто́роны, как бы оты́скивая что́-то, и откры́л глаза́. Ти́хо и вопроси́тельно он погляде́л не́сколько секу́нд на неподви́жно стоя́вшую пе́ред ним мать,[33] пото́м вдруг блаже́нно улыбну́лся и, опя́ть закры́в слипа́ющиеся глаза́, повали́лся, но не наза́д, а к ней, к её рука́м.

—Серёжа! Ма́льчик мой ми́лый!—проговори́ла она́, задыха́ясь и обнима́я рука́ми его́ пу́хлое те́ло.

—Ма́ма!—проговори́л он, дви́гаясь под её рука́ми, чтобы ра́зными места́ми те́ла каса́ться её рук.

Со́нно улыба́ясь, всё с закры́тыми глаза́ми, он перехвати́лся пу́хлыми ручо́нками от спи́нки крова́ти за её пле́чи, привали́лся к ней, обдава́я её тем ми́лым со́нным за́пахом и теплото́й, кото́рые быва́ют то́лько у дете́й, и стал тере́ться лицо́м об её ше́ю и пле́чи.

—Я знал,—открыва́я глаза́, сказа́л он.—Ны́нче[34] моё рожде́нье. Я знал, что ты придёшь. Я вста́ну сейча́с.

И, говоря́ э́то, он засыпа́л.

А́нна жа́дно огля́дывала его́; она́ ви́дела, как он вы́рос[35] и перемени́лся в её отсу́тствие. Она́ узнава́ла и не узнава́ла его́ го́лые, таки́е больши́е тепе́рь но́ги, вы́проставшиеся[36] из одея́ла, узнава́ла э́ти похуде́лые щёки, э́ти обре́занные, коро́ткие завитки́[37] воло́с на заты́лке, в кото́рый она́ так ча́сто целова́ла его́. Она́ ощу́пывала всё э́то и не могла́ ничего́ говори́ть; слёзы души́ли её.

—О чём же ты пла́чешь, ма́ма?—сказа́л он, соверше́нно просну́вшись.—Ма́ма, о чём ты пла́чешь?—прокрича́л он плакси́вым го́лосом.

фо́рма, shape
ше́йка dimin. of ше́я, neck
пле́чико dimin. of плечо́
ло́коть, elbow
поводи́ть, to move
спу́танный, matted
оты́скивать, to search
вопроси́тельный, inquiring
слипа́ться, to stick together
задыха́ться, to pant
пу́хлый, plump, pudgy
перехвати́ться (P), to lash out
ручо́нка dimin. of рука́
спи́нка dimin. of спина́
привали́ться (P), to lean upon
обдава́ть, to waft

теплота́, warmth
тере́ться, to rub oneself
ны́нче, now
засыпа́ть, to fall asleep
жа́дный, greedy
огля́дываться, to look over
перемени́ться (P), to change
го́лый, bare
отсу́тствие, absence
похуде́лый, thinned
обре́зать (P), to cut off, bob
заты́лок, back of the head
ощу́пывать, to feel
души́ть, to choke
плакси́вый, tearful

—Я не бу́ду пла́кать . . . . Я пла́чу от ра́дости. Я так давно́ не ви́дела тебя́. Я не бу́ду, не бу́ду,—сказа́ла она́, глота́я слёзы и отвора́чиваясь.—Ну, тебе́ одева́ться тепе́рь пора́,—опра́вившись, приба́вила она́, помолча́в, и, не выпуска́я его́ руки́, се́ла у его́ крова́ти на стул, на кото́ром бы́ло пригото́влено пла́тье.

—Как ты одева́ешься без меня́ ? Как . . .—хоте́ла она́ нача́ть говори́ть про́сто и ве́село, но не могла́ и опя́ть отверну́лась.

—Я не мо́юсь холо́дной водо́й, па́па не веле́л. А Васи́лия Лукича́ ты не вида́ла ? Он придёт. А ты се́ла на моё пла́тье !

И Серёжа расхохота́лся. Она́ посмотре́ла на него́ и улыбну́лась.

—Ма́ма, ду́шечка, голу́бушка !³⁸—закрича́л он, броса́ясь опя́ть к ней и обнима́я её. Как бу́дто он тепе́рь то́лько, увида́в её улы́бку, я́сно по́нял, что случи́лось.—Это не на́до,—говори́л он, снима́я с неё шля́пу. И, как бу́дто вновь увида́в её без шля́пы, он опя́ть бро́сился целова́ть её.

—Но что́ же ты ду́мал обо мне́ ? Ты не ду́мал, что я умерла́ ?

—Никогда́ не ве́рил.

—Не ве́рил, друг мой ?

—Я знал, я знал !—повторя́л он свою́ люби́мую фра́зу и, схвати́в её ру́ку, кото́рая ласка́ла его́ во́лосы, стал прижима́ть её ладо́нью к своему́ рту и целова́ть её.

глота́ть, to swallow	**веле́ть,** to order
отвора́чиваться, to turn away	**Васи́лий Луки́ч,** name of butler
одева́ться, to dress	**расхохота́ться (Р),** to burst out
опра́виться (Р), to recover	laughing
приба́вить (Р), to add	**шля́па,** hat
выпуска́ть, to let go	**вновь,** again, anew
пла́тье, clothing, dress	**схвати́ть (Р),** to seize
отверну́ться (Р), to turn away	**ласка́ть,** to caress
мы́ться, to wash oneself	**прижима́ть,** to press

I. Notes

1. **с того́ дня, как,** since. Literally, 'from that day, as.'
2. **о том, как,** how. In compound conjunctions, consisting of **как, что** and other one-word conjunctions preceded by **то,** the latter is inflected. The case of **то** is determined by the prepositions, verbs, nouns and adjectives governing it.
3. **в одно́м с ним го́роде,** in the same town with him. Notice word order, literally, 'in the same with him town,' the phrase **в одно́м с ним** modifying **го́роде.**
4. **ни на мину́ту,** not for a minute.
5. **ей так хоте́лось,** she wanted so (much).
6. **уже́ не находи́лась,** she was no longer.
7. **сто́ившее ей большо́го труда́ письмо́,** a letter, which cost her a great deal of trouble. Observe word order. With some participles, intervening material is placed in Russian between the participle and the noun with which it agrees.

8. **комиссионе́р,** agent, intermediary.
9. **неожи́данный е́ю отве́т,** answer unexpected by her. See Note 3.
10. **отве́та никако́го не бу́дет,** there will be no answer.
11. **тем сильне́е, что,** all the stronger in that.
12. **он не бу́дет в си́лах,** he will be powerless.
13. **и потому́,** and that is why.
14. **всё то, что,** everything that. See Note 2.
15. **так ей возмути́тельна показа́лась э́та зло́ба,** this spite seemed so outrageous to her.
16. **ни́ за что,** not for anything in the world!
17· **я не лгу,** I am not lying.
18. **во что бы ни ста́ло,** whatever happens; at any cost.
19. **ве́рно,** here used as a parenthetical expression—'most likely.'
20. **с тем, что́бы они́ пусти́ли её,** so that they would let her.
21. **вуа́ляи,** veil, from **вуа́ль** (f) (cf. Fr. voile).
22. **ско́лько она́ ни,** no matter how much.
23. **трёхрублёвую бума́жку,** a three-ruble bill, note.
24. **Вам кого́ на́до ?** Whom do you wish to see?
25. **Они́ не вста́ли еще́,** he did not get up yet. Notice here and below that **они́** is used instead of **он** by servants referring to their superiors. This was the usage in pre-Revolutionary Russia.
26. **Подожда́ть изво́лите ?** Will you wait?
27. **пожа́луйте,** please. **Изво́лите, пожа́луйте,** formulas of politeness, imperatives of **изво́лить** and **пожа́ловать,** respectively. The first was used in pre-Revolutionary Russia by people of lower social classes in addressing those of upper classes. The second is a formula of polite invitation.
28. **мо́жет,** instead of **мо́жет быть,** 'perhaps.'
29. **дива́нной,** (archaic) sitting room, so called because the room contained divans for resting.
30. **повремени́те,** wait a while.
31. **и в ту мину́ту, как,** and at the instant when.
32. **по одному́ го́лосу,** by the very sound.
33. **неподви́жно стоя́вшую пе́ред ним мать,** mother standing motionless before him. See Note 7.
34. **ны́нче** (colloq.), now (cf. Eng. 'nonce').
35. **вы́рос,** grew, past tense of **вы́расти**—to grow up.
36. **вы́проставшиеся,** which had gotten free, nom. pl. of past active part., **вы́проставшийся, -аяся, ееся** from **вы́простаться,** here 'to get free.'
37. **завитки́,** curls, nom. pl. of **завито́к,** 'curl.'
38. **ду́шечка, голу́бушка,** darling, sweetheart, terms of endearment. **Ду́шечка,** diminutive of **душа́,** 'soul,' is used in addressing men and women, while **голу́бушка** from **го́лубь,** 'pigeon,' is used in addressing women. The term of endearment for men is **голу́бчик.**

II. Language Analysis

A.

1. Look up in the dictionary the meanings of the following: **труд, зло́ба, звук; са́мый, после́дний; оста́вить.** Use these in sentences.

2. Find synonyms of the following: значи́тельность, несча́стье, ла́вка, фра́за; ра́достный, бы́стрый; сочиня́ть, лгать, повремени́ть; мучи́тельно, соверше́нно, ны́нче.

3. Find antonyms of the following: прие́зд, го́ре, отве́т; бли́зкий, бы́вший; пое́хать, отказа́ть; тру́дно.

B.

1.

    (a) What are the long forms of the following: одино́ко, возмути́тельна, оде́т, ху́до, коро́тки, дли́нны ?

    (b) What are the positive degree forms of the following: бли́же, бо́льше, ху́же ?

2.

    (a) What are the infinitives of the following past tense forms: прошло́, прочла́, вы́шла, вошла́, вы́рос; представля́лись, реши́лась, дожида́лся, каса́лось ?

    (b) Identify the following verb forms and find their infinitives: поди́, посмотри́, пусти́; извини́те, позво́льте.

3.

    (a) Find the following gerunds in the text and indicate their tense, infinitive and aspect: продолжа́я, призва́в, просиде́в, поднима́я, вы́глянув, вы́нув, осмотре́в, заме́тив, пригля́дываясь, снима́я, сняв, перегну́вшись, понима́я, обогна́в, ожида́я, подня́вшись.

    (b) Find the following participles in the text and indicate their tense, infinitive, voice and aspect, as well as the nouns which they modify: сто́ившее, носи́вший, измени́вшаяся.

4.

    (a) What other words are the following adjectives derived from: тепе́решний, дива́нный, игру́шечный, плакси́вый, стекля́нный ?

    (b) What nouns are the following diminutives derived from: (a) руба́шечка, те́льце, ше́йка, пле́чики, ручо́нка; (b) шу́бка; (c) спи́нка; бума́жка ? To whom are those in group (a) applied in the text? What is the relationship in size of шу́бка to the noun from which it is derived? What are the special meanings of the diminutives in group (c) as compared with the meanings of the nouns from which they are derived?

C.

1.

    (a) What cases do the following verbs govern in the text: боя́ться; представля́ться, задава́ть, отказа́ть, показа́ться, покоря́ться, су́нуть; волнова́ть, устро́ить, покида́ть, оскорби́ть, смири́ть, покори́ть, раздражи́ть, обнима́ть, целова́ть, научи́ть, приду́мывать, обвиня́ть, изму́чить, подкупи́ть, разру́шить, накупи́ть, поста́вить, приду́мать ?

    (b) What two cases do the following verbs govern in the text: показа́ть, переда́ть, чу́вствовать, принести́, окружи́ть, дать ?

    (c) What cases do незнако́мый and неожи́данный govern in the text?

2. Find in the text these verbs followed by the prepositions and the nouns which the latter govern: подъезжа́ть к + dat.; пое́хать в + acc.; встре́титься с + instr.; входи́ть в + acc.; ду́мать о + prep.; гото́виться к + dat.; находи́ться в + prep.; зави́сеть от + gen.; услы́шать от + gen.; скрыва́ть от + gen.; останови́ться на + prep.; возмути́ться про́тив + gen.; войти́ в + acc.; снима́ть с + gen.

3. Find in the text:

    (a) instances of modifiers following the nouns which they modify; e.g., го́ре её, друг мой, отве́та никако́го не бу́дет;

(b) instances of personal pronouns intervening between the adjective and the noun which it modifies; e.g., **в одно́м с ним го́роде; неожи́данный е́ю отве́т;**

(c) instances of omission of personal subject pronoun; e.g., [a] **её могли́ не пусти́ть;** [b] **и потому́ скрыва́ла от него́.** What is the difference between the usage of type [a] and type [b]?

(d) instances of subject following the verb; e.g., **говори́ла она́ себе́.**

4. Find in the text all compound conjunctions containing **то.** Indicate the case of **то** and the reason for its being in the case it is. (See Note 2.)

5. Notice the following Russian expressions: **по кра́йней ме́ре; ни за что; во что бы (то) ни ста́ло; ве́рно;** all expressions containing **ни.** Use them in sentences.

III. Questions

1. Кака́я мысль волнова́ла Анну во вре́мя её пое́здки из Ита́лии в Росси́ю?
2. Почему́ ей бы́ло так тру́дно устро́ить свида́ние с сы́ном?
3. Где она́ могла́ увида́ть сы́на?
4. О чём проси́ла Анна в своём письме́ к графи́не, сто́ившее ей большо́го труда́?
5. Почему́ чу́вствовала себя́ Анна уни́женною и оскорблённою?
6. Подели́лась ли она́ своим го́рем с Вро́нским?
7. Каки́е сре́дства для свида́ния с сы́ном приду́мывала она́?
8. Реши́ла ли она́ пое́хать пря́мо в дом му́жа в день рожде́нья Серёжи?
9. Како́й план де́йствий обду́мала Анна?
10. Была́ ли Анна сра́зу впу́щена в дом Каре́нина?
11. Кто узна́л её?
12. Как измени́лся Серёжа с тех пор, как Анна оста́вила его́?
13. Что сде́лал Серёжа увидев свою́ мать?
14. О чём пла́кала Анна Каре́нина?
15. Что я́сно по́нял Серёжа снима́я с неё шля́пу?

XXX

Васи́лий Луки́ч ме́жду тем, не понима́вший снача́ла, кто была́ э́та да́ма, и узна́в из разгово́ра, что э́то была́ та са́мая мать, кото́рая бро́сила му́жа и кото́рую он не знал, так как поступи́л в дом уже́ по́сле неё, был в сомне́нии, войти́ ли ему́, и́ли нет, и́ли сообщи́ть Алексе́ю Алекса́ндровичу. Сообрази́в наконе́ц то, что его́ обя́занность состои́т в том, что́бы поднима́ть[1] Серёжу в определённый час и что поэ́тому ему́ не́чего разбира́ть, кто там сиди́т, мать и́ли друго́й

ме́жду тем, in the meanwhile
поступи́ть (P), to enter
сомне́ние, doubt
сообщи́ть (P), to inform
сообрази́ть (P), to understand

обя́занность, duty
состоя́ть, to consist
определённый, definite
разбира́ть, to figure out

кто,[2] а ну́жно исполня́ть свою́ обя́занность, он оде́лся, подошёл к две́ри и отвори́л её.

Но ла́ски ма́тери и сы́на, зву́ки их голосо́в и то, что они́ говори́ли,— всё э́то заста́вило его́ измени́ть наме́рение. Он покача́л голово́й и, вздохну́в, затвори́л дверь. „Подожду́ ещё де́сять мину́т“,—сказа́л он себе́, отка́шливаясь и утира́я слёзы.

Ме́жду прислу́гой до́ма[3] в э́то же вре́мя происходи́ло си́льное волне́ние. Все узна́ли, что прие́хала ба́рыня, и что Капито́ныч пусти́л её, и что она́ тепе́рь в де́тской, а ме́жду тем ба́рин всегда́ в девя́том часу́ сам захо́дит в де́тскую, и все понима́ли, что встре́ча супру́гов невозмо́жна и что на́до помеша́ть ей.[4] Корне́й, камерди́нер,[5] сойдя́ в швейца́рскую, спра́шивал, кто и как пропусти́л её, и, узна́в, что Капито́ныч при́нял и проводи́л её, выгова́ривал старику́. Швейца́р упо́рно молча́л, но когда́ Корне́й сказа́л ему́, что за э́то его́ согна́ть сле́дует,[6] Капито́ныч подскочи́л к нему́ и, замаха́в рука́ми пред лицо́м Корне́я, заговори́л:

—Да, вот ты бы не впусти́л![7] Де́сять лет служи́л да кро́ме ми́лости ничего́ не вида́л, да ты бы пошёл тепе́рь да и сказа́л: пожа́луйте, мол,[8] вон! Ты поли́тику-то[9] то́нко понима́ешь! Та́к-то![10] Ты бы про себя́ по́мнил, как ба́рина обира́ть, да ено́товые шу́бы таска́ть!

—Солда́т!—презри́тельно сказа́л Корне́й и поверну́лся ко входи́в-шей ня́не.—Вот суди́те, Ма́рья Ефи́мовна: впусти́л, никому́ не сказа́л,—обрати́лся к ней Корне́й.—Алексе́й Алекса́ндрович сейча́с вы́йдут, пойду́т в де́тскую.

—Дела́, дела́![11]—говори́ла ня́ня.—Вы бы, Корне́й Васи́льевич, ка́к-нибудь задержа́ли его́, ба́рина-то, а я побегу́, ка́к-нибудь её уведу́. Дела́, дела́!

исполня́ть, to carry out
ла́ска, caress
наме́рение, intention
вздохну́ть (P), to sigh
затвори́ть (P), to close
подожда́ть (P), to wait
отка́шливаться, to clear one's throat
утира́ть, to wipe
волне́ние, excitement
де́тская, nursery
заходи́ть, to drop in
встре́ча, meeting
супру́ги, man and wife
сойти́ (P), to descend
швейца́рская, porter's lodge
проводи́ть (P), to accompany
выгова́ривать, to rebuke
упо́рный, stubborn
подскочи́ть (P), to jump up

пред for пе́ред
ми́лость, kindness
пожа́луйте, please
вон, out
то́нкий, fine
обира́ть, to rob, fleece
ено́товый, raccoon
таска́ть, (colloq.) to swipe
солда́т, soldier
презри́тельно, contemptuously
поверну́ться (P), to turn
суди́ть, to judge
впусти́ть (P), to let in
обрати́ться (P), to turn
задержа́ть (P), to detain
ба́рин, master, gentleman
побежа́ть (P), to run off
увести́ (P), to lead away

Когда́ ня́ня вошла́ в де́тскую, Серёжа расска́зывал ма́тери о том, как они́ упа́ли вме́сте с На́денькой, покати́вшись с горы́, и три ра́за перекувырну́лись. Она́ слу́шала зву́ки его́ го́лоса, ви́дела его́ лицо́ и игру́ выраже́ния, ощуща́ла его́ ру́ку, но не понима́ла того́, что он говори́л. На́до бы́ло уходи́ть, на́до бы́ло оста́вить его́,—то́лько одно́ э́то[12] и ду́мала и чу́вствовала она́. Она́ слы́шала и шаги́ Васи́лия Лукича́, подходи́вшего к две́ри и ка́шлявшего, слы́шала и шаги́ подходи́вшей ня́ни; но сиде́ла, как окамене́лая, не в си́лах ни нача́ть говори́ть, ни встать.

—Ба́рыня, голу́бушка!—заговори́ла ня́ня, подходя́ к Анне и целу́я её ру́ки и пле́чи.—Вот Бог привёл ра́дость на́шему новорождённому. Ничего́-то вы не перемени́лись.[13]

—Ах, ня́ня, ми́лая, я не зна́ла, что вы в до́ме,—на мину́ту очну́вшись, сказа́ла Анна.

—Я не живу́, я с до́черью живу́, я поздра́вить пришла́, Анна Арка́дьевна, голу́бушка!

Ня́ня вдруг запла́кала и опя́ть ста́ла целова́ть её ру́ку.

Серёжа, сия́[14] глаза́ми и улы́бкой и держа́сь одно́ю руко́й за мать, друго́ю за ня́ню, топота́л по ковру́ жи́рными го́лыми но́жками. Не́жность люби́мой ня́ни к ма́тери приводи́ла его́ в восхище́ние.

—Ма́ма! Она́ ча́сто хо́дит ко мне, и когда́ придёт . . .—на́чал бы́ло он,[15] но останови́лся, заме́тив, что ня́ня шёпотом что́-то сказа́ла ма́тери и что на лице́ ма́тери вы́разились испу́г и что́-то похо́жее на стыд, что так не шло к ма́тери.

Она́ подошла́ к нему́.

—Ми́лый мой!—сказа́ла она́.

Она́ не могла́ сказа́ть *проща́й*, но выраже́ние её лица́ сказа́ло э́то, и он по́нял.—Ми́лый, ми́лый Ку́тик!—проговори́ла она́ и́мя, кото́рым зва́ла его́ ма́леньким,—ты не забу́дешь меня́? Ты . . .—но бо́льше она́ не могла́ говори́ть.

Ско́лько пото́м она́ приду́мывала слов,[16] кото́рые она́ могла́ сказа́ть ему́! А тепе́рь она́ ничего́ не уме́ла и не могла́ сказа́ть. Но Серёжа по́нял всё, что она́ хоте́ла сказа́ть ему́. Он по́нял, что она́

На́денька dimin. of Наде́жда, Hope
покати́ться (P), to slide off
перекувырну́ться (P), to roll over
ощуща́ть, to feel
ка́шлять, to cough
окамене́лый, petrified
новорождённый, one whose name-day it is, newborn child
очну́ться (P), to come to
топота́ть, to stomp

ковёр, carpet
жи́рный, fat
приводи́ть, to bring
восхище́ние, delight
шёпот, whisper
вы́разиться (P), to be expressed
испу́г, fright
стыд, shame
проща́й, farewell

была́ несчастли́ва и люби́ла его́. Он по́нял да́же то, что шёпотом говори́ла ня́ня. Он слы́шал слова́: „Всегда́ в девя́том часу́", и он по́нял, что э́то говори́лось про отца́ и что ма́тери с отцо́м нельзя́ встреча́ться. Э́то он понима́л, но одного́ он не мог поня́ть: почему́ на её лице́ показа́лись испу́г и стыд?... Она́ не винова́та, а бои́тся его́ и стыди́тся чего́-то. Он хоте́л сде́лать вопро́с,[17] кото́рый разъясни́л бы ему́ э́то сомне́ние, но не смел э́того сде́лать: он ви́дел, что она́ страда́ет, и ему́ бы́ло жаль её. Он мо́лча прижа́лся к ней и шёпотом сказа́л:

—Ещё не уходи́. Он не ско́ро придёт.

Мать отстрани́ла его́ от себя́, что́бы поня́ть, то ли он ду́мает, что говори́т,[18] и в испу́ганном выраже́нии его́ лица́ она́ прочла́, что он не то́лько говори́л об отце́, но как бы спра́шивал её, как ему́ на́до об отце́ ду́мать.

—Серёжа, друг мой,—сказа́ла она́,—люби́ его́, он лу́чше и добре́е меня́, и я пред[19] ним винова́та. Когда́ ты вы́растешь, ты рассу́дишь.

—Лу́чше тебя́ нет![20] . . .—с отча́янием закрича́л он сквозь слёзы и, схвати́в её за пле́чи, изо всех сил стал прижима́ть её к себе́ дрожа́щими от напряже́ния рука́ми.

—Ду́шечка, ма́ленький мой!—проговори́ла Анна и запла́кала так же сла́бо, по-де́тски,[21] как пла́кал он.

В э́то вре́мя дверь отвори́лась, вошёл Васи́лий Луки́ч. У друго́й две́ри послы́шались шаги́, и ня́ня испу́ганным шёпотом сказа́ла:— Идёт,—и подала́ шля́пу Анне.

Серёжа опусти́лся в посте́ль и зарыда́л, закры́в лицо́ рука́ми. Анна отняла́ э́ти ру́ки, ещё раз поцелова́ла его́ мо́крое лицо́ и бы́стрыми шага́ми вы́шла в дверь. Алексе́й Алекса́ндрович шёл ей навстре́чу.[22] Увида́в её, он останови́лся и наклони́л го́лову.

Несмотря́ на то, что она́ то́лько что говори́ла, что он лу́чше и добре́е её, при бы́стром взгля́де, кото́рый она́ бро́сила на него́, охвати́в всю его́ фигу́ру со все́ми подро́бностями, чу́вства отвраще́ния и зло́бы к нему́ и за́висти за сы́на охвати́ли её. Она́ бы́стрым

стыди́ться, to be ashamed (of)	**опусти́ться** (P), to drop oneself
разлясни́ть, to clarify	**посте́ль,** bed
жаль, sorry	**зарыда́ть** (P), to break into sobs
прижа́ться (P), to press (to)	**отня́ть** (P), to take away
отстрани́ть (P), to push aside	**мо́крый,** wet
испу́ганный, frightened	**наклони́ть** (P), to lower
рассуди́ть (P), to judge	**охвати́ть** (P), to envelop, seize
отча́яние, despair	**подро́бность,** detail
дрожа́ть, to tremble	**отвраще́ние,** disgust
напряже́ние, tension	**зло́ба,** anger
послы́шаться (P), to be heard	**за́висть,** envy
пода́ть (P), to hand	

движе́нием опусти́ла вуа́ль и, приба́вив ша́гу, почти́ вы́бежала из ко́мнаты.

Она́ не успе́ла и вы́нуть[23] и так и привезла́[24] домо́й те игру́шки, кото́рые она́ с тако́й любо́вью и гру́стью выбира́ла вчера́ в ла́вке.

1873–1877

вы́бежать (P), to run out   **выбира́ть,** to select
грусть, sadness

I. Notes

1. **в том, что́бы поднима́ть,** in waking up.
2. **друго́й кто,** somebody else.
3. **прислу́гой до́ма,** house servants. **Прислу́га** is used here as a collective noun, 'servants.' This usage is archaic. In pre-Revolutionary Russian, **прислу́га** (f) meant 'maidservant.'
4. **на́до помеша́ть ей,** it (the meeting) must be prevented.
5. **камерди́нер,** (archaic) valet.
6. **за э́то его́ согна́ть сле́дует,** he ought to be kicked out for this. **Сле́дует,** from **сле́довать,** 'to follow.' This form, when accompanied by the infinitive, is equivalent to the English 'must, ought to' (like **ну́жно, на́до**). It is impersonal; reference to person is in the dative case.
7. **Да, вот ты бы не впусти́л !** Indeed, you would not let (her) come in! **Да** is used here as an emphatic particle.
8. **мол,** (colloq.) says you. **Мол** is a parenthetical expression, more explicitly a quotative, used to indicate that somebody is being quoted. Appropriate personal pronouns have to be supplied in English translation; e.g., 'I say,' 'he says,' etc.
9. **поли́тику-то,** (here colloq.) shrewdness, indeed. **-то,** usually hyphenated to nouns or personal pronouns, is used as an emphatic particle.
10. **та́к-то,** yes, indeed.
11. **Дела́, дела́ !** What a business!
12. **то́лько одно́ э́то,** only this.
13. **Ничего́-то вы не перемени́лись,** You did not change at all. See Note 9 above.
14. **сия́я,** beaming, pres. gerund of **сия́ть,** to beam, shine.
15. **на́чал было он,** he was just going to start. **Было** is used here as a particle (note the absence of stress and lack of agreement) to indicate that the action expressed by the other finite verb in the sentence was on the verge of starting or had just begun.
16. **ско́лько пото́м она́ приду́мывала слов,** how many words came to her mind later. Notice the word order; the number of words inserted between **ско́лько** and the word that it governs, **слов.** This word order holds also for other quantitative adverbs like **мно́го, сто́лько,** and others.
17. **сде́лать вопро́с,** ask a question.
18. **то ли он ду́мает, что говори́т,** whether he says what he thinks.
19. **пред,** instead of **пе́ред.**
20. **Лу́чше тебя́ нет !** There's nobody better than you.
21. **по-де́тски,** childlike.
22. **шёл ей навстре́чу,** was walking toward her.

23. **и вы́нуть**, even to take out.

24. **и так и привезла́**, and so she brought. **И** is used here and in 23 as an emphatic particle.

II. Language Analysis

A.

1. Look up in the dictionary the meanings of the following: **выраже́ние, вре́мя, движе́ние; люби́мый; заговори́ть, успе́ть.** Use them in sentences.

2. Find the synonyms of the following: **разгово́р, испу́г, грусть; ми́лый, бы́стрый; сообрази́ть, отвори́ться, зарыда́ть; снача́ла.**

3. Find the antonyms of the following: **вопро́с, слёзы; несчастли́вый, мо́крый; лу́чше; люби́ть, вы́бежать; сла́бо, наконе́ц; проща́й.**

B.

1. Find the following adjectives used as nouns in the text: **де́тская, швейца́р-ская, похо́жее.**

2. Identify the following verb forms occurring in the text and indicate their infinitive and aspect: **подожду́, вы́йдут, пойду́т, побегу́, придём, забу́дешь, вы́растешь, рассу́дишь, уведу́.** Indicate their aspectual counterparts if there are any.

3. Find the following participles in the text and indicate their tense, infinitive, voice, and aspect, as well as the nouns which they modify: **понима́вший, входи́в-шей, подходи́вшего, ка́шлявшего, подходи́вшей, испу́ганном, дрожа́щими, испуга́нным.** Which of these are used as adjectives?

4. Find in the text the following reflexive verbs and identify their person, tense, and aspect, and indicate their infinitive: **поверну́лся, обрати́лся, покати́в-шись, перекувырну́лись, перемени́лись, останови́лся, стыди́тся, прижа́лся, опусти́лся.** Which of these are translated into English by: (1) reflexives, (2) non-reflexives, (3) passives?

5. What cases do the following prepositions govern in the text: **ме́жду, про, при, сквозь, пред?** Find the preposition and the noun governed by it.

C.

1.
  (a) What cases do the following verbs govern in the text: **стыди́ться, приба́вить; сообщи́ть, помеша́ть, выгова́риваться; отвори́ть, заста́вить, измени́ть, затвори́ть, приня́ть, пропусти́ть, таска́ть, увести́, ощуща́ть, выбира́ть, покача́ть, замаха́ть, сия́ть, звать, прижима́ть, пода́ть, закры́ть?**
  (b) What two cases do the following verbs govern in the text: **привести́, разъясни́ть?**
  (c) What case does the impersonal **жаль** govern in the text?

2. Find in the text these verbs followed by the prepositions and the nouns which the prepositions govern: **поступи́ть в** + acc.; **состоя́ть в** + prep.; **подойти́ к** + dat.; **заходи́ть в** + acc.; **сойти́ в** + acc.; **пойти́ в** + acc.; **встреча́ться с** + instr.; **схвати́ть за** + acc.; **дрожа́ть от** + gen. Find also **похо́жий на** + acc.

3. Find in the text the following impersonals:
  (a) without subject: **ну́жно исполня́ть свою́ обя́занность; на́до помеша́ть; согна́ть сле́дует** (see Note 6); **на́до бы́ло уходи́ть.**
  (b) with counterpart of English subject in the dative: **войти́ ли ему́; ему́ не́чего разбира́ть; ма́тери ... нельзя́ встреча́ться; ему́ бы́ло жаль; ему́ на́до ду́мать.** What does the infinitive accompanied by a reference to a person in the dative case convey in Russian?

4. Find in the text the following types of inversion: (a) modifiers following nouns; e.g., **ми́лый мой**; (b) subject following the verb; e.g., **сказа́ла она́**.

5. Find in the text instances of words inserted between the modifier and the word it modifies: **дрожа́щими от напряже́ния рука́ми**.

6. Notice the following Russian expressions: **ме́жду тем; быть в сомне́нии; сквозь слёзы; итти́ навстре́чу** + dat.; **несмотря́ на то, что; он(а) не успе́л(а).** Use them in sentences.

III. Questions

1. Что сообрази́л Васи́лий Луки́ч?
2. Что он реши́л сде́лать?
3. Что заста́вило его́ измени́ть наме́рение войти́ в ко́мнату?
4. О чём волнова́лась прислу́га до́ма?
5. Почему́ швейца́р впусти́л Анну в дом?
6. Что чу́вствовала Анна Каре́нина си́дя в де́тской?
7. Что шёпотом сказа́ла ня́ня ма́тери?
8. По́нял ли Серёжа всё, что мать хоте́ла сказа́ть ему́?
9. Что сказа́ла Анна о му́же?
10. Что отве́тил на э́то Серёжа?
11. Что сказа́ла ня́ня испу́ганным шёпотом?
12. Почему́ Серёжа зарыда́л и закры́л лицо́ рука́ми?
13. Что сде́лал Каре́нин уви́дав её?
14. Каки́е чу́вства охвати́ли Анну, когда́ она́ уви́дела Каре́нина?
15. Почему́ она́ не дала́ Серёже тех игру́шек, кото́рые она́ с тако́й любо́вью вы́брала в ла́вке?

Бог пра́вду ви́дит, да не ско́ро ска́жет.

В го́роде Влади́мире жил молодо́й купе́ц Аксёнов. У него́ бы́ли две ла́вки и дом.

Из себя́[1] Аксёнов был ру́сый, кудря́вый, краси́вый и пе́рвый весельча́к и пе́сенник. Смо́лоду Аксёнов мно́го пил и когда́ напива́лся—буя́нил, но с тех пор как[2] жени́лся, он бро́сил пить, и то́лько и́зредка э́то случа́лось с ним.[3]

Раз ле́том Аксёнов пое́хал в Ни́жний на я́рмарку. Когда́ он стал проща́ться с семьёй, жена́ сказа́ла ему́:

купе́ц, merchant	**напива́ться**, to get drunk
ла́вка, shop	**буя́нить**, to make a row
ру́сый, light brown	**бро́сить** (P), to abandon
кудря́вый, curly	**и́зредка**, now and then
весельча́к, merry fellow	**я́рмарка**, fair
пе́сенник, singer	**проща́ться**, to say goodby
смо́лоду, ever since youth	

—Ива́н Дими́триевич, не е́зди ты ны́нче, я про тебя́ ду́рно во сне ви́дела.[4]

Аксёнов посмея́лся и сказа́л:

—Ты всё бои́шься,[5] как бы не загуля́л я[6] на я́рмарке?

Жена́ сказа́ла:

—Не зна́ю сама́, чего́ бою́сь, а так ду́рно ви́дела,—ви́дела, бу́дто ты прихо́дишь из го́рода, снял ша́пку, а я гляжу́: голова́ у тебя́ вся седа́я.

Аксёнов засмея́лся:

—Ну, э́то к при́были.[7] Смотри́,—как расторгу́юсь,[8] дороги́х гости́нцев привезу́.

И он прости́лся с семьёй и уе́хал.

На полови́не доро́ги съе́хался он с знако́мым купцо́м и с ним вме́сте останови́лся ночева́ть. Они́ напи́лись ча́ю вме́сте и легли́ спать в двух ко́мнатах ря́дом. Аксёнов не люби́л до́лго спать; он проснýлся среди́ но́чи и чтобы ле́гче холодко́м[9] бы́ло е́хать, взбуди́л ямщика́ и веле́л запряга́ть. Пото́м вы́шел в чёрную избу́, расчёлся с хозя́ином и уе́хал.

Отъе́хавши вёрст со́рок, он опя́ть останови́лся корми́ть, отдохну́л в сеня́х на постоя́лом дворе́ и в обе́д вы́шел на крыльцо́ и веле́л поста́вить самова́р; доста́л гита́ру и стал игра́ть. Вдруг ко двору́ подъезжа́ет тро́йка с колоко́льчиком, и из пово́зки выхо́дит чино́вник с двумя́ солда́тами, подхо́дит к Аксёнову и спра́шивает, „Кто? Отку́да?" Аксёнов всё расска́зывает, как есть, и про́сит: „Не уго́дно ли[10] ча́йку[11] вме́сте вы́пить?" То́лько чино́вник всё пристаёт с расспро́сами: „Где ночева́л про́шлую ночь? Оди́н и́ли с купцо́м? Ви́дел ли купца́ поутру́? Заче́м ра́но уе́хал со двора́?" Аксёнов удиви́лся, заче́м его́ обо всём спра́шивают; всё рассказа́л, как бы́ло, да и говори́т: „Что ж вы меня́ так выспра́шиваете? Я ни вор, ни

ны́нче, now	**расчéсться** (P), to settle accounts with
ду́рно, badly	**корми́ть** (P), to feed
седо́й, gray	**отдохну́ть** (P), to rest
гости́нец, gift	**сéни,** passage (in a house)
прости́ться (P), to say goodby	**постоя́лый двор,** inn
съе́хаться (P), to meet	**крыльцо́,** porch
ночева́ть, to spend the night	**поста́вить** (P), to put, place, set
лечь (P), to lie (down)	**колоко́льчик,** bell
ря́дом, side by side	**пово́зка,** wagon
проснýться (P), to awaken	**чино́вник,** official
среди́, in the middle	**пристава́ть,** to stick to, adhere to
ямщи́к, coachman	**расспро́сы,** questions
веле́ть, to order	**удиви́ться** (P), to be surprised
запряга́ть, to harness	**вор,** thief
изба́, hut	

разбо́йник како́й-нибудь. Еду по своему́ де́лу, и не́чего меня́ спра́шивать".

Тогда́ чино́вник кли́кнул солда́т и сказа́л:

—Я испра́вник[12] и спра́шиваю тебя́ зате́м, что[10] купе́ц, с каки́м[14] ты ночева́л про́шлую ночь, заре́зан. Покажи́ ве́щи, а вы обыщи́те его́.

Взошли́ в избу́, взя́ли чемода́н и мешо́к и ста́ли развя́зывать и иска́ть. Вдруг испра́вник вы́нул из мешка́ но́жик и закрича́л:

—Э́то чей но́жик?

Аксёнов погляде́л, ви́дит—но́жик в крови́ из его́ мешка́ доста́ли и испуга́лся.

—А отчего́ кровь на ноже́?

Аксёнов хоте́л отвеча́ть, но не мог вы́говорить сло́ва.

—Я... я не зна́ю... я... нож... я не мой....

Тогда́ испра́вник сказа́л:

—Поутру́ купца́ нашли́[15] заре́занным на посте́ли. Кро́ме тебя́ не́кому бы́ло э́то сде́лать.[16] Изба́ была́ за́перта изнутри́, а в избе́ никого́, кро́ме тебя́ не́ было. Вот и но́жик в крови́ у тебя́ в мешке́, да и по лицу́ ви́дно. Говори́, как ты уби́л его́ и ско́лько ты огра́бил де́нег?[17]

Аксёнов божи́лся, что не он э́то сде́лал, что не вида́л купца́ по́сле того́, как[18] пил чай с ним, что де́ньги у него́ то́лько свой 8000, что но́жик не его́. Но го́лос у него́ обрыва́лся, лицо́ бы́ло бле́дно, и он весь тря́сся[19] от стра́ха, как винова́тый.

Испра́вник позва́л солда́т, веле́л связа́ть и вести́ его́ на теле́гу. Когда́ его́ с свя́занными нога́ми взвали́ли на теле́гу, Аксёнов перекрести́лся и запла́кал. У Аксёнова обобра́ли ве́щи и де́ньги, отосла́ли его́ в бли́жний го́род в о́стро́г. Посла́ли во Влади́мир узна́ть, како́й челове́к был Аксёнов, и все купцы́ и жи́тели влади́-мирские показа́ли, что Аксёнов смо́лоду пил и гуля́л,[20] но был челове́к хоро́ший. Тогда́ его́ ста́ли суди́ть. Суди́ли его́ за то, что[21] он уби́л ряза́нского купца́ и укра́л 20 000 де́нег.

разбо́йник, brigand
кли́кнуть (P), to call
заре́зать (P), to kill
взойти́ (P), to enter
чемода́н, trunk
мешо́к, bag
развя́зывать, to undo, untie
иска́ть, to look for
вы́нуть (P), to take out
запере́ть (P), to lock, bolt
изнутри́, from within
уби́ть (P), to kill, murder
божи́ться, to swear

обрыва́ться, to break
страх, fear
винова́тый, guilty
связа́ть (P), to bind
теле́га, cart
взвали́ть (P), to hoist on to, to throw down
перекрести́ться (P), to cross oneself
обобра́ть (P), (colloq.) to gather
отосла́ть (P), to send away
остро́г, jail
суди́ть, to try
укра́сть (P), to steal

Жена́ убива́лась о му́же и не зна́ла, что ду́мать. Де́ти её ещё все были ма́лы, а оди́н был у груди́.[22] Она́ забрала́ всех с собо́ю и пое́хала в тот го́род, где её муж содержа́лся в остро́ге. Снача́ла её не пуска́ли, но пото́м она́ упроси́ла нача́льников, и её привели́ к му́жу. Когда́ она́ увида́ла его́ в остро́жном пла́тье, в цепя́х, вме́сте с разбо́йниками,—она́ уда́рилась о зе́млю и до́лго не могла́ очну́ться.[23] Пото́м она́ поста́вила дете́й вокру́г себя́, се́ла с ним ря́дышком[24] и ста́ла ска́зывать ему́ про дома́шние дела́ и спра́шивать его́ про всё, что с ним случи́лось. Он всё рассказа́л ей. Она́ сказа́ла:

—Как же быть тепе́рь?

Он сказа́л:

—На́до проси́ть царя́. Нельзя́ же неви́нному погиба́ть![25]

Жена́ сказа́ла, что она́ уже́ подава́ла проше́ние царю́, но что проше́ние не дошло́. Аксёнов ничего́ не сказа́л и то́лько поту́пился. Тогда́ жена́ сказа́ла:

—Неда́ром я тогда́, по́мнишь, ви́дела сон, что ты сед стал. Вот уж и впра́вду ты с го́ря поседе́л. Не е́здить бы тебе́ тогда́.[26]

И она́ начала́ перебира́ть его́ волоса́ и сказа́ла:

—Ва́ня, друг серде́чный, жене́ скажи́ пра́вду: не ты сде́лал э́то?

Аксёнов сказа́л: ,,И ты поду́мала на меня́!‘‘,[27] закры́лся рука́ми и запла́кал. Пото́м пришёл солда́т и сказа́л, что жене́ с детьми́ на́до уходи́ть. И Аксёнов в после́дний раз прости́лся с семьёй.

Когда́ жена́ ушла́, Аксёнов стал вспомина́ть, что говори́ли. Когда́ он вспо́мнил, что жена́ то́же поду́мала на него́ и спра́шивала его́, он ли уби́л купца́, он сказа́л себе́: ,,Ви́дно кро́ме Бо́га, никто́ не мо́жет знать пра́вды, и то́лько его́ на́до проси́ть и от него́ то́лько ждать ми́лости‘‘. И с тех пор[28] Аксёнов переста́л подава́ть проше́ния, переста́л наде́яться и то́лько моли́лся Бо́гу.

Аксёнова присуди́ли наказа́ть кнуто́м и сосла́ть в ка́торжную рабо́ту. Так и сде́лали.

Его́ вы́секли кнуто́м и пото́м, когда́ от кнута́ ра́ны зажи́ли, его́ погна́ли с други́ми ка́торжниками в Сиби́рь.

убива́ться, to waste away with grief
забра́ть (Р), to take away
содержа́ться, to be kept
упроси́ть (Р), to beg, entreat
цепь, chain
уда́риться (Р), to throw oneself
проше́ние, petition
поту́питься (Р), to look down
неда́ром, not in vain
впра́вду, really
поседе́ть (Р), to turn gray
перебира́ть, to run one's fingers through

серде́чный, hearty (adj)
закры́ться (Р), to cover oneself up
ми́лость, favor, grace
переста́ть (Р), to stop
моли́ться, to pray
присуди́ть (Р), to sentence
наказа́ть (Р), to punish
кнут, whip
сосла́ть (Р), to banish
ка́торжный, penal
вы́сечь (Р), to flog
зажи́ть (Р), to heal
погна́ть (Р), to drive

В Сиби́ри на ка́торге, Аксёнов жил 26 лет. Волоса́ его́ на голове́ ста́ли бе́лые, как снег, и борода́ отросла́ дли́нная, у́зкая и седа́я. Вся весёлость его́ пропа́ла. Он сго́рбился, стал ходи́ть ти́хо, говори́л ма́ло, никогда́ не смея́лся и ча́сто моли́лся Бо́гу.

В остро́ге Аксёнов вы́учился шить сапоги́, и на зарабо́танные де́ньги купи́л Че́тьи-Мине́и[29] и чита́л их, когда́ был свет в остро́ге; а по пра́здникам ходи́л в остро́жную це́рковь, чита́л Апо́стол[30] и пел на кли́росе;[31] го́лос у него́ всё ещё был хоро́ш. Нача́льство люби́ло Аксёнова за его́ смире́нство, а това́рищи остро́жные почита́ли его́ и называ́ли „де́душкой" и „бо́жьим челове́ком". Когда́ быва́ли про́сьбы по остро́гу, това́рищи всегда́ Аксёнова посыла́ли проси́ть нача́льство, и когда́ проме́ж[32] ка́торжных бы́ли ссо́ры, то они́ всегда́ к Аксёнову приходи́ли суди́ться.

Из до́му никто́ не писа́л пи́сем Аксёнову, и он не знал, живы́ ли его́ жена́ и де́ти.

Привели́ раз на ка́торгу но́вых коло́дников. Ве́чером все ста́рые коло́дники собра́лись вокру́г но́вых и ста́ли их расспра́шивать, кто из како́го го́рода и́ли дере́вни и кто за каки́е дела́. Аксёнов то́же подсе́л на на́ры[33] по́дле но́вых и, поту́пившись, слу́шал, кто что расска́зывал.

Оди́н из но́вых коло́дников был высо́кий, здоро́вый стари́к, лет 60-ти, с седо́й стри́женой бородо́й. Он расска́зывал, за что его́ взя́ли. Он говори́л:

—Так, бра́тцы, ни за что[34] сюда́ попа́л. У ямщика́ ло́шадь отвяза́л от сане́й. Пойма́ли, говоря́т: укра́л. А я говорю́: я то́лько дое́хать скоре́й хоте́л,—я ло́шадь пусти́л. Да и ямщи́к мне прия́тель.[35] Поря́док,[36] я говорю́? Нет, го́ворят, укра́л. А того́ не зна́ют, что и где укра́л. Бы́ли дела́, давно́ бы сле́довало сюда́ попа́сть, да не могли́ уличи́ть, а тепе́рь не по зако́ну сюда́ загна́ли. Да врёшь,—был в Сиби́ри, да недо́лго га́щивал . . . .[37]

А ты отку́да бу́дешь ?—спроси́л оди́н из коло́дников.

—А мы[38] из го́рода Влади́мира, та́мошние меща́не. Звать Мака́ром, а велича́ют[39] Семёновичем.

борода́, beard	коло́дник, convict
пропа́сть (P), to be lost	расспра́шивать, to question
сго́рбиться (P), to stoop (as a hunch-back)	подсе́сть (P), to sit down near
шить, to sew	стри́женый, clipped
зарабо́тать (P), to earn	отвяза́ть (P), to untie
нача́льство, authorities	пойма́ть (P), to catch
смире́нство, humility	уличи́ть (P), to convict
про́сьба, request	та́мошний, of that place (adj)
ссо́ра, quarrel	меща́нин, petty bourgeois, town-dweller

I. Notes

1. **из себя́**, in appearance. The normal use of **себя́** meaning 'in appearance' is in the instrumental case: **Он хоро́ш собо́й (собо́ю)**, 'He is good looking.'

2. **с тех пор, как**, since (conjunction).

3. **э́то случа́лось с ним**, it would happen to him.

4. **я про тебя́ ду́рно во сне ви́дела**, I dreamt ill things about you. Literally: 'I about you ill in a dream saw.' Notice all the structures that can appear in a Russian sentence between subject and verb.

5. **ты всё бои́шься**, you are still afraid. **Всё**, here an adverb meaning 'still, ever, always.'

6. **как бы не загуля́л я**, that I would go on a spree. After **боя́ться**, with **что́бы** or **как бы**, a negative construction is used when the action in the following clause is undesirable to the speaker: **Бою́сь, что́бы (как бы) он не прие́хал**, 'I am afraid that he will come.'

7. **к при́были**, (lit.) 'to profit,' 'points to profit.' **При́быль**, means literally 'profit.'

8. **как расторгу́юсь**, when I sell everything.

9. **холодко́м**, in the cool of the morning; an adverb of a pattern similar to **у́тром, ве́чером**, etc. Instrumental cases of some nouns very frequently have an adverbial usage.

10. **не уго́дно ли**, wouldn't you like? **Уго́дно**, impersonal, can be used without a subject in a Russian sentence and can be followed by an infinitive. In any reference to a person, the noun or pronoun are in the dative case.

11. **чайку́**, some tea, partitive genitive, corresponding to English 'some.' Here diminutive form is used (See Language Analysis).

12. **испра́вник**, district police inspector (in pre-1917 Russia).

13. **зате́м, что**, because (conj.).

14. **каки́м**, instead of **кем** (folk speech).

15. **купца́ нашли́ заре́занным**, the merchant was found murdered. **Найти́**, here is followed by accusative and instrumental, so-called double government.

16. **не́кому бы́ло э́то сде́лать**, nobody could have done it. This is another type of Russian impersonal sentence in which the correspondent to the English subject is placed in the dative case in Russian and the Russian correspondent to the English predicate in the infinitive: **Вам ходи́ть**, 'It's your play' (in cards).

17. **ско́лько ты огра́бил де́нег?** how much money did you steal? Notice again the structures which can appear in a Russian sentence between a qualitative adverb like **ско́лько** and the noun governed by it.

18. **по́сле того́, как**, after (conj.).

19. **тря́сся**, masc. sg. past tense from **трясти́сь**.

20. **гуля́л**, caroused (see Note 6).

21. **за то, что**, for.

22. **у груди́**, to nurse.

23. **очну́ться**, to come to (cf. **о́чи чёрные**).

24. **ря́дышком**, dim. of **ря́дом**.

25. **нельзя́ же неви́нному погиба́ть**, an innocent one can't perish.

26. **не е́здить бы тебе́ тогда́**, you shouldn't have gone then. See Notes 10 and 16 above.

27. **и ты поду́мала на меня́**, you, too, thought it was I.

28. **с тех пор**, since that time.

29. **Че́тьи-Мине́и**, daily readings of the lives of the saints and martyrs.

30. **Апо́стол,** the Acts of the Apostles and the Epistles.

31. **кли́росе,** choir.

32. **проме́ж,** (folk speech) for **ме́жду.**

33. **на́ры,** (pl. only) wooden sleeping bunk.

34. **ни за что,** for nothing.

35. **ямщи́к мне прия́тель,** the coachman is my friend, literally: The coachman to me (is) a friend.

36. **поря́док,** (here) legality, justice, originally in an expression **суде́бный поря́док,** 'legal court procedure.'

37. **га́щивал** (from **га́щивать**) (folk speech), iterative to **гости́ть.**

38. **мы,** instead of **я** (folk speech).

39. **велича́ть,** to call by patronymic (folk speech).

II. Language Analysis

A.

Look up the following in the dictionary:

1. **Про** and **о** (notice the difference in case government).

2. **Всё** used as an adverb (Note 5).

3. Meanings of: **да; ла́вка; стать** (verb).

4. Differences in meaning between: **ду́рно—пло́хо—скве́рно; вида́ть— ви́деть—гляде́ть—смотре́ть** and their derivatives; **звать—кли́кнуть.**

5. Write sentences illustrating the usage of the above words.

B.

1. In Russian, certain verbs require that they be used with certain cases. Some of the instances occurring in the above story are: ... **чего́ бою́сь,** 'what I am afraid of' (**боя́ться** with genitive); ... **моли́лся Бо́гу,** 'prayed to God'; there are also cases of double government (see Note 15). Find instances of both in the story, and write sentences illustrating these usages.

2. Note 9 refers to the adverbial usage of the instrumental case of nouns. Another type of adverb is formed by using the preposition plus noun: **поутру́,** 'in the morning.' See how many adverbs of both of these types you can find in the story.

3. One of the ways of denoting difference in aspect in Russian verbs is by prefixation. Look up in the dictionary the meanings of **напи́ться, расторгова́ться, расчéсться, съе́хаться.** Find the instances where these verbs are used in the story. What are the meanings of the verbal prefixes **на-, раз-** and **с-?** Why is **рас-** used instead of **раз-** for the two verbs cited here?

4. Find in the text the instances where the following conjunctions are used: **бу́дто; как бы; по́сле того́, как; с тех пор, как.** Notice their usage and English meaning. In what do they differ from **как, по́сле, с тех пор?**

C.

1. In English, the subject usually precedes the predicate, while the adjective precedes the noun which it modifies. In Russian this order is quite frequently reversed: **загуля́л я, жи́тели влади́мирские.** Find other instances of this usage in the story.

2. The subject is often omitted in the Russian sentence. Sometimes this omission of subject in the third person plural in the present or future, or the plural past, indicates indefiniteness or vagueness with respect to the actor, corresponding somewhat to the English passive: **Так и сде́лали,** 'And so (it) was done.' The subject is also quite frequently omitted in direct discourse. **Где ночева́л про́шлую ночь?** 'Where did (you) sleep last night?' Find instances of both usages in the text.

3. The linguistic process by means of which new words are formed by adding suffixes to other words is called derivation. Thus by adding **-ник** to the stem of **ка́торга,** 'hard labor,' we get **ка́торжник,** 'convict' (**г** changes to **ж** according to the Russian consonant alternation scheme cf. **могу́—мо́жешь**). To form an adjective from this we get **ка́торжный** by adding the adjectival ending **-ный** to the noun stem.

A frequent suffix by means of which adjectives are made from adverbs is **-шний** sometimes preceded by a vowel: **там—та́мошний.** Also frequent in Russian are the so-called diminutives (cf. English pup, puppy). In the text occur: **нож: но́жик; ря́дом : ря́дышком** (see Note 24 above).

By observing how these derivational processes operate in Russian you can increase your knowledge of the Russian language. Find in the text **бли́жний, весельча́к, пе́сенник, колоко́льчик, серде́чный, бра́тцы, остро́жный, коло́дник,** and indicate:

    (a) the Russian words from which these are derived;
    (b) the suffixes used in forming these new words;
    (c) any sound changes occurring during this process;
    (d) the function of the suffix.

III. Questions

1. В како́м го́роде жил молодо́й купе́ц Аксёнов ?
2. Когда́ он мно́го пил и когда́ он бро́сил пить ?
3. Куда́ пое́хал Аксёнов ?
4. Что сказа́ла ему́ жена́, когда́ он стал проща́ться с ней ?
5. Где он с знако́мым купцо́м останови́лся ночева́ть ?
6. Почему́ он уе́хал среди́ но́чи ?
7. С каки́ми вопро́сами пристава́л чино́вник к Аксёнову ?
8. Почему́ Аксёнов испуга́лся, уви́дя, что испра́вник доста́л из его́ мешка́ но́жик в крови́ ?
9. Почему́ сказа́л испра́вник, что Аксёнов купца́ заре́зал и огра́бил его́ ?
10. За что суди́ли купца́ Аксёнова ?
11. Прие́хала ли жена́ в о́стро́г ви́деть му́жа ?
12. Что случи́лось с ней, когда́ она́ уви́дела му́жа в остро́жном пла́тье, в цепя́х, вме́сте с разбо́йниками ?
13. Что она́ у него́ спроси́ла ?
14. Почему́ он переста́л подава́ть проше́ния и то́лько моли́лся Бо́гу ?
15. Ско́лько лет жил Аксёнов в Сиби́ри на ка́торге ?
16. Как жил Аксёнов в остро́ге ?
17. Получа́л ли он пи́сьма из до́му ?
18. Кто был оди́н из но́вых коло́дников ?
19. За что стари́к попа́л на ка́торгу ?
20. Из како́го он го́рода ?

дидактический расказ

II

Аксёнов по́днял (*raised*) го́лову и спроси́л:

—А что, не слыха́л ли, Семёныч, во Влади́мире го́роде про Аксёновых купцо́в? Жи́вы ли?

—Как не слы́хать! Бога́тые купцы́, да́ром что[1] (*although*) оте́ц в Сиби́ри. Тако́й же, ви́дно, как и мы гре́шные. А ты сам, де́душка, за каки́е дела́?

Аксёнов не люби́л говори́ть про свое несча́стье; он вздохну́л и сказа́л:

—По греха́м свои́м 26-й год нахожу́сь в ка́торжной рабо́те.

Мака́р Семёнов сказа́л:

—А по каки́м же таки́м[2] греха́м?

Аксёнов сказа́л: ,,Ста́ло быть, сто́ил того́",[3] и не хоте́л бо́льше расска́зывать; но други́е остро́жные това́рищи рассказа́ли но́вому, как Аксёнов попа́л в Сиби́рь. Они́ рассказа́ли, как на доро́ге кто́-то уби́л купца́ и подсу́нул[4] Аксёнову но́жик и как за э́то его́ понапра́сну засуди́ли.

Когда́ Мака́р Семёнов услыха́л э́то, он взгляну́л на Аксёнова, хло́пнул себя́ рука́ми по коле́нам и сказа́л:

—Ну, чу́до! Вот чу́до-то! Постаре́л же ты, де́душка!

Его́ ста́ли спра́шивать, чему́ он удивля́лся и где он ви́дел Аксёнова, но Мака́р Семёнов не отвеча́л, он то́лько сказа́л:

—Чудеса́,[5] ребя́та (*lads*),—где сви́деться пришло́сь!

И с э́тих слов пришло́ Аксёнову в мы́сли,[6] что не зна́ет ли э́тот челове́к про то, кто[7] уби́л купца́? Он сказа́л:

—Или ты слыха́л, Семёныч, пре́жде про э́то де́ло, или ви́дал меня́ (*indefinite*) пре́жде?

—Как не слыха́ть! Земля́ слу́хом по́лнится. Да давно́ уж де́ло бы́ло; что и слыха́л, то забы́л,—сказа́л Мака́р Семёнов.

—Мо́жет,[8] слыха́л, кто купца́ уби́л?—спроси́л Аксёнов.

Мака́р Семёнов засмея́лся и сказа́л:

—Да ви́дно тот уби́л, у кого́ но́жик в мешке́ нашёлся. Е́сли кто[9] и

послышался-
рычеть

гре́шный, sinful	**коле́но,** knee
несча́стье, misfortune	**чу́до,** miracle, wonder
вздохну́ть (P), to take a breath	**постаре́ть** (P), to grow old
грех, sin	**сви́деться** (P), to meet
находи́ться, to be found	**пре́жде,** before, previously
остро́жный, prison (adj)	**слух,** rumor
понапра́сну, in vain	**по́лниться,** to be filled
засуди́ть (P), to condemn	**засмея́ться** (P), to begin to laugh
хло́пнуть (P), to slap, clap	

подсу́нул тебе́ но́жик, не по́йман—не вор. Да и как же тебе́ но́жик в мешо́к су́нуть? Ведь он у тебя́ в голова́х[10] стоя́л? Ты бы услыха́л.

Как то́лько Аксёнов услыха́л э́ти слова́, он поду́мал, что э́тот са́мый челове́к уби́л купца́. Он встал и отошёл прочь. Всю э́ту ночь Аксёнов не мог засну́ть. Нашла́ на него́ ску́ка, и ста́ло ему́ представля́ться: то представля́лась ему́ его́ жена́ тако́ю, како́ю она́ была́, когда́ провожа́ла его́ в после́дний раз на я́рмарку. Так и ви́дел он её, как живу́ю, и ви́дел её лицо́ и глаза́, и слы́шал, как она́ говори́ла ему́ и смея́лась. Пото́м представля́лись ему́ де́ти, таки́е, каки́е они́ были́ тогда́—ма́ленькие, оди́н в шу́бке, друго́й у груди́. И себя́ он вспомина́л, каки́м он был тогда́—весёлым, молоды́м; вспомина́л, как он сиде́л на крыле́чке[11] на постоя́лом дворе́, где его́ взя́ли, и игра́л на гита́ре,—и как у него́ на душе́ ве́село бы́ло тогда́. И вспо́мнил ло́бное ме́сто,[12] где его́ секли́, и палача́, и наро́д круго́м, и це́пи, и коло́дников, и всю 26-тиле́тнюю остро́жную жизнь, и свою́ ста́рость вспо́мнил. И така́я ску́ка нашла́ на Аксёнова, что хоть ру́ки на себя́ наложи́ть.[13]

,,И всё от того́ злоде́я!..." ду́мал Аксёнов.

И на него́ нашла́ така́я злость на Мака́ра Семёнова, что хоть самому́ пропа́сть,[14] а хоте́лось отомсти́ть ему́. Он чита́л моли́твы всю ночь, но не мог успоко́иться. Днём он не подходи́л к Мака́ру Семёнову и не смотре́л на него́.

Так прошли́ две неде́ли. По ноча́м Аксёнов не мог спать, и на него́ находи́ла така́я ску́ка, что он не знал, куда́ дева́ться.

Оди́н раз, но́чью, он пошёл по остро́гу и увида́л, что из-под[15] одно́й на́ры сы́плется земля́. Он останови́лся посмотре́ть. Вдруг Мака́р Семёнов вы́скочил из-под на́ры и с испу́ганным лицо́м взгляну́л на Аксёнова. Аксёнов хоте́л пройти́, чтоб не ви́деть его́; но Мака́р ухвати́л его́ за́ руку и рассказа́л, как он прокопа́л прохо́д

подсу́нуть (P), to put, slip
пойма́ть (P), to catch
отойти́ (P), to go away
прочь, away, off
засну́ть (P), to fall asleep
ску́ка, boredom
представля́ться, to seem to
провожа́ть, to accompany
шу́бка, fur coat
грудь, chest, breast, bosom
сечь, to flog
пала́ч, executioner
цепь, chain
коло́дник, convict

злоде́й, villain
злость, malice
отомсти́ть (P), to avenge oneself
моли́тва, prayer
успоко́иться (P), to calm oneself
дева́ться, to get to, disappear, escape
остро́г, jail, prison
сы́паться, to spill, run out
вы́скочить (P), to jump out
испу́ганный, frightened
ухвати́ть (P), lay hold of, grasp
прокопа́ть (P), to dig
прохо́д, passage

под стена́ми и как он зе́млю ка́ждый день выно́сит в голени́щах и
высыпа́ет на у́лицу, когда́ их гоня́ют на рабо́ту. Он сказа́л:

—То́лько молчи́, стари́к, я и тебя́ вы́веду. А е́сли ска́жешь,—меня́
засеку́т[16]; да и тебе́ не спущу́[17]—убью́.

Когда́ Аксёнов увида́л своего́ злоде́я, он весь затря́сся от зло́сти,
вы́дернул ру́ку и сказа́л:

—Выходи́ть мне не́зачем[18] и убива́ть меня́ не́чего,[18]—ты меня́ уже́
давно́ уби́л. А ска́зывать[19] про тебя́ бу́ду или нет, как Бог на ду́шу
поло́жит.

На друго́й день, когда́ вы́вели коло́дников на рабо́ту, солда́ты
приме́тили, что Мака́р Семёнов вы́сыпал зе́млю, ста́ли иска́ть в
остро́ге и нашли́ дыру́. Нача́льник прие́хал в остро́г и стал всех
допра́шивать: ,,Кто вы́копал дыру́?'' Все отпира́лись. Те, кото́рые
зна́ли, не выдава́ли Мака́ра Семёнова, потому́ что зна́ли, что за э́то
де́ло его́ засеку́т до полусме́рти. Тогда́ нача́льник обрати́лся к
Аксёнову. Он знал, что Аксёнов был справедли́вый челове́к, и
сказа́л:

—Стари́к, ты правди́в,—скажи́ мне пе́ред Бо́гом, кто э́то сде́лал?

Мака́р Семёнов стоя́л как ни в чём не быва́ло[20] и смотре́л на
нача́льника и не огля́дывался на Аксёнова. У Аксёнова трясли́сь
ру́ки и гу́бы, и он до́лго не мог сло́ва вы́говорить. Он ду́мал: ,,Е́сли
скрыть его́,[21] за что же я его́ прощу́, когда́ он меня́ погуби́л? Пуска́й
попла́тится за моё муче́нье. А сказа́ть на него́[22] то́чно—его́ засеку́т.
А что как я понапра́сну на него́ ду́маю? Да и что ж мне ле́гче ра́зве
бу́дет?''

Нача́льник ещё раз сказа́л:

—Ну, что ж, стари́к, говори́ пра́вду: кто подкопа́лся?[23]

Аксёнов погляде́л на Мака́ра Семёнова и сказа́л:

—Не могу́ сказа́ть, ва́ше благоро́дие.[24] Мне Бог не вели́т сказа́ть.
И не скажу́. Что хоти́те со мной сде́лайте—власть ва́ша.

Ско́лько ни би́лся с ним нача́льник, Аксёнов ничего́ бо́льше не
говори́л. Так и не узна́ли, кто подкопа́лся.

голени́ще, top of a boot
вы́сыпать (Р), to empty
гоня́ть, to drive away
затрясти́сь (Р), to begin to shake
вы́дернуть (Р), to pull out
приме́тить (Р), to notice
дыра́, hole
допра́шивать, to interrogate
вы́копать (Р), to dig
отпира́ться, to deny
выдава́ть, to betray

полусме́рть, half dead (noun)
справедли́вый, correct, right
правди́вый, truthful
огля́дываться, to glance back
вы́говорить (Р), to utter
погуби́ть (Р), to ruin
попла́титься (Р), to pay
муче́нье, torment
власть, power
би́ться, to fight, hit

На другу́ю ночь, когда́ Аксёнов лёг на свою́ на́ру и чуть задрема́л,[25] он услыха́л, что кто́-то подошёл и сел у него́ в нога́х.[26] Он посмотре́л в темноте́ и узна́л Мака́ра. Аксёнов сказа́л:

—Чего́ тебе́ ещё от меня́ на́до?[27] Что ты тут де́лаешь?

Мака́р Семёнов молча́л. Аксёнов приподня́лся и сказа́л:

—Что на́до? Уйди́! А то[28] я солда́та кли́кну.

Мака́р Семёнов нагну́лся бли́зко к Аксёнову и шёпотом[29] сказа́л:

—Ива́н Дми́трич, прости́ меня́!

Аксёнов сказа́л:

—За что тебя́ проща́ть?

—Я купца́ уби́л, я и но́жик тебе́ подсу́нул. Я и тебя́ хоте́л уби́ть, да на дворе́ зашуме́ли; я су́нул тебе́ но́жик в мешо́к и вы́лез в око́шко.[30]—Аксёнов молча́л и не знал, что сказа́ть. Мака́р Семёнов спусти́лся с на́ры,[31] поклони́лся в зе́млю и сказа́л:—Ива́н Дми́трич, прости́ меня́, прости́ ра́ди Бо́га. Я объявлю́сь,[32] что я купца́ уби́л,—тебя́ простя́т. Ты домо́й вернёшься.

Аксёнов сказа́л:

—Тебе́ говори́ть легко́, а мне терпе́ть каково́![33] Куда́ я пойду́ тепе́рь?... Жена́ померла́, де́ти забы́ли; мне ходи́ть не́куда....

Мака́р Семёнов не встава́л с по́лу,[34] би́лся голово́й о зе́млю и говори́л:

—Ива́н Дми́трич, прости́! Когда́ меня́ кнуто́м секли́, мне ле́гче бы́ло, чем тепе́рь на тебя́ смотре́ть.... А ты ещё пожале́л меня́—не сказа́л. Прости́ меня́ ра́ди Христа́! прости́ ты меня́, злоде́я окая́нного!—И он зарыда́л.

Когда́ Аксёнов услыха́л, что Мака́р Семёнов пла́чет, он сам запла́кал и сказа́л:

—Бог прости́т тебя́; мо́жет быть, я во сто раз ху́же тебя́!—И вдруг у него́ на душе́ легко́ ста́ло. И он переста́л скуча́ть о до́ме и никуда́ не хоте́л из остро́га, а то́лько ду́мал о после́днем ча́се.

Мака́р Семёнов не послу́шался Аксёнова и объяви́лся винова́тым.[35] Когда́ вы́шло Аксёнову разреше́ние верну́ться, Аксёнов уже́ у́мер.

1871

приподня́ться (P), to raise oneself a little
кли́кнуть (P), to call
нагну́ться (P), to stoop, bend
прости́ть (P), to forgive
проща́ть, to forgive
зашуме́ть (P), to begin to make a noise
вы́лезть (P), to climb out

спусти́ться (P), to descend
пожале́ть (P), to pity
окая́нный, damned
зарыда́ть (P), to begin to sob
ху́же, worse
скуча́ть, to miss
послу́шаться (P), to listen to, obey
разреше́ние, permission

I. Notes

1. да́ром что, (colloq.) although.
2. каки́м же таки́м, (colloq.) what kind of? The addition of таки́м to rhyme with каки́м is colloquial speech.
3. ста́ло быть, сто́ил того́, (colloq.) I must have deserved it. Ста́ло быть is a parenthetical expression not related syntactically to the rest of the sentence, called вво́дное сло́во in Russian.
4. подсу́нул, (colloq.) slipped.
5. чудеса́, nom. pl. of чу́до.
6. пришло́ Аксёнову в мы́сли, it occurred to Aksenov.
7. про то, кто, who, lit. 'about that, who'. То is a conjunction here. What case is it in?
8. мо́жет, add быть here.
9. е́сли кто, if someone.
10. в голова́х, at the head of the bed.
11. крыле́чке, dim. of крыльцо́.
12. ло́бное ме́сто, execution platform, an elevated platform from which the czar's edicts and announcements were made in the old days. It was also used for executions.
13. хоть ру́ки на себя́ наложи́ть, could even commit suicide.
14. хоть самому́ пропа́сть, even if he would perish himself.
15. из-под, from under; governs the genitive case, as does из-за, 'from behind.' What cases do 'из' and 'за' govern when used individually?
16. засеку́т, from засе́чь, 'flog to death.'
17. да и тебе́ не спущу́, I won't forgive you, either.
18. не́зачем . . . не́чего, useless, pointless.
19. ска́зывать, (archaic) говори́ть, расска́зывать.
20. как ни в чём не быва́ло, (colloq.) unconcerned.
21. е́сли скрыть его́, if I (or one) were to conceal him. Subject is missing in this sentence. If reference to a person were expressed here, it would be in the dative case.
22. сказа́ть на него́, tell on him.
23. кто подкопа́лся, who undermined.
24. ва́ше благоро́дие, your honor. This is a form of address used in pre-1918 Russia by a person of a lower rank addressing one of a higher status.
25. чуть задрема́л, had hardly fallen asleep.
26. у него́ в нога́х, at the foot of his bunk (see Note 10).
27. чего́ тебе́ ещё от меня́ на́до, what else do you want from me?
28. а то, otherwise. То is a conjunction here. See Note 7 above.
29. шёпотом, in a whisper; an adverb of manner. It is here in the instrumental case. What is the nominative?
30. око́шко, dim. of окно́.
31. на́ры, here gen. sg. The use of gen. sg. here is an archaism. In present day Russian на́ры is used in the plural only.
32. я объявлю́сь, I will confess.
33. мне терпе́ть каково́, how hard it is for me to suffer.
34. с по́лу, instead of с по́ла. По́лу is here the alternate genitive of пол, following the preposition с (cf. са́хару, наро́ду, etc.).
35. объяви́лся винова́тым, confessed his guilt (see Note 32 above).

II. Language Analysis

A.

1. В головáх, в ногáх mean 'at the head of a bed' and 'at the foot of a bed,' respectively. Use these expressions in illustrative sentences.

2. Look up the dictionary examples of чуть used as an adverb and a conjunction. Find instances of its use in the text and write sentences illustrating both usages.

3. Find the following instances of the use of the preposition по in the text: по грехáм своим; хлóпнул себя́ рукáми по колéнам; по ночáм Аксёнов не мог спать; пошёл по острóгу. What are the different meanings of по in each example? Look up in the dictionary the several meanings of по and find out the three cases that it governs. Write illustrative sentences.

4. Find the instances where рáди Бóга, рáди Христá are used in the text. What case does the preposition рáди govern? Look up in the dictionary its usage and point out the one peculiarity in which it differs from other prepositions.

5. When то is used as a conjunction in Russian, it is declined, being governed by the preposition or verb preceding it. Find instances where то is used as a conjunction in the text and point out the use of its case in each occurrence.

6. Russian very frequently uses emphatic particles which are often best not translated into English. Find the instances in which the following are used in the text: ведь, же, ужé, рáзве, что ж. Can you find any others? How would you best express their equivalents in English in each case?

B.

1. The nominative plural of чýдо is чудесá. What other Russian noun is similarly declined?

2. What are the infinitives of the following: засекýт, убью́, спущý, прощý, вы́веду, сы́плется?

3.

    (a) What cases do the verbs govern in the following instances occurring in the text: чемý он удивля́лся; земля́ слýхом пóлнится; какúм он был тогдá—весёлым, молоды́м; отомстúть емý; мне Бог не велúт; объявúлся виновáтым.

    (b) What two cases are governed in the following examples taken from the text: представля́лась емý женá такóю; чегó тебé нáдо?

4. The infinitive of a Russian verb can be used instead of a finite verb form in an impersonal construction when there is no reference made to a specific person (cf. English 'one reads'). Find the following instances in the text and translate them into English: хоть рýки на себя́ наложúть; убивáть меня́ нéчего; éсли скрыть егó; за что тебя́ прощáть. When reference to a person is made, then the dative case is used with the infinitive. Find and translate the following instances in the text: выходúть мне нéзачем; хоть самомý пропáсть; тебé говорúть легкó; мне терпéть каковó; мне ходúть нéкуда; как же тебé нóжик в мешóк сýнуть.

When a finite verb form is used in an impersonal construction, it is in third person singular of the present tense and neuter singular of the past tense. Find and translate the following instances in the text: мне лéгче бы́ло; пришлó Аксéнову в мы́сли; стáло емý представля́ться; хотéлось отомстúть емý.

C.

1. What nouns are the diminutives дéдушка, окóшко, шýбка derived from?

2. Find the following parenthetical expressions or ввóдные словá (see Note 3 above) in the text: вúдно, тóчно, мóжет быть, стáло быть. What do these add to the Russian sentence? Can you think of English counterparts to these?

3. Find the following expressions in the text: **как ни в чём не быва́ло; ско́лько ни.** Look up their usage in the dictionary and use them in sentences of your own.

4. Find the following instances in the text where Russian word order differs from English:

    (a) *Adjective after noun which it modifies:*
        по греха́м свои́м.

    (b) *Subject after predicate:*
        прошли́ две неде́ли; сы́плется земля́; ви́дел он её; на него́ нашла́ така́я злость; на него́ находи́ла така́я ску́ка; у Аксёнова трясли́сь ру́ки и гу́бы.

    (c) *Subject after predicate with intervening matter:*
        вы́шло Аксёнову разреше́ние; представля́лась ему́ жена́; представля́лись ему́ де́ти; нашла́ на него́ ску́ка; ско́лько ни би́лся с ним нача́льник.

III. Questions

1. Что слыха́л Мака́р Семёнов про купцо́в Аксёновых?
2. Ско́лько лет находи́лся Аксёнов на ка́торжной рабо́те?
3. Кто рассказа́л Семёнову, как Аксёнова понапра́сну засуди́ли?
4. Чему́ удиви́лся Семёнов?
5. Каки́м о́бразом Аксёнов узна́л в Мака́ре уби́йцу?
6. О чём ду́мал всю ночь Аксёнов?
7. О чём он вспомина́л?
8. Кака́я ску́ка нашла́ на него́?
9. Хоте́л ли он отомсти́ть Семёнову?
10. Что Аксёнов увида́л оди́н раз, но́чью?
11. Кого́ стал допра́шивать нача́льник?
12. Как отве́тил Аксёнов?
13. Узна́л ли нача́льник, кто вы́копал дыру́?
14. Как уби́л Мака́р купца́?
15. Почему́ Мака́р Семёнов поклони́лся в зе́млю пе́ред Аксёновым?
16. Прости́л ли Аксёнов Мака́ра?
17. Когда́ Аксёнов реши́л, что то́лько Бог зна́ет пра́вду?

Ива́н Серге́евич Турге́нев
(1818–1883)

Ива́н Серге́евич Турге́нев роди́лся 28-го октября́ 1818 г. в г. Орле́. Дома́шним его́ воспита́нием занима́лись гуверне́ры и учителя́. В 1827 г. вся семья́ Турге́невых перее́хала в Москву́. Снача́ла в ча́стном пансио́не, зате́м с учителя́ми, приглаша́емыми на́ дом, Турге́нев прошёл курс сре́дней шко́лы и в 1833 г. поступи́л в Моско́вский университе́т. Че́рез год Турге́нев перешёл в Петербу́ргский университе́т, кото́рый око́нчил в 1837 г.

В 1843 г. вы́шла пе́рвая кни́жка Турге́нева—„Пара́ша“, расска́з в стиха́х; положи́тельная кри́тика э́той кни́ги сра́зу принесла́ Турге́неву литерату́рную изве́стность. В том же году́ состоя́лось знако́мство Турге́нева с певи́цей Поли́ной Виардо́, кото́рое сыгра́ло ва́жную роль в его́ дальне́йшей ли́чной жи́зни и кото́рое повело́ к его́ почти́ постоя́нному прожива́нию за грани́цей.

В 1852 г., по́сле вы́хода „Запи́сок охо́тника“, Турге́нев был аресто́ван и вы́слан в своё име́ние. „Запи́ски охо́тника“ э́то сбо́рник 25-ти расска́зов, в числе́ кото́рых нахо́дится расска́з „Бирю́к“. В э́том расска́зе, как и в большинстве́ остальны́х, Турге́нев опи́сывает безвы́ходную крестья́нскую нищету́.

В 1856 г. вы́шел пе́рвый рома́н Турге́нева—„Ру́дин“, откры́вший собо́й ряд после́дующих рома́нов: „Дворя́нское гнездо́“, „Накану́не“, „Отцы́ и де́ти“, „Дым“, и „Новь“.

Большо́е ме́сто в произведе́ниях Турге́нева занима́ют его́ по́вести: „А́ся“, „Пе́рвая любо́вь“, „Ве́шние во́ды“, а та́кже пье́сы, кото́рые

Орёл, city in central Russia	**охо́тник,** hunter
воспита́ние, education	**вы́слан,** banished
ча́стный, private	**име́ние,** estate
пансио́н, boarding school	**сбо́рник,** volume
сре́дняя шко́ла, high school	**большинство́,** majority
поступи́ть (P), to enter	**безвы́ходный,** hopeless, desperate
стихи́, verse	**нищета́,** poverty, destitution
положи́тельный, favorable	**после́дующий,** subsequent
состоя́ться (P), to occur	**дворя́нский,** noble
певи́ца, singer (fem.)	**гнездо́,** nest
ли́чный, personal	**накану́не,** eve
постоя́нный, constant	**новь,** virgin soil
прожива́ние, residence	**по́весть,** tale
запи́ски, notes, memoirs	**ве́шний,** vernal

по́льзовались больши́м успе́хом: ,,Где то́нко, там и рвётся", ,,Холостя́к", ,,За́втрак у предводи́теля" и други́е.

Одни́м из после́дних произведе́ний Турге́нева была́ се́рия худо́жественных миниатю́р, кото́рые бы́ли напсча́таны в 1882 г. под о́бщим загла́вием ,,Стихотворе́ния в про́зе". Среди́ них выделя́ются ,,Па́мяти Ю.П.В.," ,,Поро́г" и ,,Щи".

Ива́н Серге́евич Турге́нев у́мер 22-го а́вгуста 1883 г. в больши́х муче́ниях от ра́ка. Его́ те́ло бы́ло перевезено́ из Фра́нции в Петербу́рг.

по́льзоваться, to enjoy	**стихотворе́ние,** poem
рва́ться, to tear	**выделя́ться,** to stand out
холостя́к, bachelor	**щи,** cabbage soup
предводи́тель, marshal (of nobility)	**поро́г,** threshold
худо́жественный, artistic	**муче́ние,** torment
напеча́танный, printed	**рак,** cancer
загла́вие, title	

Стихотворе́ния в про́зе

Па́мяти Ю. П. В.

На гря́зи, на воню́чей сыро́й соло́ме, под наве́сом ве́тхого сара́я, на ско́рую ру́ку[1] превращённого в похо́дный вое́нный го́шпиталь,[2] в разорённой болга́рской деревӱшке—сли́шком[3] две неде́ли умира́ла она́ от ти́фа.

Она́ была́ в беспа́мятстве—и ни оди́н врач да́же не взгляну́л на неё; больны́е солда́ты, за кото́рыми она́ уха́живала, пока́ ещё[4] могла́ держа́ться на нога́х—поочерёдно поднима́лись с свои́х заражённых ло́говищ, чтобы поднести́ к её запёкшимся губа́м не́сколько ка́пель воды́ в черепке́ разби́того горшка́.

Она́ была́ молода́, краси́ва; вы́сший свет[5] её знал; об ней осведомля́лись да́же сано́вники.—Да́мы ей зави́довали; мужчи́ны за ней волочи́лись[6] . . . два-три челове́ка та́йно и глубо́ко люби́ли её. Жизнь ей улыба́лась; но быва́ют улы́бки хӱже слёз.

Не́жное, кро́ткое се́рдце . . . и така́я си́ла, така́я жа́жда же́ртвы!— Помога́ть нужда́ющимся в по́мощи[7] . . . она́ не ве́дала друго́го сча́стия . . . не ве́дала—и не изве́дала.—Вся́кое друго́е сча́стье прошло́ ми́мо. —Но она́ с э́тим давно́ примири́лась—и, вся пыла́я огнём неугаси́мой ве́ры, отдала́сь на служе́ние бли́жним.

воню́чий, stinking	**осведомля́ться,** to inquire about
наве́с, awning	**сано́вник,** dignitary
ве́тхий, decrepit	**ве́дать,** to know
запёкшийся, parched	**пыла́ть,** to flame
черепо́к, crock	**неугаси́мый,** inextinguishable
разби́тый, shattered	

Каки́е заве́тные кла́ды схорони́ла она́ там, в глубине́ души́, в са́мом её тайнике́[8]—никто́ не знал никогда́—а тепе́рь, коне́чно, не узна́ет.

Да и к чему́?[9] Же́ртва принесена́ . . . де́ло сде́лано.

Но го́рестно ду́мать, что никто́ не сказа́л спаси́ба да́же её тру́пу—хотя́ она́ сама́ стыди́лась и чужда́лась вся́кого спаси́ба.[10]

Пусть же не оскорби́тся её ми́лая тень э́тим по́здним цветко́м, кото́рый я осме́ливаюсь возложи́ть на её моги́лу!*

1878

заве́тный, cherished	**чужда́ться,** to avoid, shun
схорони́ть (P), to bury	**осме́ливаться,** to dare

Поро́г

Я ви́жу грома́дное зда́ние.

В пере́дней стене́ у́зкая дверь раскры́та на́стежь; за две́рью—угрю́мая мгла. Пе́ред высо́ким поро́гом стои́т де́вушка . . . . Ру́сская де́вушка.

Моро́зом ды́шит та непрогля́дная мгла; и вме́сте с ледени́щей струёй выно́сится из глубины́ зда́ния медли́тельный, глухо́й го́лос.

,,О ты, что жела́ешь[11] переступи́ть э́тот поро́г—зна́ешь ли ты, что тебя́ ожида́ет?"

—Зна́ю,—отвеча́ет де́вушка.

,,Хо́лод, го́лод, не́нависть, насме́шка, презре́ние, оби́да, тюрьма́, боле́знь и са́мая смерть?"

—Зна́ю.

,,Отчужде́ние по́лное, одино́чество?"

—Зна́ю.—Я гото́ва. Я перенесу́ все страда́ния, все уда́ры.

,,Не то́лько от враго́в—но и от родны́х, от друзе́й?"

—Да . . . и от них.

,,Хорошо́. Ты гото́ва на же́ртву?"

—Да.

на́стежь, wide open	**презре́ние,** contempt
мгла, shadows	**оби́да,** injury
непрогля́дный, impenetrable	**отчужде́ние,** alienation
ледени́щий, icy	**же́ртва,** sacrifice, victim
медли́тельный, sluggish	

* Па́мяти Ю́лии Петро́вны Вре́вской (1841–1878), у́мершей в го́спитале в Болга́рии, где она́ во вре́мя ру́сско-туре́цкой войны́ рабо́тала в ка́честве сестры́ милосе́рдия. Турге́нев относи́лся к ней с чу́вством глубо́кой симпа́тии, признава́ясь в одно́м из пи́сем к ней, что ,,с тех пор, как встре́тил, полюби́л (её) дру́жески."

,,На безымя́нную же́ртву?—Ты поги́бнешь—и никто́ . . . никто́ не бу́дет да́же знать, чью па́мять почти́ть!"

—Мне не ну́жно ни благода́рности, ни сожале́ния. Мне не ну́жно и́мени.

,,Гото́ва ли ты на преступле́ние?"

Де́вушка поту́пила го́лову . . . .

—И на преступле́ние гото́ва.

Го́лос не то́тчас возобнови́л свои́ вопро́сы.

,,Зна́ешь ли ты,—заговори́л он наконе́ц,—что ты мо́жешь разуве́-риться в том, чему́[12] ве́ришь тепе́рь, мо́жешь поня́ть, что обману́лась и да́ром погуби́ла свою́ молоду́ю жизнь?"

—Зна́ю и э́то. И всё-таки я хочу́ войти́.

,,Войди́!"

Де́вушка перешагну́ла поро́г—и тяжёлая заве́са упа́ла за не́ю.

,,Ду́ра!" проскрежета́л кто́-то сза́ди.

,,Свята́я!" пронесло́сь отку́да-то в отве́т.

1878

безымя́нный, nameless	**обману́ться** (P), to be deceived
возобнови́ть (P), to renew	**поту́пить** (P), to lower
разуве́риться (P), lose faith	**да́ром,** for nothing

Щи

У ба́бы-вдовы́ у́мер её еди́нственный, двадцатиле́тний сын, пе́рвый на селе́ рабо́тник.[13]

Ба́рыня, поме́щица того́ са́мого села́, узна́в о го́ре ба́бы, пошла́ навести́ть её в са́мый день похоро́н.

Она́ заста́ла её до́ма.

Сто́я посреди́ избы́, пе́ред столо́м, она́, не спеша́, ро́вным движе́ньем пра́вой руки́ (ле́вая висе́ла пле́тью[14])—че́рпала пусты́е щи[15] со дна закопте́лого горшка́ и глота́ла ло́жку за ло́жкой.

Лицо́ ба́бы осу́нулось и потемне́ло; глаза́ покрасне́ли и опу́хли . . . но она́ держа́лась и́стово[16] и пря́мо, как в це́ркви.

,,Го́споди!—поду́мала ба́рыня.—Она́ мо́жет есть в таку́ю мину́ту . . . каки́е одна́ко у них у всех[17] гру́бые чу́вства!"

И вспо́мнила тут ба́рыня, как, потеря́в, не́сколько лет тому́ наза́д, девятиме́сячную дочь, она́ с го́ря отказа́лась наня́ть прекра́сную

вдова́, widow	**глота́ть,** to swallow
поме́щица, landlady	**осу́нуться** (P), to grow thin
че́рпать, to spoon up	**опуха́ть,** to swell
закопте́лый, sooty	

да́чу под Петербу́ргом—и прожила́ це́лое ле́то в го́роде!—А ба́ба продолжа́ла хлеба́ть щи.

Ба́рыня не вы́терпела наконе́ц.

—Татья́на!—промо́лвила она́ . . .—поми́луй!—Я удивля́юсь! Неуже́ли ты своего́ сы́на не люби́ла? Как у тебя́ не пропа́л[18] аппети́т?—Как мо́жешь ты есть э́ти щи!

—Вася мой по́мер,—ти́хо проговори́ла ба́ба—и наболе́вшие слёзы сно́ва побежа́ли по её впа́лым щека́м.—Зна́чит,[19] и мой пришёл коне́ц: с живо́й с меня́[20] сня́ли го́лову. А щам не пропада́ть же: ведь они́ посо́ленные.

Ба́рыня то́лько плеча́ми пожа́ла—и пошла́ вон. Ей-то соль достава́лась дёшево.[21]

1878

хлеба́ть, to gulp	**впа́лый,** sunken
вы́терпеть (P), to endure	**щека́,** cheek
наболе́вший, painful	**пожа́ть** (P), to shrug

I. Notes

1. **на ско́рую ру́ку,** hastily. This is an example of an adverbial consisting of a preposition followed by a noun (sometimes modified).
2. **го́шпиталь,** (archaic) instead of **го́спиталь.**
3. **сли́шком** instead of **с ли́шком,** over, above.
4. **пока́ ещё,** while still.
5. **вы́сший свет,** high society.
6. **за ней волочи́лись,** ran after her.
7. **нужда́ющимся в по́мощи,** those needing help; **нужда́ющимся,** present active participle used as a noun.
8. **в са́мом её тайнике́,** in the innermost depths of her heart.
9. **Да и к чему́?** What's the use anyway?
10. **вся́кого спаси́ба,** any gratitude; **спаси́бо** is used here as a neuter noun.
11. **ты, что жела́ешь,** you, who wish. The use of **что** as a relative pronoun, equivalent to **кото́рый,** meaning 'who, which' is somewhat archaic and colloquial.
12. **в том, чему́,** that which.
13. **пе́рвый на селе́ рабо́тник,** best worker in the village.
14. **висе́ла пле́тью,** hung like a lash; **пле́тью,** adverbial use of the instrumental case.
15. **пусты́е щи,** meatless cabbage soup.
16. **и́стово,** (archaic) properly, seriously.
17. **у них у всех = у них всех.** This repetitive use of the prepositions occurs in informal usage.
18. **Как у тебя́ не пропа́л,** Why didn't you lose . . . ?
19. **Зна́чит,** so, a parenthetical expression.

20. **с живо́й с меня́ = с меня́ живо́й.** See Note 17.

21. **Ей-то соль достава́лась дёшево.** She got her salt cheaply. **-то** is used here as an emphatic.

II. Language Analysis

A.

1. Find in the dictionary the synonyms of the following adjectives used in the text: **сыро́й, ско́рый, не́жный, грома́дный, угрю́мый.**

2. Find in the dictionary the antonyms of the following adjectives: **больно́й, молодо́й, краси́вый, кро́ткий, по́здний, у́зкий, высо́кий.**

3. Find in the dictionary the several meanings of **гру́бый.** Write as many sentences using the above adjectives as you can.

B.

1. Review the use of the participles. Find the sentences in which the following participles are used and indicate (1) their voice, tense, case, gender and number, (2) the infinitives from which they are derived, (3) and the manner in which they are employed: **превращённого, разорённой, заражённых, запёкшимся, разби́того, нужда́ющимся, ледени́щей, наболе́вшие, посо́ленные.**

2. Find the sentences in the text in which the following verbs are used impersonally and indicate the difference in their usage here: **жизнь ей улыба́лась, пронесло́сь.**

3. Look up in the dictionary whether there are any differences in aspect and/or meaning in the following verb pairs: **знать : узна́ть; ве́дать : изве́дать; говори́ть : заговори́ть; ве́рить : разуве́рить; темне́ть : потемне́ть; красне́ть : покрасне́ть; возложи́ть : положи́ть; упа́сть : пропа́сть.** What is the function of the verbal prefix in each of the above instances?

4. Find the infinitives of the following past tense forms: **прошло́, упа́ла, пронесло́сь, у́мер, пошла́, осу́нулось, опу́хли, пропа́л, по́мер, пришёл.**

C.

1. Find in the text the following: **ты мо́жешь разуве́риться в том, чему́ ве́ришь . . . .** Explain the case usage of **. . . том, чему́.**

2. Parenthetical expressions, i.e., words or groups of words syntactically not related to the rest of the sentence, are marked off by commas or dashes. Find the sentences in the text where the parenthetical expressions **зна́чит** and **поми́луй** are used.

3. Translate the following expressions and use them in your own sentences: **держа́ться на нога́х, нужда́ться в по́мощи, перенести́ страда́ние, заста́ть до́ма, прожи́ть це́лое ле́то.**

4. What cases do the following verbs govern: **ве́рить, глота́ть, дыша́ть, зави́довать, люби́ть, пожа́ть, помога́ть, продолжа́ть, пыла́ть, че́рпать, схорони́ть, оскорби́ться, отда́ться, стыди́ться, улыба́ться, чужда́ться?**

5. Find the following instances in the text where Russian word order differs from English:

    (a) Object pronoun before verb:
        мужчи́ны за ней волочи́лись; она́ с э́тим давно́ примири́лась.

    (b) Adjective after noun:
        отчужде́ние по́лное.

    (c) Adverbial between adjective and noun:
        пе́рвый на селе́ рабо́тник. (Notice use of **на** here.)

    (d) Subject after predicate:
        и вспо́мнила тут ба́рыня.

III. Questions

Па́мяти Ю. П. В.

1. Где умира́ла Ю́лия Петро́вна?
2. Како́й э́то был го́спиталь?
3. От чего́ она́ умира́ла?
4. Кто ока́зывал ей по́мощь?
5. Когда́ она́ была́ молода́ и краси́ва, кто ей зави́довал? Кто её та́йно люби́л?
6. Почему́ она́ отдала́сь на служе́ние бли́жним?
7. Кто зна́ет каки́е заве́тные кла́ды схорони́ла она́?
8. Почему́ го́рестно ду́мать, что никто́ не сказа́л спаси́ба её тру́пу?
9. Кто возложи́л на её моги́лу по́здний цвето́к?

Поро́г

1. Где стоя́ла де́вушка?
2. Отку́да выноси́лся го́лос?
3. На что была́ согла́сна ру́сская де́вушка?
4. Что ожида́ет её по́сле того́, как она́ переступи́т поро́г?
5. Гото́ва ли была́ она́ перенести́ все страда́ния?
6. Гото́ва ли она́ была́ на же́ртву?
7. Хоте́ла ли она́ благода́рности и сожале́ния?
8. Гото́ва ли она́ была́ на преступле́ние?
9. Могла́ ли она́ разуве́риться в том, чему́ она́ ве́рила?
10. Перешагну́ла ли де́вушка поро́г?
11. Кто задава́л вопро́сы?

Щи

1. Кто у́мер у ба́бы?
2. Кто её навести́л в день похоро́н?
3. Сиде́ла ли ба́ба у стола́?
4. Что она́ де́лала, сто́я посреди́ избы́?
5. Како́е лицо́ бы́ло у ба́бы?
6. Стоя́ла ли она́ пря́мо?
7. Что поду́мала ба́рыня о ней?
8. Что вспо́мнила ба́рыня?
9. Что она́ с го́ря отказа́лась де́лать?
10. Где ба́рыня всё ле́то прожила́?
11. Удиви́лась ли она́, что ба́ба-вдова́ щи е́ла?
12. Что произошло́ в опи́сываемый день в жи́зни ба́бы?
13. Кака́я ра́зница в проявле́нии го́ря ба́рыни и ба́бы?

Всеволод Михайлович Гаршин
(1855–1888)

Всеволод Михайлович Гаршин смотрел на жизнь пессимистически. Он считал, что в условиях его времени, для интеллигенции не может быть благоприятных перспектив, но всё-таки верил в борьбу за свободу и счастье людей.

В припадке психического расстройства Гаршин покончил самоубийством, когда ему было всего 33 года.

Из немногочисленных произведений Гаршина выделяются три рассказа: ,,Четыре дня", ,,Красный цветок" и ,,Attalea princeps".

Рассказ ,,Attalea princeps" написан в аллегорической форме. Это—история пальмы, погибающей в результате своих попыток вырваться на свободу из-под крыши оранжереи. Холод её убивает и вместе с ней гибнет маленькая травка.

По настроениям Гаршин стоит близко к поэту Надсону, но по форме и жанру своих произведений В. М. Гаршина можно считать одним из ближайших предшественников Чехова.

пессимисти́чески, pessimistically	**выделя́ться,** to stand out
усло́вие, condition	**погиба́ющий,** perishing
благоприя́тный, favorable	**попы́тка,** attempt
перспекти́ва, prospect, outlook	**вы́рваться** (Р), to break out
борьба́, struggle	**кры́ша,** roof
свобо́да, freedom	**оранжере́я,** hot-house
психи́ческое расстро́йство, mental disorder	**убива́ть,** to kill
поко́нчить (Р) **самоуби́йством,** to commit suicide	**ги́бнуть,** to perish
немногочи́сленный, few	**С. Я. На́дсон,** (1862–1887) Russian poet
аллегори́ческий, allegoric	**настрое́ние,** mood
	предше́ственник, forerunner

Attalea princeps

В одном большом городе был ботанический сад, а в этом саду— огромная оранжерея из железа и стекла. Она была очень красива: стройные витые колонны поддерживали всё здание; на них

ботани́ческий, botanical	**вита́я коло́нна,** wreathed column
оранжере́я, hothouse	**подде́рживать,** to support
стекло́, glass	**зда́ние,** building
стро́йный, slender, well proportioned	

опира́лись лёгкие узо́рчатые а́рки, переплетённые[1] ме́жду собо́ю це́лой паути́ной желе́зных рам, в кото́рые бы́ли вста́влены стёкла. Осо́бенно хороша́ была́ оранжере́я, когда́ со́лнце заходи́ло и освеща́ло её кра́сным све́том. Тогда́ она́ вся горе́ла, кра́сные о́тблески игра́ли и перелива́лись, то́чно в огро́мном, ме́лко отшлифо́ванном драгоце́нном ка́мне.

Сквозь то́лстые прозра́чные стёкла видне́лись заключённые[2] расте́ния. Несмотря́ на величину́ оранжере́и, им бы́ло в ней те́сно. Ко́рни переплели́сь[3] ме́жду собо́ю и отнима́ли друг у дру́га вла́гу и пи́щу. Ве́тви дере́в[4] меша́лись с огро́мными ли́стьями пальм, гну́ли и лома́ли их и са́ми, налега́я на желе́зные ра́мы, гну́лись и лома́лись. Садо́вники постоя́нно обреза́ли ве́тви, подвя́зывали про́волоками ли́стья, что́бы они́ не могли́ расти́, куда́ хотя́т, но э́то пло́хо помога́ло. Для расте́ний ну́жен был широ́кий просто́р, родно́й край и свобо́да. Они́ бы́ли уроже́нцы жа́рких стран, не́жные, роско́шные созда́ния; они́ по́мнили свою́ ро́дину и тоскова́ли о ней. Как ни[5] прозра́чна стекля́нная кры́ша, но она́ не я́сное не́бо. Иногда́, зимо́й, стёкла обмерза́ли; тогда́ в оранжере́е станови́лось совсе́м темно́. Гуде́л ве́тер, бил в ра́мы и заставля́л их дрожа́ть. Кры́ша покрыва́лась наметённым[6] сне́гом. Расте́ния стоя́ли и слу́шали вой ве́тра и вспомина́ли ино́й ве́тер, тёплый, вла́жный, дава́вший им жизнь и здоро́вье. И им хоте́лось вновь почу́вствовать его́ ве́янье, хоте́лось, что́бы он покача́л их ветвя́ми, поигра́л их ли́стьями. Но в оранжере́е

узо́рчатый, ornamented
а́рка, arch
паути́на, spider web
ра́ма, (window) frame
вста́вить (P), to put in
заходи́ть, to set
освеща́ть, to illuminate
о́тблеск, reflection
перелива́ться, to be irridescent
отшлифо́ванный, polished
драгоце́нный, precious
прозра́чный, transparent
видне́ться, to be seen
расте́ние, plant
величина́, size
те́сный, crowded
ко́рень, root
отнима́ть, to take away
вла́га, moisture
пи́ща, food
ветвь (f), branch
меша́ться, to intervene
па́льма, palm (tree)
гнуть, to bend
лома́ть, to break

налега́ть, to press
садо́вник, gardener
постоя́нный, constant
обреза́ть, to cut off
подвя́зывать, to tie
про́волока, wire
просто́р, space
уроже́нец, native
не́жный, tender
роско́шный, luxurious
созда́ние, creature
ро́дина, homeland
тоскова́ть, to pine
стекля́нный, glass (adj)
кры́ша, roof
обмерза́ть, to be covered with frost
гуде́ть, to shriek
заставля́ть, to force
покрыва́ться, to become covered
вой, howling
вла́жный, moist
вновь, again, anew
ве́янье, blowing
покача́ть (P), wave

во́здух был неподви́жен; ра́зве то́лько иногда́ зи́мняя бу́ря выбива́ла стекло́, и ре́зкая, холо́дная струя́, по́лная и́нея,[7] влета́ла под свод.[8] Куда́ попада́ла э́та струя́, там ли́стья бледне́ли, съёживались и увяда́ли.

Но стёкла вставля́ли о́чень ско́ро. Ботани́ческим са́дом управля́л отли́чный учёный дире́ктор и не допуска́л никако́го беспоря́дка, несмотря́ на то, что бо́льшую часть своего́ вре́мени проводи́л в заня́тиях с микроско́пом в осо́бой стекля́нной бу́дочке,[9] устро́енной в гла́вной оранжере́е.

Была́ ме́жду расте́ниями одна́ па́льма, вы́ше всех и краси́вее всех. Дире́ктор, сиде́вший в бу́дочке, называ́л её по-латы́ни Attalea. Но э́то и́мя не́ было её родны́м и́менем: его́ приду́мали бота́ники. Родно́го и́мени бота́ники не зна́ли, и оно́ не́ было напи́сано са́жей на бе́лой доще́чке,[10] приби́той к стволу́ па́льмы. Раз пришёл в ботани́ческий сад прие́зжий из той жа́ркой страны́, где вы́росла[11] па́льма; когда́ он уви́дел её, то улыбну́лся, потому́ что она́ напо́мнила ему́ ро́дину.

—А!—сказа́л он,—я зна́ю э́то де́рево.—И он назва́л его́ родны́м и́менем.

—Извини́те,—кри́кнул ему́ из свое́й бу́дочки дире́ктор, в э́то вре́мя внима́тельно разре́зывавший бри́твою како́й-то стебелёк,[12]—вы ошиба́етесь. Тако́го де́рева, како́е вы изво́лили сказа́ть, не суще́ствует. Это—Attalea princeps, ро́дом из Брази́лии.

—О, да,—сказа́л бразилья́нец,—я вполне́ ве́рю вам, что бота́ники называ́ют её Attalea, но у неё есть и родно́е, настоя́щее и́мя.

—Настоя́щее и́мя есть то, кото́рое даётся нау́кой,—су́хо сказа́л

неподви́жный, immovable	приду́мать (P), to think up
бу́ря, storm	бота́ник, botanist
выбива́ть, to knock out	са́жа, soot
ре́зкий, sharp	приби́ть (P), to attach
струя́, current, jet	ствол, trunk
влета́ть (P), to fly in	прие́зжий, traveler
попада́ть, to hit	улыбну́ться (P), to smile
бледне́ть, to turn pale	напо́мнить (P), to remind
съёживаться, to shrivel	извини́ть (P), to excuse
увяда́ть, to wither	кри́кнуть (P), to shout
управля́ть, to manage	внима́тельный, attentive
отли́чный, excellent	разре́зывать, to slice
учёный, learned	бри́тва, razor
допуска́ть, to allow	ошиба́ться, to be mistaken
беспоря́док, disorder	изво́лить, to be pleased
проводи́ть, to spend	ро́дом из, native of
заня́тия, studies	Брази́лия, Brazil
устро́ить (P), to install, arrange	бразилья́нец, Brazilian (noun)
по-латы́ни, in Latin	сухо́й, dry

бота́ник и за́пер[13] дверь свое́й бу́дочки, что́бы ему́ не меша́ли лю́ди, не понима́ющие да́же того́, что уж е́сли что́-нибудь сказа́л челове́к нау́ки, так ну́жно молча́ть и слу́шаться.

А брази́лья́нец до́лго стоя́л и смотре́л на де́рево, и ему́ станови́лось всё грустне́е и грустне́е. Вспо́мнил он свою́ ро́дину, её со́лнце и не́бо, её роско́шные леса́ с чу́дными зверя́ми и пти́цами, её пусты́ни, её чу́дные ю́жные но́чи. И вспо́мнил ещё, что нигде́ не быва́л он счастли́в, кро́ме родно́го кра́я, а он объе́хал весь свет. Он косну́лся руко́ю па́льмы, как бу́дто бы проща́ясь с не́ю, и ушёл из са́да, а на друго́й день уже́ е́хал на парохо́де домо́й.

А па́льма оста́лась. Ей тепе́рь ста́ло ещё тяжеле́е, хотя́ и до э́того слу́чая бы́ло о́чень тяжело́. Она́ была́ совсе́м одна́. На пять са́жен[14] возвыша́лась она́ над верху́шками всех други́х расте́ний, и э́ти други́е расте́ния не люби́ли её, зави́довали ей и счита́ли го́рдою. Э́тот рост доставля́л ей то́лько одно́ го́ре; кро́ме того́, что все бы́ли вме́сте, а она́ была́ одна́, она́ лу́чше всех по́мнила своё родно́е не́бо и бо́льше всех тоскова́ла о нём, потому́ что бли́же всех была́ к тому́, что заменя́ло им его́: к га́дкой стекля́нной кры́ше. Сквозь неё ей видне́лось иногда́ что́-то голубо́е; то бы́ло не́бо, хоть и чужо́е и бле́дное, но всё-таки настоя́щее голубо́е не́бо. И когда́ расте́ния болта́ли ме́жду собо́ю, Attalea всегда́ молча́ла, тоскова́ла и ду́мала то́лько о том, как хорошо́ бы́ло бы постоя́ть да́же и под э́тим бле́дненьким[15] не́бом.

—Скажи́те пожа́луйста, ско́ро ли нас бу́дут полива́ть ?—спроси́ла са́говая па́льма, о́чень люби́вшая сы́рость.—Я, пра́во,[16] ка́жется, засо́хну сего́дня.

—Меня́ удивля́ют ва́ши слова́, сосе́душка,[17]—сказа́л пуза́тый ка́ктус.—Неуже́ли вам ма́ло того́ огро́много коли́чества воды́, кото́рое на вас вылива́ют ка́ждый день ? Посмотри́те на меня́: мне даю́т о́чень ма́ло вла́ги, а я всё-таки свеж и со́чен.[18]

меша́ть, to disturb
гру́стный, sad
чу́дный, marvellous
пусты́ня, desert
ю́жный, southern
объе́хать (P), to travel around
косну́ться (P), to touch
проща́ться, to take leave
парохо́д, steamer
возвыша́ться, to tower
верху́шка, top
зави́довать, to envy
го́рдый, proud
доставля́ть, to bring

го́ре, grief
заменя́ть, to replace
га́дкий, nasty
голубо́й, azure
болта́ть, to chatter
полива́ть, to water
са́говый, sago (adj)
сы́рость, humidity
засо́хнуть (P), to dry up, wither
удивля́ть, to astonish, amaze
пуза́тый, paunchy
коли́чество, quantity
вылива́ть, to pour out
све́жий, fresh

—Мы не привы́кли[19] быть чересчу́р бережли́выми,—отвеча́ла са́говая па́льма.—Мы не мо́жем расти́ на тако́й сухо́й и дрянно́й по́чве, как каки́е-нибудь ка́ктусы. Мы не привы́кли жить ка́к-нибудь. И кро́ме всего́ э́того скажу́ вам ещё, что вас не про́сят де́лать замеча́ния.

Сказа́в э́то, са́говая па́льма оби́делась и замолча́ла.

—Что каса́ется меня́,—вмеша́лась кори́ца,—то я почти́ дово́льна свои́м положе́нием. Пра́вда, здесь скучнова́то,[20] но уж я, по кра́йней ме́ре, уве́рена, что меня́ никто́ не обдерёт.[21]

—Но ведь не всех же нас обдира́ли,—сказа́л древови́дный па́по-ротник.[22]—Коне́чно, мно́гим мо́жет показа́ться ра́ем и э́та тюрьма́ по́сле жа́лкого существова́ния, кото́рое они́ вели́ на во́ле.

Тут кори́ца, забы́в, что её обдира́ли, оскорби́лась и начала́ спо́рить. Не́которые расте́ния вступи́лись за неё, не́которые за па́поротник, и начала́сь горя́чая перебра́нка. Е́сли бы они́ могли́ дви́гаться, то непреме́нно бы подра́лись.

—Заче́м вы ссо́ритесь?—сказа́ла Attalea.—Ра́зве вы помо́жете себе́ э́тим? Вы то́лько увели́чиваете своё несча́стье зло́бою и раздраже́нием. Лу́чше оста́вьте ва́ши спо́ры и поду́майте о де́ле. Послу́шайте меня́: расти́те вы́ше и ши́ре, раски́дывайте ве́тви, напира́йте на ра́мы и стёкла, на́ша оранжере́я рассы́плется[23] в куски́, мы вы́йдем на свобо́ду. Е́сли одна́ кака́я-нибудь ве́тка упрётся[24] в стекло́, то, коне́чно, её отре́жут, но что сде́лают с со́тней си́льных и сме́лых стволо́в? Ну́жно то́лько рабо́тать дружне́е, и побе́да за на́ми.[25]

привы́кнуть (P), to be accustomed	**перебра́нка**, squabble
чересчу́р, too	**непреме́нно**, without fail
бережли́вый, thrifty	**подра́ться** (P), to fight
дрянно́й, wretched	**ссо́риться**, to quarrel
замеча́ние, reprimand	**увели́чивать**, to increase
оби́деться (P), to be offended	**зло́ба**, anger
каса́ться, to concern	**раздраже́ние**, irritation
вмеша́ться (P), to butt in	**спор**, argument
кори́ца, cinnamon	**раски́дывать**, to spread
уве́ренный, sure	**напира́ть**, to press
рай, paradise	**ве́тка**, branch
тюрьма́, prison	**отре́зать** (P), to cut off
жа́лкий, pitiful	**со́тня**, a hundred
существова́ние, existence	**сме́лый**, bold
оскорби́ться (P), to be insulted	**дру́жный**, harmonious
спо́рить, to argue	**побе́да**, victory
вступи́ться (P), to intercede	

I. Notes

1. **переплетённые**, interlaced; past pass. part. of **переплести́**, to interlace.
2. **заключённые**, imprisoned; past pass. part. of **заключи́ть**, to imprison.

3. **переплели́сь,** became entangled; past tense of **переплести́сь,** to become entangled.
4. **дерёв,** of trees; regional variant, gen. plural for **дере́вьев.**
5. **как ни,** however.
6. **наметённым,** drifted; past pass. part. of **намести́,** to drift.
7. **и́нея,** hoar-frost; gen. of **и́ней.**
8. **свод,** here 'dome'.
9. **бу́дочке,** little booth; dimin. of **бу́дка,** booth.
10. **дощёчке,** name plate, tag; dimin. of **доска́,** board.
11. **вы́росла,** grew up; past tense of **вы́расти,** to grow up.
12. **стебелёк,** little stalk; gen. **стебелька́** etc., dimin. of **сте́бель,** stem, stalk.
13. **за́пер,** locked; past tense of **запере́ть,** to lock.
14. **са́жен,** fathoms; gen. pl. of **саже́нь,** fathom, about two yards.
15. **бле́дненьким,** palish; dimin. of **бле́дный,** pale.
16. **пра́во,** here 'really, indeed'.
17. **сосе́душка,** neighbor; dimin. of **сосе́д,** neighbor.
18. **со́чен,** juicy; masculine short form adj. of **со́чный,** juicy.
19. **привы́кли,** become accustomed; past tense of **привы́кнуть,** to become accustomed.
20. **скучнова́то,** dullish; from **ску́чно** dull, bored. The Russian-**оват**-suffix is roughly equivalent to the English -ish.
21. **обдерёт,** will peel; from **ободра́ть,** to skin, peel, fleece. The infinitive and past tense forms have the **обо-** prefix, because they begin with two consonants.
22. **древови́дный па́поротник,** tree fern.
23. **рассы́плется,** will crumble; from **рассы́паться,** to crumble.
24. **упрётся,** will rest firmly; from **упере́ться,** to rest firmly.
25. **побе́да за на́ми,** victory is ours.

II. Language Analysis

A.

1. Look up in the dictionary the meaning of the following: **стекло́, свет, тяжёлый, гуде́ть.** Use these in sentences.

2. Find the synonyms of the following: **жизнь, ро́дина, во́ля, вла́га; огро́мный, ино́й, отли́чный, га́дкий; видне́ться, болта́ть; ско́ро, постоя́нно, вновь, вполне́.**

3. Find the antonyms of the following: **здоро́вье, го́ре, сы́рость; большо́й, пуза́тый, жа́ркий, чужо́й, тёмный, сухо́й; прийти́, вспо́мнить; до́лго, гру́стно.**

4. Illustrate the difference (if any) between the following pairs by sentences of your own: **оби́деться : оскорби́ться; перебра́нка : ссо́ра; те́сный : у́зкий.**

B.

1.

    (a) What is the nominative plural of the following nouns: **стекло́, лист, ветвь, уроже́нец, бразилья́нец, беспоря́док, стебелёк, кусо́к, лес, и́мя?**

    (b) What is the genitive plural of the following: **ра́ма, де́рево, са́жень, бу́дочка, дощёчка?**

    (c) What is the nominative singular of **лю́ди?**

2.

(a) Indicate the rest of the short form adjective of the following, as well as the long form adjective from which they are derived: краси́ва, хороша́, прозра́чна, неподви́жен, счастли́в, свеж, дово́льна, уве́рена. Indicate also the stress on each form.

(b) Find in the text the following adjective used as a noun: прие́зжий.

(c) What are the positive degree forms of the following comparatives: вы́ше, красиве́е, грустне́е, тяжеле́е, лу́чше, бли́же, ши́ре, дружне́е? Observe the stress on each form. Remember, if the short forms feminine adjective has a stress in the last -a, then the first -е- of the comparative suffix is stressed, -е́е, otherwise the stress in the comparative is on the same part of the word as in the positive form.

3. What are the past tense forms of the following: вести́, переплести́, намести́, вы́расти, запере́ть, привы́кнуть, помо́чь; переплести́сь, упере́ться?

4. Find the following participles in the text and indicate their tense, infinitive voice and aspect, as well as the noun which they modify: переплетённые, отшлифо́ванном, заключённые, наметённым, дава́вший, устро́енный, сиде́вший, приби́той, разре́зывавший, понима́ющие, люби́вшая. In which of these do you have a word order different from English? Which of these are used as adjectives?

5. What cases do the following prepositions govern in the text: кро́ме, ме́жду, несмотря́ на, под, сквозь?

6. Find following conjunctions in the text: когда́, но, хоть, что, чтобы; несмотря́ на то, что; потому́ что; е́сли..., то.

C.

1.

(a) What cases do the following verbs govern in the text: каса́ться; кри́кнуть, ве́рить, меша́ть, зави́довать; освеща́ть, гнуть, обреза́ть, заставля́ть, вспомина́ть, выбива́ть, приду́мать, вспо́мнить, удивля́ть, послу́шать; покрыва́ться, покача́ть, поигра́ть, управля́ть, счита́ть?

(b) What two cases do the following verbs govern in the text: дава́ть, напо́мнить, назва́ть, косну́ться, доставля́ть, показа́ться, помо́чь, увели́чивать?

(c) What case do по́лный and дово́льный govern in the text?

2. Find in the text these verbs followed by the prepositions and the nouns which the prepositions govern: опира́ться на + acc.; меша́ться с + instr.; тоскова́ть о + prep.; смотре́ть на + acc.; проща́ться с + instr.; вступи́ться за + acc.; поду́мать о + prep.; напира́ть на + acc.; рассы́паться в + acc.; сде́лать с + instr.

3. Find in the text more examples of following impersonal construction: (1) *without subject:* ну́жно, молча́ть и слу́шать; хорошо́ бы́ло бы постоя́ть; тогда́ в оранжере́е станови́лось темно́ (2) *with reference to person in dative:* им в ней бы́ло те́сно; им хоте́лось вновь почу́вствовать; ему́ станови́лось... грустне́е; ей тепе́рь ста́ло тяжело́.

4.

(a) Find in the text the following examples (and more) of absence of subject: стёкла вставля́ли о́чень ско́ро; вас не про́сят де́лать замеча́ния; не всех же нас обдира́ли; коне́чно её отре́жут.

(b) Find in the text the following examples (and others) of subject after verb: (1) *with reflexive verbs:* на них опира́лись... а́рки; видне́лись... расте́ния; начала́сь горя́чая перебра́нка. (2) *After quotations:* Извини́те,—кри́кнул ему́... дире́ктор. (3) *With short form adjectives:* Осо́бенно хороша́ была́ оранжере́я. (4) *Other:* была́ ме́жду расте́ниями одна́ па́льма; его́ приду́мали бота́ники; раз пришёл в... сад... прие́зжий.

5. Notice the following Russian expression: **пра́во, пра́вда** (parenthetical expression); **проводи́ть вре́мя в** + acc.; **друг у дру́га.** How is the last item inflected? Use all of these in sentences.

III. Questions

 1. Где была́ огро́мная оранжере́я?
 2. Была́ ли э́та оранжере́я краси́ва?
 3. Была́ ли она́ хороша́, когда́ со́лнце освеща́ло её?
 4. Кто был заключён в оранжере́е?
 5. Почему́ бы́ло расте́ниям в ней те́сно?
 6. Что де́лали садо́вники, что́бы расте́ния не могли́ расти́?
 7. Что ну́жно бы́ло расте́ниям?
 8. О чём они́ тоскова́ли?
 9. О чём они́ вспомина́ли, когда́ стёкла зимо́й обмерза́ли?
10. О како́м ве́тре они́ ду́мали?
11. Како́й во́здух был в оранжере́е?
12. Что бы́ло, когда́ зи́мняя бу́ря иногда́ выбива́ла стекло́?
13. Кто управля́л ботани́ческим са́дом?
14. Како́е расте́ние бы́ло вы́ше всех и краси́вее всех?
15. Кто знал настоя́щее и́мя па́льмы?
16. Почему́ брази́льянец уе́хал на друго́й день на ро́дину?
17. Почему́ други́е расте́ния не люби́ли па́льмы?
18. О чём па́льма вспомина́ла и тоскова́ла?
19. О чём спо́рили расте́ния?
20. На како́й посту́пок реши́лась па́льма, чтоб вы́йти на свобо́ду?

II

Снача́ла никто́ не возража́л па́льме: все молча́ли и не зна́ли, что сказа́ть. Наконе́ц са́говая па́льма реши́лась.

—Всё э́то глу́пости,—заяви́ла она́.

—Глу́пости! Глу́пости!—заговори́ли дере́вья, и все ра́зом на́чали дока́зывать Attale'e, что она́ предлага́ет ужа́сный вздор.—Несбы́точная мечта́!—крича́ли они́,—вздор, неле́пость! Ра́мы про́чны,

возража́ть, to object	**ужа́сный,** terrible
реши́ться (P), to decide	**вздор,** nonsense
глу́пость, stupidity	**несбы́точный,** unrealizable
заяви́ть (P), to declare	**мечта́,** (day) dream
ра́зом, at once	**неле́пость,** absurdity
дока́зывать, to prove	**про́чный,** firm
предлага́ть, to offer	

и мы никогда́ не слома́ем их, да е́сли бы и слома́ли,[1] так что ж тако́е ?[2] Приду́т лю́ди с ножа́ми и с топора́ми, отру́бят ве́тви, заде́лают ра́мы, и всё пойдёт по-ста́рому. То́лько и бу́дет,[3] что отре́жут от нас це́лые куски́.

—Ну, как хоти́те!—отвеча́ла Attalea.—Тепе́рь я зна́ю, что мне де́лать. Я оста́влю вас в поко́е: живи́те, как хоти́те, ворчи́те друг на дру́га, спо́рьте из-за пода́чек[4] воды́ и остава́йтесь ве́чно под стекля́нным колпако́м. Я и одна́ найду́ себе́ доро́гу. Я хочу́ ви́деть не́бо и со́лнце не сквозь э́ти решётки и стёкла, и я уви́жу!

И па́льма го́рдо смотре́ла зелёной верши́ной на лес това́рищей, раски́нутый[5] под не́ю. Никто́ из них не смел ничего́ сказа́ть ей, то́лько са́говая па́льма ти́хо сказа́ла сосе́дке цика́де:

—Ну, посмо́трим, посмо́трим, как тебе́ отре́жут твою́ большу́ю башку́, что́бы ты не о́чень зазнава́лась, горда́чка!

Остальны́е хоть и молча́ли, но всё-таки серди́лись на Attale’ю за её го́рдые слова́. То́лько одна́ ма́ленькая тра́вка[6] не серди́лась на па́льму и не оби́делась[7] её реча́ми. Это была́ са́мая жа́лкая и презре́нная тра́вка из всех расте́ний оранжере́и: ры́хлая, бле́дненькая,[8] ползу́чая, с вя́лыми то́лстенькими[9] ли́стьями. В ней не́ было ничего́ замеча́тельного, и она́ употребля́лась[10] в оранжере́е то́лько для того́, чтобы закрыва́ть го́лую зе́млю. Она́ обви́ла собо́ю[11] подно́жие большо́й па́льмы, слу́шала её, и ей каза́лось, что Attalea права́. Она́ не зна́ла ю́жной приро́ды, но то́же люби́ла во́здух и свобо́ду. Оранжере́я и для неё была́ тюрьмо́й. ,,Если я, ничто́жная, вя́лая тра́вка, так страда́ю без своего́ се́ренького[12] не́ба, без бле́дного со́лнца и холо́дного дождя́, то что должно́ испы́тывать в нево́ле э́то прекра́сное и могу́чее де́рево!“—так ду́мала она́ и не́жно обвива́лась о́коло па́льмы и ласка́лась к ней. ,,Заче́м я не большо́е де́рево? Я послу́шалась бы[13] сове́та. Мы росли́ бы[14] вме́сте, вы́шли бы на свобо́ду. Тогда́ и остальны́е уви́дели бы, что Attalea права́“.

топо́р, axe
отруби́ть (P), to chop off
заде́лать (P), to close up
по-ста́рому, as before
поко́й, peace
ворча́ть, to grumble
ве́чный, eternal
стекля́нный колпа́к, bell glass
решётка, grating
сметь, to dare
сосе́дка, neighbor (fem.)
цика́да, cicada
башка́, (colloq.) blockhead, pate
зазнава́ться, to become conceited
горда́чка, proud person (fem.)

серди́ться, to be angry
презре́нная, despised
ры́хлый, crumbly
ползу́чий, creeping
вя́лый, limp
замеча́тельный, remarkable
го́лый, bare
подно́жие, foot (of tree, hill)
ничто́жный, insignificant
страда́ть, to suffer
испы́тывать, to experience
нево́ля, imprisonment
могу́чий, powerful
обвива́ться, to entwine
ласка́ться, to caress

Но она́ была́ не большо́е де́рево, а то́лько ма́ленькая и вя́лая тра́вка. Она́ могла́ то́лько ещё нежне́е обви́ться о́коло ствола́ Attale'и и прошепта́ть ей свою́ любо́вь и жела́ние сча́стья в попы́тке.

—Коне́чно, у нас во́все не так тепло́, не́бо не так чи́сто, дожди́ не так роско́шны, как в ва́шей стране́, но всё-таки и у нас есть и не́бо, и со́лнце, и ве́тер. У нас нет таки́х пы́шных расте́ний, как вы и ва́ши това́рищи, с таки́ми огро́мными ли́стьями и прекра́сными цвета́ми, но и у нас расту́т о́чень хоро́шие дере́вья: со́сны, е́ли, берёзы. Я—ма́ленькая тра́вка и никогда́ не доберу́сь[15] до свобо́ды, но ведь вы так велики́ и си́льны! Ваш ствол твёрд, и вам уже́ недо́лго оста́лось расти́ до стекля́нной кры́ши. Вы пробьёте[16] её и вы́йдете на Бо́жий свет. Тогда́ вы расска́жете мне, все ли там так же прекра́сно, как бы́ло. Я бу́ду дово́льна и э́тим.

—Отчего́ же, ма́ленькая тра́вка, ты не хо́чешь вы́йти вме́сте со мно́ю? Мой ствол твёрд и кре́пок; опира́йся[17] на него́, ползи́[18] по мне. Мне ничего́ не зна́чит снести́ тебя́.

—Нет уж, куда́ мне![19] Посмотри́те, кака́я я вя́лая и сла́бая: я не могу́ приподня́ть да́же одно́й свое́й ве́точки. Нет, я вам не това́рищ.[20] Расти́те, бу́дьте счастли́вы. То́лько прошу́ вас, когда́ вы́йдете на свобо́ду, вспомина́йте иногда́ своего́ ма́ленького дру́га!

Тогда́ па́льма приняла́сь расти́. И пре́жде посети́тели оранжере́и удивля́лись её огро́мному ро́сту, а она́ станови́лась с ка́ждым ме́сяцем вы́ше и вы́ше. Дире́ктор ботани́ческого са́да припи́сывал тако́й бы́стрый рост хоро́шему ухо́ду и горди́лся зна́нием, с каки́м он устро́ил оранжере́ю и вёл своё де́ло.

—Да-с,[21] взгляни́те-ка[22] на Attalea princeps,—говори́л он.—Таки́е ро́слые экземпля́ры ре́дко встреча́ются и в Брази́лии. Мы приложи́ли всё на́ше зна́ние, что́бы расте́ния развива́лись в тепли́це соверше́нно так же свобо́дно, как и на во́ле, и, мне ка́жется, дости́гли не́которого успе́ха.

прошепта́ть (Р), to whisper	приня́ться (Р), begin
попы́тка, attempt	посети́тель, visitor
во́все не, not at all	припи́сывать, to ascribe
пы́шный, magnificent	ухо́д, care
сосна́, pine (tree)	горди́ться, to be proud
ель, fir, spruce	зна́ние, knowledge
берёза, birch	ро́слый, tall, strapping
добра́ться (Р), to reach, achieve	экземпля́р, specimen
проби́ть (Р), to break through	встреча́ться, to occur
Бо́жий, God's (adj)	приложи́ть (Р), to apply
отчего́, why	развива́ться, to develop
снести́ (Р), to pull down	тепли́ца, hothouse
приподня́ть (Р), to raise (slightly)	дости́гнуть (Р), to achieve
ве́точка (dimin.), branch	успе́х, success
вспомина́ть, to remember	

При э́том[23] он с дово́льным ви́дом похло́пывал твёрдое де́рево свое́ю тро́стью, и уда́ры зво́нко раздава́лись по оранжере́е. Ли́стья па́льмы вздра́гивали от э́тих уда́ров. О, е́сли бы она́ могла́ стона́ть, како́й вопль гне́ва услы́шал бы дире́ктор!

—Он вообража́ет, что я расту́ для его́ удово́льствия,—ду́мала Attalea.—Пусть вообража́ет!

И она́ росла́, тра́тя все со́ки то́лько на то, чтобы вы́тянуться, и лиша́я их[24] свои́ ко́рни и ли́стья. Иногда́ ей каза́лось, что расстоя́ние до сво́да не уменьша́ется. Тогда́ она́ напряга́ла все си́лы. Ра́мы станови́лись всё бли́же и бли́же, и наконе́ц молодо́й лист косну́лся холо́дного стекла́ и желе́за.

—Смотри́те, смотри́те—заговори́ли расте́ния,—куда́ она́ забрала́сь! Неуже́ли реши́тся?

—Как она́ стра́шно вы́росла,—сказа́л древови́дный па́поротник.

—Что ж, что вы́росла! Эка неви́даль![25] Вот е́сли б она́ суме́ла растолсте́ть так, как я,—сказа́ла то́лстая цика́да, со ство́лом, похо́жим на бо́чку.—И чего́ тя́нется?[26] Всё равно́ ничего́ не сде́лает. Решётки про́чны, и стёкла то́лсты.

Прошёл ещё ме́сяц. Attalea подыма́лась. Наконе́ц она́ пло́тно упёрлась[27] в ра́мы. Расти́ да́льше бы́ло не́куда. Тогда́ ствол на́чал сгиба́ться. Его́ ли́ственная верши́на ско́мкалась, холо́дные пру́тья[28] ра́мы впили́сь[29] в не́жные молоды́е ли́стья, перере́зали и изуро́довали их, но де́рево бы́ло упря́мо, не жале́ло ли́стьев, несмотря́ ни на что,[30] дави́ло на решётки, и решётки уже́ подава́лись, хотя́ бы́ли сде́ланы[31] из кре́пкого желе́за.

Ма́ленькая тра́вка следи́ла за борьбо́й и замира́ла от волне́ния.

похло́пывать, to slap	растолсте́ть (Р), to gain weight
трость, cane	бо́чка, barrel
уда́р, blow	подыма́ться, to rise
зво́нкий, ringing, loud	пло́тный, close
раздава́ться, to resound	не́куда, nowhere
вздра́гивать, to shudder	сгиба́ться, to bend
стона́ть, to moan	ли́ственный, leafy
вопль, cry	верши́на, top
гнев, anger	ско́мкаться, to crumple
вообража́ть, to imagine	перере́зать (Р), to cut
удово́льствие, pleasure	изуро́довать (Р), to disfigure
тра́тить, to expend	упря́мый, stubborn
сок, juice, sap	жале́ть, to be sorry for
вы́тянуться (Р), to stretch out	дави́ть, to press
расстоя́ние, distance	подава́ться, to yield
уменьша́ться, to diminish	следи́ть, to follow
напряга́ть, to strain	замира́ть, to become numb
забра́ться (Р), to get to	волне́ние, excitement
суме́ть (Р), to succeed (in)	

—Скажи́те мне, неуже́ли вам не бо́льно? Если ра́мы уж так про́чны, не лу́чше ли отступи́ть?—спроси́ла она́ па́льму.

—Бо́льно? Что зна́чит бо́льно, когда́ я хочу́ вы́йти на свобо́ду. Не ты ли сама́ ободря́ла меня́?—отве́тила па́льма.

—Да, я ободря́ла, но я не зна́ла, что э́то так тру́дно. Мне жаль вас.[32] Вы так страда́ете.

—Молчи́, сла́бое расте́нье! Не жале́й меня́! Я умру́ и́ли освобожу́сь![33]

И в э́ту мину́ту разда́лся зво́нкий уда́р. Ло́пнула то́лстая желе́зная полоса́. Посы́пались и зазвене́ли оско́лки стёкол. Оди́н из них уда́рил в шля́пу дире́ктора, выходи́вшего из оранжере́и.

—Что э́то тако́е?—вскри́кнул он, вздро́гнув, уви́дя летя́щие по во́здуху куски́ стекла́. Он отбежа́л от оранжере́и и посмотре́л на кры́шу. Над стекля́нным сво́дом го́рдо вы́силась вы́прямившаяся зелёная кро́на па́льмы.

,,То́лько-то?[34]—ду́мала она́,—И э́то всё, из-за чего́ я томи́лась и страда́ла так до́лго? И э́того-то дости́гнуть бы́ло для меня́ высоча́йшею це́лью?``

Была́ глубо́кая о́сень, когда́ Attalea вы́прямила свою́ верши́ну в проби́тое отве́рстие. Мороси́л ме́лкий до́ждик попола́м со сне́гом;[35] ве́тер ни́зко гнал сыры́е клочкова́тые ту́чи. Ей каза́лось, что они́ охва́тывают её. Дере́вья уже́ оголи́лись и представля́лись каки́ми-то безобра́зными мертвеца́ми. То́лько на со́снах да на еля́х[36] стоя́ли тёмнозелёные хво́и. Угрю́мо смотре́ли дере́вья на па́льму. ,,Замёрзнешь![37]—как бу́дто говори́ли они́ ей.—Ты не зна́ешь, что тако́е моро́з. Ты не уме́ешь терпе́ть. Заче́м ты вы́шла из свое́й тепли́цы?``

И Attalea поняла́, что для неё всё бы́ло ко́нчено.[38] Она́ застыва́ла. Верну́ться сно́ва под кры́шу? Но она́ уже́ не могла́ верну́ться. Она́ должна́ была́ стоя́ть на холо́дном ве́тре, чу́вствовать его́ поры́вы и

отступи́ть (Р), to retreat
ободря́ть, to encourage
ло́пнуть (Р), to burst
полоса́, strip
посы́паться (Р), to pour down
зазвене́ть (Р), to ring out
оско́лок, fragment
шля́па, hat
вздро́гнуть (Р), to shudder
лете́ть, to fly
вы́ситься, to tower
вы́прямиться (Р), to straighten out
кро́на, crown
томи́ться, to pine
высоча́йший, highest

отве́рстие, opening
мороси́ть, to drizzle
гнать, to drive
сыро́й, moist
клочкова́тый, ragged
охва́тывать, to envelop
оголи́ться (Р), to become bare
представля́ться, to appear (as)
безобра́зный, hideous
мертве́ц, dead man
хво́я, pine needle
моро́з, frost
терпе́ть, to suffer
застыва́ть, to get stiff with cold
поры́в, gust

о́строе прикоснове́ние снежи́нок,[39] смотре́ть на гря́зное не́бо, на
ни́щую приро́ду, на гря́зный за́дний двор ботани́ческого са́да, на
ску́чный огро́мный го́род, видне́вшийся[40] в тума́не, и ждать пока́
лю́ди, там внизу́, в тепли́це, не реша́т, что де́лать с не́ю.

Дире́ктор приказа́л спили́ть де́рево. ,,Мо́жно бы надстро́ить[41] над
не́ю осо́бенный колпа́к,—сказа́л он,—но надо́лго ли э́то? Она́ опя́ть
вы́растет и всё слома́ет. И прито́м э́то бу́дет сто́ить чересчу́р до́рого.
Спили́ть её“.[42]

Па́льму привяза́ли кана́тами, чтобы, па́дая, она́ не разби́ла стен
оранжере́и, и ни́зко, у са́мого ко́рня, перепили́ли её. Ма́ленькая
тра́вка, обвива́вшая[43] ствол де́рева, не хоте́ла расста́ться с свои́м
дру́гом и то́же попа́ла под пилу́. Когда́ па́льму вы́тащили из
оранжере́и, на отре́зе оста́вшегося пня[44] валя́лись размозжённые[45]
пило́ю, исте́рзанные[46] стебельки́ и ли́стья.

—Вы́рвать э́ту дрянь и вы́бросить,[47]—сказа́л дире́ктор.—Она́ уже́
пожелте́ла, да и пила́ о́чень попо́ртила её. Посади́ть здесь что́-нибудь
но́вое.

Оди́н из садо́вников ло́вким уда́ром за́ступа вы́рвал це́лую оха́пку
травы́. Оп бро́сил её в корзи́ну, вы́нес и вы́бросил на за́дний двор
пря́мо на мёртвую па́льму, лежа́вшую в грязи́ и уже́ полузасы́пан-
ную[48] сне́гом.

1879

о́стрый, sharp
прикоснове́ние, touch
ни́щий, beggarly
за́дний, back (adj)
ску́чный, boring, dull
тума́н, fog
внизу́, below
спили́ть (P), to saw down
прито́м, besides
привяза́ть (P), to tie
кана́т, rope
па́дать, to fall
разби́ть (P), to break
перепили́ть (P), to saw off
расста́ться (P), to part
пила́, saw

вы́тащить (P), to drag out
отре́з, cut off surface
валя́ться, to lie about
стебелёк, dimin. of стебель, stem,
  stalk
пожелте́ть (P), to turn yellow
попо́ртить (P), to mar
посади́ть (P), to plant
ло́вкий, adroit
за́ступ, spade
вы́рвать (P), to tear
оха́пка, armful
корзи́на, basket
вы́нести (P), to carry out
грязь, dirt

I. Notes

1. Да е́сли бы и слома́ли, and even if we broke.
2. что ж тако́е?, what of it?
3. то́лько и бу́дет, the only thing that will happen.
4. пода́чек, gift, alms; gen. pl. of пода́чка, sop, dole.
5. раски́нутый, spread; past pass. part. of раски́нуть, to spread.
6. тра́вка, diminutive of трава́, grass.

7. **не оби́делась,** was not offended; **оби́делась,** past tense of **оби́деться,** 'to be offended'. One of the uses of the Russian reflexive verb corresponds to the English passive construction.

8. **бле́дненькая,** diminutive of **бле́дная,** pale.

9. **то́лстенькими,** diminutive of **то́лстый,** fat.

10. **употребля́лась,** was used; past tense of **употребля́ться,** 'to be used'. See note 7 above.

11. **обви́ла собо́ю,** entwined.

12. **се́ренького,** diminutive of **се́рый,** gray.

13. **Я послу́шалась бы,** I should have listened.

14. **Мы росли́ бы,** We should have grown; **росли́,** past tense of **расти́,** to grow. Look up in the dictionary the rest of the forms of this verb.

15. **доберу́сь,** will reach; fut. of **добра́ться,** to reach.

16. **пробьёте,** you will strike through; fut. of **проби́ть,** to pierce.

17. **опира́йся,** lean; imper. of **опира́ться,** to lean.

18. **ползи́,** crawl; imper. of **ползти́,** 'to crawl', actual verb, referring to single action. The corresponding iterative verb, referring to repeated, habitual action is **по́лзать** (cf. **идти́ : ходи́ть**).

19. **куда́ мне,** I'll never be able to do it.

20. **я вам не това́рищ,** I am not your friend, I am not equal to you. Notice the use of personal pronoun in the dative, accompanied by the noun in the nominative to express possession.

21. **да-с,** yes, sir. The particle **-с,** attached to other important words in the sentence expresses usually politeness, occasionally other emotions like joking or annoyance, and formerly also servility. It is an abbreviation of the old Russian **су́дарь,** sir.

22. **взгляни́те-ка,** do take a look; **-ка** is the particle used with imperatives to render the request less brusque.

23. **При э́том,** with this.

24. **лиша́я их,** depriving of them.

25. **Э́ка не́видаль,** What a wonder!

26. **И чего́ тя́нется,** What does she stretch for?

27. **упёрлась,** braced herself; past tense of **упере́ться,** to pierce. Look up the other forms of this verb.

28. **пру́тья,** rods; nom. pl. of **прут,** rod, branch. Declined like **лист,** leaf (of a tree).

29. **впили́сь,** pierced; past tense of **впи́ться,** to pierce. Look up the other forms of this verb.

30. **несмотря́ ни на что,** in spite of everything.

31. **сде́ланы,** made; pl. short form of **сде́ланный,** p. pass. part. of **сде́лать,** to make.

32. **Мне жаль вас,** I am sorry for you.

33. **освобожу́сь,** I'll free myself; fut. of **освободи́ться,** to free oneself.

34. **То́лько-то?,** Is that all? **-то** is used here as an emphatic particle.

35. **попола́м со сне́гом,** mixed with snow.

36. **на со́снах да на е́лях,** on the pine trees and fir trees. One of the meanings of **да** is 'and'. Other meanings are 'yes' and emphatic.

37. **замёрзнешь,** you'll freeze to death; fut. of **замёрзнуть,** to freeze to death. What are the other forms of this verb?

38. **ко́нчено,** finished; neuter short form of **ко́нченный,** p. passive part. of **ко́нчить,** to finish.

39. **снежи́нок,** of snowflakes; gen. pl. of **снежи́нка,** snow flake.

40. **видне́вшийся**, visible; past pass. part. of **видне́ться**, to be seen.

41. **Мо́жно бы надстро́ить**, One could build.

42. **Спили́ть её**, Saw her down! Observe this use of the infinitive as an imperative to express orders. It can also be used to express instructions on posters, slogans, manuals, etc.

43. **обвива́вшая**, entwining; past act. participle of **обвива́ть**, to entwine.

44. **оста́вшегося пня́**, remaining stump; **оста́вшегося**, gen. sing. of **оста́вшийся** past act. part. of **оста́ться**, to remain; **пня́**, gen. sing. of **пень**, stump, declined like **день**.

45. **размозжённые**, smashed; nom. pl. of **размозжённый**, p. pass. part. of **размозжи́ть**, to smash.

46. **исте́рзанные**, mutilated; nom. pl. of **исте́рзанный**, past pass. part. of **истерза́ть**, to torment.

47. **Вы́рвать э́ту дрянь и вы́бросить**, Tear out this rubbish and throw it out. See note 42 above.

48. **полузасы́панную**, half covered; compound consisting of prefix **полу-**, roughly equivalent to English 'semi' and **засы́панную**, acc. sing. fem. of **засы́панный**, past pass. part. of **засы́пать**, to keep on, to cover.

II. Language Analysis

A.

1. Look up in the dictionary the meaning of the following: **борьба́, речь, си́ла, цель; стра́шный; расти́.** Use these in sentences.

2. Find the synonyms of the following: **во́ля, тепли́ца; замеча́тельный, могу́чий, роско́шный, прекра́сный, ни́щий; угрю́мо, чересчу́р, пре́жде.**

3. Find the antonyms of the following: **глу́пость, успе́х; не́жный, кре́пкий, о́стрый, гря́зный, за́дний, мёртвый; молча́ть; по-ста́рому, ре́дко, го́рдо.**

4. Illustrate the difference, if any, between the following pairs by sentences of your own: **остально́й : оста́вшийся : терпе́ть; страда́ть; взгляну́ть : посмотре́ть.**

B.

1. Observe the following use of the reflexive pronoun **себя́** in the text: **найду́ себе́ доро́гу; обви́ла собо́ю.** What subjects do these refer to in the sentences in which they are used?

2. Identify the form of the following reflexive verbs and indicate their infinitives: **употребля́лась, обвива́лась, ласка́лась, приняла́сь, удивля́лись, уменьша́ется, забрала́сь, подыма́лась, ско́мкалась, подава́лись, освобожу́сь, вы́силась, валя́лись.** In translating these into English which of these are also reflexive in English, and which are non-reflexive? Which of these correspond to English passive constructions?

3. Identify the forms of the following imperatives and indicate their infinitives: **опира́йся, ползи́, посмотри́те, расти́те, бу́дьте, вспомина́йте, взгляни́те, смотри́те, молчи́, жале́й.**

4. Find the following gerunds in the text and indicate their tense, infinitive and aspect: **тра́тя, лиша́я, вздро́гнув, уви́дя, па́дая.**

5. Find in the text the following participles and indicate their tense and infinitive voice and aspect, as well as the noun which they modify: **раски́нутый под не́ю; выходи́вшего из оранжере́и; летя́щие по во́здуху куски́ стекла́; вы́прямившаяся зелёная кро́на па́льмы; видне́вшийся в тума́не; обвива́вшая ствол де́рева; на отре́зе оста́вшегося пня́; размозжённые пило́ю, исте́рзанные стебельки́; лежа́вшую в грязи́.** In which of these do you have a word order different from English? Which of these are used as adjectives?

6. Some adverbs are derived from other words: (a) A very numerous class of adverbs is formed from adjectives by adding **-o-** to the stem of hard adjectives and **-e-** to the stem of soft adjectives. See in the text: ве́чно, eternally; го́рдо, proudly; зво́нко, resoundingly; (b) Some are formed from the dative neuter singular of the adjective preceded by по-: по-ста́рому, as of old. (c) In some instances a specific case of a noun is used as an adverb: ра́зом, at once. (d) A preposition plus a noun in the case governed by the proposition, written in one word, is also used as an adverb: снача́ла, in the beginning. (e) Still other adverbs are not formed from other words, like the following adverbs of time found in the text: никогда́, тепе́рь, иногда́. Find other examples of all the five above types in the text.

7. What cases do the following prepositions govern in the text: без, за, из-за ?

C.

1.

    (a) What cases do the following verbs govern in the text: послу́шаться, дости́гнуть, косну́ться; возража́ть, дока́зывать, удивля́ться; слома́ть, заде́лать, снести́, устро́ить, приложи́ть, переро́зать, спили́ть; оби́деться, горди́ться, представля́ться ?

    (b) What cases do the following verbs govern in the text: найти́, отре́зать, прошепта́ть, припи́сывать, похло́пывать, лиша́ть ?

    (c) What cases does дово́льный govern in the text?

2. Find in the text these verbs followed by the prepositions and the nouns which the prepositions govern: отре́зать от + gen; серди́ться на + acc.; добра́ться до + gen.; опира́ться на + acc; ползти́ по + dat.; взгляну́ть на + acc.; вздра́гивать от + gen.; тра́тить на + acc.; упере́ться в + acc.; дави́ть на + acc.; следи́ть за + instr.; замира́ть от + gen.; отбежа́ть от + gen.; расста́ться с + instr.; попа́сть под + acc.

3.

    (a) Find in the text adjectives with the diminutive suffix: -еньк-.

    (b) What nouns are the following adjectives, occurring in the text, derived from: ужа́сный, стекля́нный, ю́жный, роско́шный, холо́дный, стра́шный, ли́ственный, тру́дный, зво́нкий, желе́зный, гря́зный, за́дний, Бо́жий ? What pronoun is ничто́жный derived from? Compare the meanings of these adjectives with those of the words they are derived from.

    (c) What noun is the verb пили́ть derived from? Find in the text the verbs спили́ть and перепили́ть and indicate how they differ in meaning from пили́ть.

    (d) Find in the texts all verbs starting with the prefixes за-, раз- (рас-), от-, and indicate those which are derived from other non-prefixed verbs and how they differ in meaning from the latter.

4.

    (a) Find in the text the following constructions and translate them into English: Никто́ из них; са́мая жа́лкая ... тра́вка из всех расте́ний; оди́н из них; оди́н из садо́вников. Form similar expressions of your own patterned after these.

    (b) Notice the following Russian expressions: Я вам не това́рищ; оста́вить в поко́е; дождь идёт; дождь мороси́т; дождь льёт, как из ведра́. Use these in sentences of your own.

III. Questions

1. Почему́ дере́вья на́чали дока́зывать па́льме, что она́ предлага́ет неле́пость ?

2. На что реши́лась па́льма?

3. Как отнесли́сь к реше́нию па́льмы все остальны́е расте́ния?

4. Для чего́ употребля́лась са́мая жа́лкая тра́вка в оранжере́е?

5. О чём ду́мала э́та ничто́жная тра́вка, обвива́я подно́жие большо́й па́льмы?

6. Почему́ ма́ленькая тра́вка не доберётся до свобо́ды?

7. Жела́ла ли сла́бая тра́вка па́льме сча́стья в попы́тке проби́ть стекля́нную кры́шу оранжере́и?

8. Чему́ припи́сывал дире́ктор ботани́ческого са́да бы́стрый рост па́льмы?

9. Горди́лся ли он тем, что расте́ния развива́лись в тепли́це так же свобо́дно, как и на во́ле?

10. Вообража́л ли дире́ктор, что па́льма росла́ для его́ удово́льствия?

11. Напряга́ла ли па́льма все свои́ си́лы, чтоб косну́ться холо́дной, стекля́нной, желе́зной кры́ши?

12. Что сказа́ла то́лстая цика́да, со стволо́м, похо́жим на бо́чку?

13. Дави́ла ли упря́мо па́льма на решётки, себя́ не жале́я?

14. Почему́ ма́ленькая тра́вка замира́ла от волне́ния?

15. Почему́ она́ проси́ла па́льму отступи́ть?

16. Что отве́тила па́льма?

17. Что раздало́сь в ту мину́ту?

18. Кого́ уда́рил оско́лок стекла́?

19. Что уви́дел дире́ктор над стекля́нным сво́дом оранжере́и?

20. Что поду́мала па́льма, когда́ она́ дости́гнула свое́й це́ли?

21. Кака́я была́ о́сень?

22. Что поняла́ па́льма?

23. Что приказа́л дире́ктор?

24. Как спили́ли го́рдую па́льму?

25. Как вы́рвали и куда́ бро́сили ма́ленькую тра́вку?

26. Си́мволом чего́ явля́ется борьба́ па́льмы?

Вѐра Инбер
(1890–   )

Вѐра Инбер родила́сь в Оде́ссе в мелкобуржуа́зной семьѐ. Её пѐрвые произведе́ния появи́лись в печа́ти в 1911-ом году́, и с тех пор она́ непреста́нно пи́шет стихи́, поэ́мы и расска́зы.

,,Ма́льчик с весну́шками", ,,Сы́ну, кото́рого нет", ,,Сою́з матере́й", ,,Путево́й дневни́к" и ,,Путь воды́" одни́ из бо́лее изве́стных сбо́рников стихо́в Вѐры Инбер.

В го́ды Второ́й мирово́й войны́, 1941–45, она́ находи́лась в Ленингра́де, где рабо́тала в газе́тах и выступа́ла по ра́дио. Поэ́ма о блока́де Ленингра́да ,,Пу́лковский меридиа́н" получи́ла Ста́линскую пре́мию в 1946 г. К тому́ же вре́мени отно́сятся расска́зы о ленингра́дских де́тях, среди́ кото́рых нахо́дится и ,,Воскресе́нье".

мелкобуржуа́зный, petty bourgeois (adj)
непреста́нно, ceaselessly
весну́шки, freckles
путево́й, travel (adj)
дневни́к, diary

выступа́ть, to appear
Пу́лково, about 12 miles south of Leningrad, location of the most important observatory in the U.S.S.R. (est. 1839)
относи́ться, to belong

Воскресе́нье

Нея́ркое со́лнце сла́бо и не́жно каса́лось на́ших щёк. Си́дя на скамьѐ ма́ленького углово́го скве́ра, у стены́ полуразру́шенного до́ма, Ми́ша Поляко́в расска́зывал мне:

—Ма́ма, па́па, мой мла́дший брат и я—мы прие́хали в Ленингра́д из тако́го го́рода, где нѐ́ было зооса́да.[1] Там бы́ли сви́ньи, кро́лики, ло́шади и у́тки. Но я, коне́чно, бо́льше всего́ хоте́л ви́деть ма́монта с би́внями. И когда́ я узна́л, что ма́монтов бо́льше нет и что на свѐте оста́лись то́лько слоны́, я стал ду́мать, как бы их повида́ть.

нея́ркий, pale
каса́ться, to touch
щека́, cheek
скамья́, bench
углово́й, corner (adj)
сквер, public garden

полуразру́шенный, half destroyed
кро́лик, rabbit
у́тка, duck
ма́монт, mammoth
би́вень, tusk
слон, elephant

И вдруг мы приезжаем в Ленинград и начинаем жить на Зверинской улице. Она называется так потому, что рядом, в зоосаде, живут самые разные звери зоосада. Там были свиньи, лошади и утки, индокитайская свинья, бегемот „Красотка", двугорбый верблюд. И, самое главное, слониха Бетти.

Я стал просить маму: „Мама, пойдём к Бетти". Но мама отвечала: „Ты этого не заслужил".

—А ты действительно этого не заслужил?—спросила я Мишу.

Миша замялся, но ответил:

—Действительно. Но это было из-за моего младшего брата. Мой младший брат как раз тогда недавно родился. Он днём спал, а ночью плакал. Мама сердилась и говорила: „Хоть бы вы наладились спать и плакать в одно время, а так просто невозможно!" Но я не мог плакать ночью.

—А не плакать днём ты не мог?—спросила я.

Миша покачал головой:

—Нет, я был ещё очень маленький. Но всё-таки я старался, и мама стала замечать это. И даже папа, хотя он был у нас очень занят: он был доктор.

Один раз мама говорит: „В это воскресенье мы все пойдём в зоосад". В это воскресенье я встал очень рано и приготовился итти. Мы ждали только папу. И вдруг мама говорит: „Мы не пойдём в зоосад. Сегодня началась война, и наш папа уже на войне".

Скоро немцы стали бросать в нас бомбы. И, самое главное, в зоосад. Звери многие страшно испугались и стали разбегаться. Одного соболя потом нашли в оркестре оперного театра. Бизон, бедный, упал в бомбовую воронку, такую глубокую, что она укрыла его всего, вместе с высокой гривой. А слониху Бетти осколком ранило так сильно и она так мучилась, что пришлось её пристрелить. Уж не знаю, когда у нас теперь будет новый слон.

зверь, beast
индокитайский, Indochinese
бегемот, hippopotamus
красотка, beauty
двугорбый, two-humped
верблюд, camel
слониха, cow-elephant
заслужить (P), to deserve
замяться (P), to hesitate
младший, younger
родиться (P & I), to be born
хоть бы, at least
наладиться (P), to arrange

покачать (P), to shake
приготовиться (P), to prepare oneself
испугаться (P), to be frightened
разбегаться (P), to scamper about
соболь, sable
оперный, opera (adj)
воронка, crater
укрыть (P), to cover
грива, mane
осколок, shell fragment
ранить (P & I), to wound
мучиться, to be tormented, to suffer
пристрелить (P), to shoot, to kill

—А твой мла́дший брат то́же лю́бит живо́тных?

—Он их одно́ вре́мя совсе́м не знал. Про́шлой весно́й увида́л в магази́не ко́шку и спра́шивает: ,,Что э́то тако́е?“ Он ни ко́шки, ни соба́ки ни одно́й тогда́ не знал. Их всех тогда́ съе́ли.[2]

—Но тепе́рь-то[3] он их зна́ет?

—Тепе́рь у нас ко́шка и тро́е котя́т.[4] Когда́ начина́ется обстре́л, мы кладём их в па́пин портфе́ль и ухо́дим к сосе́дям: у них кварти́ра на необстре́лянную сто́рону. А ко́шка идёт сама́.

—А днём ты ещё пла́чешь когда́-нибудь?

—У меня́ вре́мени нет: я ма́ме помога́ю. Она́ мне говори́т: ,,Расти́ скоре́й, ты мой помо́щник“. Но когда́ она́ уви́дела, что моё зи́мнее пальто́ на меня́ не ле́зет,[5] она́ расстро́илась и сказа́ла: ,,Ты так растёшь, что за тобо́й не уго́нишься“. Вот ви́дите, как получа́ется, то расти́, то не расти́.

—Коне́чно, расти́,—посове́товала я.—Твоя́ ма́ма про́сто пошути́ла.

—Вот и я так ду́маю,—отве́тил Ми́ша.

—Выраста́й скоре́й. Ты счастли́вец: тебе́ предстои́т[6] жить на земле́, изба́вленной[7] от у́жасов гитлери́зма.

Сказа́вши э́то, я спохвати́лась, что пе́редо мной ребёнок, что он не поймёт меня́. Но он прекра́сно по́нял. Его́ се́рые с и́скорками глаза́ просия́ли.

—Вот и я так ду́маю!—воскли́кнул он.—Я расту́, и мой мла́дший брат то́же растёт. Он уже́ око́нчил я́сли и поступи́л в оча́г. Я говорю́ ему́: ,,Ско́ро вернётся па́па. Опя́ть бу́дет воскресе́нье. Мы все пойдём в зооса́д. И никто́ не бу́дет боя́ться“.

И, увида́в э́ту карти́ну бу́дущего, нарисо́ванного ребёнком, я закры́ла ослеплённые[8] глаза́. Мне почу́дилось, что зи́мнее со́лнце, в одно́ мгнове́ние обежа́в земно́й шар, сно́ва пока́зывало весну́ челове́чества.

Ленинград.
1942

живо́тное, animal
ко́шка, cat
обстре́л, shooting, artillery bombardment
портфе́ль, briefcase
сосе́д, neighbor
необстре́лянный, unbombed
помо́щник, helper
пальто́, overcoat
расстро́иться (P), to become upset
угна́ться (P), to keep up with
получа́ться, to happen
пошути́ть (P), to joke
выраста́ть, to grow up

счастли́вец, lucky person
у́жас, horror
спохвати́ться (P), to recollect suddenly
и́скорка, sparkle
просия́ть (P), to flash
воскли́кнуть (P), to exclaim
я́сли, pre-nursery-school
поступи́ть (P), to enter
оча́г, nursery school
нарисо́ванный, sketched
почу́диться (P), to seem
мгнове́ние, instant
обежа́ть (P), to run around
шар, globe

I. Notes

1. зооса́д, зоологи́ческий сад, Zoo.
2. съе́ли, past tense of съесть, ate.
3. тепе́рь-то, now; -то, is an emphatic particle here.
4. котя́т, gen. pl. of котёнок, kittens.
5. не ле́зет, present tense of лезть, 'to crawl,' here 'does not fit.'
6. тебе́ предстои́т, you are going to, you are destined.
7. изба́вленной, saved; past pass. participle of изба́вить, to save.
8. ослеплённые, blinded; ослеплённый, past pass. participle of ослепи́ть, to blind.

II. Language Analysis

A.

1. Look up in the dictionary the meanings of the following words and use them in sentences: магази́н, свет, сторона́; высо́кий, глубо́кий; лезть, стать.

2. Find the synonyms of the following: мгнове́ние, сквер, у́жас; ра́зный; изба́виться, почу́диться, пригото́виться; пото́м, прекра́сно, ря́дом, сно́ва.

3. Find the antonyms of the following: война́; бе́дный, мла́дший, про́шлый; верну́ться, нача́ться, око́нчить, пла́кать, спра́шивать; вдруг, не́жно, ра́но.

4. Illustrate the differences, if any, between the following: живо́тное : зверь; боя́ться : испуга́ться.

B.

1. Identify the forms of the following nouns and indicate their nom. sing.: щёк, би́вням, не́мцы, оско́лкам, котя́т, сосе́дям.

2. Identify the following verb forms and indicate the rest of their tense forms, infinitive and aspect: кладём, пла́чешь, ле́зет; пойдём, поймёт; расти́, выраста́й; упа́л, съе́ли, нашли́.

3.
  (a) Identify the aspect of the following verbs and indicate their other aspect, if the latter exists: броса́ть, верну́ться, восклиќнуть, выраста́ть; закры́ть, замеча́ть, заслужи́ть; испуга́ться, каса́ться, класть, му́читься, называ́ться, нача́ться; око́нчить, оста́ться; пока́зывать, покача́ть, помога́ть, поступи́ть, пошути́ть; предстоя́ть; пригото́виться, пристрели́ть; разбега́ться, расска́зывать; расти́, роди́ться, серди́ться, стара́ться, съесть, укры́ть, упа́сть.
  (b) Indicate differences in meaning and aspect, if any, between the following verb pairs: прие́хать : приезжа́ть; знать : узна́ть; повида́ть : увида́ть; сия́ть : проси́ять.

4. Find the following participles in the text and indicate their tense, infinitive, voice and aspect, as well as the nouns which they modify: изба́вленной, нарисо́ванную.

5. Find the following gerunds in the text and indicate their tense, infinitive and aspect: си́дя, сказа́вши, увида́в, обежа́в.

6. What cases do the following prepositions govern in the text: за, из-за, пе́ред?

C.

1. What cases do the following verbs govern in the text: каса́ться; расска́зывать, помога́ть; повида́ть, проси́ть, замеча́ть, укры́ть, пристрели́ть, съесть, класть, око́нчить, увида́ть, пока́зывать; покача́ть?

2. Find in the text these verbs followed by the prepositions and the nouns which the latter govern: **избáвить от** + gen.; **поступи́ть в** + acc.

3.

    (a) What nouns are these adjectives derived from: **угловóй, бóмбовый?** What Russian adjectival suffix is used here?

    (b) What are the component parts of the following: **зоосáд; двугóрбый, полуразрýшенный?**

4. Find in the text the following example of material intervening between the adjective and the noun which the former modifies: **Егó сéрые с и́скорками глазá.**

5. Find in the text these, and other, examples of personal verbs used impersonally: **А слони́ху Бéтти оскóлком рáнило; . . . , что пришлóсь её пристрели́ть; Вот ви́дите, как получáется; Мне почýдилось.**

6. Observe the following Russian expressions in the text and use them in sentences: **бóльше всегó; сáмое глáвное; как раз; тебé предстои́т жить.**

III. Questions

1. Кто сидéл на скамьé мáленького сквéра, у стены́ полуразрýшенного дóма ?

2. Из когó состоя́ла семья́ Ми́ши ?

3. Из какóго городкá приéхал в Ленингрáд Ми́ша ?

4. Какие живóтные находи́лись в ленингрáдском зоосáде ?

5. Почемý мать Ми́ши считáла, что он не заслужи́л пойти́ в зоосáд ?

6. Кудá Ми́ша дóлжен был пойти́ в день, когдá началáсь войнá ?

7. Что случи́лось в зоосáде, когдá нéмцы стáли бросáть бóмбы ?

8. Почемý млáдший брат Ми́ши не знал живóтных ?

9. Почемý Ми́ша никогдá бóльше днём не плáчет ?

10. Почемý мать расстрóилась, когдá онá уви́дела, что зи́мнее пальтó на Ми́шу не лéзет ?

11. Как Ми́ша представля́ет себé рáдостное бýдущее ?

Борис Ласкин
(1914–   )

Борис Ласкин—известный современный советский писатель-юморист. Работает для эстрады и эстрадного театра. „Друг детства" один из его рассказов.

юморист, humorist   **эстрада,** vaudeville, variety show

Друг детства

Вернувшись с послеобеденной прогулки, Николай Илларионович Хвостухин—плотный, лысоватый[1] здоровяк лет сорока пяти, раздеваясь в передней, заметил на вешалке мужское пальто. Размышляя, кто бы это мог пожаловать, Хвостухин увидел свою жену Раису Павловну. Она шла ему навстречу, приложив палец к губам.

—Подожди минуточку.

—Что случилось?

—Тише. К тебе приехал какой-то товарищ.

—Кто?... Какой товарищ?

—Товарищ детских лет.

—Каких детских лет?

—Боже мой,[2] твоих детских лет. Друг детства....

Хвостухин посмотрел на висящее пальто, словно ожидая, что оно сообщит ему хотя бы краткие сведения о своём владельце.

—Фамилию не назвал?...

детство, childhood
послеобеденный, afternoon (adj)
прогулка, stroll
плотный, heavy-set
здоровяк, (colloq.), robust fellow
раздеваться, to undress
передняя, anteroom
вешалка, clothes rack
мужской, man's (adj)
размышлять, to ponder
пожаловать (P), to visit

навстречу, towards
подождать (P), to wait
минуточка, dimin. of минута
детский, child's (adj)
висящий, hanging
сообщить (P), to inform
хотя бы, at least
краткий, brief
сведение, information
владелец, owner
фамилия, last name

75

—Назва́л, когда́ здоро́вался, но я уже́ забы́ла.   Он сказа́л, что вы вме́сте росли́, учи́лись . . . .

—Что же ты его́ фами́лию забы́ла?—недово́льно проворча́л Хвосту́хин, кивну́в в сто́рону пальто́.

—Уви́дишь его́ и вспо́мнишь.   Поду́маешь!³ . . .

—А где он?

—В столо́вой сиди́т.

—А заче́м он прие́хал, не сказа́л?

—Поня́тия не име́ю.⁴   Ко́ля, я тебя́ о́чень прошу́, ты с ним, пожа́луйста, покоро́че.   Вот я кладу́ тебе́ в нару́жный карма́нчик биле́ты, ви́дишь? . . .   В слу́чае чего́,⁵ про́сто покажи́ ему́ биле́ты и объясни́, что мы торо́пимся в теа́тр.   И всё.   А я пока́ пойду́ одева́ться . . . .

Хвосту́хин загляну́л в полуоткры́тую дверь столо́вой.   На дива́не, перели́стывая журна́л, сиде́л како́й-то соверше́нно незнако́мый челове́к.   ,,Кто же э́то тако́й?—уси́ленно ду́мал Хвосту́хин, разгля́дывая го́стя.—По года́м вро́де мне рове́сник, а кто—ума́ не приложу́!‘‘⁶

Хвосту́хин махну́л руко́й и реши́тельно, как купа́льщик в студёную во́ду, вошёл в столо́вую.

—Винова́т,⁷—произнёс он с напускны́м оживле́нием,—э́то кто же тако́й сиди́т?

Отложи́в журна́л, гость подня́лся с дива́на.

—Никола́й! . . .   Здоро́во!   Здоро́во,⁸ стари́к!

Заключи́в Хвосту́хина в объя́тия, гость не заме́тил я́вно озада́ченного выраже́ния на лице́ хозя́ина.   ,,Поня́тия не име́ю, кто меня́ обнима́ет‘‘,—говори́л его́ взгляд.

Хозя́ин смущённо улыба́лся.

—Ба́тюшки мои́!⁹ . . .   Кого́ я ви́жу!   Кого́ я ви́жу?—восклица́л Хвосту́хин, тряся́¹⁰ ру́ку го́стю.

здоро́ваться, to say hello
проворча́ть (P), to grumble
кивну́ть (P), to nod
покоро́че, a little shorter
нару́жный, outside (adj)
карма́нчик dimin. of **карма́н**
биле́т, ticket
одева́ться, to dress
загляну́ть (P), to peer
полуоткры́тый, half open
дива́н, couch
перели́стывать, to leaf through
уси́ленный, strenous
разгля́дывать, to examine
вро́де, (colloq.) kind of

рове́сник, person of same age
махну́ть (P), to wave
реши́тельный, decisive
купа́льщик, bather
студёный, chilly
произнести́ (P), to utter
напускно́й, affected
оживле́ние, animation
отложи́ть (P), to lay aside
заключи́ть (P) **в объя́тия**, to embrace
я́вный, obvious
озада́ченный, puzzled
обнима́ть, to hug
смущённый, embarrassed
восклица́ть, to exclaim

—Не узна́л ?—ве́село удиви́лся гость.

—Погоди́,[11] погоди́, погоди́ . . . .

—Ви́жу, что не узна́л. Ну, дава́й вспомина́й. Я подожду́.

—Погоди́, погоди́.

—Гри́шку[12] Со́колова по́мнишь ?—спроси́л гость.

Облегчённо вздохну́в, Хвосту́хин опусти́лся на стул.

—Фу ты, Го́споди! . . . Здоро́во, Гри́шка! . . . Наси́лу узна́л . . . .

—Не мо́жет быть.

—Сло́во даю́.

—Не мо́жет быть, что ты меня́ узна́л.

—Э́то почему́ же ?

—Потому́ что я не Гри́шка.

—Как же не Гри́шка ?

—Да так уж, не Гри́шка.

—Ну, ла́дно. Дово́льно меня́ разы́грывать.

—Заче́м же мне тебя́ разы́грывать ?—пожа́л плеча́ми гость.—Я про Гри́шку потому́ спроси́л, что его́-то уж ни с кем не спу́таешь. Така́я уж у него́ вне́шность неповтори́мая . . . .

Хвосту́хин смути́лся.

—Хотя́ да . . . . Тот был све́тлый совсе́м.

—Гри́шка-то ? . . . . Жгу́чий брюне́т.

—Вот и я говорю́—тако́й све́тлый . . . жгу́чий,—красне́я пролепета́л Хвосту́хин.

—Ну, ла́дно,—гость похло́пал хозя́ина по́ плечу,—так уж и быть, созна́юсь. Ге́нку[13] Виногра́дова по́мнишь ? . . . .

Ожида́я подво́ха, Хвосту́хин подмигну́л го́стю.

—Ге́нку-то я по́мню, то́лько ты не Ге́нка.

—Вот тебе́ и раз![14] . . . . А кто же я тако́й, по-тво́ему ? . . . .

„Е́сли бы я знал, кто ты тако́й“,—поду́мал Хвосту́хин и неуве́ренно сказа́л:

—Нет, ты не Ге́нка.

удиви́ться (P), to be amazed
погоди́ть (P), (colloq.) to wait
облегчённый, relieved
вздохну́ть (P), to sigh
опусти́ться (P), to sink
наси́лу, (colloq.) hardly
ла́дно, all right
разы́грывать, (colloq.) to pull one's leg
пожа́ть (P) **плеча́ми**, to shrug one's shoulders
-то, emphatic particle
спу́тать (P), to confuse
вне́шность, appearance

неповтори́мый, unique
смути́ться (P), to become embarrassed
жгу́чий, jet black
брюне́т, dark haired man
красне́ть, to blush
пролепета́ть (P), to babble
похло́пать (P), to slap
сознава́ться, to confess
подво́х, (colloq.) dirty trick
подмигну́ть (P), to wink at
по-тво́ему, in your opinion
неуве́ренный, unsure

— А я говорю́ — Ге́нка, Ге́нка Виногра́дов.

— Нет . . . . Е́сли ты Ге́нка, покажи́те па́спорт.

Гость нахму́рился.

— Ты что, у всех ста́рых друзе́й па́спорт тре́буешь ? . . . . В о́бщем, Ге́нка, я Ге́нка Виногра́дов. Че́стное сло́во.[15]

— Вот тепе́рь я тебя́ узна́л, — сме́ло заяви́л Хвосту́хин.

— Поло́жим,[16] ты меня́ не узна́л, — про́сто сказа́л гость, — ты мне на че́стное сло́во пове́рил.

Наступи́ла томи́тельная па́уза.

— Ай, ай, ай . . . . Ско́лько лет-то прошло́, — на́чал Хвосту́хин, поду́мать то́лько, ско́лько лет . . . .

— Да. ,,Вре́мя — вещь необыча́йно дли́нная“, — как писа́л Маяко́в-ский.[17]

Разгля́дывая дру́га де́тства, Хвосту́хин уви́дел за его́ спино́й Ра́йсу Па́вловну. Сто́я в сосе́дней ко́мнате, подня́в ру́ку, она́ пока́зывала му́жу часы́. Жест э́тот означа́л: ,,Вре́мя закругля́ться. Мы опозда́ем в теа́тр“.

— Слу́шай-ка,[18] — сказа́л Хвосту́хин, — мо́жет быть, ты . . . э́то са́мое[19] . . . пообе́даешь. Я-то, пра́вда, уже́ обе́дал.

— Спаси́бо. Я то́же обе́дал.

— Серьёзно ? . . . .

— Серьёзно. У меня́ уж така́я привы́чка — ка́ждый день обе́даю.

— Где же ты обе́дал ? — спроси́л Хвосту́хин, ра́дуясь, что бесе́да вошла́, наконе́ц, в не́кое подо́бие ру́сла.

— В рестора́не.

— А останови́лся где ?

— Пока́ в гости́нице ,,Москва́“. На дня́х[20] перее́ду.

Хвосту́хин кивну́л.

— М-да . . . . Вот они́ каки́е дела́. Дела́-дели́шки.[21] Ну, а вообще́, как жизнь ? . . . .

— Живу́ помале́ньку. А ты́-то как ?

па́спорт, passport
нахму́риться (P), to frown
сме́лый, bold
заяви́ть (P), to declare
наступи́ть (P), to set in
томи́тельный, painful
па́уза, pause
необыча́йный, unusual
сосе́дний, next, neighboring
жест, gesture
означа́ть, to signify

закругля́ться, to round off, here colloq. 'to break off'
опозда́ть (P), to be late
привы́чка, habit
ра́доваться, to be glad
бесе́да, conversation
не́кий, some, certain
подо́бие, likeness
гости́ница, hotel
перее́хать (P), to move
помале́ньку, (colloq.) so-so

—Не жа́луюсь,—протя́гивая го́стю папиро́сы, сказа́л Хвосту́хин, —рабо́таю.

—Ты, ка́жется, в гла́вке ?[22]

—Да, нача́льником гла́вного управле́ния. То́лько вчера́ из командиро́вки.

Гость подошёл к окну́, кивну́л.

—ЗИМ[23] голубо́й стои́т. Твой ?

—Мой. Слу́жба така́я.

—Поня́тно. Кого́-нибудь из на́ших ви́дел ?

,,Бы́ло бы лу́чше, е́сли бы не он, а я за́дал э́тот вопро́с‘‘,—поду́мал Хвосту́хин.

—Из на́ших ребя́т, спра́шиваю, никого́ не ви́дел ?—повтори́л гость.

—Так . . . . Ко́е-кого́ встреча́л.

—Кого́ же ? . . . .

—Э́того . . . как его́ . . . . Ивано́ва.

—Па́шу ? . . . .[24]

—Са́шу ?[25] То́ есть, Па́шу . . . .

—Ну, как он ? . . . .

—Он ? . . . . Он, так сказа́ть, рабо́тает . . . .

—Он, по-мо́ему, в Го́рьком был на парти́йной рабо́те, а пото́м в Ку́йбышев уе́хал. Тала́нтливый челове́к, работя́га. Он и в де́тстве таки́м был, ве́рно ? . . . .

—Ещё бы,—подтверди́л Хвосту́хин, безуспе́шно пыта́ясь вспо́мнить, о како́м Ивано́ве идёт речь.

—Я от Ви́ктора Шаро́хина письмо́ получи́л с Алта́я,—с увлече́нием продолжа́л гость. Таки́м, брат, знамени́тым механиза́тором заде́лался—не подступи́сь.

—Молоде́ц—с па́фосом произнёс Хвосту́хин.

жа́ловаться, to complain
протя́гивать, to extend
папиро́са, cigarette
нача́льник, chief
командиро́вка, official business trip
голубо́й, light blue
поня́тно, of course, understood
зада́ть вопро́с, to ask a question
ребя́та, (colloq.) fellows
ко́е-кто́, somebody
Го́рький, formerly Ни́жний Но́вгород, a major city in the upper Volga region
парти́йный, party (adj)
Ку́йбышев, formerly Сама́ра, a major city at the easternmost bend of the Volga
тала́нтливый, talented
работя́га, (colloq.) hard worker
подтверди́ть (P), to confirm
безуспе́шный, unsuccessful
пыта́ться, to attempt
Алта́й, Altai Mountains in Mongolia
увлече́ние, animation
механиза́тор, machine operator
заде́латься (P), to become
подступи́ться (P) (colloq.), to get near to
молоде́ц, fine fellow
па́фос, enthusiasm

—А ты Лю́бу Некра́сову по́мнишь ? . . . .

—Лю́бу ? Некра́сову ? . . . . Де́вушка была́ така́я . . . .

—Кандида́т нау́к.

—М-да . . . . Не сидя́т лю́ди на ме́сте. Расту́т,—отме́тил Хвосту́хин.—Ну, а как твоя́ ли́чная жизнь ?—Перехвати́в инициати́ву, он почу́вствовал себя́ не́сколько уве́ренней.²⁶—Я слы́шал ты э́то са́мое . . . наве́рно, жени́лся ? . . . .

—Жени́лся.

—И пра́вильно сде́лал. Дети́шки есть ?

—Сыно́к.

—Это непло́хо.—Хвосту́хин сложи́л ру́ки на груди́ и потря́с²⁷ и́ми.—Кача́ешь, зна́чит ? . . . . Уа-уа . . . .

—Да как тебе́ сказа́ть. „Уа-уа“-то оно́ вро́де ко́нчилось. В институ́т па́рень пошёл.

„Тут я, ка́жется, дал ма́ху“,²⁸—поду́мал Хвосту́хин и торопли́во сказа́л:

—Ага́. Ну да. В о́бщем уже́ хо́дит. Непло́хо.

Ме́льком взгляну́в на часы́, он вы́тащил из карма́нчика записну́ю кни́жку, одновре́менно вы́ронив театра́льные биле́ты. Озабо́ченно перели́стывая записну́ю кни́жку, Хвосту́хин не заме́тил, как гость по́днял биле́ты и, усмехну́вшись, положи́л их на стол.

—Ты, наве́рно, торо́пишься ?—спроси́л гость.

—Понима́ешь, кака́я шту́ка. Я совсе́м забы́л. Ве́чером у меня́ сего́дня . . . .

—Совеща́ние, что ли ? . . . .

—Да. Есть одно́ де́ло.

—Ну, я тогда́ пойду́ . . . .

Улови́в в то́не го́стя оби́ду, хозя́ин запротестова́л.

—Да нет, ты немно́жко посиди́. Ты где останови́лся ?

Лю́ба dimin. of Любо́вь, girl's name
кандида́т нау́к, bachelor of science
отме́тить (P), to note
ли́чный, personal
перехвати́ть (P), to take over
наве́рно, certainly
жени́ться (P & I), to get married (for a man)
пра́вильный, right (adj)
дети́шки dimin. of де́ти
сыно́к dimin. of сын
сложи́ть (P), to fold
кача́ть (P), to rock
ко́нчиться (P), to end
па́рень, fellow

торопли́вый, hurried
ме́льком, cursorily, in passing
вы́тащить (P), to pull out
записна́я кни́жка, notebook
одновре́менный, simultaneous
вы́ронить (P), to drop out
театра́льный, theater (adj)
озабо́ченный, preoccupied
усмехну́ться (P), to smile
шту́ка, (colloq.) thing
совеща́ние, meeting
улови́ть (P), to catch
оби́да, resentment
запротестова́ть (P), to protest

—Я же тебе говорил. Пока в гостинице „Москва".

—Ну да. В каком номере? . . . .

—В шестьсот седьмом.

—Сейчас в гостинице остановился, это ладно. А в будущем, как приедешь, давай прямо с вокзала с вещами прямо ко мне . . . . Звони. Может, затруднение будет с номером, я дам команду, помогут.

—Спасибо,—поклонился гость и почему-то вздохнул. Он внимательно, слегка прищурив глаза, наблюдал за Хвостухиным, который достал откуда-то портфель, углубился в бумаги, точно забыв о его присутствии, и потом рассеянно спросил:

—Ну, а как твои старики? . . . .

—Умерли оба,—тихо ответил гость.

Хвостухин подчеркнул что-то карандашом.

—Так ты . . . это самое . . . . Привет им передай, когда увидишь. Ладно?

Медленно покачав головой, гость сказал:

—Ладно.

—Только смотри не забудь. А как твоё здоровье?

Гость помедлил с ответом, потом сказал:

—Плохое у меня здоровье. Рак у меня, корь, тиф и менингит.

—Что тебе сказать? Молодец! . . . . Рад за тебя.—Хвостухин поднял глаза на гостя.—Ну-с,²⁹ м-м-м . . . . Это самое . . . . А как у тебя с квартирой? . . .—и, не дождавшись ответа, он снова уткнулся в бумаги.

—Сгорела у меня квартира со всей обстановкой во время наводнения. И вообще весь дом сгорел . . . .

номер, hotel room
вокзал, railroad station
звонить, to telephone
затруднение, difficulty
команда, order
поклониться (P), to bow
внимательный, attentive
прищурить (P) глаза, to narrow one's eyes
наблюдать, to observe
достать (P), to get, obtain
портфель, brief case
углубиться (P), to become absorbed
бумага, paper
точно, as if
присутствие, presence
рассеянный, absent-minded

старики, here 'parents'
подчеркнуть (P), to underline
привет, regards
передать (P), to give
покачать (P), to shake
здоровье, health
помедлить (P), to hesitate
рак, cancer
корь, measles
тиф, typhus
менингит, meningitis
дождаться (P), to wait (for)
уткнуться (P), to bury oneself
сгореть (P), to burn down
обстановка, furnishing
наводнение, flood

Отложи́в бума́ги и, взгляну́в в сосе́днюю ко́мнату, где давно́ уже́ не́рвничала супру́га, Хвосту́хин перевёл взгляд на го́стя и, потира́я ру́ки, ве́село сказа́л:

—Ну что ж. Зна́чит, всё неплохо. Дай Бог, как говори́тся, чтобы и да́льше не ху́же. Ве́рно я говорю́? . . . .

Гость не отве́тил. Он смотре́л в окно́.

—Пу-пу-пу,—сыгра́л на губа́х Хвосту́хин и встал.—Я тебе́ на днях позвоню́. На́до повида́ться.

—Да мы уж вро́де повида́лись,—погаси́в в пе́пельнице оку́рок, су́хо сказа́л гость,—я, пожа́луй, пойду́.

—Куда́ торо́пишься?—спроси́л Хвосту́хин, провожа́я го́стя к две́ри.

—Дела́.

—Каки́е там у тебя́ осо́бые дела́?—покрови́тельственно заме́тил Хвосту́хин.—Я тебя́ да́же то́лком не спроси́л—ты в како́й систе́ме рабо́таешь-то?

—В одно́й мы тепе́рь систе́ме. Шесть дней, как назна́чили в министе́рство.

—Ах, вот как?—Хвосту́хин на ходу́[30] снял га́лстук. Ну́жно бы́ло ещё успе́ть переоде́ться.—Так ты в слу́чае чего́ звони́ . . . .

—Пока́ к тебе́ дозвони́шься. Ты лу́чше ко мне заходи́. Четвёртый эта́ж, второ́й кабине́т по коридо́ру. Будь здоро́в.[31]

—Наконе́ц-то,—сказа́ла Раи́са Па́вловна, когда́ за го́стем захло́пнулась дверь.—Заче́м он приходи́л? Како́е-нибудь де́ло?

—Да нет,—махну́л руко́й Хвосту́хин,—по-мо́ему, так пришёл, из подхали́мства. Мы, ви́дишь ли, в одно́й систе́ме рабо́таем. Заходи́, говори́т, ко мне, четвёртый эта́ж, второ́й кабине́т по . . . .—Хвосту́хин вдруг осе́кся,[32]—погоди́, где он сказа́л. ,,Четвёртый эта́ж, второ́й кабине́т . . . .'' Посто́й[33] . . . . На четвёртом этаже́ же замести́тели ми . . . ми . . . мину́точку . . . .

не́рвничать, to be nervous
супру́га, wife
перевести́ (P), to shift
потира́ть, to rub
сыгра́ть (P), to play
повида́ться (P) (colloq.), to see each
  other
погаси́ть, to extinguish
пе́пельница, ash tray
оку́рок, butt (of a cigarette)
пожа́луй, perhaps
провожа́ть, to accompany
покрови́тельственно, condescendingly
то́лком, (colloq.) properly

систе́ма, system, here 'bureau'
назна́чить (P), to appoint
министе́рство, ministry
га́лстук, necktie
переоде́ться (P), to change clothes
дозвони́ться (P), to ring till one gets
  an answer
эта́ж, floor
кабине́т, here 'office'
коридо́р, hall
захло́пнуться (P), to slam
подхали́мство, (colloq.) fawning
замести́тель, deputy

—Что тако́е?

—Мину́точку.

Измени́вшись в лице́, Хвосту́хин снял тру́бку и с лихора́дочной быстрото́й набра́л но́мер.

—Дежу́рный? . . . . Хвосту́хин говори́т. А? . . . . Да, верну́лся. У нас что . . . но́вый замминистра?[34] . . . . Пе́рвый замести́тель?— Хвосту́хин вы́тер лоб. А фами́лия его́ как? . . . . Виногра́дов? . . . . Генна́дий Васи́льевич? . . . . Да? . . . . Очень прия́тно.

Хвосту́хин опусти́л телефо́нную тру́бку в карма́н. Пото́м спохвати́лся и бе́режно, бу́дто она́ сде́лана из хру́пкого стекла́, положи́л её на рыча́г.

—Вот,—расте́рянно сказа́л он,—вот так. Таки́м путём.

—Ко́ля! . . . . Что случи́лось?—встрево́жилась Раи́са Па́вловна.

—Что? . . . А? . . . .

—Пойдём в теа́тр. Ты мне по доро́ге всё расска́жешь . . . .

Хвосту́хин уста́вился на жену́. Мо́жно бы́ло поду́мать, что он её ви́дит впервы́е.

—Никуда́ я не пойду́! . . . .

—Что случи́лось? . . . . Вы сиде́ли, говори́ли . . . .

—Сиде́ли, говори́ли,—повтори́л Хвосту́хин.

—Узна́л ты своего́ дру́га де́тства? . . . .

Хвосту́хин посмотре́л на телефо́н, на жену́, сно́ва на телефо́н и ти́хо сказа́л:

—Нет. Я его́ не узна́л. Он меня́ узна́л.

1955

измени́ться (P), to change
тру́бка, phone receiver
лихора́дочный, feverish
быстрота́, speed
набра́ть (P) но́мер, to dial a number (phone)
дежу́рный, man on duty
вы́тереть (P), to wipe (off)
опусти́ть (P), to lower

спохвати́ться (P), to recollect suddenly
бе́режно, carefully
хру́пкий, brittle
стекло́, glass
рыча́г, lever, here telephone arm
расте́рянный, perplexed
встрево́житься (P), to become alarmed
уста́виться (P), (colloq.) to stare
впервы́е, for the first time

I. Notes

1. **лысова́тый**, baldish. The Russian adjectival suffix **-ова́тый** is the equivalent of the English suffix -ish: **лы́сый: лысова́тый**, bald: baldish.
2. **Бо́же мой**, my Lord!
3. **поду́маешь**, (colloq.) big deal (ironical).
4. **поня́тия не име́ю**, I have no idea.
5. **В слу́чае чего́**, just in case.

6. **ума́ не приложу́,** I am at a loss.
7. **винова́т,** excuse me; **винова́т, -а,** short form of **винова́тый,** 'guilty', is equivalent to the English 'excuse me'.
8. **здоро́во,** hello; from **здоро́вый,** healthy.
9. **Ба́тюшки мои́,** Goodness gracious!
10. **тряся́** (pres. gerund of **трясти́**), to shake.
11. **погоди́** (imper. of **погоди́ть**), (colloq.) wait a little.
12. **Гри́шка,** dimin. of **Григо́рий,** Gregory.
13. **Ге́нка,** dimin. of **Генна́дий.**
14. **Вот тебе́ и раз,** Oh, really!
15. **че́стное сло́во,** word of honor.
16. **поло́жим,** let us assume.
17. **В. Маяко́вский** (1893–1930), Russian poet.
18. **слу́шай-ка,** listen. The suffix **-ка** is added to imperatives to express emphasis or soften the brusqueness of the request.
19. **э́то са́мое,** (colloq.) you know.
20. **на дня́х,** one of these days.
21. **дела́-дели́шки,** That's how things are; **дели́шки,** dimin. of **дела́.**
22. **главк,** abbreviation of **гла́вное управле́ние,** central board.
23. **ЗИМ,** make of a Russian automobile, „Заво́д и́мени Мо́лотова".
24. **Па́ша,** dimin. of **Па́вел,** Paul.
25. **Са́ша,** dimin. of **Алекса́ндр.**
26. **уве́ренней,** surer. The comparative suffix **-ей** is used colloquially instead of **-ee.**
27. **потря́с** (past of **потрясти́**), to shake.
28. **дать ма́ху,** to pull a boner.
29. **Ну-с,** well, indeed. The suffix **-с** (from archaic **суда́рь,** 'sir') has a polite, and sometimes ironic, connotation.
30. **На ходу́,** on the run.
31. **Будь здоро́в,** 'stay healthy' leavetaking formula.
32. **осе́кся** (past of **осе́чься**), stopped short.
33. **посто́й** (imper. of **постоя́ть**), wait a while.
34. **заммини́стра,** abbreviation for **замести́тель мини́стра,** deputy minister. Observe that this compound noun is of masculine gender because it replaces in part **замести́тель.**

II. Language Analysis

A.

1. Look up in the dictionary the meanings of the following words and use them in sentences: **кома́нда, но́мер, поня́тие, сторона́; све́тлый; заключи́ть, звони́ть, отложи́ть, произнести́.**

2. Find the synonyms of the following: **бесе́да, вне́шность, слу́жба, совеща́ние; незнако́мый, пло́тный, сме́лый, студёный; заме́тить, пыта́ться, размышля́ть, торопи́ться; впервы́е, зачéм, наси́лу, сло́вно.**

3. Find the antonyms of the following: **бу́дущее, здоро́вье, прису́тствие, супру́га; нару́жный, сухо́й; забы́ть, здоро́ваться, ко́нчиться, подня́ться, раздева́ться; ве́село, наконе́ц, торопли́во.**

4. Illustrate the differences, if any, between the following: быстрота́: ско́рость; кра́ткий: коро́ткий; здоро́во: здоро́во; взгляну́ть: посмотре́ть; улыба́ться: усмехну́ться.

B.

1. Identify the forms of the following nouns and indicate their nom. sing.: владе́льце, ребя́т, веща́м.

2.

    (a) Find in the text the following adjectives used as nouns: пере́дняя, столо́вая, бу́дущее, дежу́рный.

    (b) What are the positive degree forms of the following comparatives: ти́ше, покоро́че, лу́чше, уве́ренней, да́льше, ху́же? What are the meanings of: (1) the prefix по- (2) the suffix -ей?

3. Find in the text the following indefinite pronouns and indicate their English equivalents: како́й-то, како́й-нибудь, ко́е-кто́, не́кий, что́-то.

4.

    (a) Identify the following verb forms and indicate the rest of their tense forms, infinitive and aspect: прошу́, кладу́, созна́юсь, тре́буешь, жа́луюсь; росли́, произнёс, потря́с, перевёл, осе́кся, вы́тер; перее́ду, расскажешь; подожди́, покажи́, забу́дь.

    (b) Find in the text the following exhortative imperative forms: дава́й вспомина́й; дава́й пря́мо с вокза́ла.

5.

    (a) Identify the aspects of the following verbs and indicate their other aspect, if the latter exists: вздохну́ть, вы́тащить, доста́ть; загляну́ть, заяви́ть; измени́ться, кивну́ть, махну́ть; наступи́ть; обнима́ть, опусти́ться; отложи́ть, отме́тить; погаси́ть, пожа́ть; подчеркну́ть; перее́хать; провожа́ть, произнести́; сгоре́ть, сложи́ть, смути́ться, сознава́ться, сообщи́ть; усмехну́ться.

    (b) Indicate differences in meaning and aspect, if any, between the following verbs: звать: назва́ть; лови́ть: улови́ть; оде́ться: переоде́ться; пусти́ть: опусти́ть; заме́тить: отме́тить; заходи́ть: приходи́ть; одева́ться: раздева́ться; перее́хать: прие́хать; отложи́ть: положи́ть; приложи́ть: сложи́ть.

6. Find the following gerunds in the text and indicate their tense, infinitive, and aspect: раздева́ясь, размышля́я, приложи́в, кивну́в, перели́стывая, разгля́дывая, отложи́в, тряся́, вздохну́в, красне́я, ра́дуясь, протя́гивая, пыта́ясь, перехвати́в, вы́ронив, усмехну́вшись, улови́в, прищу́рив, покача́в, измени́вшись, провожа́я, потира́я, дожда́вшись.

7.

    (a) What cases do the following prepositions govern in the text: за, из, навстре́чу, по, про? Which of these follows the noun it governs?

    (b) Find in the text instances of с governing the genitive and indicate the meaning of the preposition in each case.

    (c) What is the case of на ходу́?

8. Find in the text instances of the use of the emphatic particle -то.

C.

1.

    (a) What cases do the following verbs govern in the text: подмигну́ть, пове́рить, позвони́ть; подожда́ть, разгля́дывать, отложи́ть, заключи́ть, обнима́ть, сложи́ть, вы́ронить, доста́ть, перевести́, погаси́ть, провожа́ть, вы́тереть; махну́ть, пожа́ть?

    (b) What two cases do the following verbs govern in the text: сообщи́ть, класть, показа́ть, трясти́, протя́гивать, подчеркну́ть, переда́ть?

2. Find in the text these verbs followed by the prepositions and the nouns which the prepositions govern: посмотре́ть на + acc.; загляну́ть в + acc.; подня́ться с + gen.; тре́бовать у + gen.; наблюда́ть за + instr.

3.

(a) What other nouns are the following diminutives derived from: мину́точка, карма́нчик, дели́шки, сыно́к?

(b) Observe the following words related to each other: здоро́вье: здорова́к: здоро́во: здоро́ваться. Can you think of other sets of similarly related words?

(c) What are the component parts of the following: одновре́менный, послеобе́денный, полуоткры́тый; главк, замминистра?

4. Find in the text these, and other, examples of:

(a) *Absence of subject:* фами́лию не назва́л; назва́л, когда́ здоро́вался; и пра́вильно сде́лал; дам кома́нду, помо́гут.

(b) *Subject after predicate:* у́мерли о́ба; сгоре́ла у меня́ кварти́ра; су́хо сказа́л гость.

(c) *Insertion between adjective and nouns:* плохо́е у меня́ здоро́вье; в одно́й мы тепе́рь систе́ме.

5. Observe the following Russian expressions in the text and use them in sentences: что случи́лось; поду́маешь; не име́ю поня́тия; в слу́чае чего́; он мне рове́сник; ума́ не приложу́; заключи́ть в объя́тия; кого́ я ви́жу; погоди́; подожди́; посто́й; жгу́чий брюне́т; вот тебе́ и раз; по-тво́ему; по-мо́ему; в о́бщем; че́стное сло́во; на дня́х; дела́-дели́шки; речь идёт о + prep.; дать ма́ху; прищу́рить глаза́; переда́ть приве́т; пожа́луй; на ходу́; будь(те) здоро́в(ы); набра́ть но́мер.

III. Questions

1. Что заме́тил Хвосту́хин на ве́шалке, когда́ он верну́лся домо́й с послеобе́денной прогу́лки?

2. Что сказа́ла ему́ жена́ про го́стя?

3. Куда́ они́ торопи́лись идти́?

4. О чём ду́мал Хвосту́хин, уви́дя незнако́мого челове́ка?

5. Как пыта́лся Хвосту́хин узна́ть своего́ прия́теля?

6. Почему́ Хвосту́хину так не те́рпится отде́латься от го́стя?

7. В како́м ме́сте расска́за осо́бо подчёркивается то, что Хвосту́хин да́же не слу́шал това́рища?

8. О каки́х това́рищах спра́шивал Виногра́дов?

9. Что он рассказа́л о себе́?

10. Почему́ Хвосту́хин запротестова́л, когда́ его́ това́рищ хоте́л уйти́?

11. Как прости́лись в конце́ концо́в друзья́?

12. Отчего́ так растеря́лся Хвосту́хин?

13. Про́тив чего́ напра́влен расска́з?

Михаи́л Зо́щенко
(1895–1958)

Писа́тельская карье́ра Зо́щенко начала́сь в 1921 году́ и уже́ в одно́м из его́ пе́рвых сбо́рников расска́зов („Расска́зы На́зара Ильича́ господи́на Синебрю́хова", 1922 г.) прояви́лся неподража́емый стиль, язы́к и ю́мор; Зо́щенко сра́зу стал изве́стным сове́тским писа́телем-юмори́стом. Произведе́ния Зо́щенко состо́ят гла́вным о́бразом из многочи́сленных коро́тких расска́зов, среди́ кото́рых расска́з „Рогу́лька" (1943). В 1933 году́ Зо́щенко написа́л свой пе́рвый рома́н „Возвращённая мо́лодость"; в 1934 году́ вы́шел сбо́рник расска́зов „Голуба́я кни́га" посвящённый Го́рькому; в 1935 году́ „Исто́рия одно́й жи́зни". В 1946 г. он был осуждён Центра́льным Комите́том коммунисти́ческой па́ртии, в постановле́нии кото́рого от 14 авгу́ста 1946 г. говори́лось: „После́дний из опублико́ванных расска́зов Зо́щенко „Приключе́ния обезья́ны" („Звезда́" № 5–6 за 1946 г.), представля́ет па́сквиль на сове́тский быт и на сове́тских люде́й". Писа́тель до́лжен был жить мно́го лет без литерату́рной трибу́ны.

Зо́щенко у́мер в 1958 году́.

прояви́ться (P), to manifest itself	**постановле́ние**, resolution
неподража́емый, inimitable	**приключе́ние**, adventure
многочи́сленный, numerous	**обезья́на**, monkey
возвращённый, returned	**па́сквиль**, libel
посвящённый, dedicated	**быт**, way of life
осуждён, censured	

Рогу́лька

Утром над на́шим парохо́дом ста́ли кружи́ться самолёты проти́вника.

Пе́рвые шесть бомб упа́ли в во́ду. Седьма́я бо́мба попа́ла[1] в корму́. И наш парохо́д загоре́лся.

рогу́лька, any fork-shaped attachment	**корма́**, stern
проти́вник, enemy	**загоре́ться** (P), to start to burn

Leningrad, September, 1957. Photo taken by Professor Parker.

И тогда́ все пассажи́ры ста́ли кида́ться в во́ду.

Не по́мню, на что я рассчи́тывал, когда́ бро́сился за борт, не уме́я пла́вать. Но я то́же бро́сился в во́ду. И сра́зу погрузи́лся на дно.

Не зна́ю, каки́е там быва́ют хими́ческие или физи́ческие зако́ны, но то́лько при по́лном неуме́нии пла́вать я вы́плыл нару́жу.

Вы́плыл нару́жу и сра́зу же ухвати́лся руко́й за каку́ю-то рогу́льку, кото́рая торча́ла из воды́.

Держу́сь за э́ту рогу́льку и уже́ не выпуска́ю её из рук. Благословля́ю не́бо, что оста́лся в живы́х[2] и что в мо́ре понаты́каны таки́е рогу́льки для указа́ния ме́ли и так да́лее.

Вот держу́сь за э́ту рогу́льку и вдруг ви́жу—кто́-то ещё подплыва́ет ко мне. Ви́жу—како́й-то шта́тский вро́де меня́. Прили́чно оде́тый—в пиджаке́ песо́чного цве́та и в дли́нных брю́ках.

Я показа́л ему́ на рогу́льку. И он то́же ухвати́лся за неё.

И вот мы де́ржимся за э́ту рогу́льку. И молчи́м. Потому́ что говори́ть не́ о чём.

Впро́чем, я его́ спроси́л, где он слу́жит, но он ничего́ не отве́тил. Он то́лько вы́плюнул во́ду изо рта и пожа́л плеча́ми. И тогда́ я по́нял всю нетакти́чность моего́ вопро́са, за́данного[3] в воде́.

И хотя́ меня́ интересова́ло знать, с учрежде́нием[4] ли он плыл на парохо́де, как я, или оди́н,—тем не ме́нее я не спроси́л его́ об э́том.

Но вот де́ржимся мы за э́ту рогу́льку и молчи́м. Час молчи́м. Три часа́ ничего́ не говори́м. Наконе́ц, мой собесе́дник произно́сит:

—Ка́тер идёт . . . .

Действи́тельно, ви́дим, идёт спаса́тельный ка́тер и подбира́ет люде́й, кото́рые ещё де́ржатся на воде́.

Ста́ли мы с мо́им собесе́дником крича́ть, маха́ть рука́ми, чтоб с ка́тера нас заме́тили. Но нас почему́-то не замеча́ют. И не подплыва́ют к нам.

кида́ться, to throw oneself	**вро́де,** like
рассчи́тывать, to reckon	**прили́чный,** decent
погрузи́ться (P), to sink	**пиджа́к,** suit coat
дно, bottom	**песо́чный,** sandy
неуме́ние, not-knowing	**брю́ки,** trousers
нару́жу, outside	**вы́плюнуть** (P), to spit out
ухвати́ться (P), to grab	**пожа́ть** (P), to shrug
торча́ть, to stick out	**нетакти́чность,** tactlessness
выпуска́ть, to let out	**тем не ме́нее,** nevertheless
благословля́ть, to bless	**собесе́дник,** fellow conversationalist
понаты́канный, stuck all over	**произноси́ть,** to utter
указа́ние, indication	**ка́тер,** launch
мель, shoal	**спаса́тельный,** life-saving
подплыва́ть, to swim near	**подбира́ть,** to pick up
шта́тский, civilian	**маха́ть,** to wave

Тогда́ я ски́нул с себя́ пиджа́к и руба́шку и стал маха́ть э́той руба́шкой: де́скать,[5] вот мы тут, сюда́, бу́дьте любе́зны, подъезжа́йте.

Но ка́тер не подъезжа́ет.

Из после́дних сил я машу́ руба́шкой: де́скать, войди́те в положе́ние,[6] погиба́ем, спаси́те на́ши ду́ши.

Наконе́ц, с ка́тера кто́-то высо́вывается и кричи́т нам в ру́пор:

—Эй, вы, трамтарара́м,[7] за что, обалде́ли, де́ржитесь—за ми́ну!

Мой собесе́дник, как услы́шал э́ти слова́, так сра́зу шара́хнулся в сто́рону. И, гляжу́, поплы́л к ка́теру . . . .

Инстинкти́вно я то́же вы́пустил из рук рогу́льку. Но как то́лько вы́пустил, так сра́зу же с голово́й погрузи́лся в во́ду.

Сно́ва ухвати́лся за рогу́льку и уже́ не выпуска́ю её из рук.

С ка́тера в ру́пор крича́т:

—Эй, ты, трамтарара́м, не тро́гай ми́ну.

„Бра́тцы, кричу́, без ми́ны я как без рук. Потону́ же сра́зу. Войди́те в положе́ние. Плыви́те[8] сюда́, бу́дьте так великоду́шны".

В ру́пор крича́т:

—Не мо́жем подплы́ть, ду́ра-голова́,—подорвёмся[9] на ми́не. Плыви́, трамтарара́м, сюда́. Или мы уйдём сию́[10] мину́ту.

Ду́маю: „Хоро́шенькое де́ло—плыть при по́лном неуме́нии пла́вать". И сам держу́сь за рогу́льку так, что да́же при жела́нии меня́ не оторва́ть.

Кричу́: „Бра́тцы моряки́! Уважа́емые фло́тские това́рищи! Приду́майте что́-нибудь для спасе́ния це́нной челове́ческой жи́зни".

Тут кто́-то из кома́нды кида́ет мне кана́т. При э́том в ру́пор и без ру́пора крича́т:

—Не верти́сь, чтоб ты сдох,[11]—взорвётся ми́на!

Ду́маю: „Са́ми нерви́руют кри́ками. Лу́чше бы, ду́маю, я не знал, что э́то ми́на, я бы вёл себя́ ровне́й.[12] А тут, коне́чно, дёргаюсь— бою́сь. И ми́ны бою́сь и без ми́ны ещё того́ бо́льше бою́сь".

Наконе́ц, ухвати́лся за кана́т. Осторо́жно обвяза́л себя́ за по́яс.

ски́нуть (P), to throw off
погиба́ть, to perish
высо́вываться, to lean out
ру́пор, megaphone
обалде́ть (P), (colloq.) to go crazy
ми́на, mine
шара́хнуться (P), (colloq.) to dash aside
тро́гать, to touch
потону́ть (P), to drown
великоду́шный, magnanimous
оторва́ть (P), to tear away
моря́к, sailor

уважа́емый, dear
фло́тский, naval
приду́мать (P), to think up
це́нный, precious
кома́нда, crew
кана́т, rope
взорва́ться (P), to explode
нерви́ровать, to make nervous
дёргаться, to twitch
осторо́жно, carefully
обвяза́ть (P), to tie around
по́яс, belt

Кричу: „Тяните, ну вас к чёрту.... Орут, орут, прямо надоело¹³....".

Стали они меня тянуть. Вижу—канат не помогает. Вижу вместе с канатом, вопреки своему желанию, опускаюсь на дно.

Уже руками достаю морское дно. Вдруг чувствую—тянут кверху, поднимают.

Вытянули на поверхность. Ругают—сил нет. Уже без рупора кричат:

—С одного тебя такая длинная канитель, чтоб ты сдох.... Хватаешься за мину во время войны.... Вдобавок не можешь плыть.... Лучше бы ты взорвался на этой мине—обезвредил бы её и себя....

Конечно, молчу. Ничего им не отвечаю. Поскольку—что можно ответить людям, которые меня спасли. Тем более сам чувствую свою недоразвитость в вопросах войны, недопонимание техники, неумение отличить простую рогульку от Бог знает чего.

Вытащили они меня на борт. Лежу. Обступили.

Вижу—собеседник мой тут. И тоже меня отчитывает, бранит— зачем, дескать, я указал ему схватиться за мину. Дескать, это морское хулиганство с моей стороны. Дескать, за это надо посылать на подводные работы от трёх до пяти лет.

Собеседнику я тоже ничего не ответил, поскольку у меня испортилось настроение, когда я вдруг обнаружил, что нет со мной рубашки. Пиджак тут, при мне, а рубашки нету.

Хотел попросить капитана сделать круг на ихнем катере, чтоб осмотреться, где моя рубашка, нет ли её на воде. Но, увидев суровое лицо капитана, не решился его об этом просить.

Скорей всего рубашку я на мине оставил. Если это так, то конечно, пропала¹⁴ моя рубашка.

тянуть, to pull
орать, to holler
вопреки, in spite of
опускаться, to sink
достать (Р), to reach
кверху, upward
поверхность, surface
ругать, to swear
канитель, (colloq.) long, drawn out affair
вдобавок, besides
обезвредить (Р), to render harmless
поскольку, since
недоразвитость, underdevelopment

недопонимание, lack of understanding
отличить (Р), to distinguish
обступить (Р), to surround
отчитывать, (colloq.) to rebuke, dress down
бранить, to scold
хулиганство, hooliganism
подводный, submarine (adj)
испортиться (Р), to become worse
настроение, mood
обнаружить (Р), to discover
ихний, (colloq.) their
осмотреться (Р), to look around
суровый, stern, severe

После спасения я дал себе торжественное обещание изучить военное дело.

Отставать от других в этих вопросах не полагается.

1943

торжественный, solemn	**отставать,** to lag behind
обещание, promise	**не полагается,** not supposed (to)

I. Notes

1. **попала,** past tense of **попасть,** to hit.
2. **в живых,** alive.
3. **заданного,** asked, put; **заданный,** past pass. part. of **задать,** to put, assign.
4. **с учреждением,** with an institution.
5. **дескать,** a so-called quotative: 'we say', 'they say', 'he says' etc.
6. **войдите в положение,** understand (our) situation.
7. **трамтарарам,** onomatopoeic for 'noise', roughly equivalent to English 'bang'.
8. **плывите,** imper. of **плыть,** swim.
9. **подорвёмся,** fut. of **подорваться,** we'll blow ourselves up.
10. **сию,** acc. of **сия,** this (very); **сей, сия, сие,** archaic demonstrative pronoun, this.
11. **чтоб ты сдох,** past tense of **сдохнуть,** (colloq.) drop dead!
12. **я бы вёл себя ровней,** (colloq.) I'd behave more calmly; **-ей** is used instead of **-ee** for the comparative in colloquial language and poetry.
13. **надоело,** past of **надоесть,** worn out.
14. **пропала,** past of **пропасть,** got lost.

II. Language Analysis

A.

1. Look up in the dictionary the meaning of the following words and use them in sentences: **закон, мина, положение; полный; произносить.**

2. Find the synonyms of the following: **брюки, противник; великодушный; обнаружить, орать, скинуть, служить; вдобавок, впрочем, зачем, поскольку.**

3. Find the antonyms of the following: **вопрос, дно; военный, живой, простой, суровый; молчать, остаться, подниматься; кверху, наконец, наружу, сразу.**

4. Illustrate the differences, if any, between the following: **дорогой: ценный; бранить: ругать; бросаться: кидаться; глядеть: смотреть; опускаться: погрузиться; плавать: плыть.**

B.

1. Identify the forms of the following nouns and indicate their nom. sing.; **рта, плечами, братцы.**

2. Identify the following verb forms and indicate the rest of their tense forms, infinitive and aspect: **машу, гляжу, нервируют; подорвёмся; плыви, спасите; упали, попала, сдох, вёл, надоело, спасли, пропала.**

3. How are declined the demonstrative pronouns: **сей, сия, сиё**?

4.

(a) Identify the aspect of the following verbs and indicate their other aspect, if the latter exists: **бояться, бранить, выплюнуть, выпускать, вытащить; глядеть, держаться, доставать; заметить; изучить, кружиться, махать; обнаружить, осмотреться, оставить, остаться, погрузиться, пожать, посылать, потонуть; подбирать, подъезжать; произносить, рассчитывать; скинуть, служить, спасти, спросить; трогать.**

(b) Indicate differences in meaning and aspect, if any, between the following verb groups: **плыть: выплыть: подплыть: поплыть; рвать: взорвать: оторвать: подорвать: разорвать; попасть: пропасть: упасть; тянуть: вытянуть; схватиться: ухватиться.**

5. Find the following gerunds in the text and indicate their tense, infinitive and aspect: **умея, увидев.**

6. What cases do the following prepositions govern in the text: **вопреки, вроде, за, при?**

С.

1.

(a) What cases do the following verbs govern in the text: **кричать, указать; благословлять, подбирать, скинуть, спасти, выпустить, обвязать, тянуть, доставать, вытащить, попросить, оставить, изучить?**

(b) What two cases does **кидать** govern in the text?

2. Find in the text these verbs followed by the prepositions and the nouns which the prepositions govern: **попасть в** + acc.; **держаться за** + acc.; **подплывать к** + dat.; **показать на** + acc.; **ухватиться за** + acc.; **отставать от** + gen.

3. What are the component parts of the following: **пароход, самолёт; великодушный?**

4.

(a) Find in the text the following example of the infinitive used as predicate: ... **даже при желании меня не оторвать.** To what English construction does this utterance correspond?

(b) Find in the text examples of the impersonal predicates **можно, надо.**

5. Find in the text these, and other examples, of personal verbs used impersonally: **И хотя меня интересовало знать**; ... **прямо надоело; отставать от других** ... **не полагается.**

6. Observe the following Russian expressions in the text and use them in sentences: **тем более; тем не менее; скорей(-ее) всего; (не) полагается; вести себя; задать вопрос; остаться в живых; войдите в (наше, его etc.) положение; будьте любезны; настроение (ис)портится.**

III. Questions

1. Почему загорелся пароход?

2. Бросились ли все пассажиры за борт?

3. Когда автор выплыл наружу, за что он ухватился?

4. Кто ещё подплыл к рогульке и ухватился за неё?

5. Как долго держались автор и штатский за рогульку?

6. Почему́ спаса́тельный ка́тер не хоте́л к ним подъе́хать?
7. Что кри́кнули им в ру́пор с ка́тера?
8. Смог ли а́втор доплы́ть до ка́тера?
9. Что кри́кнул а́втор моряка́м на ка́тере?
10. Как моряки́ спасли́ а́втора?
11. Как они́ его́ ру́гали?
12. Как брани́л его́ шта́тский?
13. Почему́ у а́втора испо́ртилось настрое́ние?
14. Что он потеря́л в воде́?
15. На что не мог а́втор реши́ться?
16. Како́е торже́ственное обеща́ние дал себе́ а́втор по́сле спасе́ния?

Константи́н Фе́дин
(1892–   )

Де́тство и ю́ность Фе́дин провёл в Сара́тове, где он роди́лся. Оте́ц его́ был из крестья́н, а мать из семьи́ учи́теля. Писа́ть Фе́дин на́чал с 1910 года. Его́ рома́н ,,Города́ и го́ды" (1924) был одни́м из пе́рвых сове́тских произведе́ний о револю́ции и гражда́нской войне́. В 1928 году́ он зако́нчил свой рома́н ,,Бра́тья" и соверши́л большу́ю пое́здку в Норве́гию, Голла́ндию и Герма́нию. В 1935 г. Фе́дин пи́шет ,,Похище́ние Евро́пы", но его́ наибо́лее кру́пными произведе́ниями счита́ются рома́ны: ,,Пе́рвые ра́дости" (1945), ,,Необыкнове́нное ле́то" (1948) и ,,Костёр" (1961).

Многочи́сленные статьи́ о литерату́ре, писа́телях и иску́сстве, а та́кже большо́е коли́чество расска́зов, среди́ них ,,Брат и сестра́", принадлежа́т перу́ Фе́дина.

Фе́дин оди́н из гла́вных руководи́телей Сою́за писа́телей СССР и награждён двумя́ ордена́ми Трудово́го Кра́сного Зна́мени.

гражда́нский, civil
соверши́ть (Р) **пое́здку,** to go on a trip
Похище́ние Евро́пы, "Rape of Europe"
руководи́тель, leader
награждён, rewarded
о́рден, order (award)

Брат и сестра́

Ни́на была́ то́лько на́ год ста́рше бра́та Ви́ти, но, как де́вочка, ря́дом с ним, каза́лось, переросла́[1] свои́ де́сять лет. Она́ помога́ла свое́й ма́тери в хозя́йстве, и когда́ взро́слые заводи́ли речь о пайка́х,[2] о хле́бных ка́рточках, об очередя́х, она́ серьёзно вме́шивалась в разгово́р.

—Ты, ма́ма, не сра́внивай с ми́рным вре́менем,—говори́ла она́ и гро́мко вздыха́ла, как же́нщина.

Ви́тя, за́нятый осо́бенными привя́занностями, возника́ющими на ле́стницах многоэта́жного до́ма, в закоу́лках большо́го двора́, ду́мал

хозя́йство, housekeeping
взро́слый, adult
заводи́ть, to start up
ка́рточка, ration card
о́чередь, line
вме́шиваться, to cut in
сра́внивать, to compare
вздыха́ть, to sigh
привя́занность, attachment
возника́ть, to arise, spring up
ле́стница, staircase
многоэта́жный, multistoried
закоу́лок, nook

95

бо́льше о свои́х однолётках-това́рищах,³ чем о сестре́. В душе́ он счита́л, что её жизнь запо́лнена суето́й. А у него́ была́ со́брана колле́кция оско́лков от зени́тных снаря́дов, был неме́цкий желе́зный крест, пода́ренный красноарме́йцем, бы́ли и други́е вое́нные трофе́и, наприме́р, золочёный паке́тик от герма́нского бри́твенного но́жичка, попа́вшего⁴ в ру́ки того́ же лихо́го красноарме́йца при разгро́ме одно́й вра́жеской пози́ции.

Сестра́ Ни́на де́лала, коне́чно, всё, на что была́ спосо́бна, но её заня́тия Ви́тя называ́л девчо́нскими, кро́ме, пожа́луй, хожде́ния за обе́дом, в столо́вую. Тут, одна́ко, Ни́на не обходи́лась без Ви́ти. Она́ брала́ его́ с собо́й, и одну́ кастрю́льку нёс он, другу́ю—она́.

Раз, в о́чень ве́треный зи́мний день, они́ возвраща́лись из столо́вой домо́й. Вы́дано бы́ло всего́ одно́ блю́до, но зато́ хоро́шее.

—Смотри́,—сказа́ла Ни́на, поболта́в ло́жкой я́чневую ка́шу,—кака́я густа́я. Это лу́чше, чем суп, да пото́м второ́й суп под ма́ркой ка́ши. Пра́вда?

—А что тако́е под ма́ркой?—спроси́л Ви́тя.—На ка́ше ма́рок не быва́ет. Это не письмо́.

—Ты всегда́ не понима́ешь,—сказа́ла Ни́на,—это так говори́тся.

Заку́танные, они́ шли, нагну́вшись, про́тив ве́тра, пря́ча⁵ ма́ленькие ли́чики в по́днятые и обкру́ченные⁶ ша́рфами воротники́. Ни́на несла́ ка́шу, Ви́тя—пусту́ю кастрю́льку с ло́жкой.

Чуть-чу́ть начина́ло смерка́ться, но они́ зна́ли, что успе́ют до темноты́ прийти́ домо́й, и шли обы́чной доро́гой—по Миллио́нной⁷ у́лице, пото́м наискосо́к по Ма́рсову по́лю⁸—у́зкой криво́й тропи́нкой, вы́топтанной по неу́бранным сугро́бам сне́га, к Садо́вой.

запо́лнить (Р), to fill
суета́, fuss, bristle
оско́лок, fragment
зени́тный, anti-aircraft (adj)
снаря́д, shell
подари́ть (Р), to make a present of
золочёный, gilded
бри́твенный но́жичек, razor
лихо́й, dashing, brave
разгро́м, rout
вра́жеский, hostile
спосо́бный, capable
девчо́нский, girlish
пожа́луй, perhaps
хожде́ние, walking
обходи́ться, to manage
кастрю́лька, pan
столо́вая, community dining hall
блю́до, dish

поболта́ть (Р), to stir
я́чневый, barley (adj)
густо́й, thick
ма́рка, brand, grade
заку́тать (Р), to muffle, wrap up
нагну́ться, to bow
ли́чико, little face
шарф, scarf
воротни́к, collar
смерка́ться, to get dark
успе́ть (Р), to have time
обы́чный, usual
наискосо́к, obliquely
криво́й, crooked
тропи́нка, path
вы́топтать (Р), to trample down
неу́бранный, unswept
сугро́б сне́га, snowdrift
садо́вый, garden (adj)

Когда́ они́ проходи́ли ми́мо занесённого па́мятника Же́ртвам револю́ции, на них вме́сте с позёмкой, то́чно из-под земли́, налете́ло утро́бное завыва́ние сире́ны.

—Вот тебе́ и[9] возду́шная трево́га,—сказа́л Ви́тя.

—Добежи́м,—отве́тила Ни́на и взяла́ бра́та за́ руку.

Они́ побежа́ли, нагну́вшись ещё бо́льше и вобра́в го́ловы в воротники́. Ло́жка в пусто́й кастрю́ле позвя́кивала ве́село и зво́нко, сло́вно бубене́ц, и Ви́тя поду́мал, что вот он мчи́тся на ло́шади в сне́жный бура́н, бы́стро, бы́стро.

Вдруг они́ услы́шали гул самолёта и зате́м—ре́жущий свист бо́мбы, бли́зившийся с не́ба, как бу́дто пря́мо на них.

—Ложи́сь!—кри́кнула Ни́на, си́льно потяну́в Ви́тю за́ руку. Они́ упа́ли[10] ничко́м в снег и секу́нду лежа́ли без движе́ния. Гу́лкий вздох разры́ва наплы́л на них све́рху, и они́ ещё немно́го полежа́ли мо́лча и не дви́гались. Приподня́в го́лову, Ни́на сказа́ла:

—Это у нас.

—Нет,—отозва́лся Ви́тя,—да́льше. Я уж зна́ю.

Они́ опя́ть уткну́лись в снег, потому́ что но́вый взрыв раската́лся по пусты́нному по́лю, тяжело́ перева́ливаясь че́рез них и со сто́ном уходя́ за Неву́.

—Зна́ешь,—сказа́ла Ни́на,—побежи́м к Лебя́жьей кана́вке, там спря́чемся[11] под мо́стик.

Они́ перебежа́ли че́рез по́ле, скати́лись по отко́су на́бережной и, увяза́я в снегу́ забра́лись под мост. Там бы́ло темно́, угрожа́юще свисте́л ве́тер, но они́ так глубоко́ спря́тались в проле́те, что позёмка не задева́ла их. Они́ прижа́лись друг к дру́гу и за́мерли.[12]

занесённый, snow-covered	разры́в, explosion
па́мятник, monument	мо́лча, silently
же́ртва, sacrifice, victim	отозва́ться (P), to answer
позёмка, ground wind	уткну́ться (P), to bury oneself
утро́бный, belly-piercing	взрыв, explosion
завыва́ние, howling	раскати́ться (P), to roll
возду́шный, air (adj)	перева́ливаться, to roll, fall
вобра́ть (P), to take in	стон, moan
позвя́кивать, to tinkle	лебя́жий, swan (adj)
зво́нкий, sonorous	кана́вка, canal
бубене́ц, bell	скати́ться (P), to slide
мча́ться, to rush	отко́с, slope
бура́н, snow-storm	на́бережная, embankment
гул, rumble	увяза́ть (P), to stick in
самолёт, airplane	забра́ться (P), to climb
ре́зать, to cut	угрожа́юще, threateningly
свист, whistle	свисте́ть, to whistle
потяну́ть (P), to pull	спря́таться (P), to hide oneself
ничко́м, prone	проле́т, span
гу́лкий, resounding	задева́ть, to touch

Тогда началась бомбёжка. Один за другим повалили на город снаряды. На розовых вспышках разрывов чернел грузный Инженерный замок, как будто припадая к мостику и потом отбегая от него, и деревья вокруг замка словно выпрыскивали из земли голыми чёрными вениками и опять прятались, как будто их кто-то вдёргивал назад, в землю.

—Это всё около нас,—совсем тихо сказала Нина.—Около нашего дома.

—Вот это—да,—ответил Витя.

—А что если убьёт маму?—спросила Нина.

Витя ничего не сказал. Он поправил кастрюли, сначала пустую с ложкой, затем—с кашей, вдавив их поглубже в снег. Вдруг раздался такой удар, что лязгнул и простонал мост, и Витя услышал, как ложка запрыгала на дне кастрюли, жалобно прозвеневшей, точно струна гитары.

—Тебе не страшно?—спросила Нина и повторила:—Вот если убьёт маму . . . .

—Знаешь, Нина,—сказал вдруг басом Витя,—давай съедим[13] кашу . . . .

—А мама что?—спросила Нина.

—Всё равно,[14] когда ты говоришь, если маму убьёт . . . .

Они помолчали. Разрывы прекратились, ветер приостановился, и стало на минуту очень тихо.

—Ну, а если маму не убьёт,—сказала Нина,—а мы с тобой съедим кашу . . . .

Витя не ответил. Снова взорвались бомбы, раз, другой, третий, выплыл, придвинулся к мостику и исчез[15] чёрный замок.

—Ну, а если маму убьёт?—произнёс ещё более грубым голосом Витя.—Каша совсем замёрзнет, На чём мы её будем отогревать?

бомбёжка, bombardment
повалить (P), to fall heavily
вспышка, flash
чернеть, to become black
грузный, heavy
замок, castle
припадать, to fall down
выпрыскивать, to sprinkle out
голый, naked, bare
веник, birch broom
вдёргивать, to thread
поправить (P), to readjust
вдавить (P), to press
лязгнуть (P), to clang

простонать (P), to groan, moan
запрыгать (P), to begin to jump
жалобный, sorrowful
прозвенеть (P), to ring out
бас, bass (voice)
прекратиться (P), to cease
приостановиться (P), to stop for a while
взорваться (P), to explode
выплыть (P), to swim out
придвинуться (P), to move
грубый, rude, harsh
замёрзнуть (P), to freeze
отогревать, to heat

Тóлько бóльше чýрок изведёшь. А сейчáс онá ещё мя́гкая . . . .
Съеди́м, Ни́на, а ?

Ни́на подýмала и сказáла:

—Нет, Ви́тя. Мóжет, её всё-таки не убьёт . . . .

Не говáривая бóльше, они́ дождáлись концá бомбёжки, вы́ползли
на четверéньках[16] из-под мостá, окоченéвшие, скóрчившиеся и пошли́
домóй.

В воротáх дóма к ним ки́нулась мать и, обнимáя их, забормотáла
какóе-то неразбóрчивое слóво, врóде мáленькие или ми́ленькие, всё
старáясь чтó-то проглоти́ть и задыхáясь.

В кóмнате, разогрéв кáшу на жéлезной пéчечке, онá раздели́ла её
пóровну мéжду детьми́.

—Мам,[17] а ты,—спроси́ла Ни́на.—Почемý ты не положи́ла себé ?

—Я ужé поéла, дéтка, кýшайте, кýшайте,—сказáла мать,
отворáчиваясь от столá и копошáсь óколо огня́.

Когдá обéд был кóнчен. Ви́тя тихóнько придви́нулся к мáтери и
поцеловáл её.

—Спаси́бо,—сказáл он свои́м обыкновéнным ви́тиным[18] гóлосом.

Потóм ушёл в дáльний, совсéм тёмный ýгол кóмнаты и позвáл
оттýда:

—Ни́на, а Нин, поди́ сюдá.

Сестрá подошлá к немý, он обцепи́л рукóй её шéю и прошептáл:

—Нагни́сь. Ну, нагни́сь, тебé говоря́т, я скажý на ýшко . . . . Ты
знáешь. Ты э́то . . . не расскáзывай мáме про то, про что мы говори́ли
под мостóм . . . .

—Про кáшу ?—тóже шёпотом спроси́ла Ни́на.—Что я—рáзве
дýра ? Конéчно, ни за что не расскажý . . . .

1942

чýрка, a small piece of wood
извести́ (P), to use up
заговáривать, to begin to speak
вы́ползти (P), to crawl out
окоченéвший, stiff with cold
скóрчившийся, shrivelled up
ки́нуться (P), to rush
забормотáть (P), to begin to mutter
неразбóрчивый, indistinct
врóде, namely
ми́ленький, dear, sweet
проглоти́ть (P), to swallow

задыхáться, to choke
разогрéть (P), to warm up
пéчечка, small stove
раздели́ть (P), to divide
пóровну, evenly
отворáчиваться, to turn aside
копоши́ться, to putter about
придви́нуться (P), to draw near
обцепи́ть (P), encircle
прошептáть (P), to whisper
шёпотом, in a whisper
дýра, fool

I. Notes

1. **переросла́,** past tense of **перерасти́,** outgrew.
2. **пайка́х,** prep. pl. of **паёк,** rations.
3. **однолѐтках,** prep. pl. of **однолѐток, това́рищах,** friend of the same age.
4. **попа́вшего,** which has fallen; **попа́вший,** past act. part of **попа́сть,** to fall (into).
5. **пря́ча,** pres. ger. of **пря́тать,** hiding.
6. **обкру́ченные,** wound around; **обкру́ченный,** past pass. part of **обкрути́ть,** (colloq.) to wind around.
7. **Миллио́нная у́лица,** street in Leningrad, as are other references to street names in this story.
8. **Ма́рсово по́ле,** Campus Martius (a square in Leningrad).
9. **Вот тебе́ и,** Here's your . . .
10. **упа́ли,** past tense of **упа́сть,** fell down.
11. **спря́чемся,** fut. tense of **спря́таться,** we'll hide.
12. **за́мерли,** past tense of **замере́ть,** froze still.
13. **дава́й съеди́м,** imper. of **съесть,** let's eat up.
14. **Всё равно́,** It is all the same.
15. **исче́з,** past of **исче́знуть,** disappeared.
16. **на четвере́ньках,** on hands and knees, on all four.
17. **мам,** mom.
18. **ви́тиный,** Vitya's (adj). The suffixes **-ин/-ина-/-ино** are added to proper names to form adjectives: **Ви́тя: ви́тин; Ко́ля: ко́лин.** Remember proper adjectives are not capitalized in Russian. They are declined like other adjectives ending in **-ин.**

II. Language Analysis

A.

1. Look up in the dictionary the meanings of the following words and use them in sentences: **движе́ние, двор, речь, хозя́йство; гру́бый, спосо́бный; замере́ть, счита́ть; вро́де.**

2. Find the synonyms of the following: **доро́га, това́рищ, трево́га; гру́зный, гу́лкий, лихо́й; заводи́ть, ки́нуться, мча́ться, отозва́ться, прекрати́ться; бы́стро, сло́вно, снача́ла, сно́ва.**

3. Find the antonyms of the following: **коне́ц, темнота́; криво́й, ми́рный, пусто́й, у́зкий; ложи́ться, начина́ть, смерка́ться; ве́село, гро́мко, наза́д, све́рху, серьёзно.**

4. Illustrate the differences, if any, between the following: **за́мок: замо́к; густо́й: то́лстый; далёкий: да́льний; ку́шать: есть.**

B.

1. Identify the form of the following nouns and indicate their nom. singular: **пайка́х, закоу́лках, однолѐтках, оско́лков, но́жичка, ма́рок, дере́вья, за́мка, чу́рок, огня́.**

2. Identify the following verb forms and indicate the rest of their tense forms, infinitive and aspect: **спря́чемся, убьёт, замёрзнет, переросла́, упа́ли, за́мерли, исче́з, произнёс, поѐла; сра́внивай, ложи́сь, побежи́м, съеди́м, поди́, начни́сь.**

3. Find in the text the following comparatives and indicate their positive degree forms: ста́рше, бо́льше, лу́чше, поглу́бже.

4. Identify the aspects of the following verbs and indicate their other aspect, if the latter exists: вздыха́ть, вы́плыть, извести́, исче́знуть, ложи́ться, ля́згнуть, мча́ться, обходи́ться, перерасти́, свисте́ть, смерка́ться, сра́внивать, счита́ть, съесть, упа́сть, успе́ть, уходи́ть.

5.

(a) Find the following participles in the text and indicate their tense, infinitive, voice and aspect, as well as the noun which they modify: за́нятый, возника́ющими, пода́ренный, попа́вшего, заку́танные, по́днятые, обкру́ченные, вы́топтанной, бли́зившийся, прозвене́вшей.

(b) Find the following short form past passive participles in the text and indicate the rest of their short forms (including stress), their long forms, their infinitive and aspect and the noun with which they agree: запо́лнена, со́брана, вы́дано, ко́нчен.

6. Find the following gerunds in the text and indicate their tense, infinitive, and aspect: пря́ча, приподня́в, увяза́я, отбега́я, вдави́в, обнима́я, стара́ясь, задыха́ясь, разогре́в, отвора́чиваясь, копоша́сь.

7.

(a) What cases do the following prepositions govern in the text: вокру́г, из-под, кро́ме, ми́мо, при, про, про́тив.

(b) Find in the text the following and indicate the case of the noun: в снегу́.

C.

1.

(a) What cases do the following verbs govern in the text: дожда́ться, помога́ть, положи́ть; перерасти́, заводи́ть, пря́тать, услы́шать, потяну́ть, приподня́ть, задава́ть, попра́вить, обнима́ть, проглоти́ть, разогре́ть, раздели́ть, поцелова́ть?

(b) What two cases do the following verbs govern: называ́ть, поболта́ть, общепи́ть?

2.

(a) Find in the text these verbs followed by the prepositions and the noun which the latter govern: вме́шиваться в + acc.; сра́внивать с + instr.; обходи́ться без + gen; проходи́ть ми́мо + gen; налете́ть на + acc.; наплы́ть на + acc.; отбе́гать от + gen.; отвора́чиваться от + gen.

(b) Find also: спосо́бный на + acc.

3.

(a) What other nouns are the following diminutives derived from: ка́рточка, паке́тик, но́жичек, кастрю́лька, кана́вка, мо́стик, пе́чечка, у́шко, ли́чико?

(b) What nouns are the following adjectives derived from: хле́бный, ми́рный, зени́тный, желе́зный, вое́нный, бри́твенный, ве́тренный, зи́мний, возду́шный, сне́жный? To what English adjectival suffixes does the suffix -ный correspond?

(c) What are the component parts of the following: многоэта́жный, красноарме́ец?

4. Find in the text these, and other, examples of personal verbs used impersonally: чуть-чу́ть начина́ло смерка́ться; А что е́сли убьёт ма́му? И ста́ло на мину́ту о́чень ти́хо.

5. Observe the following Russian expressions in the text and use them in sentences: под ма́ркой; пожа́луй; э́то так говори́тся; вот тебе́ (вам) и; всё равно́; ни за что; тебе́ (вам) говоря́т.

III. Questions

1. Почему́ Ни́на каза́лась ста́рше бра́та Ви́ти ?
2. Чем был за́нят Ви́тя ?
3. Кака́я колле́кция была́ со́брана у него́ ?
4. Почему́ Ни́на брала́ с собо́й бра́та в столо́вую ?
5. По како́й доро́ге они́ возвраща́лись из столо́вой домо́й ?
6. Что бы́ло вы́дано, в столо́вой ?
7. Что они́ сде́лали, когда́ они́ услы́шали завыва́ние сире́ны, гул самолёта и ре́жущий свист бо́мбы ?
8. Как де́ти забрали́сь под мост ?
9. Что они́ ви́дели, когда́ начала́сь бомбёжка ?
10. О чём де́ти говори́ли под мосто́м ?
11. Почему́ Ни́на не хоте́ла съесть ка́шу ?
12. Что сде́лала мать, когда́ она́ уви́дела свои́х дете́й в воро́тах до́ма ?
13. О чём проси́л Ви́тя сестру́, когда́ он позва́л её в да́льный, тёмный, у́гол ко́мнаты ?

Юрий Оле́ша

(1899–1960)

Юрий Оле́ша совреме́нный сове́тский писа́тель. Он роди́лся в семье́ интеллиге́нта. Пе́рвое его́ произведе́ние ,,За́висть" вы́шло в свет в 1926 г. Он та́кже написа́л ,,Любо́вь", де́тскую кни́гу ,,Три толстяка́" (1928), и мно́го ме́лких расска́зов. ,,Ната́ша", оди́н из его́ расска́зов, был напи́сан в 1936 г. Он у́мер в ма́е 1960 г.

за́висть, envy   **толстя́к,** fat man

Ната́ша

Старичо́к сел за стол, накры́тый к за́втраку. Стол был накры́т на одного́. Стоя́ли кофе́йник, моло́чник, стака́н в подстака́ннике с ослепи́тельно горя́щей в со́лнечном луче́ *ло́жечкой,* и *блю́дечко,* на кото́ром лежа́ли два яйца́.

Старичо́к, се́вши[1] за стол, стал ду́мать о том, о чём он ду́мал вся́кий раз, когда́ сади́лся у́тром за стол. Он ду́мал о том, что его́ дочь Ната́ша пло́хо к нему́ отно́сится.[2] В чём э́то выража́ется? Хотя́ бы в том, что почему́-то она́ счита́ет необходи́мым, чтобы он за́втракал оди́н. Она́, ви́дите ли, его́ о́чень уважа́ет, и поэ́тому ей ка́жется, что его́ жизнь должна́ быть обосо́бленной.

—Ты изве́стный профе́ссор, и ты до́лжен жить комфорта́бельно.

,,Ду́ра,—ду́мает профе́ссор,—кака́я она́ ду́ра! Я до́лжен за́втракать оди́н. И до́лжен чита́ть за за́втраком газе́ты. Так ей взбрело́ в го́лову.[3] Где она́ э́то ви́дела? В кино́? Вот ду́ра".

Профе́ссор взял яйцо́, опусти́л его́ в сере́бряную рю́мку и щёлкнул ло́жечкой по ма́товой верши́нке яйца́. Его́ всё раздража́ло. Коне́чно,

---

накры́ть (Р), to set (a table)   **уважа́ть,** to respect
кофе́йник, coffee pot   **обосо́бленный,** isolated
моло́чник, milk jug   **ду́ра,** fool
подстака́нник, glass holder   **опусти́ть** (Р), to lower
ослепи́тельный, blinding   **рю́мка,** wine glass
со́лнечный, sunny   **щёлкнуть** (Р), to crack
луч, ray   **ма́товый,** dull
блю́дечко, saucer   **верши́нка,** top
яйцо́, egg   **раздража́ть,** to irritate

он вспо́мнил о Колу́мбе,[4] кото́рый что́-то тако́е проде́лал с яйцо́м, и э́то его́ то́же разозли́ло.

—Ната́ша!—позва́л он.

Ната́ши, разуме́ется, не́ было до́ма. Он реши́л поговори́ть с ней. „Я с ней поговорю́". Он о́чень люби́л дочь. Что мо́жет быть лу́чше бе́лого полотня́ного пла́тья на де́вушке. Как блестя́т костяны́е пу́говицы! Она́ вчера́ гла́дила пла́тье. Вы́глаженное[5] полотня́ное пла́тье па́хнет левко́ем.

Поза́втракав, старичо́к наде́л пана́му, перебро́сил пальто́ че́рез ру́ку, взял трость и вы́шел и́з дому.

У крыльца́ его́ ждал автомоби́ль.

—Дми́трий Яковле́вич . . . куда́ пое́дем ?—спроси́л шофёр. Туда́ ?

—Туда́,—сказа́л профе́ссор.

—Ната́лья Дми́триевна веле́ла переда́ть . . . .

Шофёр протяну́л профе́ссору конве́ртик. Пое́хали. Профе́ссор, подпры́гивая на поду́шках, чита́л письмо́:

„Не серди́сь,[6] не серди́сь, не серди́сь. Я побежа́ла на свида́ние. Не серди́сь, слы́шишь ? Штейн о́чень хоро́ший па́рень. Он тебе́ понра́вится. Я его́ тебе́ покажу́. Не се́рдишься ? Нет ? Ты за́втракал ? Целу́ю.[7] Верну́сь ве́чером. Сего́дня выходно́й, ты обе́даешь у Шату́новских, так что я свобо́дна".

—В чём де́ло,[8] Ко́ля ?—спроси́л вдруг профе́ссор шофёра.

Тот огляну́лся.

—Вы, ка́жется, смеётесь ?

Ему́ показа́лось, что шофёр смеётся. Но лицо́ шофёра бы́ло серьёзно. Одна́ко э́то не снима́ло подозре́ния, что шофёр смеётся в душе́. Профе́ссор счита́л, что шофёр в за́говоре с Ната́шей. Франт. Но́сит каки́е-то удиви́тельные—цве́та осы́[9]—фуфа́йки. Он называ́ет меня́ „мой стари́к". Я зна́ю, что он сейча́с ду́мает: „мой стари́к не в ду́хе".[10]

проде́лать (P), to do, make	переда́ть (P), to tell, to transmit
разозли́ть (P), to anger	протяну́ть (P), to extend
разуме́ется, of course	конве́ртик, small envelope
полотня́ный, linen (adj)	подпры́гивать, to bob up and down
блесте́ть, to shine, to sparkle	поду́шка, pillow, cushion
костяно́й, bone (adj)	выходно́й, day off
пу́говица, button	огляну́ться (P), to glance back
гла́дить, to iron	снима́ть, to remove
левко́й, gilly flower	подозре́ние, suspicion
пана́ма, panama hat	за́говор, conspiracy
трость, cane	франт, dandy
крыльцо́, porch	фуфа́йка, sweater
веле́ть, to order	

Автомоби́ль е́хал по за́городной доро́ге. Навстре́чу несли́сь цвету́щие дере́вья, и́згороди, прохо́жие.

,,Она́ мне пока́жет Ште́йна,—ду́мал профе́ссор.—Штейн хоро́ший па́рень. Хорошо́, посмо́трим. Я ей сего́дня скажу́: ,,Покажи́ мне Ште́йна''.

Зате́м старичо́к шёл по коле́но[11] в траве́, разма́хивая тро́стью.

—Пальто́? Где пальто́?—вдруг спохвати́лся он.—Где пальто́? Ага́ . . . в маши́не забы́л.

Он шёл в го́ру,[12] немно́го запы́хался, снял пана́му, вы́тер[13] пот, посмотре́л на мо́крую, ладо́нь, опя́ть пошёл, ударя́я по траве́ тро́стью. Трава́ с бле́ском ложи́лась.

Уже́ проявля́лись в не́бе парашю́ты.

—В про́шлый раз я здесь стоя́л? Здесь.

Он останови́лся и стал смотре́ть, как появля́ются в не́бе парашю́ты. Оди́н, два, три, четы́ре . . . . Ага́ . . . и там ещё оди́н, и ещё . . . . Что э́то? Ра́ковина? Как они́ напо́лнены[14] со́лнцем! Высоко́. Но говоря́т, что страх высоты́ исчеза́ет . . . . А-а . . . вот он, вот! . . . . Полоса́тый! Смешно́. Полоса́тый парашю́т.

Профе́ссор огляну́лся. Внизу́ стоя́л си́ний ма́ленький, дли́нный, похо́жий на ка́псулю, автомоби́ль. Там цвели́[15] и колыха́лись дере́вья. Всё бы́ло о́чень стра́нно и похо́же на сновиде́ние: не́бо, весна́, пла́вание парашю́тов. Старичо́к испы́тывал грусть и не́жность и ви́дел, как че́рез трещи́нки в поля́х пана́мы к нему́ проника́ет со́лнце.

Так он простоя́л дово́льно до́лго. Когда́ он верну́лся домо́й, Ната́ши не́ было. Он сел на куше́тку в по́зе челове́ка, кото́рый сейча́с поднима́ется, и просиде́л так час. Пото́м встал, урони́в пе́пельницу, и пошёл к телефо́ну. И действи́тельно, в э́ту секу́нду телефо́н позвони́л. Профе́ссор в то́чности[16] знал, что ему́ ска́жут, он

за́городный, country (adj)
навстре́чу, opposite
цвету́щий, blooming
и́згородь, fence
прохо́жий, passer-by
разма́хивать, to swing
спохвати́ться (P), to recall suddenly
запы́хаться (P), to pant
пот, sweat
ладо́нь, palm (of hand)
блеск, lustre
проявля́ться, to become apparent
появля́ться, to appear
ра́ковина, sea shell
полоса́тый, striped

ка́псуля (fem.), capsule
колыха́ться, to sway
сновиде́ние, dream
пла́вание, swimming
испы́тывать, to experience
трещи́нка, crack
по́ле, brim (of a hat)
проника́ть, to penetrate
простоя́ть (P), to remain, stay
куше́тка, couch
по́за, pose, attitude
урони́ть (P), to drop
пе́пельница, ash-tray
го́нка, racing

только не знал, какóй емý скáжут áдрес. Емý сказáли áдрес. Он отвéтил:

—Да я и не волнýюсь.[17] Кто вам сказáл, что я волнýюсь?

Чéрез дéсять минýт стрáшной гóнки по ýлицам старичóк надевáл бéлый стучáщий халáт и шёл по длúнному паркéтному полý.

Открыв стеклянную дверь, он увúдел смеющееся лицó Натáши. На серелúне подýшки. Потóм он услышал, как сказáли: „Ничегó стрáшного". Это сказáл стоявший у изголóвья молодóй человéк. На нём был такóй же халáт.

—Непрáвильно приземлúлись.

Онá повредúла нóгу. Всё было стрáнно. Почемý-то, вместó тогó, чтобы говорúть о несчáстье,[18] нáчали говорúть о том, что профéссор похóж на Гóрького, тóлько Гóрький высокого рóста, а профéссор мáленького. Все трóе и ещё жéнщина в халáте смеялись.

—Неужéли ты знал?—спросúла Натáша.

—Ну конéчно знал. Я кáждый раз приезжáл, стоял, как дурáк в травé и смотрéл!

Тут тóлько старичóк заплáкал. Заплáкала и Натáша.

—Зачéм ты меня волнýешь!—сказáла онá.—Мне нельзя волновáться!

И плáкала всё бóльше, положúв рýку отцá под щёку.

—Я дýмала, что ты мне не позвóлишь прыгать.

—Эх ты, сказáл профéссор,—обмáнывала меня. Говорúла, что на свидáние хóдишь. Как это глýпо. Я, как дурáк, стоял в травé . . . . Стою, жду . . . когдá полосáтый раскрóется[19] . . . .

—Я не с полосáтым прыгала! С полосáтым Штейн прыгает!

—Штейн?—спросúл старичóк, опять рассердúвшись. Какóй Штейн?

—Это я Штейн, сказáл молодóй человéк.

1936

стучáщий, rustling, knocking	**повредúть** (P), to hurt
халáт, dressing gown	**щекá,** cheek
паркéтный, parquet (adj)	**прыгать,** to jump
изголóвье, head of the bed	**обмáнывать,** to deceive
приземлúться (P), to land	**рассердúться** (P), to get angry

I. Notes

1. **сéвши,** past ger. of **сесть,** having sat down.
2. **плóхо к немý отнóсится,** treats him badly.
3. **ей взбрелó,** past tense of **взбрестú, в гóлову,** got into her head.

4. Колу́мб, Columbus.

5. вы́глаженный, ironed; past pass. part. of вы́гладить, to iron.

6. не серди́сь, imper. of серди́ться, don't be angry.

7. целу́ю, pres. of целова́ть, I kiss.

8. В чём де́ло, What's the matter?

9. цве́та осы́, wasp-colored.

10. не в ду́хе, in a bad mood.

11. по коле́но, up to his knee.

12. в го́ру, up hill.

13. вы́тер, past of вы́тереть, wiped off.

14. напо́лнены, filled; plur. short form of напо́лненный, past pass. part. of напо́лнить, to fill, to inflate.

15. цвели́, past tense of цвести́, bloomed.

16. в то́чности, exactly.

17. волну́юсь, pres. tense of волнова́ться, I am excited.

18. о несча́стье, prep. sing., about the accident. Neuter nouns ending in **-ье** have two alternate endings in prep. sing.: **-ье** or **-ьи**.

19. раскро́ется, fut. tense of раскры́ться, will open.

II. Language Analysis

A.

1. Look up in the dictionary the meaning of the following: за́говор, пол, трость; изве́стный; волнова́ться, показа́ться, реши́ть, счита́ть. Use these in sentences.

2. Find the synonyms of the following: грусть, сновиде́ние, страх, трость; обосо́бленный, удиви́тельный; блесте́ть, веле́ть, огляну́ться, разозли́ть, спохвати́ться; разуме́ется; действи́тельно, зате́м.

3. Find the antonyms of the following: верши́на, изголо́вье; ма́товый, мо́крый; внизу́.

4. Illustrate the differences, if any, between the following: дух: душа́; волнова́ть: раздража́ть; встать: поднима́ться; опусти́ть: урони́ть; слыха́ть: слы́шать.

B.

1. Find in the text the following adjectives used as nouns: прохо́жие, выходно́й.

2. Find in the text the instance of the use of the collective numeral тро́е.

3. Identify the following verb forms and indicate the rest of their tense forms, infinitive and aspect: целу́ю, се́рдишься, смеётся, волну́юсь; покажу́, подни́мется, раскро́ется; взбрело́, вы́тер, цвели́, сел.

4.

    (a) Identify the aspect of the following verbs and indicate their other aspect, if the latter exists: блесте́ть, веле́ть, верну́ться, волнова́ться, вы́тереть, исчеза́ть, наде́ть, огляну́ться, па́хнуть, поговори́ть, подпры́гивать, позво́лить, показа́ть, пры́гать, реши́ть, серди́ться, сесть, стать.

    (b) The prefix **про-** when added to a verb changes its meaning to express movement forward and through. The following pairs of verbs occurring in the text serve as illustrations: сиде́ть: просиде́ть; стоя́ть: простоя́ть; явля́ться: проявля́ться.

5.

(a) Find the following participles in the text and indicate their tense, infinitive, voice and aspect, as well as the nouns which they modify: **накры́тый, горя́щей, вы́глаженное, стуча́щий, смею́щееся.** Which of these are used as adjectives?

(b) Find the following short form past passive participles in the text and indicate the rest of their short forms (including stress), their long forms, their infinitive and aspect and the noun with which they agree: **накры́т, напо́лнены.**

6. Find the following gerunds in the text and indicate their tense, infinitive and aspect: **се́вши, поза́втракав, подпры́гивая, размахивая, ударя́я, урони́в, откры́в, положи́в, серди́вшись.**

7. What cases do the following prepositions govern in the text: **за, из, под, че́рез?** Find in the text the instance of **по** governing the accusative.

C.

1. What cases do the following verbs govern in the text: **понра́виться, позво́лить; опусти́ть, раздража́ть, проде́лать, гла́дить, перебро́сить, вы́тереть, испы́тывать, урони́ть, повреди́ть, обма́нывать; счита́ть, щёлкнуть, па́хнуть, размахивать, ударя́ть?** What two cases do the following verbs govern: **притяну́ть, показа́ть?**

2. Find in the text these verbs followed by the prepositions and the nouns which the prepositions govern: **относи́ться к** + dat.; **вспо́мнить о** + prep.; **поговори́ть с** + instr.; **посмотре́ть на** + acc. Also: **накры́тый к** + dat.; **похо́ж на** + acc.

3.

(a) What nouns are the following diminutives derived from: **старичо́к, ло́жечка, блю́дечко, верши́нка, конве́ртик, трещи́нка?**

(b) What other nouns are these nouns derived from: **кофе́йник, моло́чник?** Do you know some more nouns in Russian ending in **-ник** which are formed from other nouns? To what English suffixes does the Russian suffix **-ник** correspond?

(c) What nouns are these adjectives formed from: **сере́бряный, полотня́ный, костяно́й, стекля́нный?**

4. Find in the text, these and other examples of:

(a) *Absence of subject:* говоря́т, что страх высоты́ исчеза́ет; ему́ сказа́ли а́дрес; на́чали говори́ть о том. What English structures are equivalent to these?

(b) *Predicate before subject:* Стоя́ли кофе́йник, моло́чник; на кото́ром лежа́ли два яйца́.

(c) *Word order radically different from English:* како́й ему́ ска́жут а́дрес; Это сказа́л стоя́вший ... молодо́й челове́к. Describe in detail how the Russian word order differs from English in these two instances.

5. Find in the text these, and other, examples of personal verbs used impersonally: **поэ́тому ей ка́жется; так ей взбрело́ в го́лову; ему́ показа́лось.**

6. Observe the following Russian expressions used in the text and use them in sentences: **в го́ру; по коле́но; в то́чности; высо́кого ро́ста; не в ду́хе; разуме́ется; взбрести́ в го́лову** + dat.; **накры́ть стол на** + acc.; **сесть (сади́ться) за стол; счита́ть необходи́мым; в чём де́ло?**

III. Questions

1. Что стоя́ло на столе́?

2. Почему́ он ду́мал, что его́ дочь Ната́ша пло́хо к нему́ отно́сится?

3. Почему́ она́ счита́ла, что он до́лжен за́втракать оди́н?

4. Что сделал профессор с яйцом?

5. Что он сделал после завтрака?

6. О чём писала Наташа?

7. Почему профессор считал, что шофёр в заговоре с Наташей?

8. Почему профессор поднялся на гору?

9. Почему профессор ждал, пока полосатый парашют раскроется?

10. Почему всё было похоже на сновидение?

11. Почему он сел на кушетку в позе человека, который сейчас поднимается?

12. Дали ли ему по телефону адрес госпиталя?

13. Что случилось с Наташей?

14. Кто был с ней в госпитале?

15. О чём они там говорили?

16. Почему заплакали отец и дочь?

17. Кто прыгал с полосатым парашютом?

Константи́н Паусто́вский
(1892–   )

Константи́н Паусто́вский—совреме́нный сове́тский писа́тель. Он роди́лся в Москве́ в семье́ железнодоро́жного слу́жащего. По́сле уче́ния в Ки́еве, он перемени́л мно́го профе́ссий, был рабо́чим, матро́сом, репортёром и др. Паусто́вский на́чал печа́таться как профессиона́льный литера́тор с 1925 го́да. В 1932 году́ вы́шла в свет его́ изве́стная по́весть „Кара-Буга́з“, зате́м „Чёрное мо́ре“ (1936), „Се́верная по́весть“ (1939), „По́весть о леса́х“ (1948), „Рожде́ние мо́ря“ (1952). Перу́ Паусто́вского принадлежа́т та́кже мно́гие истори́ческие и биографи́ческие по́вести. „Снег“ оди́н из его́ типи́чных коро́тких расска́зов.

железнодоро́жный, railroad (adj)
слу́жащий, employee
перемени́ть (Р), to change

профе́ссия, profession
матро́с, sailor
рожде́ние, birth

Снег

Стари́к Пота́пов у́мер че́рез ме́сяц по́сле того́, как Татья́на Петро́вна посели́лась у него́ в до́ме. Татья́на Петро́вна оста́лась одна́ с до́черью Ва́рей и стару́хой ня́нькой.

Ма́ленький дом—всего́ в три ко́мнаты—стоя́л на горе́, над се́верной реко́й, на са́мом вы́езде из городка́. За до́мом, за облете́вшим са́дом, беле́ла берёзовая ро́ща. В ней с утра́ до су́мерек крича́ли га́лки, носи́лись ту́чами над го́лыми верши́нами, накли́кали нена́стье.

Татья́на Петро́вна до́лго не могла́ привы́кнуть по́сле Москвы́ к пусты́нному городку́, к его́ доми́шкам, скрипу́чим кали́ткам, к

посели́ться (Р), take up residence
Ва́ря, dimin. of **Варва́ра,** Barbara
ня́нька, nursemaid
се́верный, northern
вы́езд, exit
облете́вший, surrounding
беле́ть, to show, appear white
берёзовый, birch (adj)
ро́ща, grove
су́мерки (pl. only), dusk

га́лка, daw
ту́ча, cloud
го́лый, bare
верши́на, top
накли́кать, to call forth
нена́стье, foul weather
пусты́нный, deserted
скрипу́чий, creaking
кали́тка, side gate

глухим вечерам, когда было слышно, как потрескивает в керосиновой лампе огонь.

,,Какая я дура!—думала Татьяна Петровна.—Зачем уехала из Москвы, бросила театр, друзей! Надо было отвезти Варю к няньке в Пушкино—там не было никаких налётов,—а самой остаться в Москве. Боже мой, какая я дура!"

Но возвращаться в Москву было уже нельзя. Татьяна Петровна решила выступать в лазаретах—их было несколько в городке—и успокоилась. Городок начал ей даже нравиться, особенно когда пришла зима и завалила его снегом. Дни стояли мягкие, серые. Река долго не замерзала; от её зелёной воды поднимался пар.

Татьяна Петровна привыкла[1] к городку и к чужому дому. Привыкла к расстроенному роялю, к пожелтевшим фотографиям на стенах, изображавшим неуклюжие броненосцы береговой обороны. Старик Потапов был в прошлом корабельным механиком. На его письменном столе с выцветшим зелёным сукном стояла модель крейсера ,,Громобой",[2] на котором он плавал. Варе не позволяли трогать эту модель. И вообще не позволяли ничего трогать.

Татьяна Петровна знала, что у Потапова остался сын моряк, что он сейчас в Черноморском флоте. На столе рядом с моделью крейсера стояла его карточка. Иногда Татьяна Петровна брала её, рассматривала и, нахмурив тонкие брови, задумывалась. Ей всё казалось, что она где-то его встречала, но очень давно, ещё до своего неудачного замужества. Но где? И когда?

Моряк смотрел на неё спокойными, чуть насмешливыми глазами, будто спрашивал: ,,Ну что ж? Неужели вы так и не припомните, где мы встречались?"

глухой, lonely
потрескивать, to crackle
керосиновый, kerosene (adj)
дура, fool (fem)
отвезти (P), to take away
налёт, raid
выступать, to perform
лазарет, infirmary
успокоиться (P), to calm down
завалить (P), to bury
замерзать, to freeze
пар, steam
расстроенный, out-of-tune (adj)
рояль (masc), grand piano
пожелтевший, yellowed
изображать, to depict
неуклюжий, awkward
броненосец, battleship

береговая оборона, coast guard
корабельный, ship's (adj)
письменный стол, desk
выцветший, faded
сукно, cloth
крейсер, cruiser
плавать, to sail
трогать, to touch
моряк, sailor
Черноморский флот, Black Sea Fleet
карточка, snap shot
рассматривать, to look intently
нахмурить брови, to knit (one's) brows
задумываться, to become thoughtful
неудачный, unsuccessful
замужество, marriage (for a woman)
насмешливый, mocking
припомнить (P), to recall

—Нет, не помню,—тихо отвечала Татьяна Петровна.

—Мама, с кем ты разговариваешь?—кричала из соседней комнаты Варя.

—С роялем,—смеялась в ответ Татьяна Петровна.

Среди зимы начали приходить письма на имя Потапова, написанные одной и той же рукой. Татьяна Петровна складывала их на письменном столе. Однажды ночью она проснулась. Снега тускло светили в окна. На диване всхрапывал серый кот Архип, оставшийся в наследство от Потапова.

Татьяна Петровна накинула халат, пошла в кабинет к Потапову, постояла у окна. С дерева беззвучно сорвалась птица, стряхнула снег. Он долго сыпал белой пылью, запорошил стёкла.

Татьяна Петровна зажгла свечу на столе, села в кресло, долго смотрела на язычок огня,—он даже не вздрагивал. Потом она осторожно взяла одно из писем, распечатала и, оглянувшись, начала читать.

„Милый мой старик,—читала Татьяна Петровна,—вот уже месяц, как я лежу в госпитале. Рана не очень тяжёлая. И вообще она заживает. Ради Бога, не волнуйся[4] и не кури папиросу за папиросой. Умоляю!"

„Я часто вспоминаю тебя, папа,—читала дальше Татьяна Петровна,—и наш дом, и наш городок. Всё это страшно далеко, как будто на краю света. Я закрываю глаза и тогда вижу: вот я отворяю калитку, вхожу в сад. Зима, снег, но дорожка к старой беседке над обрывом расчищена,[5] а кусты сирени все в инее. В комнатах трещат печи. Пахнет берёзовым дымом. Рояль, наконец, настроен,[6] и ты

соседний, neighboring	распечатать (P), to unseal
складывать, to pile up	оглянуться (P), to look around
проснуться (P), to wake up	рана, wound
тусклый, dim	заживать, to heal
светить, to shine	ради, for (the) sake (of)
всхрапывать, to snore	курить, to smoke
кот, tomcat	папироса, cigaret
наследство, inheritance	умолять, to beseech
накинуть (P), to slip on	отворять, to open
халат, dressing gown	дорожка, foot path
кабинет, study	беседка, arbour
беззвучный, noiseless	обрыв, steep slope
сорваться (P), to jump off	куст, bush
стряхнуть (P), to shake off	сирень, lilac
сыпать, to rain down	иней, hoar frost
пыль, dust	трещать, to crackle
запорошить (P), to dust	печь, stove
свеча, candle	пахнуть, to smell
вздрагивать, to shudder	дым, smoke
осторожный, careful	

вставил в подсвечники витые жёлтые свечи—те, что я привёз из Ленинграда. И те же ноты лежат на рояле: увертюра к „Пиковой даме"[7] и романс „Для берегов отчизны дальней".[8] Звонит ли колокольчик у дверей? Я так и не успел его починить. Неужели я всё это увижу опять? Неужели опять буду умываться с дороги нашей колодезной водой из кувшина? Помнишь? Эх, если бы ты знал, как я полюбил всё это отсюда, издали! Ты не удивляйся, но я говорю тебе совершенно серьёзно: я вспоминал об этом в самые страшные минуты боя. Я знал, что защищаю не только всю страну, но и вот этот её маленький и самый милый для меня уголок—и тебя, и наш сад, и вихрастых наших мальчишек, и берёзовые рощи за рекой, и даже кота Архипа. Пожалуйста, не смейся и не качай головой.

Может быть, когда я выпишусь из госпиталя, меня отпустят ненадолго домой. Не знаю. Но лучше не жди".

Татьяна Петровна долго сидела у стола, смотрела широко открытыми глазами за окно, где в густой синеве начинался рассвет, думала, что вот со дня на день может приехать с фронта в этот дом незнакомый человек и ему будет тяжело встретить здесь чужих людей и увидеть всё совсем не таким, каким он хотел бы увидеть.

Утром Татьяна Петровна сказала Варе, чтобы она взяла деревянную лопату и расчистила дорожку к беседке над обрывом. Беседка была совсем ветхая. Деревянные её колонки поседели, заросли[9] лишаями. А сама Татьяна Петровна исправила колокольчик над дверью. На нём была отлита смешная надпись: „Я вишу[10] у дверей—звони веселей!" Татьяна Петровна тронула колокольчик. Он зазвенел высоким голосом. Кот Архип невольно задёргал ушами,

вста́вить (P), to insert	отпусти́ть (P), to let go
подсве́чник, candlestick	густо́й, dense
вито́й, braided	синева́, dark blue (noun)
но́ты (pl. only), sheet music	рассве́т, dawn
рома́нс, ballad	незнако́мый, strange
звони́ть, to ring	деревя́нный, wooden
колоко́льчик, bell	лопа́та, shovel
успе́ть (P), to succeed	ве́тхий, decrepit
почини́ть (P), to repair	коло́нка, column
умыва́ться, to wash up	поседе́ть (P), to turn gray
коло́дезный, well (adj)	лиша́й, lichen
кувши́н, pitcher	испра́вить (P), to repair
и́здали, from afar	отли́ть (P), to cast
удивля́ться, to be surprised	смешно́й, funny
бой, battle	на́дпись, inscription
защища́ть, to defend	тро́нуть (P), to touch
вихра́стый, mop-headed	зазвене́ть (P), to ring out
кача́ть, to shake	нево́льный, involuntary
вы́писаться (P), to be discharged	задёргать (P), to begin to pull

обидевшись, ушёл из прихо́жей: весёлый звон колоко́льчика каза́лся ему́, очеви́дно, наха́льным.

Днём Татья́на Петро́вна, румя́ная, шу́мная, с потемне́вшими от волне́ния глаза́ми, привела́ из го́рода старика́ настро́йщика, обрусе́вшего че́ха, занима́вшегося почи́нкой при́мусов, кероси́нок, ку́кол, гармо́ник и настро́йкой роя́лей. Фами́лия у настро́йщика была́ о́чень смешна́я: Не́видаль.[11] Чех, настро́ив роя́ль, сказа́л, что роя́ль ста́рый, но о́чень хоро́ший. Татья́на Петро́вна и без него́ э́то зна́ла.

Когда́ он ушёл, Татья́на Петро́вна осторо́жно загляну́ла во все я́щики пи́сьменного стола́ и нашла́ па́чку ви́тых то́лстых свече́й. Она́ вста́вила их в подсве́чники на роя́ле. Ве́чером она́ зажгла́ све́чи, се́ла к роя́лю, и дом напо́лнился зво́ном.

Когда́ Татья́на Петро́вна переста́ла игра́ть и погаси́ла све́чи, в ко́мнатах запа́хло сла́дким ды́мом, как быва́ет на ёлке.[12]

Ва́ря не вы́держала.[13]

—Заче́м ты тро́гаешь чужи́е ве́щи?—сказа́ла она́ Татья́не Петро́вне.—Мне не позволя́ешь, а сама́ тро́гаешь? И колоко́льчик, и све́чи, и роя́ль—всё тро́гаешь. И чужи́е но́ты на роя́ль положи́ла.

—Потому́ что я взро́слая,—отве́тила Татья́на Петро́вна.

Ва́ря, насу́пившись, недове́рчиво взгляну́ла на неё. Сейча́с Татья́на Петро́вна ме́ньше всего́ походи́ла на взро́слую. Она́ вся как бу́дто свети́лась и была́ бо́льше похо́жа на ту де́вушку с золоты́ми волоса́ми, кото́рая потеря́ла хруста́льную ту́флю во дворце́. Об э́той де́вушке Татья́на Петро́вна сама́ расска́зывала Ва́ре.

обиде́ться, to be insulted	**гармо́ника,** accordion
прихо́жая, front room	**настро́йка,** tuning
очеви́дный, evident	**загляну́ть** (P), to look into
наха́льный, impudent	**я́щик,** drawer
румя́ный, ruddy	**па́чка,** package
потемне́ть (P), to darken	**напо́лниться** (P), to be filled
волне́ние, excitement	**погаси́ть** (P), to extinguish
настро́йщик, tuner	**запа́хнуть** (P), to begin to smell
обрусе́вший, Russified	**взро́слый,** adult
чех, Czech	**насу́питься,** to scowl
занима́ться, to be engaged in	**недове́рчивый,** distrustful
почи́нка, repair	**походи́ть на,** to resemble
при́мус, kerosene stove (compressed air)	**свети́ться,** to be aglow
	хруста́льный, crystal (adj)
кероси́нка, kerosene stove	**ту́фля,** slipper
ку́кла, doll	**дворе́ц,** palace

I. Notes

1. **привы́кла,** past of **привы́кнуть,** became accustomed.
2. **Громобо́й,** roughly 'Thunder conqueror'.

3. зажгла́, past of зажéчь, lit.

4. не волну́йся, imper. of волнова́ться, don't get excited.

5. расчи́щена, (is) swept clean; расчи́щенный, p. pass. part. of расчи́стить, to sweep clean.

6. настрóен, (is) tuned; настрóенный, p. pass. part. of настрóить, to tune.

7. „Пи́ковая да́ма", *Queen of Spades*, an opera by Tchaikovsky, adapted from Pushkin's short novel.

8. „Для берегóв отчи́зны да́льней", "For the shores of distant homeland", ballad.

9. заросли́, past of зарасти́, were overgrown.

10. вишу́, pres. of висéть, I hang.

11. Нéвидаль (colloq.), What a wonder!

12. ёлка, fir tree; also 'Christmas tree'; here, 'Christmas party'.

13. не вы́держала, past of вы́держать, could not stand it.

II. Language Analysis

A.

1. Look up in the dictionary the meanings of the following words and use them in sentences: звон, стеклó, я́щик; глухóй; вы́держать, походи́ть, сы́пать, трóнуть; печь.

2. Find the synonyms of the following: бой, ненáстье, ту́ча; густóй, румя́ный, спокóйный, стра́шный; возвраща́ться, наки́нуть, носи́ться, отворя́ть, позволя́ть, припóмнить; беззву́чно, всегó, зачéм, сейчáс.

3. Find the antonyms of the following: верши́на, прóшлое, рассвéт; гóлый, мя́гкий, слáдкий, тóнкий, тяжёлый, чужóй; зажéчь, закрывáть, остáться, перестáть, потеря́ть, просну́ться; вообщé, далекó, наконéц, ту́скло.

4. Illustrate the differences, if any, between the following: больни́ца: гóспиталь: лазарéт; вы́езд: вы́ход; кáрточка: фотогрáфия; насмéшливый: смешнóй; накли́кать: наклика́ть; испрáвить: почини́ть.

B.

1. Identify the forms of the following nouns and indicate their nom. sg.: су́мерек, друзéй, снегá, огня́, пи́сем, уша́ми, кероси́нок, ку́кол, свечéй, волосáми, дворцé.

2. Find in the text the following adjectives used as nouns: прóшлое, прихóжая.

3. Find in the text the following examples of что used as a relative pronoun: . . . те, что я привёз из Ленингрáда.

4. Identify the following verb forms and indicate the rest of their tense forms, infinitive and aspect: вишу́; у́мер, привы́кла, зажгла́, сéла, привёз, заросли́, привелá; волну́йся, смéйся.

5.

(a) Identify the aspects of the following verbs and indicate their other aspects, if the latter exist: вздра́гивать, возвраща́ться, вспомина́ть, выступáть; заду́мываться, зажéчь, замерзáть, защища́ть; изобража́ть, испрáвить, крича́ть; наки́нуть, настрóить, начина́ться; оглянýться, отвезти́, отворя́ть; погаси́ть, позволя́ть, положи́ть, привести́, привы́кнуть, припóмнить; просну́ться, расчи́стить; склáдывать, смея́ться, стряхну́ть, трещáть, трóгать, умывáться, успокóиться.

(b) What is the difference between the following: плáвать: плыть?

6.

    (a) Find the following participles in the text and indicate their tense, infinitive, voice and aspect, as well as the nouns which they modify: **изобража́вшим, напи́санные, оста́вшийся, потемне́вшими, занима́вшегося.** Which of these require inverted word order in English?

    (b) Find the following short form participles in the text and indicate the rest of their short forms (including stress), their tense, infinitive, voice and aspect, as well as the nouns to which they refer: **расчи́щена, настро́ен.**

7. Find the following gerunds in the text and indicate their tense, infinitive and aspect: **огляну́вшись, оби́девшись, настро́ив, насу́пившись.**

8.

    (a) What cases do the following prepositions govern in the text? **за, ра́ди, среди́?**

    (b) Find in the text instances of **с** governing the genitive and indicate the meaning of the preposition in each case.

    (c) What is the case of **на краю́?**

C.

1.

    (a) What cases do the following verbs govern in the text: **позволя́ть, каза́ться; изобража́ть, наки́нуть, заже́чь, кури́ть, вспомина́ть, закрыва́ть, отворя́ть, вста́вить, почини́ть, полюби́ть, защища́ть, испра́вить, тро́нуть, погаси́ть, тро́гать, потеря́ть; носи́ться, сы́пать, кача́ть, занима́ться?**

    (b) What two cases do the following verbs govern in the text: **завали́ть, уви́деть?**

2. Find in the text these verbs followed by the prepositions and the nouns which the latter govern: **привы́кнуть к** + dat.; **вста́вить в** + acc.; **вспоминать о** + prep.; **вы́писаться из** + gen.; **загляну́ть в** + acc.; **взгляну́ть на** + acc. Find also: **похо́ж(а) на** + acc.

3.

    (a) What other nouns are the following diminutives derived from: **городо́к, доми́шко, уголо́к, мальчи́шка, бесе́дка, коло́нка?** Which of these are no longer diminutives?

    (b) What nouns are these adjectives derived from: **се́верный, берёзовый, пусты́нный, кероси́новый, берегово́й, корабе́льный, пи́сьменный, коло́дезный, сосе́дний, деревя́нный, хруста́льный?** List the suffixes used as well as the consonantal changes occurring during the process of derivation.

    (c) Observe the following derivational groups: **настро́ить: настро́йка: настро́йщик: настро́енный; звон: звоно́к: звони́ть: зво́нкий; кероси́н: кероси́новый: кероси́нка.** How many other groups, similar to these, can you draw up?

    (d) What are the component parts of the following: **Громобо́й, черномо́рский, подсве́чник, беззву́чно?**

4. Find in the text these, and other, examples of:

    (a) *Absence of subject:* **Ва́ре не позволя́ли тро́гать э́ту моде́ль; меня́ отпу́стят ненадо́лго домо́й.** What English constructions are equivalent to these?

    (b) *Impersonal predicatives:* **на́до, нельзя́.**

5. Find in the text these, and other, examples of personal verbs used impersonally: **Па́хнет берёзовым ды́мом; в ко́мнатах запа́хло ды́мом.**

6. Observe the following Russian expressions in the text and use them in sentences: **с доро́ги; на краю́ све́та; со дня на́ день; (вот) (что за) не́видаль; не вы́держал (а); (на) хму́рить бро́ви; сесть к роя́лю; быть (быва́ть) на ёлке.**

III. Questions

1. Когда́ у́мер Пота́пов по́сле того́, как Татья́на Петро́вна посели́лась у него́ в до́ме?
2. Где стоя́л ма́ленький дом?
3. К чему́ не могла́ Татья́на Петро́вна привы́кнуть по́сле Москвы́?
4. Почему́ Татья́на Петро́вна уе́хала из Москвы́?
5. Что реши́ла Татья́на Петро́вна де́лать в э́том городке́?
6. Что ей понра́вилось в ко́мнатах чужо́го до́ма?
7. Каку́ю ка́рточку она́ ча́сто рассма́тривала?
8. Чьи пи́сьма на и́мя Пота́пова она́ скла́дывала на пи́сьменном столе́?
9. Что она́ прочла́ в одно́м из э́тих пи́сем?
10. Что заста́вило Татья́ну Петро́вну привести́ дом в поря́док?
11. Почему́ Татья́на Петро́вна сказа́ла Ва́ре расчи́стить доро́жку, а сама́ испра́вила колоко́льчик над две́рью?
12. Чем занима́лся обрусе́вший чех настро́йщик?
13. Где нашла́ Татья́на Петро́вна па́чку виты́х свече́й?
14. Что сказа́ла Ва́ря ма́тери?
15. Была́ ли тепе́рь Татья́на Петро́вна похо́жа на взро́слую?
16. О како́й де́вушке с золоты́ми волоса́ми расска́зывала Татья́на Петро́вна Ва́ре?

Ещё в по́езде лейтена́нт Никола́й Пота́пов вы́считал, что у отца́ ему́ придётся пробы́ть не бо́льше су́ток. О́тпуск был о́чень коро́ткий, и доро́га отнима́ла всё вре́мя.

По́езд пришёл в городо́к днём. Тут же, на вокза́ле, от знако́мого нача́льника ста́нции лейтена́нт узна́л, что оте́ц его́ у́мер ме́сяц наза́д и что в их до́ме посели́лась с до́черью молода́я певи́ца из Москвы́.

—Эвакуи́рованная,—сказа́л нача́льник ста́нции.

Пота́пов молча́л, смотре́л в окно́, где бежа́ли с ча́йниками пассажи́ры в ва́тниках, в ва́ленках. Голова́ у него́ кружи́лась.

—Да,—сказа́л нача́льник ста́нции,—хоро́шей души́ был челове́к.[1] Так и не довело́сь[2] ему́ повида́ть сы́на.

вы́считать (P), to figure out	**певи́ца,** singer (fem)
пробы́ть (P), to stay	**эвакуи́рованный,** evacuated
су́тки (pl. only), 24 hours (day and night)	**ча́йник,** teapot
	пассажи́р, passenger
о́тпуск, leave	**ва́тник,** quilted jacket
отнима́ть, to take away	**ва́ленки,** felt boots
вокза́л, railroad station	**кружи́ться,** to whirl
нача́льник ста́нции, station master	

—Когда́ обра́тный по́езд?—спроси́л Пота́пов.

—Но́чью, в пять часо́в,—отве́тил нача́льник ста́нции, помолча́л, пото́м доба́вил:—Вы у меня́ перебу́дьте. Стару́ха моя́ вас напои́т чайко́м, нако́рмит. Домо́й вам идти́ не́зачем.

—Спаси́бо,—отве́тил Пота́пов и вы́шел.

Нача́льник посмотре́л ему́ вслед, покача́л голово́й.

Пота́пов прошёл че́рез го́род, к реке́. Над ней висе́ло си́зое не́бо. Ме́жду не́бом и землёй наи́скось лете́л ре́дкий снежо́к. По унаво́женной доро́ге ходи́ли га́лки. Темне́ло. Ве́тер дул с того́ бе́рега, из лесо́в, выдува́л из глаз слёзы.

,,Ну что ж!—сказа́л Пота́пов.—Опозда́л. И тепе́рь э́то всё для меня́ бу́дто чужо́е—и городо́к э́тот, и река́, и дом‟.

Он огляну́лся, посмотре́л на обры́в за го́родом. Там стоя́л в и́нее сад, темне́л дом. Из трубы́ его́ поднима́лся дым. Ве́тер уноси́л дым в берёзовую ро́щу.

Пота́пов ме́дленно пошёл в сто́рону до́ма.[3] Он реши́л в дом не заходи́ть, а то́лько пройти́ ми́мо, быть мо́жет загляну́ть в сад, постоя́ть в ста́рой бесе́дке. Мысль о том, что в отцо́вском до́ме живу́т чужи́е, равноду́шные лю́ди, была́ невыноси́ма. Лу́чше ничего́ не ви́деть, не растравля́ть себе́ се́рдце, уе́хать и забы́ть о про́шлом.

,,Ну что же,—поду́мал Пота́пов,—с ка́ждым днём де́лаешься взросле́е, всё стро́же смо́тришь вокру́г‟.

Пота́пов подошёл к до́му в су́мерки. Он осторо́жно откры́л кали́тку, но всё же она́ скри́пнула. Сад как бы вздро́гнул. С ве́ток сорва́лся снег, зашурша́л. Пота́пов огляну́лся. К бесе́дке вела́ расчи́щенная в снегу́ доро́жка. Пота́пов прошёл в бесе́дку, положи́л ру́ки на ста́ренькие пери́ла. Вдали́, за ле́сом, му́тно розове́ло не́бо—должно́ быть, за облака́ми подыма́лась луна́. Пота́пов снял

обра́тный, return (adj)
доба́вить (P), to add
перебы́ть (P), to stay over
напои́ть (P), to give to drink
чаёк (dimin.), tea
накорми́ть (P), to feed
не́зачем, no need
вслед, after
си́зый, blue gray
наи́скось, obliquely
унаво́женный, manure-covered
дуть, to blow
выдува́ть, to blow out
опозда́ть, to be late
труба́, chimney
уноси́ть, to carry off
заходи́ть, to drop in

отцо́вский, paternal
равноду́шный, indifferent
невыноси́мый, unbearable
растравля́ть, to embitter
де́латься, to become
стро́же, more carefully
вокру́г, around
скри́пнуть (P), to creak
как бы, as if
вздро́гнуть (P), to shudder
ве́тка, branch
зашурша́ть (P), to crunch
пери́ла (pl. only), railing
му́тно, dully
розове́ть, to turn pink
о́блако, cloud
подыма́ться, to rise

фура́жку, провёл руко́й по волоса́м. Бы́ло о́чень ти́хо, то́лько внизу́, под горо́й, бренча́ли пусты́ми вёдрами же́нщины—шли к про́руби за водо́й.

Пота́пов облокоти́лся о пери́ла, ти́хо сказа́л:

—Как же э́то так?

Кто́-то осторо́жно тро́нул Пота́пова за́ плечо. Он огляну́лся. Позади́ него́ стоя́ла молода́я же́нщина с бле́дным стро́гим лицо́м, в наки́нутом на го́лову тёплом платке́. Она́ мо́лча смотре́ла на Пота́пова тёмными внима́тельными глаза́ми. На её ресни́цах и щека́х та́ял снег, осы́павшийся, до́лжно быть, с ве́ток.

—Наде́ньте[4] фура́жку,—ти́хо сказа́ла же́нщина,—вы просту́дитесь. И пойдёмте[5] в дом. Не на́до здесь стоя́ть.

Пота́пов молча́л. Же́нщина взяла́ его́ за рука́в и повела́ по расчи́щенной доро́жке. О́коло крыльца́ Пота́пов останови́лся. Су́дорога сжа́ла ему́ го́рло, он не мог вздохну́ть. Же́нщина так же ти́хо сказа́ла.

—Э́то ничего́. И вы, пожа́луйста, меня́ не стесня́йтесь. Сейча́с э́то пройдёт.

Она́ постуча́ла нога́ми, что́бы сбить снег с бо́тиков. То́тчас в сеня́х отозва́лся, зазвене́л колоко́льчик. Пота́пов глубоко́ вздохну́л, перевёл дыха́ние.

Он вошёл в дом, что́-то смущённо бормоча́, снял в прихо́жей шине́ль, почу́вствовал сла́бый за́пах берёзового ды́ма и уви́дел Архи́па. Архи́п сиде́л на дива́не и зева́л. О́коло дива́на стоя́ла де́вочка с коси́чками и ра́достными глаза́ми смотре́ла на Пота́пова, но не на его́ лицо́, а на золоты́е наши́вки на рукаве́.

—Пойдёмте!—сказа́ла Татья́на Петро́вна и провела́ Пота́пова в ку́хню.

фура́жка, cap
внизу́, below
бренча́ть, to clank
ведро́, bucket
про́рубь, ice hole
облокоти́ться (Р), to lean on one's shoulder
бле́дный, pale
стро́гий, here 'finely chiselled'
плато́к, kerchief
внима́тельный, attentive
ресни́ца, eyelash
та́ять, to melt
осы́паться (Р), to fall down
простуди́ться (Р), to catch cold
крыльцо́, porch
су́дорога, cramp
сжать (Р), to squeeze

вздохну́ть (Р), to breathe
стесня́ться, to be embarrassed
постуча́ть (Р), to stump
сбить (Р), to knock off
бо́тики, women's boots, overshoes
се́ни (pl. only), anteroom
отозва́ться (Р), echo
перевести́ (Р) дыха́ние, to catch one's breath
смущённый, confused
бормота́ть, to mutter
шине́ль, uniform overcoat
за́пах, smell
зева́ть, to yawn
коси́чка dimin. of коса́, braid (of hair)
наши́вка, stripe, braid
рука́в, sleeve

Там в кувшине стояла холодная колодезная вода, висело знакомое льняное полотенце с вышитыми дубовыми листьями.

Татьяна Петровна вышла. Девочка принесла Потапову мыло и смотрела, как он мылся, сняв китель. Смущение Потапова ещё не прошло.

—Кто же твоя мама?—спросил он девочку и покраснел.

Вопрос этот он задал, лишь бы что-нибудь спросить.

—Она думает, что она взрослая,—таинственно прошептала девочка.—А она совсем не взрослая. Она хуже девочка, чем я.

—Почему?—спросил Потапов.

Но девочка не ответила, засмеялась и выбежала из кухни.

Потапов весь вечер не мог избавиться от странного ощущения, будто он живёт в лёгком, но очень прочном сне. Всё в доме было таким, каким он хотел его видеть. Те же ноты лежали на рояле, те же витые свечи горели, потрескивая, и освещали маленький отцовский кабинет. Даже на столе лежали его письма из госпиталя— лежали под тем же старым компасом, под который отец всегда клал письма.

После чая Татьяна Петровна провела Потапова на могилу отца, за рощу. Туманная луна поднялась уже высоко. В её свете слабо светились берёзы, бросали на снег лёгкие тени.

А потом, поздним вечером, Татьяна Петровна, сидя у рояля и осторожно перебирая клавиши, обернулась к Потапову и сказала:

—Мне всё кажется, что где-то я уже видела вас.

—Да, пожалуй,—ответил Потапов.

Он посмотрел на неё. Свет свечей падал сбоку, освещал половину её лица. Потапов встал, прошёл по комнате из угла в угол, остановился.

—Нет, не могу припомнить,—сказал он глухим голосом.

Татьяна Петровна обернулась, испуганно посмотрела на Потапова, но ничего не ответила.

льняной, linen	**ощущение,** sensation
полотенце, towel	**прочный,** stable, firm
вышитый, embroidered	**потрескивать,** to crackle
дубовый, oak (adj)	**освещать,** to light up
мыло, soap	**могила,** grave
мыться, to wash	**тень,** shadow
китель, tunic	**перебирать,** to finger
смущение, embarrassment	**клавиш(а),** piano key
покраснеть (P), to blush	**обернуться** (P), to turn around
задать (P) **вопрос,** to ask a question	**пожалуй,** it's possible
таинственный, secretive	**сбоку,** sideways, aslant
прошептать (P), to whisper	**глухой,** hollow
кухня, kitchen	**испуганный,** frightened
избавиться (P), to get rid of	**постелить** (P), to bed down

Потапову постелили в кабинете на диване, но он не мог уснуть. Каждая минута в этом доме казалась ему драгоценной, и он не хотел терять её.

Он лежал, прислушивался к воровским шагам Архипа, к дребезжанию часов, к шёпоту Татьяны Петровны,—она о чём-то говорила с нянькой за закрытой дверью. Потом голоса затихли,[6] нянька ушла, но полоска света под дверью не погасла.[7] Потапов слышал, как шелестят страницы,—Татьяна Петровна, должно быть, читала. Потапов догадывался, что она не ложится, чтобы разбудить его к поезду. Ему хотелось сказать ей, что он тоже не спит, но он не решился окликнуть Татьяну Петровну.

В четыре часа Татьяна Петровна тихо открыла дверь и позвала Потапова. Он зашевелился.

—Пора, вам надо вставать,—сказала она.—Очень жалко мне вас будить!

Татьяна Петровна проводила Потапова на станцию через ночной город. После второго звонка они попрощались. Татьяна Петровна протянула Потапову обе руки, сказала:

—Пишите. Мы теперь как родственники. Правда?

Потапов ничего не ответил, только кивнул головой.

Через несколько дней Татьяна Петровна получила от Потапова письмо с дороги.

,,Я вспомнил, конечно, где мы встречались,—писал Потапов,—но не хотел говорить вам об этом там, дома. Помните Крым в двадцать седьмом году? Осень. Старые платаны в Ливадийском парке. Меркнущее небо, бледное море. Я шёл по тропе в Ореанду. На скамейке около тропы сидела девушка. Ей было должно быть лет шестнадцать. Она увидела меня, встала и пошла навстречу. Когда мы поровнялись, я взглянул на неё. Она прошла мимо меня быстро, легко, держа в руке раскрытую книгу. Я остановился, долго смотрел ей вслед. Этой девушкой были вы. Я не мог ошибиться.

уснуть (P), to fall asleep	звонок, bell
драгоценный, precious	попрощаться (P), to take leave
прислушиваться, to listen	протянуть (P), to extend
воровской, stealthy, thief-like	родственник, relative
дребезжание, creaking	кивнуть (P), to nod
шёпот, whisper	Крым, Crimea
полоска, streak	платан, plane tree
шелестеть, to rustle	меркнущий, dimming
догадываться, to surmise	тропа, path
разбудить (P), to awaken	скамейка, bench
решиться (P), to dare	навстречу, towards (one)
окликнуть (P), to call	поровняться, to come abreast
зашевелиться (P), to stir	раскрытый, open
проводить (P), to accompany	ошибиться (P), to be mistaken

Я смотре́л вам вслед и почу́вствовал тогда́, что ми́мо меня́ прошла́ же́нщина, кото́рая могла́ бы и разруши́ть всю мою́ жизнь и дать мне огро́мное сча́стье. Я по́нял, что могу́ полюби́ть э́ту же́нщину до по́лного отрече́ния от себя́. Тогда́ я уже́ знал, что до́лжен найти́ вас, чего́ бы э́то ни сто́ило. Так я ду́мал тогда́, но всё же не дви́нулся с ме́ста. Почему́—не зна́ю. С тех пор я полюби́л Крым и э́ту тро́пу, где я ви́дел вас то́лько одно́ мгнове́ние и потеря́л навсегда́. Но жизнь оказа́лась ми́лостливой ко мне, я встре́тил вас. И е́сли всё око́нчится хорошо́ и вам пона́добится моя́ жизнь, она́, коне́чно, бу́дет ва́ша. Да, я нашёл на столе́ у отца́ своё распеча́танное письмо́. Я по́нял всё и могу́ то́лько благодари́ть вас и́здали".

Татья́на Петро́вна отложи́ла письмо́, тума́нными глаза́ми посмотре́ла на сне́жный сад за окно́м, сказа́ла:

—Бо́же мой, я никогда́ не была́ в Крыму́! Никогда́! Но ра́зве тепе́рь э́то мо́жет име́ть како́е-нибудь значе́ние? И сто́ит ли[8] разуверя́ть его́? И себя́!

Она́ засмея́лась, закры́ла глаза́ ладо́нью. За окно́м горе́л, ника́к не мог погасну́ть нея́ркий зака́т.

1943

разруши́ть (P), to ruin	отложи́ть (P), to put aside
отрече́ние, renunciation	тума́нный, misty
дви́нуться (P), to move	значе́ние, significance
мгнове́ние, instant	разуверя́ть, to dissuade
ми́лостливый, kind, gracious	ладо́нь, palm (of the hand)
око́нчиться (P), to end	погасну́ть (P), to become extinguished
пона́добиться (P), to need	зака́т, sunset
благодари́ть, to thank	

I. Notes

1. **хоро́шей души́ был челове́к,** he was a nice man.
2. **не довело́сь,** past of **довести́сь,** it was not (his) lot.
3. **в сто́рону до́ма,** in the direction of the house.
4. **наде́ньте,** imper. of **наде́ть,** put on.
5. **пойдёмте,** inclusive plural imper. of **пойти́,** let's go.
6. **зати́хли,** past of **зати́хнуть,** became silent.
7. **не пога́сла,** past of **погасну́ть,** was not extinguished.
8. **сто́ит ли,** is it worth.

II. Language Analysis

A.

1. Look up in the dictionary the meaning of the following words and use them in sentences: **душа́, пора́, сторона́, труба́, у́гол; стро́гий, чужо́й; вздохну́ть, проводи́ть, сжать.**

2. Find the synonyms of the following: луна́, мгнове́ние, о́блако, ощуще́ние, ро́ща; ми́лостливый, огро́мный, стра́нный; де́латься, доба́вить, окли́кнуть, сорва́ться; как бы, то́тчас.

3. Find the antonyms of the following: взро́слая, зака́т, сча́стье; пусто́й, ре́дкий, ра́достный, сла́бый; па́дать, снять, темне́ть, вдали́, внизу́, наза́д.

4. Illustrate the differences, if any, between the following: кре́пкий: про́чный: си́льный; незнако́мый: чужо́й; седо́й: се́рый: си́зый; осыпа́ться: осы-па́ться; мо́лча: молча́.

B.

1.

    (a) Identify the forms of the following nouns and indicate their nom. sg.: чайко́м, слёзы, ве́ток, платке́, голоса́, звонка́.

    (b) Find in the text the following nouns used in the plural only and indicate their nom. form: су́мок, пери́ла, сеня́х.

2. What are the positive forms of the following comparatives: взросле́е, стро́же ?

3. Identify the following verb forms and indicate the rest of their tense forms, infinitive and aspect: довело́сь, перевёл, зати́хли; придётся, наде́ньте.

4.

    (a) Indicate differences in meaning and aspect, if any, between the following verbs: бить: сбить; буди́ть: разбуди́ть; быть: забы́ть: перебы́ть: пробы́ть; вида́ть: повида́ть: знать: узна́ть; кача́ть: покача́ть; ложи́ть: отложи́ть; молча́ть: помолча́ть; носи́ть: уноси́ть; ходи́ть: заходи́ть; вы́считать: счита́ть; наде́ть: оде́ть; отнима́ть: снима́ть; повести́: провести́.

    (b) What is the difference between the following: лета́ть: лете́ть ?

5. Find the following participles in the text and indicate their tense, infinitive, voice and aspect, as well as the nouns which they modify: эвакуи́рованная, наки́нутом, осыпа́вшийся. Which one of these is used as a noun? Which of these require inverted word order in English?

6. Find the following gerunds in the text and indicate their tense, infinitive and aspect: бормоча́, сняв, потре́скивая, си́дя, перебира́я.

7. What are the component parts of the following adverbs: вдали́, вокру́г, вслед, и́здали, навстре́чу, сбо́ку ?

8.

    (a) What cases do the following prepositions govern in the text: вслед, между́, ми́мо, позади́, под ? Which one of these can occur after the word which it governs?

    (b) Find in the text instances of с governing the genitive and indicate the meaning of the preposition in each case.

    (c) Find in the text the different case that за governs and indicate the meaning of the preposition in each case.

    (d) What is the case of the following: в снегу́, в Крыму́ ?

C.

1.

    (a) What cases do the following verbs govern in the text: стесня́ться; постели́ть, понадо́биться; снять, тро́нуть, сбить, перевести́, теря́ть, разбуди́ть, позва́ть, буди́ть, проводи́ть, благодари́ть, отложи́ть, разуверя́ть; покача́ть, постуча́ть, кивну́ть ?

    (b) What two cases do the following verbs govern in the text: сжать, протяну́ть, закры́ть ?

2. Find in the text verbs followed by the prepositions and the nouns which the latter govern: подойти́ к + gen.; облокоти́ться о + acc.; вы́бежать из + gen.; изба́виться от + gen.; прислу́шиваться к + dat.; пройти́ ми́мо + gen. Find also: отрече́ние от + gen.

3.

  (a) What other nouns are these diminutives derived from: **чаёк, снежо́к, доро́жка, коси́чка?** Indicate also the sound changes involved.
  (b) What other nouns are the following nouns derived from: **нача́льник, ча́йник, ва́тник?** Indicate English nouns also ending in the same suffix -nik.
  (c) What nouns are these adjectives derived from: **ра́достный, отцо́вский, воровско́й, ночно́й, сне́жный?** List the suffixes used as well as the consonantal changes occurring during the process of derivation.
  (d) What are the component parts of the following: **равноду́шный, драгоце́нный?**

4. Find in the text these, and other, examples of:

  (a) *impersonal verbs:* **ему́ хоте́лось сказа́ть ей;**
      у отца́ ему́ придётся пробы́ть; не довело́сь ему́ повида́ть сы́на; темне́ло.

5. Observe the following Russian expressions in the text and use them in sentences: **в сто́рону до́ма; сто́ит; перевести́ дыха́ние; зада́ть вопро́с; кивну́ть голово́й; име́ть значе́ние; хоро́шей души́ челове́к.**

III. Questions

1. Как лейтена́нт Пота́пов вы́считал, что у отца́ ему́ придётся пробы́ть то́лько су́тки?
2. Что рассказа́л нача́льник ста́нции лейтена́нту?
3. Как отве́тил нача́льник ста́нции на вопро́с Никола́я Пота́пова, когда́ идёт обра́тный по́езд?
4. Что ви́дел и о чём ду́мал лейтена́нт проходя́ че́рез городо́к?
5. Почему́ он реши́л не заходи́ть в отцо́вский дом?
6. Когда́ он подошёл к до́му?
7. Что уви́дел лейтена́нт в саду́ своего́ до́ма?
8. Когда́ он прошёл в бесе́дку, что он уви́дел вдали́, за ле́сом?
9. Что сказа́ла Татья́на Петро́вна лейтена́нту?
10. Почему́ она́ взяла́ его́ за рука́в и повела́ по расчи́щенной доро́жке?
11. Что уви́дел Пота́пов, когда́ он вошёл в дом?
12. О чём он говори́л с де́вочкой?
13. От како́го стра́нного ощуще́ния не мог изба́виться весь ве́чер Пота́пов?
14. Что так тро́нуло Пота́пова в до́ме отца́?
15. Почему́ ка́ждая мину́та в э́том до́ме показа́лась ему́ драгоце́нной?
16. К чему́ прислу́шивался лейтена́нт но́чью, лёжа в кабине́те на дива́не?
17. Что писа́л Пота́пов Татья́не Петро́вне в письме́ с доро́ги?
18. Когда́ Татья́на Петро́вна была́ в Крыму́?
19. Каку́ю роль в жи́зни Татья́ны Петро́вны и Никола́я Пота́пова сыгра́ла их встре́ча?
20. Како́й пери́од вре́мени отражён в расска́зе?

Иван Горелов
(1910–   )

Иван Горелов родился на хуторе Ковалёвском Краснодарского края в семье лесника. В ранней юности он был пастухом и сборщиком винограда. Работая в совхозе, он организовал кружок поэтов и три года руководил им. В 1931 г. окончил сельско-хозяйственный техникум в Ставрополе и работал ботаником на опытной станции. В 1935 г. окончил литературный факультет педагогического института в п Ростове-на-Дону.

Первые очерки И. Горелова были опубликованы в одной из газет для молодёжи. Вслед за ними вышли две книги очерков и сборник рассказов „Новеллы".

В 1938 г. Горелов кончает сценарный факультет института кинематографии в Москве, два года работает в армейской печати и в 1940 г. назначается ответственным редактором журнала „Советский киноэкран". 1941–1943 г.г. Горелов провёл на фронте, участвовал в боях. В послевоенные годы был членом редакционной коллегии журнала „Огонёк". В 1954 г. вышел его сборник рассказов „Семейная тайна", за которым последовали книги „Остерегайтесь Мочалкина" (1957 г.) и „Золотые букашки" (1957 г.).

125

Остерега́йтесь Моча́лкина!

Инжене́р Нестере́нко сиде́л в кабине́те нача́льника отде́ла Анто́на Ива́новича Вла́сова и ожида́л, когда́ тот посмо́трит и распределит у́треннюю по́чту. Они́ собира́лись е́хать по дела́м слу́жбы на ближа́йший лесопи́льный заво́д.

Секрета́рь нача́льника Тама́ра, моло́денькая де́вушка с ры́женькими завиту́шками на голове́, то и де́ло[1] выпа́рхивала из приёмной, принося́ в па́левых па́пках бума́ги. Она́ держа́ла их так бе́режно, сло́вно в па́пках лежа́ло хру́пкое стекло́.

—А э́то, Анто́н Ива́нович, ли́чный паке́т для вас. Из теа́тра.

—Из како́го теа́тра? Ну́-ка!—удивлённо проба́сил нача́льник. Нереши́тельно взяв паке́т с кра́сным типогра́фским шта́мпом, он извлёк[2] из него́ два пригласи́тельных биле́та, тиснённую бро́нзой програ́мму и приня́лся чита́ть:

—„Вла́сову Анто́ну Ива́новичу. Вход че́рез служе́бный подъе́зд". Нет, Тама́ра Петро́вна, э́то оши́бка кака́я-то! Мы строи́тели. Станда́ртные доми́шки сочиня́ем, а не дра́мы. Отпра́вьте, пожа́луйста, паке́т обра́тно.

—Что вы, Анто́н Ива́нович! Э́то и́менно вам. Курье́рша да́же запи́сочку с на́шим а́дресом пока́зывала: „Отде́л станда́ртных домо́в". Ра́зве мо́жно обра́тно! Тре́тий ряд, середи́на. Да ещё на воскресе́нье. Смешно́ сказа́ть!

—На воскресе́нье?

—Коне́чно!

—А ско́лько с меня́ причита́ется?

—Как ско́лько? Пригласи́тельные, беспла́тно.

—Ну хорошо́! Оста́вьте в паке́те. Верну́сь—спрошу́[3] супру́гу.

остерега́ться, to watch out (for)	**штамп,** letter seal
отде́л, department	**пригласи́тельный биле́т,** courtesy pass
распредели́ть (P), to distribute	**тиснённый,** embossed
лесопи́льный заво́д, sawmill	**служе́бный подъе́зд,** stage entrance
ры́жий, reddish (adj)	**строи́тель,** builder
завиту́шка, curl	**сочиня́ть,** compose
выпа́рхивать, to flutter out	**отпра́вить** (P), to send
приёмная, reception room	**и́менно,** precisely
па́левый, straw colored	**курье́рша,** messenger (fem)
па́пка, folder	**запи́ска,** note
хру́пкий, fragile (adj)	**середи́на,** center, middle
бе́режно, carefully	**смешно́й,** funny (adj)
ли́чный, personal (adj)	**причита́ться,** to be owing
проба́сить (P), to speak in a deep voice	**беспла́тно,** free
нереши́тельно, hesitatingly	**супру́га,** wife
типогра́фский, printed (adj)	

Когда́ усе́лись[4] в но́венький удо́бный ЗИМ,[5] инжене́р Нестере́нко закури́л и сказа́л:

—А ведь биле́ты вам, Анто́н Ива́нович, ду́мается мне, неспроста́ присла́ли.

—Как неспроста́?—удиви́лся Анто́н Ива́нович, расстёгивая расши́тый во́рот соро́чки.

—По-мо́ему, покуша́ются на ва́шу чи́стую со́весть . . . .

—Что за пустяки́!

—Нет, Анто́н Ива́нович, не пустяки́!

Нача́льник поверну́лся к своему́ собесе́днику, жела́я, ви́димо, убеди́ться, шу́тит он и́ли говори́т всерьёз.

—Я вас не понима́ю, Пётр Дени́сович!

—Сра́зу тру́дно поня́ть. Э́то же ло́вкий ход. Хоти́те, поясню́ на приме́ре?

—Сде́лайте ми́лость.[6]

—Лет пять тому́ наза́д, в бы́тность мою́[7] дире́ктором ме́бельного комбина́та, получи́л я вот так же, как и вы, па́рочку биле́тов на премье́ру. Получи́л, как говори́тся, нежда́нно-нега́данно. Ну, в теа́тре не́ был ме́сяца два, соску́чился. Дай, ду́маю, пойду́. И пошёл. Приезжа́ю в теа́тр вме́сте с супру́гой. Меня́, коне́чно, встреча́ют. Администра́тор по и́мени-о́тчеству велича́ет, помога́ет супру́ге пальто́ снять. Да́же немно́жечко нело́вко бы́ло. Посмотре́ли пье́су. Хоро́шая, из морско́й жи́зни. Понра́вилась.

—Потому́ что на даровщи́нку?—рассмея́лся Анто́н Ива́нович.

—Да нет! Действи́тельно у́мная пье́са. Ста́ли одева́ться. Мне кто́-то пальто́ по́дал, две́ри откры́л. А че́рез неде́льку ещё па́рочку пригласи́тельных биле́тиков принесли́. Опя́ть на премье́ру. Жена́

удо́бный, comfortable (adj)
закури́ть (P), to start smoking
ду́мается, it seems
неспроста́, with some hidden purpose
удиви́ться (P), to be amazed
расстёгивать, to unbutton
расши́тый, embroidered
во́рот, collar
соро́чка, shirt
по-мо́ему, in my opinion
покуша́ться, to attempt, encroach
со́весть, conscience
пустяки́, nonsense
собесе́дник, fellow conversationalist
убеди́ться (P), to be convinced
ви́димо, evidently
шути́ть, to joke

всерьёз, seriously
ход, move
поясни́ть (P), to explain
ме́бельный, furniture (adj)
комбина́т, group, corporation
па́ра, pair
нежда́нно-нега́данно, completely un-
    expected
соску́читься (P), to become bored
администра́тор, business manager
о́тчество, patronymic
велича́ть, to honor
нело́вко, awkwardly
морско́й, naval
на даровщи́нку (colloq.), for free
рассмея́ться (P), to burst out laughing
одева́ться, to dress

да́же остри́ть начала́. „Что э́то, говори́т, вдруг на нас с тобо́й[8] но́вые пье́сы обка́тывать ста́ли?" Пошли́, посмотре́ли.

—И что же в э́том осо́бенного?

—Вот и́менно.[9] На пе́рвый взгляд ка́жется, что ничего́. Ведь не ты оди́н на просмо́тре. А как поду́маешь, стано́вится не по себе́.[10] Зага́дочная любе́зность администра́тора начина́ла уже́ тереби́ть мою́ со́весть.

—Что же да́льше?

—А да́льше бы́ло так. Неде́ли че́рез две секрета́рь докла́дывает, что меня́ жела́ет ви́деть администра́тор теа́тра Моча́лкин „по ма́ленькому, пустяко́вому вопро́сику". Вошёл мужчи́на—краса́вец, в чёрной па́ре,[11] из карма́на цветно́й плато́чек выгля́дывает. Ве́жливо расша́ркался. Духа́ми от него́ так и несло́.[12] И не дешёвыми. Щёлкнул лакиро́ванными штибле́тами, отрекомендова́лся ... и на́чал разгово́р об иску́сстве.

—Кото́рое тре́бует жертв ...

—Да, о духо́вной пи́ще, так сказа́ть. „Как вам понра́вилась на́ша после́дняя вещи́ца? Устра́ивает ли вас пя́тый ряд? Ра́ды бу́дем ви́деть вас на очередно́м просмо́тре". И так дале́е и в том же ро́де.

—Прелю́дия, одни́м сло́вом.

—Увертю́ра. Я сижу́ и изуча́ю его́ налощённую физионо́мию. „За каки́м дья́волом, ду́маю, пожа́ловал э́тот деле́ц?" Он, ви́димо, прочита́л мои́ мы́сли. Полёз в карма́н и вы́тащил письмецо́. „А мы к вам с миниатю́рной про́сьбицей, Пётр Дени́сович. Прочти́те, пожа́луйста". Чита́ю: „Дире́кция про́сит вас, уважа́емый Пётр Дени́сович, отпусти́ть для руководя́щих рабо́тников теа́тра три

остри́ть, crack jokes	**пи́ща,** food, nourishment
обка́тывать (colloq.), to pile on	**устра́ивать,** to suit
просмо́тр, preview	**ряд,** row
зага́дочный, mysterious	**очередно́й,** regular
любе́зность, courtesy	**прелю́дия,** prelude
тереби́ть, pull (at)	**увертю́ра,** overture
докла́дывать, to report	**изуча́ть,** to study
пустя́к, trifle	**налощённый,** polished
вопро́с, problem	**физионо́мия,** face
краса́вец, handsome man	**дья́вол,** devil
цветно́й, colored	**пожа́ловать,** come
плато́к, handkerchief	**деле́ц** (colloq.), smart, sharp operator
выгля́дывать, to peer out	**полéзть** (P), to crawl
ве́жливо, politely	**вы́тащить** (P), to drag out
расша́ркаться (P), to scrape one's feet	**миниатю́рный,** miniature (adj)
дешёвый, cheap (adj)	**про́сьбица,** small request
щёлкнуть (P), to click	**дире́кция,** management
лакиро́ванный, patent leather (adj)	**уважа́емый,** dear (in letters)
штибле́ты, shoes, boots	**отпусти́ть** (P), to supply
духо́вный, spiritual (adj)	**руководя́щий,** leading

спа́льных гарниту́ра из каре́льской[13] берёзы". В то вре́мя э́то бы́ло дефици́тным това́ром, ре́дкостью.

—И как вы вы́крутились?—добродушно захохота́л Анто́н Ива́нович.

—Зна́ете, пришло́сь вы́делить. Со́вести не хвати́ло[14] отказа́ть. Ко́е-как офо́рмили выдачу че́рез склад. Де́ньги на счёт перечи́слили. „Ну, ду́маю, отста́нет. И я наперёд умне́е бу́ду". Но не тут-то бы́ло, Анто́н Ива́нович. Сижу́ ве́чером—звоно́к. Беру́ тру́бку—Моча́лкин. И опя́ть прелю́дия, опя́ть стереоти́пные вопро́сы о здоро́вье, об иску́сстве. А пото́м про́сьба. Како́й-то двою́родный племя́нник Моча́лкина око́нчил институ́т на́шей систе́мы, и он про́сит похлопота́ть о нём. Я рассерди́лся и гру́бо оборва́л его́ . . . .

—„И с той поры́ к Демья́ну ни ного́й?"[15]

—И с той поры́ на премье́ры то́лько за свой трудовы́е.

—Н-да . . . . Ну, поло́жим, ты был дире́ктором ме́бельного комбина́та. Сам себе́ хозя́ин,[16] так сказа́ть. Материа́льные це́нности в твоём распоряже́нии бы́ли. А с меня́ взя́тки гла́дки.[17]

—Ду́мается мне, Анто́н Ива́нович, что вас на краси́вую у́дочку ло́вят. Аво́сь клю́нет, а пото́м и вы́клянчат у вас.

—Что? Резолю́цию?

—Вот и́менно, зву́чную резолю́цию и . . . . па́рочку станда́ртных до́миков для дире́кции теа́тра. Из „бра́ка", коне́чно. За нали́чный расчёт.

Анто́н Ива́нович при́стально посмотре́л на серьёзное лицо́ инжене́ра и призаду́мался.

—А ведь ве́рно, чёрт побери́![18] . . . . С э́тими премье́рами в таку́ю

спа́льный, bedroom (adj)
гарниту́р, set
берёза, birch tree
дефици́тный, scarce (adj)
това́р, goods
вы́крутиться (P), to get out of (it)
добродушно, good naturedly
хохота́ть, to burst out laughing
вы́делить (P), release
отказа́ть (P), to refuse
ко́е-ка́к, somehow
офо́рмить (P), to formalize
вы́дача, release
склад, warehouse
счёт, account
перечи́слить (P), to transfer
наперёд, in the future
звоно́к, ring (of the phone)
тру́бка, phone receiver

про́сьба, request
двою́родный племя́нник, son of a
  cousin
око́нчить (P), to graduate (from)
гру́бо, rudely
труд, toil
поло́жим, let us assume
це́нности (pl.), valuables
распоряже́ние, disposal
у́дочка, fishing pole
лови́ть, to catch
клю́нуть (P), bite
вы́клянчить (P), to beg
зву́чный, high sounding (adj)
брак, rejects, scrap
нали́чный расчёт, cash payment
при́стально, intently
призаду́маться (P), to become thoughtful

трясину мо́жно зале́зть . . . . И не заме́тишь, как засосёт.—Он вдруг засуети́лся и стал что́-то высма́тривать из око́шка маши́ны.—А ну́-ка, дорого́й, поверни́те, пожа́луйста, вон к тому́ телефо́ну-автома́ту.

Анто́н Ива́нович с разбе́гу откры́л две́рцу каби́ны, опусти́л моне́ту и набра́л но́мер.

—Тама́ра? Алло́! Тама́ра! Это я. Вам э́кстренное поруче́ние. Возьми́те, пожа́луйста, паке́т. Из теа́тра кото́рый. Вы́ньте програ́мму спекта́кля и посмотри́те внизу́, как фами́лия администра́тора. Я подожду́ . . . . Как? Моча́лкин? Вот что, дорогу́ша: запеча́тайте пригласи́тельные биле́ты в тот же паке́т и с курье́ром отошли́те[19] в теа́тр Моча́лкину. Ли́чно, под распи́ску. Никаки́х „жа́лко“. И вам нельзя́. Чего́ там „смешно́ сказа́ть“! Смешно́го здесь ма́ло. Я вам, е́сли бу́дете стара́ться, в пе́рвый ряд к пра́зднику куплю́. Да, да. Зна́чит, непреме́нно под распи́ску. Как написа́ть? Напиши́те: „Возвраща́ется за ненахожде́нием адреса́та“. Они́ пойму́т. А распи́ску мне на стол положи́те. До свида́ния.

Анто́н Ива́нович гру́зно усе́лся на своё ме́сто, и маши́на тро́нулась.

—Расквита́лись, Анто́н Ива́нович?—улыба́ясь, спроси́л Нестере́нко.

—Как бу́дто . . . .

Маши́на вы́скочила на шоссе́ и стреми́тельно понесла́сь навстре́чу си́нему горизо́нту.

—А хорошо́ бы, Анто́н Ива́нович, у не́которых двере́й ря́дом с на́дписями „Не броса́йте оку́рков!“, „Эконо́мьте электроэне́ргию!“ пове́сить махо́нькую таку́ю табли́чку и написа́ть: „Остерега́йтесь взя́ток. В том числе́ и ме́лких!“—шутли́во зако́нчил Нестере́нко.

трясина, quagmire
зале́зть (P), to crawl in
засоса́ть (P), to suck in
засуети́ться (P), to begin to bustle
высма́тривать (P), to seek out
око́шко, window
маши́на, car
поверну́ть (P), to turn
телефо́н-автома́т, pay phone
с разбе́гу, on the run
опусти́ть (P), to drop
моне́та, coin
набра́ть (P), dial
э́кстренный, special (adj)
поруче́ние, assignment
вы́нуть (P), to take out
спекта́кль, performance
дорогу́ша (colloq.), darling
запеча́тать (P), to seal
курье́р, messenger
распи́ска, receipt

жа́лко, sorry
непреме́нно, without fail
ненахожде́ние, not finding
адреса́т, addressee
гру́зно, heavily
тро́нуться (P), to take off
расквита́ться (P), to get even
вы́скочить (P), to jump out
шоссе́, highway
стреми́тельно, swiftly
понести́сь (P), to rush
навстре́чу, to meet
ря́дом, next to
на́дпись, sign
оку́рок, cigarette butt
эконо́мить, economize
пове́сить (P), to hang
табли́чка, sign
шутли́во, jokingly
в том числе́, including

—А мо́жно ещё коро́че: ,,Остерега́йтесь Моча́лкина!“—добро-
ду́шно предложи́л улыба́ющийся Анто́н Ива́нович.

1953.

I. Notes

1. **то и де́ло,** ever so often, continually.
2. **извлёк,** past of **извле́чь,** extracted.
3. **Верну́сь—спрошу́,** When I return, I'll ask. This type of sentence, although
   the conjunctions are missing, has in Russian the force of coordination, to
   express simultaneity of action, consecutive actions as well as contrasting
   actions.
4. **усе́лись,** past of **усе́сться,** seated themselves.
5. **ЗИМ,** make of an automobile, abbreviation of ,,Заво́д и́мени Мо́лотова.“
6. **Сде́лайте ми́лость,** Be so kind.
7. **в бы́тность мою,** while I was.
8. **на нас с тобо́й,** on you and me.
9. **Вот и́менно,** That's just it.
10. **не по себе́,** uncomfortable, not well.
11. **в чёрной па́ре,** in a black suit.
12. **Духа́ми от него́ так и несло́,** he reeked strongly with perfume.
13. **каре́льский,** Karelian, from Karelia, Soviet republic northwest of Leningrad,
    adjacent to Finland.
14. **Со́вести не хвати́ло,** (we) lacked conscience.
15. **,,И с той поры́ к Демья́ну ни ного́й“**—"And since that time he did not set
    foot at Demyan's," concluding line from the famous fable **,,Демья́нова уха́“**
    (Demyan's Fish Soup) by **И. А. Крыло́в** (1768–1844), famous Russian fable
    writer.
16. **Сам себе́ хозя́ин,** (Your) own boss.
17. **взя́тки гла́дки,** nothing to take (lit. "smooth bribes").
18. **чёрт побери́,** devil take it.
19. **отошли́те,** imper. of **отосла́ть,** send.

II. Language Analysis

A.

1. Look up in the dictionary the meaning of the following words and use them
in sentences: **взгляд, вопро́с, любе́зность, но́мер, па́ра, род, со́весть; отпусти́ть,
положи́ть, снять, устра́ивать.**

2. Find the synonyms of the following: **мысль, разгово́р, слу́жба; миниа-
тю́рный, осо́бенный; ду́мается, извле́чь, отпра́вить, приня́ться; аво́сь,
всерьёз, наперёд, стреми́тельно.**

3. Find the antonyms of the following: **вход, курье́рша, супру́га; дешёвый,
у́тренний, чи́стый; войти́, нача́ть, присла́ть; обра́тно, смешно́, сра́зу.**

4. Illustrate the differences, if any, between the following: **ло́вкий: у́мный;
ма́ленький: ме́лкий; захохота́ть: рассмея́ться.**

B.

1. Identify the forms of the following nouns and indicate their nom. sing.:
про́сьбицей, оку́рков, взя́ток.

2. Identify the following verb forms and indicate the rest of their tense forms, infinitive and aspect: тре́бует; спрошу́, отста́нет; извлёк, приняла́сь, усе́лись, поле́з; прочти́те, поло́жим, отошли́те, вы́ньте.

3.

   (a) Identify the aspect of the following verbs and indicate their other aspects, if the latter exists: вы́нуть, вы́скочить, вы́тащить; докла́-дывать, зако́нчить, извле́чь, набра́ть; одева́ться, ожида́ть, отпра́вить, поверну́ться, подожда́ть, поясни́ть; предложи́ть; приноси́ть, присла́ть; прочёсть; снять, тре́бовать, убеди́ться, удиви́ться, усе́сться.

   (b) Indicate differences in meaning and aspect, if any, between the following verbs: брать: набра́ть; верну́ть: поверну́ть; ду́маться: призаду́маться; кури́ть: закури́ть; проси́ть: спроси́ть; рвать: оборва́ть; серди́ться: рассерди́ться; смея́ться: рассмея́ться; зако́нчить: око́нчить; зале́зть: поле́зть; объясни́ть: поясни́ть; отосла́ть: присла́ть; положи́ть: предложи́ть.

4. Find the following gerunds in the text and indicate their tense, infinitive and aspect: принося́, взяв, расстёгивая, жела́я, улыба́ясь.

5.

   (a) What cases do the following prepositions govern in the text: за, че́рез, навстре́чу?

   (b) Find in the text an instance of с governing the genitive and indicate its meaning.

C.

1.

   (a) What cases do the following verbs govern in the text: остерега́ться, тре́бовать; помога́ть, понра́виться, пока́зывать, пода́ть; изуча́ть, око́нчить, лови́ть, опусти́ть, вы́нуть, пове́сить?

   (b) What two cases do the following verbs govern in the text: присла́ть, положи́ть?

2. Find in the text these verbs followed by the prepositions and the nouns which the latter govern: извле́чь из + gen.; покуша́ться на + acc.; выгля́дывать из + gen.

3.

   (a) What other nouns are the following diminutives derived from: доми́шко, запи́сочка, па́рочка, неде́лька, биле́тик, вопро́сик, плато́-чек, вещи́ца, письмецо́, про́сьбица, око́шко, две́рца, табли́чка? Which of these are true diminutives i.e. referring to smallness, and which are used colloquially?

   (b) What nouns are these adjectives derived from: у́тренний, ли́чный, служе́бный, ме́бельный, морско́й, пустяко́вый, цветно́й, духо́вный, очередно́й, миниатю́рный, трудово́й, зву́чный? List the suffixes used as well as the consonantal changes occurring during this process of derivation.

   (c) What are the component parts of the following: электроэне́ргия; лесопи́льный, руководя́щий; доброду́шно?

4. Find in the text these, and other, examples of absence of subject: поку-ша́ются на ва́шу . . . со́весть; Меня́, коне́чно, встреча́ют.

5. Find in the text these, and other, examples of:

   (a) *Impersonal verbs:* ду́мается мне.

   (b) *Personal verbs used impersonally:* духа́ми от него́ так и несло́; пришло́сь вы́делить; со́вести не хвати́ло отказа́ть; аво́сь клю́нет как засосёт.

6. Observe the following Russian expressions in the text and use them in sentences: де́ло слу́жбы; одни́м сло́вом; на даровщи́нку; с разбе́гу; под распи́ску; в бы́тность мою́; в том числе́; в том же ро́де; сам себе́ хозя́ин; не по себé; на нас с тобóй; по-мóему; сдéлай(те) мúлость; набрáть нóмер; так сказáть; чёрт побери; то и дéло.

III. Questions

1. Чегó ждал инженéр Нестерéнко, сидя в кабинéте начáльника отдéла?
2. Что так бéрежно приносúла в пáлевых пáпках секретáрь начáльника, Тамáра?
3. Что обнарýжил Антóн Ивáнович Влáсов в пакéте с крáсным типогрáфским штáмпом?
4. Почемý он был удивлён?
5. Что сказáл начáльник отдéла стандáртных домóв Влáсов, Тамáре?
6. Что объяснúл инженéр Нестерéнко Влáсову, когдá онú усéлись в машúну?
7. Как получáл Нестерéнко билéты в теáтр, когдá он был дирéктором мéбельного комбинáта?
8. Как встречáл администрáтор теáтра инженéра и егó супрýгу?
9. Какúм человéком был администрáтор Мочáлкин?
10. С какóй цéлью бúли преподнесенú Мочáлкиным билéты?
11. Что ещё просúл Мочáлкин инженéра по телефóну?
12. Почемý Влáсов попросúл шофёра подъéхать к телефóну-автомáту?
13. Какóе экстренное поручéние он дал своемý секретáрю?
14. Как решúл Антóн Ивáнович отдéлаться от назóйливого взя́точника?
15. Что шутлúво предложúл Нестерéнко?
16. Как на это отвéтил Влáсов?

Илья́ Ильф
(1897–1937)

Евге́ний Петро́в
(1903–1942)

Ильф и Петро́в писа́ли совме́стно; их са́мые изве́стные сатири́-ческие произведе́ния: „Двена́дцать сту́льев“ (1928), „Золото́й телёнок“ (1931) и „Одноэта́жная Аме́рика“ (1936). Они́ та́кже написа́ли большо́е коли́чество расска́зов, в том числе́ „Широ́кий разма́х“, (1934).

По́сле сме́рти Ильфа, Петро́в написа́л не́сколько киносцена́риев, о́черков и сатири́ческую коме́дию „О́стров ми́ра“ (1939). Он поги́б при возвраще́нии из осаждённого Севасто́поля. Его́ „Фронтово́й дневни́к“ был и́здан посме́ртно в 1942 г.; та́кже посме́ртно вы́шли „Записны́е кни́жки“ Ильфа (1939).

совме́стно, in collaboration	поги́бнуть (P), to perish
телёнок, calf	осаждённый, besieged
одноэта́жный, one-storied	дневни́к, diary
о́черк, sketch	посме́ртно, posthumously
о́стров, island	

Широ́кий разма́х

За грома́дным пи́сьменным столо́м, на дубо́вых бока́х кото́рого бы́ли вы́резаны[1] бека́сы и виногра́дные гро́здья, сиде́л глава́ учрежде́ния Семён Семёнович. Пе́ред ним стоя́л завхоз[2] в кавале-ри́йских галифе́ с жёлтыми ле́ями. Завхо́зы почему́-то лю́бят облека́ть свои́ гражда́нские телеса́[3] в полувое́нные оде́жды, как бу́дто бы де́ятельность их заключа́ется не в ми́рном пересчи́тывании электри́ческих ла́мпочек[4] и приби́вании ме́дных инвента́рных номерко́в к шкафа́м и сту́льям, а в беспреры́вной джигито́вке и ру́бке лозы́.[5]

разма́х, sweep, scope	ле́и, (pl. only), patches on inside of
грома́дный, huge	riding breeches
пи́сьменный стол, desk	облека́ть, to clothe
дубо́вый, oak (adj)	де́ятельность, activity
бок, side	пересчи́тывание, counting
бека́с, snipe	ме́дный, copper (adj)
виногра́дный, grape (adj)	номеро́к, tag
гроздь, cluster	беспреры́вный, uninterrupted
учрежде́ние, institution	джигито́вка, trick riding
галифе́, riding breeches	

—Значит так, товарищ Кошачий,—с увлечением говорил Семён Семёнович,—возьмите сёмги, а ещё лучше лососины, ну, там, ветчины, колбасы, сыру, каких-нибудь консервов подороже.

—Шпроты?

—Вот вы всегда так, товарищ Кошачий. Шпроты! Может, ещё кабачки фаршированные[6] или свинобобы?[7] Резинокомбинат[8] на своём последнем банкете выставил консервы из налимьей печёнки,[9] а вы—шпроты! Не шпроты, а крабы. Пишите. Двадцать коробок крабов.

Завхоз хотел было[10] возразить и даже открыл рот, но ничего не сказал и принялся записывать.

—Крабы,—повторил Семён Семёнович,—и пять кило зернистой икры.[11]

—Не много ли? В прошлый раз три кило брали, и вполне хватило.

—По-вашему,[12] хватило, а . . по-моему,[12] не хватило. Я следил.

—Сорок рублей кило,—грустно молвил завхоз.

—Ну, и что же из этого вытекает?

—Вытекает, что одна икра станет нам[13] двести рублей.

—Я давно вам хотел сказать, что у вас, товарищ Кошачий, нет размаха. Банкет так банкет.[14] Закуска, горячее, даже два горячих, пломбир, фрукты.

—Зачем же такой масштаб?—пробормотал Кошачий.—Конечно, я не спорю, мы выполнили месячную программу. И очень хорошо. Можно поставить чаю, пива, бутербродов с красной икрой. Чем плохо?[15] И, кроме того, на прошлой неделе был банкет по поводу пятидесятилетия управделами.[16]

—Я всё-таки вас не понимаю, товарищ Кошачий. Извините, но вы какой-то болезненно скупой человек. Что у нас—бакалейная лавочка?[17] Что мы, частники?

—И потом,—продолжал Семён Семёнович,—купите вы, наконец,

увлечение, enthusiasm	закуска, appetizer
лососина, salmon	горячее, hot dish
ветчина, ham	пломбир, ice pudding with fruit
колбаса, sausage	масштаб, scale
консервы, canned foods	пробормотать (P), to mutter
шпроты, sprats	спорить, to argue
краб, crab	выполнить (P), to carry out
коробка, can	пиво, beer
возразить (P), to object	повод, occasion
записывать, to write down	пятидесятилетие, fiftieth anniversary
следить, to watch	болезненно, morbidly
грустно, sadly	скупой, stingy
молвить (P), to say	частник, petty private trader
вытекать, to follow	

приличный сервиз, а то вы подаёте уже чёрт знает на чём. Какие-то разнокалиберные[18] тарелки, рюмки разных размеров. В последний раз вино пили из чашек. Понимаете, что это такое?

— Понимаю.

— А раз понимаете, то пойдите в комиссионный магазин[19] и купите всё, что нужно. Нельзя же так.

— Дорого очень в комиссионном, Семён Семёнович. Ведь у нас определённый бюджет.

— Я лучше вашего[20] знаю про бюджет. Мы не воры, не растратчики и себе домой эту лососину в рукаве не таскаем. Но зачем нам прибедняться? Наши предприятия убытков[21] не приносят. И если мы устраиваем товарищеский ужин, то пусть будет ужин настоящий. Надо нанять джаз, пригласить артистов, а не эту тамбовскую капеллу,[22] как она там называется . . . .

— Ансамбль лиристов,[23] — хрипло сказал завхоз.

— Да, да, не надо больше этих балалаечников.[24] Пригласите хорошего певца, пусть нам споёт что-нибудь. „Спи, моя радость, усни, в доме погасли[25] огни“.

— Так ведь такой артист, — со слезами в голосе сказал Кошачий, — с нас три шкуры снимет.[26]

— Ну какой вы, честное слово, человек! С вас он снимет эти три шкуры? И потом не три, а две. И для нашего миллионного бюджета это не играет никакой роли.

— Такси для артиста придётся нанимать,[27] — тоскливо прошептал завхоз.

Семён Семёнович внимательно посмотрел на собеседника и проникновенно сказал:

— Простите меня товарищ Кошачий, но вы просто сквалыжник. Самый обыкновенный скупердяй.[28] Такой, извините меня, обобщён-ный[29] тип даже описан в литературе. Вы — Плюшкин! Гарпагон![30] Да, да, и, пожалуйста, не возражайте. У вас тяжёлая привычка всегда возражать. Вы Плюшкин, и всё. Вот и мой заместитель

приличный, decent	**устраивать**, to arrange, organize
тарелка, plate	**джаз**, jazz band
рюмка, wine glass	**хриплый**, hoarse
размер, size	**певец**, singer
определённый, determined	**шкура**, skin, hide
вор, thief	**тоскливый**, dreary
растратчик, embezzler	**прошептать** (P), to whisper
рукав, sleeve	**собеседник**, fellow conversationalist
таскать, to carry	**проникновенно**, with conviction
прибедняться, to feign poverty	**возражать**, to object
предприятие, undertaking	**привычка**, habit
убыток, loss	**заместитель**, deputy

жаловался на вашу бессмысленную мещанскую скупость. Вы до сих пор не можете купить для его кабинета порядочной мебели.

—У него хорошая мебель,—мрачно сказал Кошачий,—Всё, что надо для работы: стульев шведских—шесть, столов письменных— один, ещё один стол—малый, графин, бронзовая пепельница с собакой, красивый новый клеёнчатый диван.

—Клеёнчатый!—застонал Семён Семёнович.—Завтра же купите ему кожаную мебель. Слышите? Пойдите в комиссионный.

—Кожаный, Семён Семёнович, пятнадцать тысяч стоит.

—Опять эти деньги. Просто противно слушать. Что мы, нищие? Надо жить широко, товарищ Кошачий, надо товарищ Кошачий, иметь социалистический размах. Поняли?

Завхоз спрятал в карман рулетку, которую вертел в руках, и, шурша[31] кожаными лентами, вышел из кабинета.

Вечером, сидя за чаем, Семён Семёнович со скучающим видом слушал жену, которая что-то записывала на бумажке и радостно говорила:

—Будет очень хорошо и дёшево. Четыре бутылки вина, литр водки, две коробочки анчоусов, триста граммов лососины и ветчины. Потом я сделаю весенний салат, со свежими огурцами, и сварю кило сосисок.

—Здравствуйте.

—Ты, кажется, что-то сказал?

—Я сказал „здравствуйте“.

—Тебе что-нибудь не нравится?—забеспокоилась жена.

—Да, кое-что,—сухо ответил Семён Семёнович.—Мне, например, не нравится, что каждый огурец стоит один рубль пятнадцать копеек.

—Но ведь на весь салат пойдёт два огурчика.[32]

жаловаться, to complain	противный, contrary, adverse
бессмысленный, senseless	нищий, beggar
мещанский, narrow-minded	спрятать (P), to conceal
скупость, stinginess	рулетка, tape measure
порядочный, decent	вертеть, twirl
мрачный, gloomy	скучающий, bored
шведский, Swedish	весенний, spring (adj)
графин, decanter	огурец, cucumber
пепельница, ash tray	сварить (P), to boil
клеёнчатый, oil cloth	сосиска, sausage
застонать, to begin to groan	забеспокоиться (P), to begin to worry
кожаный, leather	сухой, dry

—Да, да, огурчики, лососина, анчоусы. Ты знаешь, во сколько всё это станет?

—Я тебя не понимаю, Семён. Мои именины, придут гости, мы уже два года ничего не устраивали, а сами постоянно у всех бываем, просто неудобно.

—Почему неудобно?

—Неудобно, потому что невежливо.

—Ну, ладно,—сказал Семён Семёнович томно.—Дай сюда список. Так вот, всё это мы вычёркиваем. Остаётся . . . собственно, ничего не остаётся. А купи ты, Катя, вот что. Купи ты, Катя, бутылку водки и сто пятьдесят граммов сельдей. И всё.

—Нет, Семён, так невозможно.

—Вполне возможно. Каждый тебе скажет, что селёдка—это классическая закуска. Даже в литературе об этом где-то есть, я читал.

—Семён, это будет скандал.

—Хорошо—хорошо, в таком случае приобрети[33] ещё коробку шпрот. Только не бери ленинградских шпрот, а требуй[34] тульских. Они хотя и дешевле, но значительно питательнее.

—Можно подумать, что мы—нищие!—закричала жена.

—Мы должны строить свою жизнь на основах строжайшей[35] экономии и рационального использования каждой копейки,— степенно ответил Семён Семёнович.

—Ты получаешь тысячу рублей в месяц. К чему[36] нам прибедняться?

—Катя, я не вор и не растратчик и не обязан кормить на свои трудовые деньги банду жадных знакомых.

—Тьфу!

—Я оставляю твой выпад без внимания. У меня есть бюджет, и я не имею права выходить за его рамки. Понимаешь, не имею права!

—И в кого он такой сквалыга уродился?—сказала жена, обращаясь[37] к стене.

именины, name-day
неудобно, awkward
невежливый, impolite
томный, languid
вычёркивать, to cross out
собственно, really (colloq.)
сельдь, herring
селёдка, herring
дешевле, cheaper
питательнее, more nourishing
основа, basis

использование, utilization
степенно, gravely
обязанный, obliged
кормить, to feed
трудовой, hard-earned
жадный, greedy
выпад, thrust
рамки, limits
сквалыга, tightwad, stingy person
уродиться (P), to take after

—Руга́й меня́, руга́й,—сказа́л Семён Семёнович,—но преду-
прежда́ю, что фина́нсовую дисципли́ну я бу́ду проводи́ть неукло́нно,
что бы ты там ни[38] говори́ла.

—Говорю́ и бу́ду говори́ть!—закрича́ла жена́.—Ко́ля уже́ ме́сяц
хо́дит в рва́ных боти́нках.

—При чём тут Ко́ля?[39]

—При том тут Ко́ля, что он—наш сын.

—Ла́дно, ла́дно, не кричи́! Ку́пим э́тому пира́ту боти́нки. С
тече́нием вре́мени. Ну, что там ещё на́до? Говори́ уж скоре́е.
Мо́жет быть, роя́ль на́до купи́ть, а́рфу?

—А́рфу не на́до, а табуре́тку на ку́хню на́до.

—Табуре́тку!—завизжа́л Семён Семёнович.—Заче́м табуре́тку?
Чего́ уж там! Ку́пим для ку́хни сра́зу ко́жаную ме́бель! Всего́
то́лько пятна́дцать ты́сяч. Нет, Ка́тенька, я наведу́ в до́ме поря́док.

И он до́лго ещё объясня́л жене́, что пора́ уже́ поко́нчить с
бессмы́сленными тра́тами, пира́ми и тому́ подо́бным безуде́ржным
разбра́сыванием и разбаза́риванием социалисти́ческой копе́йки.

Спал он споко́йно.

1934.

руга́ть, to scold	а́рфа, harp
предупрежда́ть, to let know before-	табуре́тка, stool
hand	завизжа́ть (P), to begin to squeal
проводи́ть, to carry out	навести́ (P), bring about
неукло́нный, nondeviating	тра́та, spending
рва́ный, torn	пир, feast
боти́нки, shoes	безуде́ржный, unrestrained
пира́т, pirate	разбра́сывание, waste
роя́ль, grand piano	разбаза́ривание, squandering

I. Notes

1. вы́резаны, carved; pl. short form of вы́резанный, past pass. part. of
   вы́резать, to carve.
2. завхо́з, abbreviation of заве́дующий хозя́йством, housekeeping steward,
   manager.
3. телеса́ (colloq.), fat body; old nom. pl. of те́ло, 'body.' Plural used only in
   the meaning indicated above.
4. ла́мпочек, gen. pl. of ла́мпочка, dimin. of ла́мпа, bulb.
5. ру́бка лозы́, 'chopping the vine,' a cavalry exercise, in which the rider,
   galloping at full speed, has to cut down reeds stuck into the ground.
6. кабачки́ фарширо́ванные, stuffed egg plants.
7. свинобобы́, pork and beans.
8. Резинокомбина́т, The Rubber Consolidated Industries.
9. нали́мья печёнка, turbot liver.
10. хоте́л было, was on the verge of wishing. Бы́ло, is used with the past tense
    to indicate the verge of, or just begun, action.

11. **зерни́стая икра́,** soft caviar.
12. **По-ва́шему, . . . по-мо́ему,** in your opinion, in my opinion.
13. **ста́нет нам** (colloq.), will cost us.
14. **Банке́т так банке́т,** if we're going to have a banquet, let's have a banquet.
15. **Чем пло́хо ?,** Is that bad?
16. **управдела́ми,** masc. indecl., abbreviation of **управля́ющий дела́ми,** office manager.
17. **бакале́йная ла́вочка,** grocery store.
18. **разнокали́берный,** different size (adj).
19. **комиссио́нный магази́н,** second hand store selling consigned goods.
20. **лу́чше ва́шего,** better than you.
21. **убы́тков,** gen. pl. of **убы́ток,** loss.
22. **тамбо́вская капе́лла,** Tambov (a city in central Russia) choir. The name of the city is a symbol of provincialism.
23. **лири́ст,** singer of soft, lyrical songs.
24. **балала́ечник,** balalaika (a Russian three-stringed instrument) player.
25. **пога́сли,** past tense of **пога́снуть,** went out; **огни́,** nom. pl. of **ого́нь,** fire. The reference is here to a popular song.
26. **с нас три шку́ры сни́мет,** he will skin us three times; **сни́мет,** fut. tense of **снять,** to take off.
27. **Такси́ . . . придётся нанима́ть,** a taxicab will have to be hired.
28. **сквалы́жник, . . . скупердя́й,** colloquial terms for a stingy person, cf. American 'tightwad,' 'skinflint.'
29. **обобщённый,** generalized, here colloq., 'publicized'; past pass. part. of **обобщи́ть,** to generalize.
30. **Плю́шкин,** stingy landowner, one of the main characters in Gogol's novel „**Мёртвые ду́ши**" (Dead Souls). **Гарпаго́н**—Harpagon, chief character in Molière's comedy *l'Avare* (The Miser), first presented in 1668.
31. **шурша́,** pres. ger. of **шурша́ть,** rustling.
32. **огу́рчик,** dim. of **огуре́ц,** cucumber.
33. **приобрети́,** imper. of **приобрести́,** acquire.
34. **тре́буй,** imper. of **тре́бовать,** demand.
35. **строжа́йший,** superlative of **стро́гий,** strictest.
36. **К чему́,** what for.
37. **обраща́ясь,** pres. ger. of **обраща́ться,** turning.
38. **что бы . . . ни,** no matter what.
39. **При чём тут Ко́ля ?,** What's Kolya got to do with it?

II. Language Analysis

A.

1. Look up in the dictionary the meaning of the following: **внима́ние, поря́док; стро́ить, тре́бовать.** Use them in sentences.

2. Find the synonyms of the following: **глава́, рабо́та; грома́дный; корми́ть, мо́лвить, облека́ть, приня́ться, прости́те; гру́стно, заче́м, ла́дно, мра́чно.**

3. Find the antonyms of the following: **ра́дость, убы́ток; горя́чий, после́дний, про́шлый, тяжёлый, широ́кий; отве́тить, откры́ть; до́рого, наконе́ц, тоскли́во.**

4. Illustrate the differences, if any, between the following: **ла́вка: магази́н; предприя́тие: учрежде́ние.**

B.

1.

(a) Identify the forms of the following nouns and indicate their nom. sing.: бока́х, гро́здья, ла́мпочек, номерко́в, сту́льями, коро́бок, рубле́й, ча́шек, убы́тков, певца́, огни́, слеза́ми, огурца́ми, соси́сок, копе́ек.

(b) Find in the text the following: (1) nouns used in the plural only—телеса́, консе́рвы; (2) indeclinable nouns—галифе́, кило́, такси́. What gender are the latter?

(c) Find in the text the following instances of the use of the partitive genitive: возьми́те сёмги . . . лососи́ны . . . ; мо́жно поста́вить ча́ю, пи́ва . . .

2.

(a) Find in the text the following adjectives used as nouns: горя́чее, ни́щий.

(b) Indicate the positive degree forms of the following: лу́чше, подоро́же, деше́вле, пита́тельнее, скоре́е; строжа́йший.

3. Find in the text instances of the use of the relative pronoun кото́рый. Indicate the antecedent they agree with and the reason for the use of the case they are in.

4. Identify the following verb forms and indicate the rest of their tense forms, infinitive and aspect: подаёте, остаётся; споёт, сни́мет, наведу́; пога́сли; пригласи́те, усни́, прости́те, возража́йте, слы́шите, пойди́те, приобрести́, бери́, тре́буй.

5.

(a) Identify the aspect of the following verbs and indicate their other aspect, if the latter exists: приня́ться, запи́сывать, следи́ть, вытека́ть, спо́рить, вы́полнить, поста́вить, продолжа́ть, подава́ть, таска́ть, устра́ивать, наня́ть, пригласи́ть, снять, возража́ть, жа́ловаться, свари́ть, приобрести́, стро́ить, оставля́ть, обраща́ться, проводи́ть, объясня́ть.

(b) The prefix за- when added to a verb changes its meaning to indicate the beginning of the action. Find the following illustrations in the text: застона́ть, забеспоко́иться, закрича́ть, завизжа́ть.

6. Find the following short form past passive participles in the text and indicate the rest of their short forms (including stress), their long forms, their infinitive and aspect and the noun with which they agree: вы́резаны, опи́сан, обя́зан.

7. Find the following gerunds in the text and indicate their tense, infinitive and aspect: шурша́, си́дя, обраща́ясь.

8. What cases do the following prepositions govern in the text: за, из, про?

9. Find the uses of the following conjunctions: то; е́сли . . . , то.

C.

1. What cases do the following verbs govern in the text: тре́бовать; объясня́ть; вы́ставить, вы́полнить, таска́ть, устра́ивать, наня́ть, пригласи́ть, снять, спря́тать, приобрести́, стро́ить, получа́ть, корми́ть?

2. Find in the text these verbs followed by the prepositions and the nouns which the prepositions govern: заключа́ться в + prep.; вытека́ть из + gen.; посмотре́ть на + acc.; жа́ловаться на + acc.; обраща́ться к + dat.; поко́нчить с + instr.

3.

(a) Some adjectives are formed by adding a prefix to them. Find the following adjectives in the text and indicate their component parts: полувое́нный; беспреры́вный, бессмы́сленный, безуде́ржанный.

(b) In contemporary Russian there abound nouns composed by abbreviating either one or more of the component words. As a rule the first element of this compound noun consists of one, or, more rarely, two-three syllables of the word it abbreviates. If the resulting compound ends in one of the normal nom. sg. endings of the Russian noun, it is declined, otherwise, not. Find the following compound nouns in the text and indicate their component parts, as well as whether they are declined or not: **завхо́з, резинокомбина́т, управдела́ми**.

4. Find in the text these, and other, examples of:

    (a) *Impersonals used as predicates:* **на́до наня́ть джаз; пора́ уже́ поко́нчить; мо́жно поста́вить ча́ю**.

    (b) *Impersonal verbs:* **такси́ . . . придётся нанима́ть**.

    (c) *Personal verbs used impersonally:* **. . . и вполне́ хвати́ло**.

5. Observe the following Russian expressions used in the text: **че́стное сло́во; с тече́нием вре́мени; по-мо́ему, по-ва́шему** etc.; **зна́чит; придётся; причём? во ско́лько э́то ста́нет**. Use them in sentences.

III. Questions

1. За каки́м пи́сьменным столо́м сиде́л глава́ учрежде́ния Семён Семёнович ?

2. В чём заключа́ется де́ятельность завхо́за ?

3. Каки́е распоряже́ния дава́л Семён Семёнович насчёт банке́та ?

4. Почему́ завхо́з не был согла́сен с Семёном Семёновичем ?

5. Почему́ Семён Семёнович сказа́л Коша́чему, что у него́ нет широ́кого разма́ха ?

6. Что проси́л Семён Семёнович купи́ть на заку́ску ?

7. Почему́ Коша́чий счита́ет, что до́рого покупа́ть в комиссио́нном магази́не ?

8. Каки́х арти́стов про́сит глава́ учрежде́ния пригласи́ть на э́тот това́рищеский у́жин ?

9. Почему́ замести́тель Семёна Семёновича жа́ловался на меща́нскую ску́пость завхо́за ?

10. Кака́я ме́бель нахо́дится в кабине́те замести́теля ?

11. Каку́ю ме́бель про́сит Семён Семёнович купи́ть в комисио́нном магази́не ?

12. Как понима́ет глава́ учрежде́ния свои́ слова́, ,,на́до жить широко́", ,,на́до име́ть социалисти́ческий разма́х" ?

13. Был ли завхо́з согла́сен с Семёном Семёновичем ?

14. Что запи́сывала на бума́жке жена́ Семёна Семёновича ?

15. Почему́ э́тот спи́сок не понра́вился Семёну Семёновичу ?

16. По како́му по́воду жена́ Семёна Семёновича хоте́ла пригласи́ть госте́й ?

17. Како́е угоще́ние для свои́х госте́й хоте́л Семён Семёнович ?

18. Почему́ Ко́ля уже́ ме́сяц хо́дит в рва́ных боти́нках ?

19. Почему́ кричи́т жена́ на своего́ му́жа ?

20. Почему́ счита́ет Семён Семёнович, что он до́лжен рациона́льно испо́льзовать ка́ждую копе́йку, име́ть фина́нсовую дисципли́ну, и не выходи́ть из ра́мок своего́ бюдже́та ?

Part II
LITERARY CRITICISM

Виссарио́н Григо́рьевич Бели́нский
(1811–1848)

Бели́нский был изве́стным литерату́рным кри́тиком. Его́ крити́ческие статьи́ о ру́сских писа́телях-кла́ссиках (Пу́шкине, Ле́рмонтове, Го́голе и др.) до сих пор счита́ются одни́ми из лу́чших.

В. Г. Бели́нский роди́лся 1-ого ию́ня 1811 г. в бе́дной семье́ уе́здного врача́ и вы́рос в тяжёлых материа́льных усло́виях. Посеща́я гимна́зию в г. Пе́нзе, Бели́нский не проявля́л больши́х спосо́бностей к уче́нию, но интере́с к литерату́ре просну́лся в нём о́чень ра́но, он мно́го чита́л и ещё в шко́льном во́зрасте про́бовал писа́ть стихи́ в ду́хе Жуко́вского, кото́рым он о́чень увлека́лся.

В 1829 г. Бели́нский поступи́л в Моско́вский университе́т, но и там учи́лся пло́хо и был исключён, как „малоуспева́ющий“ в 1832 г.

Стра́шно нужда́ясь, Бели́нский бра́лся за всевозмо́жные рабо́ты и, по́сле до́лгих по́исков, ему́ наконе́ц удало́сь получи́ть рабо́ту в ка́честве перево́дчика и рецензе́нта в журна́лах „Молва́“ и „Телеско́п“. В 1834 г. „Молва́“ печа́тает пе́рвую крити́ческую статью́ Бели́нского „Литерату́рные мечта́ния“ и с э́того моме́нта изве́стность Бели́нского как литерату́рного кри́тика начина́ет расти́.

В 1839 г. Бели́нский переезжа́ет в Петербу́рг и начина́ет рабо́тать в журна́ле „Оте́чественные запи́ски“. Он ведёт крити́ческий отде́л э́того журна́ла бо́лее шести́ лет, завоёвывает себе́ большо́е литерату́рное и́мя, а журна́лу огро́мную популя́рность, но рабо́тает так мно́го, что подрыва́ет своё здоро́вье.

В 1847 г. друзья́ собира́ют де́ньги на пое́здку Бели́нского за

статья́, article
счита́ться, to be considered
вы́расти (P), to grow up
уе́здный, district (adj)
посеща́ть, to attend
Пе́нза, city in Central Russia
проявля́ть, to show
спосо́бность, ability
просну́ться (P), to be awakened
во́зраст, age
про́бовать, to try
В. А. Жуко́вский (1783–1852), Russian poet, predecessor of Pushkin

увлека́ться, to be attracted
исключён, expelled
малоуспева́ющий, not successful
нужда́ться, to be in need
по́иск, search
ему́ . . . удало́сь, he succeeded
в ка́честве перево́дчика, as a translator
рецензе́нт, reviewer
молва́, rumor, fame
мечта́ние, dream
оте́чественный, homeland (adj)
завоёвывать, to conquer
подрыва́ть, to sap

границу для лечения, но эта поездка помогает ему лишь на очень короткий срок.

Белинский умер от туберкулёза 26-го мая 1848.

лечение, treatment

„Сочинения Александра Пушкина"

(из статьи пятой)

Поэзия Пушкина удивительно верна русской действительности, изображает ли она русскую природу или русские характеры: на этом основании общий голос нарёк[1] его русским национальным народным поэтом .... Нам кажется это только вполовину верным.[2] Народный поэт—тот, которого весь народ знает, как, например, знает Франция своего Беранже;[3] национальный поэт—тот, которого знают все сколько-нибудь образованные классы, как, например, немцы знают Гёте[4] и Шиллера. Наш народ не знает ни одного своего поэта; он поёт себе доселе[5] „Не белы-то снежки",[6] не подозревая[7] даже того, что поёт стихи, а не прозу .... Следовательно, с этой стороны[8] смешно было бы и говорить об эпитете „народный" в применении[9] к Пушкину или к какому бы то ни было[10] поэту русскому. Слово „национальный" ещё обширнее в своём значении, чем „народный". Под „народом" всегда разумеют массу народонаселения, самый низший и основной слой государства. Под „нациею" разумеют весь народ, все сословия, от низшего до высшего, составляющие[11] государственное тело. Национальный поэт выражает в своих творениях основную, безразличную, неуловимую для определения[12] субстанциальную стихию,[13] которой представителем бывает масса народа, и определённое значение этой субстанциальной стихии, развившейся[14] в жизни образованнейших сословий нации. Национальный поэт—великое дело![15] Обращаясь[16] к Пушкину, мы скажем по поводу[17] вопроса о его национальности, что он не мог не отразить в себе географически и физиологически народной жизни,

удивительно, wonderfully	**народонаселение,** population
действительность, reality	**слой,** layer
изображать, to portray	**сословие,** social class
основание, foundation	**творение,** creation
образованный, well educated	**безразличный,** indifferent
следовательно, consequently	**представитель,** representative
применение, application, use	**определённый,** definite
обширный, vast	**отразить** (P), to reflect
разуметь, to understand	

ибо был не только русский, но притом русский, наделённый[18] от природы гениальными силами; однакож в том, что называют народностью или национальностью его поэзии, мы больше видим его необыкновенно великий художнический такт. Он в высшей степени обладал этим тактом действительности, который составляет одну из главных сторон художника. Прочтите[19] его чудную драматическую поэму „Русалка“: она вся насквозь проникнута[20] истинностью русской жизни; прочтите его тоже чудную драматическую поэму „Каменный гость“: она и по природе страны, и по нравам своих героев так и дышит воздухом Испании; прочтите его „Египетские ночи“: вы будете перенесены[21] в самое сердце жизни издыхающего[22] древнего мира . . . . Таких примеров удивительной способности Пушкина быть как у себя дома во многих и самых противоположных сферах жизни мы могли бы привести много, но довольно и этих трёх. И что же это доказывает, если не его художническую многосторонность? Если он с такою истиною рисовал природу и нравы даже никогда не виданных[23] им стран, как же бы его изображения предметов русских не отличались верностию природы? Чтоб исследовать основательнее этот вопрос, мы считаем нужным сделать довольно большую выписку из статьи Гоголя „Несколько слов о Пушкине“.[24]

„При имени Пушкина тотчас осеняет мысль о русском национальном поэте. В самом деле, никто из поэтов наших не выше его и не может более назваться национальным; это право решительно принадлежит ему. В нём, как будто в лексиконе, заключилось всё богатство, сила и гибкость нашего языка. Он более всех, он далее раздвинул ему границы и более показал всё его пространство. Пушкин есть явление чрезвычайное; и, может быть единственное явление русского духа: это русский человек в его развитии, в каком он, может быть, явится через двести лет. В нём русская природа, русская душа, русский язык, русский характер отразились в такой же чистоте, в такой очищенной красоте, в какой отражается ландшафт на выпуклой поверхности оптического стекла.

больше, rather
обладать, to possess
истинность, truth
способность, ability
противоположный, opposite
многосторонность, versatility
исследовать, to investigate
основательный, solid, substantial
выписка, excerpt

осенять, to dawn
гибкость, flexibility
раздвинуть (P), to move slide
пространство, space
чрезвычайный, extraordinary
отражаться, to be reflected
выпуклый, convex
поверхность, surface

,,Са́мая его́ жизнь соверше́нно ру́сская. Тот же разгу́л и раздо́лье, к кото́рому иногда́, позабы́вшись,[25] стреми́тся ру́сский и, кото́рое всегда́ нра́вится све́жей ру́сской молодёжи, отрази́лись на его́ первобы́тных года́х вступле́ния в свет. Судьба́ как наро́чно забро́сила его́ туда́, где грани́цы Росси́и отлича́ются ре́зкою велича́вою характе́рностью; где гла́дкая неизмери́мость Росси́и перерыва́ется подо́блачными гора́ми и обве́вается ю́гом. Исполи́нский, покры́тый[26] ве́чным сне́гом Кавка́з среди́ зно́йных доли́н порази́л его́; он, мо́жно сказа́ть, вы́звал си́лу души́ его́ и разорва́л после́дние це́пи, кото́рые ещё тяготе́ли на свобо́дных мы́слях. Его́ плени́ла во́льная поэти́ческая жизнь де́рзких го́рцев, их схва́тки, их бы́стрые, неотрази́мые набе́ги; и с э́тих пор кисть его́ приобрела́[27] тот широ́кий разма́х, ту быстроту́ и сме́лость, кото́рая так диви́ла и поража́ла то́лько что начина́вшую[28] чита́ть Росси́ю. Рису́ет[29] ли он боеву́ю схва́тку чече́нца[30] с казако́м—слог его́ мо́лния; он так же бле́щет,[31] как сверка́ющие[32] са́бли, и лети́т быстре́е са́мой би́твы. Он оди́н то́лько певе́ц Кавка́за; он влюблён в него́[33] все́ю душо́ю и чу́вствами; он прони́кнут и напи́тан[34] его́ чу́дными окре́стностями, ю́жным не́бом, доли́нами прекра́сной Гру́зии[35] и великоле́пными кры́мскими ноча́ми и сада́ми. Мо́жет быть отто́го и в свои́х творе́ниях он жа́рче и пла́меннее там, где душа́ его́ косну́лась ю́га. На них он нево́льно означи́л всю си́лу свою́, и отто́го произведе́ния его́, напи́танные Кавка́зом, во́лею черке́сской[36] жи́зни и ноча́ми Кры́ма, име́ли чу́дную маги́ческую си́лу: им изумля́лись да́же те, кото́рые не име́ли сто́лько вку́са и разви́тия душе́вных спосо́бностей, чтобы быть в си́лах

разгу́л, revelry	**де́рзкий**, daring
раздо́лье, freedom	**схва́тка**, skirmish
позабы́ть (Р), to forget	**неотрази́мый**, irresistible
све́жий, fresh	**набе́г**, inroad, raid
первобы́тный, pristine	**кисть**, brush
вступле́ние, entry	**разма́х**, sweep
наро́чно, purposely	**сме́лость**, courage
велича́вый, majestic	**диви́ть**, to amaze
гла́дкий, smooth	**поража́ть**, to strike
неизмери́мость, immensity	**слог**, style
перерыва́ться, to be interrupted	**мо́лния**, lightning
подо́блачный, cloud-reaching	**са́бля**, sabre
обвева́ть, to fan	**би́тва**, battle
исполи́нский, gigantic	**прони́кнуть** (Р), to penetrate
зно́йный, hot, burning	**окре́стность**, environs
доли́на, valley	**великоле́пный**, magnificent
порази́ть (Р), to startle	**пла́менный**, fiery
разорва́ть (Р), to tear, break	**косну́ться** (Р), to touch, concern
цепь, chain	**нево́льно**, involuntarily
тяготе́ть, to hang	**произведе́ние**, work
плени́ть (Р), to captivate	**изумля́ться**, to be amazed

понима́ть его́. Сме́лое бо́лее всего́ досту́пно, сильне́е и просто́рнее раздвига́ет ду́шу, а осо́бливо ю́ности, кото́рая вся ещё жа́ждет одного́ необыкнове́нного. Ни оди́н поэ́т в Росси́и не име́л тако́й зави́дной у́части как Пу́шкин. Ничья́ сла́ва не распространя́лась так бы́стро. Все кста́ти и некста́ти счита́ли обя́занностью проговори́ть, а иногда́ исковерка́ть каки́е-нибудь я́рко сверка́ющие отры́вки[37] его́ поэ́м. Его́ и́мя уже́ име́ло в себе́ что́-то электри́ческое, и сто́ило то́лько кому́-нибудь[38] из досу́жих мара́телей вы́ставить его́ на своём творе́нии, уже́ оно́ расходи́лось повсю́ду.

„Он при са́мом нача́ле своём уже́ был национа́лен, потому́ что и́стинная национа́льность состои́т не в описа́нии сарафа́на,[39] но в са́мом ду́хе наро́да. Поэ́т да́же мо́жет быть и тогда́ национа́лен, когда́ опи́сывает соверше́нно сторо́нний мир, но гляди́т на него́ глаза́ми свое́й национа́льной стихи́и, глаза́ми всего́ наро́да, когда́ чу́вствует и говори́т так, что соотечественникам его́ ка́жется, бу́дто э́то чу́вствуют и говоря́т они́ са́ми.“

Из ци́кла 11-ти
стате́й о Пу́шкине
1843–1846.

сме́лый, bold
досту́пный, accessible
просто́рный, spacious
жа́ждать, to thirst
зави́дный, enviable
у́часть, fate
ниче́й, nobody's
некста́ти, inopportunely
обя́занность, duty

проговори́ть (P), to utter
исковерка́ть (P), to mangle
досу́жий, idle
мара́тель, scribbler
расходи́ться, to be sold out
сторо́нний (archaic), strange
соотече́ственник, compatriot
цикл, series

I. Notes

1. наре́к, past tense of наре́чь, (archaic), named.
2. вполови́ну ве́рным, half right.
3. Беранже́, Pierre Jean de Béranger, French poet (1780–1857).
4. Гёте, Johann Wolfgang von Goethe (1749–1832); Ши́ллер, Johann C. F. von Schiller (1759–1805), German authors.
5. досе́ле, (archaic), until now.
6. „Не бе́лы-то снежки́,“ "Not white are the snows," Russian folk song.
7. подозрева́я, pres. ger. of подозрева́ть, to suspect.
8. с э́той стороны́, on that score.
9. в примене́нии к, in applying (it) to.
10. како́му бы то ни́ было, any. бы (то) ни́ было, added to pronouns and certain adverbs like где, когда́ etc., is roughly equivalent to the English 'no matter.'

11. **составляющие**, comprising; **составляющий**, pres. active part. of **составлять**, to comprise.
12. **неуловимую для определения**, difficult to define. Notice the inversion: the . . . force difficult to define.
13. **субстанциальную стихию**, essential elemental force.
14. **развившейся**, which had developed; **развившийся**, past act. part. of **развиться**, to develop.
15. **дело**, here 'cause'.
16. **обращаясь**, pres. ger. of **обращаться**, turning.
17. **по поводу**, with respect to.
18. **наделённый**, endowed; past pass. part. of **наделить**, to endow.
19. **прочтите**, imper. of **прочесть**, read.
20. **насквозь проникнута**, pervaded through and through; **проникнута**, fem. sg. short form of **проникнутый**, past pass. part. of **проникнуть**, to imbue, pervade.
21. **перенесены**, transported; pl. short form of **перенесённый**, past pass. part. of **перенести**, to transport, transfer.
22. **издыхающего**, dying, expiring; **издыхающий**, pres. act. part. of **издыхать**, to die, expire.
23. **виданный**, seen; past. pass. part. of (here used as adjective) **видать**, to see. Notice inversion in English equivalent.
24. **Пушкин**, from „**Арабески**“, *Arabesques*.
25. **позабывшись**, past ger. of **позабыться**, having forgotten oneself.
26 **покрытый**, covered; past pass. part. **покрыть**, to cover.
27. **приобрела**, past tense of **приобрести**, acquired.
28. **начинавшую**, having begun; **начинавший**, past. act. part., here used as adjective of **начинать**, to begin. Notice inversion in English equivalent.
29. **рисует**, past tense of **рисовать**, draws.
30. **чеченца**, gen. sg. of **чеченец**, Chechen, member of the North Caucasian tribe.
31. **блещет**, pres. tense of **блестеть**, shines, sparkles.
32. **сверкающие**, glistening; **сверкающий**, pres. act. part., here used as an adjective, of **сверкать**, to glisten, glitter.
33. **влюблён в него**, is in love with it, i.e. the Caucasus; **влюблён**, masc. short form of **влюблённый**, adj., in love.
34. **напитан**, saturated; masc. short form of **напитанный**, past pass. part. of **напитать**, to saturate, satiate.
35. **Грузия**, Georgia, a region of the Caucasus, now one of the republics of the Soviet Union.
36. **черкесский** (adj), Circassian, member of a tribe living in what now is the Circassian autonomous region of the Caucasus in the Soviet Union.
37. **отрывки**, nom. pl. of **отрывок**, excerpts.
38. **стоило только кому-нибудь**, some . . . had only.
39. **сарафана**, gen. sg. of **сарафан**, sarafan, Russian peasant woman dress.

II. Language Analysis

A.

1. Look up in the dictionary the meaning of the following: **вкус, голос, кисть, стихия; дерзкий, свежий; бывать, перенести**. Use these in sentences.

2. Find the synonyms of the following: **быстрота, нация, стихи, творение, участь; знойный, исполинский, истинный, обширный, прекрасный; глядеть,**

коснуться, обладать, поразить, проговорить, прочесть; ибо, особливо, повсюду, следовательно, тотчас.

3. Find the antonyms of the following: богатство, красота, начало, проза, чистота; вечный, гладкий, последний, противоположный, свободный; отличаться, разорвать, раздвигать; нарочно, необыкновенно, смешно, совершенно.

4. Illustrate the differences, if any, between the following: дух: душа; юность: молодёжь; бой: битва: схватка; вольный: свободный; древний: старинный; видать: видеть.

B.

1. Identify the forms of the following nouns and indicate their nom. sing.: немцы, снежки, горцев, отрывки.

2.

    (a) Find in the text the following short form adjectives and indicate the rest of the short forms (indicating also stress) as well as the long form adjectives from which they are formed: верна, белы, доступно, национален, влюблён.

    (b) Indicate the positive degree of the following comparatives: больше, выше, жарче.

    (c) Indicate the positive degree of the following superlatives: низший, высший, образованнейший.

3.

    (a) Find in the text instances of the use of себя, себе. Observe the patterns of agreement and government.

    (b) Find in the text examples of the use of the relative pronoun который. Indicate the antecedent they agree with and the reason for the use of the case they are in.

4. Identify the following verb forms and indicate the rest of their tense forms, infinitive and aspect: поёт, дышит, рисует блещет, чувствует; явится; нарёк, приобрела; прочтите.

5.

    (a) Indicate the pattern of difference in each pair of the following perfective and imperfective verbs: отличиться: отличаться; доказать: доказывать; изобразить: изображать; выразить: выражать, поразить: поражать; отразиться: отражаться; выставить: выставлять; составить: составлять; явиться: являться; привести: приводить.

    (b) The prefix раз- when added to the verb changes its meaning to indicate centrifugal movement. The following verbs occurring in the text illustrate foregoing: двигать: раздвигать; двинуть: раздвинуть; рвать: разорвать; сходиться: расходиться.

    (c) In the following groups of verbs indicate how the prefix and suffix change the meaning and aspect in each case: бросить: забросить: забрасывать; забыть: позабыть: позабывать; писать: описать: описывать.

6. Find the following participles in the text and indicate their tense, infinitive, voice and aspect, as well as the nouns which they modify: составляющие, наделённый, издыхающего, виданных, начинавшую, сверкающие. Which of these are used as adjectives? Which of these require rearrangement of word order in their English equivalents?

7. Find the following gerunds in the text and indicate their tense, infinitive and aspect: подозревая, обращаясь, позабывшись.

8.

    (a) As indicated previously, some adverbs are derived from other words. Indicate the component parts of the following: насквозь, кстати, некстати, тотчас, оттого.

(b) Adverbs ending in **-и** are formed from adjectives ending in **-ский**, **-цкий**. What adjectives are the following adverbs occurring in the text formed from: **географи́чески, физиологи́чески.**

9. What cases do the following prepositions govern in the text: **до, по, под, среди́, че́рез?** Find instances of **с** governing the genitive in the text. What does the preposition **с** mean in this case?

10.
    (a) Find in the text examples of the use of the conjunction **то, что** in which either or both parts are declined. Indicate what governs the case of either item in each instance.
    (b) Find in the text examples of: (1) **что́бы** used with the infinitive; (2) **чем** used with the comparative; (3) **бы** used with the past tense; (4) **бы** used with the infinitive.

C.

1.
    (a) What cases do the following verbs govern in the text: **косну́ться, жа́ждать; принадлежа́ть, петь; изобража́ть, выража́ть, проч'е́сть, дока́зывать, рисова́ть, иссле́довать, вы́звать, разорва́ть, приобрести́, поража́ть, раздвига́ть; облада́ть, дыша́ть, отлича́ться, перерыва́ться, изумля́ться?**
    (b) What two cases do the following verbs govern in text: **называ́ть, назва́ться, раздви́нуть, счита́ть?**
    (c) What case does **ве́рный** govern in the text?

2. Find in the text these verbs followed by the prepositions and the nouns which the prepositions govern: **разуме́ть под** + inst.; **обраща́ться к** + dat.; **стреми́ться к** + dat.; **гляде́ть на** + acc.

3.
    (a) What other nouns and adjectives are the following nouns occurring in the text derived from: **наро́дность, национа́льность, и́стинность, спосо́бность, хара́ктерность, неизмери́мость, сме́лость, ги́бкость; чистота́, красота́, быстрота́?** What English noun suffixes correspond to the Russian suffixes **-ость** and **-ота́?**
    (b) What Russian nouns and foreign adjectives are the following adjectives occurring in the text derived from: **госуда́рственный, ве́рный, национа́льный, наро́дный, и́стинный; опти́ческий, электри́ческий‘ худо́жнический; драмати́ческий?** What English adjectival suffixes correspond to the Russian suffixes **-ный, -енный, -ический?**
    (c) As indicated previously, Russian has compound nouns and adjectives, composed of two parts, the first being the stem of a noun or adjective, the second of nominal or verbal origin, both joined by the vowel **-о-** (or **-e-** after soft consonants). What are the component parts of the following: **народонаселе́ние; первобы́тный, противополо́жный?** The first part of a compound noun or adjective can also be a preposition or occasionally other non-inflected words, like adverbs. What are the component parts of the following: **подо́блачный, соотече́ственный, многосторо́нность?**

4. Find in the text these, and other, examples of:
    (a) *Absence of subject:* **Под наро́дом . . . разуме́ют; одна́кож в том, что называ́ют.** What English construction is equivalent to this?
    (b) *Subject after predicate:* **кото́рой представи́телем быва́ет ма́сса наро́да; При и́мени Пу́шкина то́тчас осеня́ет мысль: В нём . . . заключи́лось всё бога́тство; в како́й отра́жается ландша́фт; к кото́рому . . . стреми́тся . . . ру́сский.**
    (c) *Modifier after noun:* **никто́ из по́этов на́ших; Пу́шкин есть явле́ние чрезвыча́йное; вы́звал си́лу души́ его́; с э́тих пор кисть его́ приобрела́; озна́чил всю си́лу его́.**

5. Find in the text these, and other, examples of:
   (a) *Personal verbs used impersonally:* **сто́ило кому́-нибудь вы́ставить.**
   (b) *Impersonals used as predicates:* **сто́лько было́ бы и говори́ть; мо́жно сказа́ть.**

6. Observe the following Russian expressions used in the text: **с э́той стороны́; в вы́сшей сте́пени; в са́мом де́ле; в применении к** + dat.; **по по́воду** + gen.; **влюблён, -на́, в** + acc.; **сто́ит (сто́ило)** + person (dat.) + infinitive; **счита́ть ну́жным; какой (что) бы то ни было; быть как у себя́ до́ма.** Use these in sentences of your own.

III. Questions

1. Почему́ Бели́нский счита́ет неве́рным эпите́ты „наро́дный" и „национа́льный" по отноше́нию к Пу́шкину?

2. Как понима́ет Бели́нский сло́во „наро́д"?

3. Разуме́ют ли под „на́цией" все сосло́вия, от ни́зшего до вы́сшего?

4. Что выража́ет в свои́х творе́ниях национа́льный поэ́т?

5. Чем прони́кнута поэ́ма „Руса́лка"?

6. О какой стране́ говори́т Пу́шкин в его́ драмати́ческой поэ́ме „Ка́менный гость"?

7. В какой его́ поэ́ме опи́сывается дре́вний мир Еги́пта?

8. В чём выража́ется многосторо́нность Пу́шкина?

9. Счита́ет ли Го́голь Пу́шкина ру́сским национа́льным поэ́том?

10. Кто вы́ше Пу́шкина?

11. Почему́ ду́мает Го́голь, что Пу́шкин чрезвыча́йное явле́ние?

12. Почему́ он счита́ет, что жизнь Пу́шкина соверше́нно ру́сская?

13. Как повлия́л Кавка́з на Пу́шкина?

14. Что плени́ло его́ на Кавка́зе?

15. Почему́ его́ счита́ют певцо́м Кавка́за?

16. Зна́ли ли ру́сские поэ́мы Пу́шкина?

17. В чём состои́т и́стинная национа́льность поэ́та?

Константи́н Фе́дин

ЧЕ́ХОВ

В октябре́ 1890 го́да на ру́сском парохо́де, ше́дшем[1] Инди́йским океа́ном из Сингапу́ра на о́стров Цейло́н, пассажи́ры наблюда́ли тако́е зре́лище: челове́к не о́чень си́льного сложе́ния, с черта́ми лица́

парохо́д, steamer	**зре́лище,** spectacle
о́стров, island	**сложе́ние,** build
наблюда́ть, to observe	**черта́,** line

почти́ ю́ношескими броса́лся с носово́го тра́па в во́ду и зате́м, вы́нырнув, хвата́л коне́ц, кото́рый кида́ли ему́ с кормы́ парохо́да матро́сы. Купа́нье э́то де́лалось на по́лном ходу́, во́все не из-за ба́хвальства или спо́рта, а про́сто ра́ди удово́льствия и любопы́тства.

А в нача́ле сле́дующего го́да э́тот же молодо́й челове́к говори́л, что он мечта́ет об одно́м: он хоте́л бы быть ма́леньким, су́хоньким, лы́сым старичко́м и сиде́ть за больши́м пи́сьменным столо́м в хоро́шем кабине́те.

До купа́нья в Инди́йском океа́не э́тот челове́к прое́хал бо́лее десяти́ ты́сяч киломе́тров по Сиби́ри и про́жил два ме́сяца на Се́верном Сахали́не в ежедне́вной рабо́те иссле́дования жи́зни каторжа́н и ссыльнопоселе́нцев. По́сле купа́ния он соверши́л стовёрстную пое́здку по Цейло́ну, кото́рый им на́зван ,,ме́стом, где был рай", просле́довав че́рез Суэ́ц и че́рез Оде́ссу в Москву́, дви́нулся вско́ре в Петербу́рг и вдруг с тоско́й написа́л отту́да, что хоте́л бы то́лько одного́—ме́сяца четы́ре сиде́ть на одно́м ме́сте и уди́ть ры́бу.

Вме́сто э́того он возврати́лся в Москву́, отку́да спустя́ не́сколько дней уже́ писа́л восто́рженно своему́ дру́гу: ,,Едем!! Я согла́сен куда́ уго́дно и когда́ уго́дно. Душа́ моя́ пры́гает от удово́льствия!" Че́рез две неде́ли он уже́ был в Вене́ции, пото́м пое́хал в Рим, пото́м в Ни́ццу,[2] пото́м в Пари́ж. А по́сле Пари́жа он забра́лся чуть ли не в са́мый захуда́лый росси́йский городи́шко—Але́ксин,[3] на Оке́,— спря́тался от всего́ ми́ра в кро́шечном до́мике и опя́ть возмечта́л: ,,Ах, поскоре́е бы сде́латься старичко́м и сиде́ть за бо́льшим пи́сьменным столо́м!"

Челове́к э́тот—Анто́н Па́влович Че́хов.

Он всю жи́знь мечта́л о путеше́ствиях. Суво́рин[4] говори́л, что е́сли

ю́ношеский, youthful	**каторжа́нин,** convict
броса́ться, to jump	**ссыльнопоселе́нец,** deportee
носово́й, bow (adj)	**соверши́ть** (P), to make
трап, ship's ladder	**рай,** paradise
вы́нырнуть (P), to come to the surface	**просле́довать** (P), to proceed
хвата́ть, to grasp, seize	**вско́ре,** shortly, thereafter
коне́ц, line, end	**тоска́,** depression, melancholy
кида́ть, to throw	**уди́ть,** to fish
корма́, stern	**спустя́,** after
де́латься, to take place	**восто́рженный,** enthusiastic
ход, run, speed	**уго́дно,** (you) choose, please
бахва́льство, boasting, showing off	**пры́гать,** to jump
удово́льствие, pleasure	**забра́ться** (P), to get into
любопы́тство, curiosity	**захуда́лый,** shabby
мечта́ть, to dream	**спря́таться** (P), to hide oneself
су́хонький, withered	**кро́шечный,** tiny
лы́сый, bald	**возмечта́ть** (P), to start to daydream
ежедне́вный, daily (adj)	**сде́латься** (P), to become
иссле́дование, investigation	**путеше́ствие,** trip, travel

бы у Чехова нашли́сь спу́тники, он пое́хал бы в Африку, пое́хал бы в
Аме́рику.

Уже́ смерте́льно больно́й, он собира́лся отпра́виться на Да́льний
Восто́к: его́ волнова́ла разрази́вшаяся там война́.

Лёжа в Ба́денвейлере,[5] он намерева́лся прое́хать на парохо́де из
Трие́ста в Оде́ссу и запра́шивал подро́бности,—каки́е иду́т там
парохо́ды, продолжи́тельны ли остано́вки, хоро́ш ли стол. Че́рез
четы́ре дня по́сле того́, как был отósлан э́тот запро́с, он у́мер.

Че́хов сказа́л одна́жды: „Я пишу́ жизнь“.

Да, он писа́л жизнь. Число́ и разнови́дность его́ геро́ев грома́дны.
То́лько велича́йшие романи́сты мо́гут сравня́ться по оби́лию и мно-
голи́кости персона́жей, рождённых[6] их воображе́нием, с Че́ховым.

И так же, как велича́йшие романи́сты характеризу́ют свои́ми
персона́жами це́лые эпо́хи, Че́хов свои́ми хара́ктерами и ти́пами
запечатле́л навсегда́ о́браз отоше́дшей[7] Росси́и после́дней че́тверти
про́шлого ве́ка.

По необъя́тности о́бщества, предста́вленного[8] Че́ховым в его́
иску́сстве, он мог бы быть сравнён с Бальза́ком.

Он жил в большо́м ми́ре и приводи́л э́тот большо́й мир к себе́, в
за́мкнутый уголо́к Алексина, Ме́лихова,[9] Ялты. Большо́й мир не
дава́л ему́ поко́я. Да он и не иска́л поко́я: ма́леньким, су́хоньким
старичко́м он то́лько хоте́л притвори́ться, чтобы лу́чше спря́таться
от назо́йливости бы́та, и в уедине́нии рабо́тать, рабо́тать, рабо́тать.

Загоре́вшись мы́слью пое́хать на войну́, Че́хов реши́л, что на́до
отправля́ться не корреспонде́нтом, а врачо́м—потому́ что врач
бо́льше уви́дит. Это была́ его́ приро́да—жела́ние бо́льше уви́деть.

спу́тник, travel companion	**персона́ж,** character
смерте́льно, mortally	**воображе́ние,** imagination
отпра́виться (P), to go	**запечатле́ть** (P), to imprint, impress
волнова́ть, to agitate, stir	**о́браз,** image, literary character
разрази́вшаяся, which broke out	**век,** century
намерева́ться, to intend	**необъя́тность,** immensity
запра́шивать, to inquire	**сравнён,** compared
подро́бность, detail	**за́мкнутый,** secluded
остано́вка, stop, station	**поко́й,** peace, calm
отосла́ть (P), to send off	**притвори́ться** (P), to shut oneself in
запро́с, inquiry	**назо́йливость,** tiresomeness
разнови́дность, variety	**быт,** daily life
романи́ст, novelist	**уедине́ние,** solitude
сравня́ться (P), to be equal	**загоре́вшись,** imbued
оби́лие, abundance	**отправля́ться,** to go
многоли́кость, diversity	**врач,** doctor

„Е́сли я врач (писа́л он), то мне нужны́ больны́е и больни́ца; е́сли я литера́тор, то мне ну́жно жить среди́ наро́да, а не на Ма́лой Дми́тровке . . . .[10] Ну́жен хоть кусо́чек обще́ственной и полити́ческой жи́зни, хоть ма́ленький кусо́чек, а э́та жизнь в четырёх стена́х без приро́ды, без люде́й. без оте́чества, без здоро́вья и аппети́та—э́то не жизнь".

На́ше вре́мя смо́трит на Че́хова но́выми глаза́ми. Открыва́ет Че́хова—писа́теля сло́жного, иногда́ недосяга́емо глубо́кого.

Юмори́ст и а́втор лёгких водеви́лей, Че́хов бо́льше любо́го своего́ совреме́нника му́чится вопро́сами: заче́м я пишу́? Ну́жен ли я? В чём заключа́ется де́ло худо́жника? В чём цель мои́х заня́тий литерату́рой?

Созда́тель поня́тия „ли́шние лю́ди", живопи́сец су́мерек уходя́щего о́бщества, а́втор тонча́йших психологи́ческих пьес и нове́лл-рома́нов, Че́хов говори́т:

„Моё свято́е святы́х—э́то челове́ческое те́ло, здоро́вье, ум, тала́нт, любо́вь и абсолю́тная свобо́да от си́лы и лжи, в чём бы после́дние две не выража́лись. Вот програ́мма, кото́рой я держа́лся бы, е́сли бы был больши́м худо́жником".

„—Толку́ют про меня́ и то, и сё. Сло́вом, вся́кий вздор. А я—про́сто челове́к пре́жде всего́ . . . . Я люблю́ приро́ду и литерату́ру, люблю́ краси́вых же́нщин и ненави́жу рути́ну и despotíзм".

Всё ли мы откры́ли в писа́теле Че́хове? Нет, далеко́ не всё.

Но для нас тепе́рь осо́бенно многозначи́тельно и музыка́льно звуча́т слова́ из знамени́того моноло́га в „Ча́йке":

„Я люблю́ вот э́ту во́ду, дере́вья, не́бо, я чу́вствую приро́ду, она́ возбужда́ет во мне страсть, непреодоли́мое жела́ние писа́ть. Но ведь я не пейзажи́ст то́лько, я ведь ещё граждани́н, я люблю́ ро́дину,

больни́ца, hospital
кусо́чек, small piece
оте́чество, fatherland
сло́жный, complicated
недосяга́емо, inaccessibly
водеви́ль, farce
любо́й, any
совреме́нник, contemporary
му́читься, to torment oneself
заключа́ться, to consist
худо́жник, artist
заня́тие, preoccupation
созда́тель, creator
поня́тие, concept
ли́шние лю́ди, superfluous people
живопи́сец, painter

су́мерки, twilight
уходя́щий, passing
свято́е святы́х, holy of holies
ложь, lie, falsehood
держа́ться, to hold (to)
толкова́ть, to say
вздор, nonsense
ненави́деть, to hate
многозначи́тельный, very significant
знамени́тый, famous
ча́йка, seagull
возбужда́ть, rouse, excite
страсть, passion
непреодоли́мый, irresistible
пейзажи́ст, landscape painter

наро́д, я чу́вствую, что е́сли я писа́тель, то я обя́зан говори́ть о наро́де, об его́ страда́ниях, об его́ бу́дущем, говори́ть о нау́ке, о права́х челове́ка и проч. и проч. . . . . "[11]

Че́хов живёт для Росси́и, для Сове́тского Сою́за, для всего́ ми́ра, живёт в теа́тре. Кни́гу понима́ет ка́ждый чита́тель насто́лько, наско́лько спосо́бен поня́ть. Теа́тр понима́ется зри́телем так, как его́ понима́ет актёр.

Как истолкова́ть геро́ев в ду́хе а́втора?—вот ве́чная зада́ча сце́ны.

Че́хову посчастли́вилось бо́льше, чем други́м писа́телям: ещё при жи́зни яви́лся идеа́льный толкова́тель его́ драмату́ргии—Моско́вский худо́жественный теа́тр. До на́ших дней он храни́т в себе́ че́ховское ви́дение о́бразов. И когда́ мы идём в Худо́жественный теа́тр, мы прихо́дим к Че́хову.

Но вот явля́ются молоды́е актёры, возника́ют но́вые теа́тры. Как бу́дут по́няты и́ми че́ховские геро́и?

Есть пье́сы, кото́рые мо́жно хорошо́ сыгра́ть, не зна́я а́втора. Так сказа́ть—за глаза́. Сыгра́ть пье́су Че́хова „за глаза́"[12] невозмо́жно. Актёру на́до уви́деть Че́хова, что́бы поня́ть и сыгра́ть его́ дра́му.

Тя́жкая действи́тельность 80-х—90-х годо́в стои́т на сце́не за геро́ями че́ховских пьес. Но за э́тими геро́ями стои́т ещё мечта́ и ве́ра Че́хова. Актёр до́лжен сыгра́ть не то́лько че́ховских персона́жей, но та́кже мечту́ и ве́ру Че́хова.

Сквозь ма́ленький мир че́ховской пье́сы, отражённый[13] в обстано́вке, в быту́, в бу́дничных лю́дях, мы должны́ уви́деть большо́й мир Че́хова. Мы должны́ вгляде́ться при́стальнее в кро́шечных захолу́стных геро́ев, и мы уви́дим за ни́ми большо́го геро́я, соверше́нно так же, как, вгля́дываясь в су́хонького, ма́ленького, лы́сого старичка́ за пи́сьменным столо́м на да́че под Алекси́ным, мы ви́дим за ним вели́кого писа́теля.

У молоды́х актёров есть превосхо́дный учи́тель, кото́рый пронёс на протяже́нии сорока́ лет по́сле ухо́да Че́хова его́ мечту́ и его́ ве́ру.

обя́занный, obliged
страда́ние, suffering
спосо́бный, capable
зри́тель, spectator
истолкова́ть (P), interpret
ве́чный, eternal
посчастли́виться (P), to be lucky
толкова́тель, interpreter
храни́ть, to preserve
ви́дение, vision
возника́ть, to arise
пье́са, play

сыгра́ть (P), to play, put on
тя́жкий, oppressive
действи́тельность, reality
обстано́вка, environment
бу́дничный, everyday (adj)
вгляде́ться (P), to peer
при́стальнее, more closely
захолу́стный, remote
превосхо́дный, excellent
пронести́ (P), to retain
протяже́ние, span

Это—Худо́жественный теа́тр. И у молоды́х актёров есть не́что своё: они́ расту́т в том бу́дущем, о кото́ром мечта́л Че́хов, они́ са́ми часть того́ бу́дущего, в кото́рое он ве́рил и кото́рое стано́вится на́шим настоя́щим.

Соедини́те э́ти возмо́жности—от ста́рого и от молодо́го. И вы должны́ бу́дете сыгра́ть са́мое ва́жное в че́ховской драмату́ргии—дух Че́хова.

1944.

Из ,,Писа́тель, иску́сство, вре́мя``

(Сове́тский писа́тель, Москва́ 1957).

настоя́щий, present   **соедини́ть** (P), to combine

I. Notes

1. **ше́дшем,** en route; **ше́дший,** past act. part. of **итти́,** to go.
2. **Ни́цца,** Nice (city on the French Riviera).
3. **Алéксин,** city on the river Oka, south of Moscow, where Chekhov lived in 1891.
4. **А. С. Суво́рин** (1834–1912) important Russian journalist and publisher.
5. **Ба́денвейлер,** Badenweiler, resort in Baden, Western Germany.
6. **рождённых,** born; **рождённый,** past pass. part. of **роди́ть,** to be born.
7. **отоше́дшей,** which has passed; **отоше́дший,** past act. part. of **отойти́,** to pass, to go away.
8. **предста́вленного,** brought forth; **предста́вленный,** past pass. part. of **предста́вить,** to present, to bring forth.
9. **Мéлихово,** a farm, 60 miles from Moscow, where Chekhov lived in 1892.
10. **Мала́я Дми́тровка,** street in Moscow.
11. **и проч. и проч.,** et cetera.
12. **за глаза́,** in absentia, out of sight.
13. **отражённый,** reflected; past pass. part. of **отрази́ть,** to reflect.

II. Language Analysis

A.

1. Look up in the dictionary the meanings of the following words and use them in sentences: **мир, нача́ло, о́браз, обстано́вка, пра́во; спосо́бный; предста́вить, притвори́ться, уходи́ть.**

2. Find the synonyms of the following: **больни́ца, врач, поко́й, путеше́ствие, тоска́; грома́дный, кро́шечный, превосхо́дный, продолжи́тельный, ю́ношеский; броса́ться, кида́ть, отпра́виться, толкова́ть, одна́жды, осо́бенно, пристальнее.**

3. Find the antonyms of the following: **здоро́вье, ложь, настоя́щее, су́мерки, ухо́д; больно́й, по́лный, после́дний, про́шлый, сле́дующий; возврати́ться, ненави́деть, отосла́ть, вдруг, пре́жде.**

4. Illustrate the differences, if any, between the following: живопи́сец: худо́жник; мысль: поня́тие; оте́чество: ро́дина; тяжёлый: тя́жкий; сквозь: че́рез.

В.

1. Identify the forms of the following nouns and indicate their nom. sing.: каторжа́н, су́мерек, лжи, лю́дях.

2.

    (a) Find in the text the following superlatives and indicate their positive degree forms: велича́йших, тонча́йших.

    (b) Find the following short form adjectives in the text and indicate the rest of their short forms (including stress) as well as the long forms from which they are derived: согла́сен, спосо́бен.

3. Identify the following verb forms and indicate the rest of their tense forms, infinitive and aspect: характеризу́ют, толку́ют, ненави́жу, расту́т; у́мер, пронёс.

4.

    (a) Identify the aspect of the following verbs and indicate their other aspect, if the latter exists: броса́ться, вгляде́ться, волнова́ть, выража́ться; дви́нуться; загоре́ться, запечатле́ть; звуча́ть, кида́ть, му́читься; наблюда́ть; ненави́деть, отпра́виться; приводи́ть, пры́гать, роди́ть; собира́ться, соверши́ть, соедини́ть; спря́таться.

    (b) Indicate differences in meaning and aspect, if any, between the following verb pairs: е́хать: прое́хать; жить: прожи́ть; нести́: пронести́; сле́довать: просле́довать; мечта́ть: возмечта́ть; толкова́ть: истолкова́ть; игра́ть: сыгра́ть.

5.

    (a) Find the following participles in the text and indicate their tense, infinitive, voice and aspect, as well as the nouns which they modify. Indicate also which of these are used as adjectives and whether rearrangement of their English equivalents is required: разрази́вшаяся, рождённых, отоше́дшей, предста́вленного, уходя́щего, отражённый.

    (b) Find the following short form past passive participles in the text and indicate the rest of their short forms (including stress), their long forms, their infinitive and aspect and the nouns with which they agree: на́зван, ото́слан, сравнён, по́няты.

6. Find the following gerunds in the text and indicate their tense, infinitive, and aspect: вы́нырнув, загоре́вшись, вгля́дываясь.

7.

    (a) What cases do the following prepositions govern in the text: вме́сто, из-за, ра́ди, сквозь, спустя́, среди́?

    (b) Indicate the English equivalents of the following prepositions in the text: по, при.

    (c) Find in the text the following and indicate the case of the noun: в быту́.

С.

1.

    (a) What cases do the following verbs govern in the text: хоте́ть, держа́ться; наблюда́ть, прое́хать, волнова́ть, приводи́ть, ненави́деть, храни́ть, сыгра́ть, соедини́ть; сде́латься, отправля́ться, му́читься, станови́ться?

    (b) What two cases do the following verbs govern: кида́ть, запечатле́ть?

2. Find in the text these verbs followed by prepositions and the nouns which the prepositions govern: мечта́ть о + prep.; сравни́ться с + instr.; заключа́ться в + prep.; вгляде́ться в + асс.

3.

(a) What other words are the following diminutives derived from: **су́хонький, старичо́к, городи́шко, уголо́к, кусо́чек ?** Are any of these endearing or pejorative ?

(b) What nouns are the following adjectives derived from: **ю́ношеский, носово́й, пи́сьменный, обще́ственный, полити́ческий, челове́ческий ве́чный, худо́жественный ?** List the Russian adjectival suffixes used as well as the English adjectival suffixes to which the former correspond.

(c) What are the component parts of the following: **разнови́дность, многозначи́тельно, ссыльнопоселе́нец, ежедне́вный ?** What other Russian words do you know which are formed on the pattern of the last word ?

4. Find in the text these, and other, examples of absence of subject: ... **коне́ц, кото́рый кида́ли ему́.** What English constructions correspond to this ?

5. Find in the text these, and other, examples of:

(a) *Impersonal verbs:* **Че́хову посчастли́вилось бо́льше, чем други́м писа́телям.**

(b) *Impersonal predicates:* **куда́ уго́дно, когда́ уго́дно,** as well as instances of the use of the following: **мо́жно, на́до, невозмо́жно, ну́жно.**

6. Observe the following Russian expressions in the text and use them in sentences: **на по́лном ходу́; за глаза́, на протяже́нии; пре́жде всего́; при жизни́; соверши́ть пое́здку; сиде́ть за столо́м; уди́ть ры́бу; куда́ уго́дно, когда́ уго́дно; во́все (не).**

III. Questions

1. Како́е зре́лище наблюда́ли пассажи́ры на ру́сском парохо́де, ше́дшем из Синга́пура на о́стров Цейло́н ?

2. Ско́лько киломе́тров прое́хал Че́хов по Сиби́ри ?

3. Как он про́жил два ме́сяца на Се́верном Сахали́не ?

4. Что хоте́лось Че́хову де́лать по́сле своего́ путеше́ствия ?

5. Сиде́л ли он до́лго на одно́м ме́сте ?

6. Куда́ он пое́хал че́рез две неде́ли ?

7. О чём всю жизнь мечта́л Анто́н Па́влович Че́хов ?

8. Кто мо́жет сравня́ться по оби́лию и многоли́кости персона́жей с Че́ховым ?

9. Что запечатле́л навсегда́ Че́хов свои́ми хара́ктерами и ти́пами ?

10. Почему́ он хоте́л притвори́ться ма́леньким, су́хоньким старичко́м ?

11. Почему́ Че́хов отпра́вился на войну́ не корреспонде́нтом, а врачо́м ?

12. Кака́я жизнь нужна́ литера́тору ?

13. Каки́ми вопро́сами му́чился Че́хов ?

14. Что для Че́хова бы́ло свя́то ?

15. О чём говори́т знамени́тый моноло́г в „Ча́йке“ ?

16. Кака́я ве́чная зада́ча сце́ны ?

17. Како́й теа́тр был идеа́льным толкова́телем драмату́ргии Че́хова ?

18. Как до́лжен сыгра́ть актёр че́ховские пье́сы ?

19. Счита́ет ли а́втор, что молоды́е актёры понима́ют Че́хова ?

20. Что са́мое ва́жное в че́ховской драмату́ргии ?

Алекса́ндр Фаде́ев
(1901–1956)

Оте́ц Фаде́ева был крестьяни́ном, зате́м се́льским учи́телем. Де́тство и ю́ность писа́теля прошли́ на Да́льнем Восто́ке. Во вре́мя гражда́нской войны́ он находи́лся в ряда́х партиза́н. В 1921–22 г. Фаде́ев учи́лся в Го́рном институ́те в Москве́, а с 1926 г. стано́вится одни́м из ви́дных организа́торов сове́тской литерату́ры.

Сла́ва Фаде́ева как писа́теля начала́сь по́сле вы́хода в свет рома́на „Разгро́м" в 1927 году́. В 1929 г. была́ напеча́тана пе́рвая часть его́ второ́го рома́на „После́дний из удэ́ге", (втора́я часть—1932 г., тре́тья—1935 г., неоко́нченная четвёртая часть—1957 г.).

Во вре́мя Второ́й мирово́й войны́, Фаде́ев был вое́нным корреспонде́нтом. В 1944 г. он опубликова́л „Ленингра́д в дни блока́ды", а в 1945 г. зако́нчил свой большо́й рома́н „Молода́я гва́рдия". Он ча́сто выступа́л с реча́ми как кри́тик и теоре́тик социалисти́ческого реали́зма и писа́л статьи́ на ра́зные те́мы. „О сове́тской литерату́ре" одна́ из его́ стате́й.

Фаде́ев поко́нчил жизнь самоуби́йством в 1956 году́.

се́льский, village (adj)
ю́ность, youth
Да́льний Восто́к, Far East
ряд, rank
го́рный, mining
вы́ход в свет, appearance

разгро́м, rout
удэ́ге, tribe in Russian Far East
гва́рдия, guard
выступа́ть, to appear
поко́нчить (P), to end
самоуби́йство, suicide

Из статьи́ „О сове́тской литерату́ре"

Сове́тская литерату́ра создана́ но́вой, сове́тской жи́знью. Но́вое о́бщество есть тот во́здух, кото́рый наполня́ет на́ши лёгкие.

Мы, сове́тские писа́тели, рассма́триваем литерату́ру не как изне́женную обита́тельницу „ба́шни из слоно́вой ко́сти",[1] а как учи́теля жи́зни и воспита́теля наро́да. Ины́е говоря́т, бу́дто тако́й взгляд на литерату́ру принижа́ет её худо́жественность. Но ведь

созда́ть (P), to create
наполня́ть, to fill
лёгкое (noun), lung
рассма́тривать, to view, consider
изне́женный, cuddled, delicate

обита́тельница, inhabitant
воспита́тель, educator
принижа́ть, to belittle
худо́жественность, artistic merit, value

162

та́кого взгля́да на литерату́ру приде́рживались Бальза́к[2] и Стенда́ль, Лев Толсто́й и Ди́ккенс, Золя́ и Че́хов, Го́рький и Роме́н Ролла́н. Я ду́маю, что э́тим, гла́вным о́бразом, и объясня́ется огро́мная худо́жественная си́ла их дарова́ния. Они́ правди́во изобража́ли жизнь, и от э́того—необыкнове́нная свобо́да и простота́ их фо́рмы.

Вся́кие вели́кие явле́ния литерату́ры обя́заны наро́дной по́чве. И вся́кий большо́й писа́тель не мо́жет не чу́вствовать[3] свое́й отве́тственности пе́ред на́цией и пе́ред наро́дом.

Сове́тская литерату́ра вслед за вели́ким Го́рьким утвержда́ет: ,,Челове́к—э́то звучи́т го́рдо". Сове́тская литерату́ра стреми́тся восстанови́ть в своём значе́нии все и́стинные челове́ческие це́нности. Она́ утвержда́ет, что любо́вь к своему́ оте́честву и дру́жба ме́жду наро́дами—э́то вели́кие челове́ческие чу́вства, что любо́вь мужчи́ны и же́нщины благоро́дна и прекра́сна, что и́стинная дру́жба бескоры́стна, что и́мя ма́тери свяще́нно, что жизнь дана́ челове́ку для труда́ и тво́рчества.

Одно́й из осо́бенностей совреме́нной сове́тской худо́жественной литерату́ры явля́ется то, что она́ пока́зывает обыкнове́нного, просто́го сове́тского челове́ка как челове́ка-борца́, де́ятеля, тру́женика, нова́тора, преобразова́теля приро́ды и о́бщества. Именно э́та черта́ отлича́ет геро́ев мно́гих сове́тских книг и пьес, посвящённых войне́ и титани́ческой ми́рной строи́тельной рабо́те сове́тского челове́ка по́сле войны́.

Геро́и э́тих книг и пьес, бу́дучи вполне́ реа́льными, живы́ми людьми́,—по всем свои́м устремле́ниям уже́ в за́втрашнем дне. В

приде́рживаться, to adhere (to)
объясня́ться, to be explained
дарова́ние, talent, gift
правди́вый, truthful
изобража́ть, to depict
необыкнове́нный, unusual
явле́ние, event, occurrence
обя́занный, indebted
по́чва, soil
отве́тственность, responsibility
вслед за, following
утвержда́ть, to assent
го́рдый, proud
стреми́ться, to aspire
восстанови́ть (P), to restore
значе́ние, importance
и́стинный, true
це́нность, value
оте́чество, fatherland
дру́жба, friendship
благоро́дный, noble
бескоры́стный, selfless

свяще́нный, holy
тво́рчество, creativity
осо́бенность, peculiarity
совреме́нный, contemporary
худо́жественная литерату́ра, belles-
   lettres
боре́ц, fighter
де́ятель, active figure
тру́женик, toiler
нова́тор, innovator
преобразова́тель, transformer
черта́, trait
отлича́ть, to distinguish
геро́й, hero
пье́са, play
посвяти́ть (P), to dedicate
титани́ческий, titanic
ми́рный, peaceful
строи́тельный, building (adj)
бу́дучи, being
вполне́, fully, quite
устремле́ние, aspiration

своей повседне́вной, такой обыкнове́нной и в то же вре́мя тво́рческой де́ятельности они́ не плыву́т по тече́нию, они́ предвосхища́ют и приближа́ют за́втрашний день.

Что тако́е социалисти́ческий реали́зм ? Социалисти́ческий реали́зм—э́то уме́ние показа́ть жизнь в её разви́тии, уме́ние в сего́дняшнем дне жи́зни уви́деть и показа́ть правди́во зёрна бу́дущего.

В э́том смы́сле социалисти́ческий реали́зм снима́ет противоре́чие, кото́рое бы́ло в ста́рой литерату́ре ме́жду реали́змом и романти́змом.

Флобе́р[4] был реали́ст, но он не ве́рил в возмо́жность разви́тия и усоверше́нствования челове́ческого ро́да. Реали́зм его́, без больши́х идеа́лов, был лишён полёта и сли́шком приземлён.

Ви́ктор Гюго́,[5] преиспо́лненный высо́ких мора́льных стремле́ний, сли́шком отрыва́лся от земли́. Романти́зм его́ был лишён истори́ческой пра́вды жи́зни.

Социалисти́ческий реали́зм, опира́ясь на пра́вду жи́зни в её разви́тии, включа́ет в себя́ революцио́нную рома́нтику.

Социалисти́ческий реали́зм не до́гма, он предполага́ет бога́тство индивидуа́льностей и большо́е разнообра́зие худо́жественных форм.

Сове́тская литерату́ра твори́т, исходя́ из свое́й высо́кой отве́тственности пе́ред наро́дом, пе́ред на́цией, пе́ред госуда́рством, пе́ред всем челове́чеством. То́лько при тако́й отве́тственности мо́жет и́стинный писа́тель вы́разить лу́чшие сто́роны свое́й индивидуа́льности, и́наче он не индивидуа́льность, а раб свои́х капри́зов, а в ми́ре ещё ничего́ не бы́ло со́здано вели́кого, всенаро́дного, всечелове́ческого из капри́за.

1948

повседне́вный, daily
де́ятельность, activity
плыть, to swim
тече́ние, current
предвосхища́ть, to anticipate
приближа́ть, to bring closer
уме́ние, ability
разви́тие, development
зерно́, kernel, seed
смысл, sense
снима́ть, to remove
противоре́чие, contradiction
романти́зм, romanticism
усоверше́нствование, improvement
лиши́ть (P), to deprive
полёт, flight
приземли́ть, to be earthbound

преиспо́лненный, filled
стремле́ние, aspiration
отрыва́ться, to lose touch
опира́ться, to lean
включа́ть, to include
рома́нтика, romance
предполага́ть, to presuppose
разнообра́зие, variety
твори́ть, to create
исходи́ть, to proceed
госуда́рство, state
вы́разить (P), to express
раб, slave
капри́з, caprice, whim
всенаро́дный, nation-wide
всечелове́ческий, universally human

I. Notes

1. ба́шня из слоно́вой ко́сти, ivory tower.
2. Бальза́к, Balzac (1799–1850), Стенда́ль, Stendhal (1783–1842), Золя́, Zola (1840–1902), Роме́н Ролла́н, Romain Rolland (1866–1944), French writers; Ди́ккенс, Dickens (1812–1870).
3. не мо́жет не чу́вствовать, cannot but feel; не . . . не, has an affirmative meaning in Russian.
4. Флобе́р, Flaubert (1821–1880), French writer.
5. Ви́ктор Гюго́, Victor Hugo (1802–1885), French writer.

II. Language Analysis

A.

1. Look up in the dictionary the meanings of the following words and use them in sentences: взгляд, о́браз, приро́да, черта́; предполага́ть, утвержда́ть.

2. Find the synonyms of the following: воспита́тель, обита́тельница, оте́чество; ино́й, повседне́вный, титани́ческий; стреми́ться; бу́дто, вполне́.

3. Find the antonyms of the following: бога́тство, бу́дущее, дру́жба, си́ла; бескоры́стный, за́втрашний, ми́рный; включа́ть.

4. Illustrate the differences, if any, between the following: наро́д: на́ция; рабо́тник: рабо́чий: тру́женик; романти́зм: рома́нтика; спосо́бность: уме́ние; и́стинный: правди́вый.

B.

1.
(a) Find in the text the following adjectives used as nouns: бу́дущее, лёгкие.
(b) Indicate the rest of the short forms (including stress) as well as the long forms of the following adjectives: го́рдо, благоро́дна, прекра́сна, бескоры́стна, свяще́нно.

2.
(a) Identify the aspects of the following verbs and indicate their other aspects, if the latter exist: включа́ть, восстанови́ть, вы́разить, изобража́ть, лиши́ть, наполня́ть; отлича́ть, отрыва́ться; посвяти́ть, предполага́ть; приближа́ть, приземли́ть, принижа́ть; рассма́тривать, изда́ть, утвержда́ть.
(b) Indicate differences in meaning and aspect, if any, between the following verbs: дать: созда́ть; вообража́ть: изобража́ть; отнима́ть: снима́ть.
(c) What is the difference between пла́вать: плыть?

3.
(a) Find the following participles in the text and indicate their tense, infinitive, voice and aspect, as well as the nouns which they modify: посвящённых, преиспо́лненный.
(b) Find the following short form past passive participle in the text and indicate the rest of their short forms (including stress), their long forms, their infinitive and aspect and the nouns with which they agree: создана́, дана́, лишён, приземлён, со́здано.

4. Find the following gerunds in the text and indicate their tense, infinitive and aspect: опира́ясь, исходя́.

5. Indicate the cases which the following prepositions govern in the text as well as their English equivalents: из, по, при.

С.

1.

(a) What cases do the following verbs govern in the text: приде́рживаться, лиши́ть; посвяти́ть; наполня́ть, рассма́тривать, принижа́ть, изобража́ть, восстанови́ть, отлича́ть, приближа́ть, снима́ть, предполага́ть, вы́разить; объясня́ться?

(b) What case does обя́занный govern in the text?

2.

(a) Find in the text these verbs followed by the prepositions and the nouns which the prepositions govern: отрыва́ться от + gen.; опира́ться на + acc.; включа́ть в + acc.; исходи́ть из + gen.

(b) Find also: взляд на + acc.; любо́вь к + dat.

3.

(a) What foreign nouns are these derived from: реали́зм: романти́зм? What is the English equivalent of the suffix -изм?

(b) What foreign adjectives are these derived from: титани́ческий, социалисти́ческий, истори́ческий; реа́льный, мора́льный; революцио́нный? Indicate the Russian suffixes used and their English equivalents.

(c) What are the component parts of the following: противоре́чие, разнообра́зие; всенаро́дный, всечелове́ческий, повседне́вный, благоро́дный?

4. Observe the following Russian expressions in the text and use them in sentences: гла́вным о́бразом; исходя́ из + gen.; вслед за + instr.; плыть по тече́нию; ба́шня из слоно́вой ко́сти.

III. Questions

1. Как рассма́тривают литерату́ру сове́тские писа́тели?

2. Каки́е писа́тели правди́во изобража́ли жизнь?

3. До́лжен ли большо́й писа́тель чу́вствовать отве́тственность пе́ред на́цией и пе́ред наро́дом?

4. Что стреми́тся утвержда́ть сове́тская литерату́ра?

5. Как пока́зывает сове́тская литерату́ра сове́тского челове́ка?

6. Что тако́е социалисти́ческий реали́зм?

7. Бы́ло ли противоре́чие в ста́рой литерату́ре ме́жду реали́змом и романти́змом?

8. Был ли Флобе́р реали́ст без больши́х идеа́лов?

9. Как мо́жет сове́тский писа́тель вы́разить лу́чшие сто́роны свое́й индивидуа́льности?

10. Кака́я ра́зница ме́жду реали́змом про́шлой литерату́ры и совреме́нной сове́тской?

Part III

POETRY

Александр Сергеевич Пушкин
(1799–1837)

А. С. Пушкин, великий русский поэт, родился 26-ого мая 1799 г. и умер, от ран полученных на дуэли с бароном Дантесом, 29-го января 1837 года.

Несмотря на короткую жизнь Пушкин написал много лирических стихотворений, поэм, рассказов, сказок, а также драматических произведений.

Перу Пушкина принадлежат такие крупные и известные произведения как: ,,Борис Годунов'', ,,Цыгане'', ,,Руслан и Людмила'', ,,Пиковая дама'', ,,Сказка о рыбаке и рыбке'' и многие другие. Самым большим произведением Пушкина является роман в стихах ,,Евгений Онегин''.

Пушкин был молчаливым и одиноким ребёнком; его родители им мало интересовались и он находился на попечении нянек, а затем его воспитанием и образованием занимались гувернантки и гувернёры. С раннего детства он увлекался чтением и ознакомился с французской литературой 17 и 18 веков в большой библиотеке отца. Его первые опыты пера были на французском языке и в них чувствовалось влияние Вольтера и подражание Мольеру.

В 1811 г. Пушкин поступил в Царскосельский лицей, где, в дружеской и весёлой атмосфере, его характер сильно меняется. Он становится живым, энергичным и принимает деятельное участие в многочисленных рукописных журналах, которые издают ученики лицея.

Окончив лицей в 1817 г., Пушкин попал в среду светской молодёжи, которая интересовалась не только литературой и театром, но также

выдающийся, outstanding	обширный, extensive
рана, wound	опыт, attempt, experience
полученный, received	влияние, influence
несмотря на, in spite of	подражание, imitation
количество, number, quantity	поступить (P), to enter
стихотворение, poem	лицей, lyceum (secondary school)
произведение, work	меняться, to change
рыбак, fisherman	деятельный, active
одинокий, lonely	рукописный, hand-written
попечение, care	попасть (P), to find oneself
нянька, nurse	среда, environment
увлекаться, to be attracted to	светский, high society (adj)

и полити́ческими вопро́сами. Бу́дучи одни́м из уча́стников театра́льно-литерату́рного кружка́ „Зелёная ла́мпа", кото́рый одновреме́нно был та́йным полити́ческим о́бществом декабри́стов, Пу́шкин по ца́рскому прика́зу был вы́слан из Москвы́ на юг.

В 1826 году́ Пу́шкину бы́ло разрешено́ верну́ться в Москву́, но все его́ литерату́рные произведе́ния продолжа́ли подверга́ться стро́гой ца́рской цензу́ре.

Переме́на ме́ста, люде́й и о́браза жи́зни оста́вили след на произведе́ниях Пу́шкина. „Кавка́зский пле́нник", „Бахчисара́йский фонта́н", „Цыга́не" и ряд други́х веще́й бы́ли напи́саны под влия́нием жи́зни в Крыму́, на Кавка́зе и в Бессара́бии.

Ли́чная жизнь А. С. Пу́шкина не была́ счастли́вой. В 1831 году́ он жени́лся на Н. Н. Гончаро́вой, из-за кото́рой состоя́лась, рокова́я для поэ́та, дуэ́ль.

уча́стник, participant	**разрешено́,** permitted
кружо́к, society, club	**подверга́ться,** subjected
одновреме́нно, at the same time	**переме́на,** change
та́йный, secret	**пле́нник,** captive
декабри́ст, participant in the December	**ли́чный,** personal
14, 1825, Russian uprising	**состоя́ться** (P), to occur
вы́слать (P), to exile	**рокова́й,** fatal

Евге́ний Оне́гин

Глава́ пе́рвая

I.

„Мой дя́дя са́мых че́стных пра́вил,
Когда́ не в шу́тку занемо́г,[1]
Он уважа́ть себя́ заста́вил
И лу́чше вы́думать[2] не мог.
Его́ приме́р други́м нау́ка;[3]
Но, Бо́же мой, кака́я ску́ка
С больны́м сиде́ть и день и ночь,
Не отходя́ ни ша́гу прочь![4]
Како́е ни́зкое кова́рство[5]
Полуживо́го забавля́ть,
Ему́ поду́шки поправля́ть,

че́стный, honest, upright	**полуживо́й,** half dead
уважа́ть, to respect	**забавля́ть,** to amuse
заста́вить (P), to compel	**поду́шка,** pillow
ску́ка, boredom	**поправля́ть,** to adjust

Печа́льно подноси́ть лека́рство,
Вздыха́ть и ду́мать про себя́:[6]
Когда́ же чёрт возьмёт тебя́!"

II.

Так ду́мал молодо́й пове́са,[7]
Летя́ в пыли́ на почто́вых,[8]
Всевы́шней[9] во́лею Зеве́са[10]
Насле́дник всех свои́х родны́х.
Друзья́ Людми́лы и Русла́на![11]
С геро́ем моего́ рома́на
Без предисло́вий, сей же час
Позво́льте познако́мить вас:
Оне́гин, до́брый мой прия́тель,
Роди́лся на брега́х[12] Невы́,
Где, мо́жет быть, роди́лись вы,
Или блиста́ли, мой чита́тель;
Там не́когда гуля́л и я;
Но вре́ден се́вер для меня́.

III.

Служи́в отли́чно—благоро́дно,
Долга́ми жил его́ оте́ц,
Дава́л три ба́ла ежего́дно[13]
И промота́лся[14] наконе́ц.
Судьба́ Евге́ния храни́ла:
Сперва́ *Madame*[15] за ним ходи́ла,
Пото́м *Monsieur*[16] её смени́л;
Ребёнок был резо́в,[17] но мил.
Monsieur l'Abbé, францу́з убо́гой,[18]
Чтоб не изму́чилось дитя́,[19]

подноси́ть, to take to
лека́рство, medicine
вздыха́ть, to breathe, sigh
во́ля, will
насле́дник, heir
родно́й, relative (noun)
предисло́вие, preface
позво́лить (P), to allow
блиста́ть, to shine, be conspicuous
вре́дный, unhealthy

се́вер, north
отли́чно, excellently
благоро́дный, noble
долг, debt
судьба́, fate, fortune
храни́ть, to guard
сперва́, at first
смени́ть (P), to change
изму́читься, to be exhausted

Учи́л его́ всему́ шутя́,
Не докуча́л мора́лью стро́гой,
Слегка́ за ша́лости брани́л,
И в Ле́тний сад гуля́ть води́л.

шутя́, in jest
докуча́ть, to bother
стро́гий, strict

слегка́, lightly
ша́лость, prank
брани́ть, to scold

I. Notes

1. **не в шу́тку занемо́г,** became seriously ill; **Занемо́г** from **занемо́чь,** to fall ill.
2. **вы́думать,** think up.
3. **нау́ка,** here 'lesson.'
4. **ни ша́гу прочь,** not even one step away; **Ша́гу,** alternate gen. of **шаг,** 'step' (cf. **ча́ю, са́хару**).
5. **кова́рство,** here 'dirty trick.'
6. **ду́мать про себя́,** think to oneself.
7. **повеса** (masc.), (colloq.) loafer, rake.
8. **почтовы́х,** stage coach; from **почтовы́е лоша́ди,** 'mail horses.' Older form of adjective was **почтово́й, -а́я, о́е.** Present day stress would be **почто́вых.**
9. **всевы́шней,** Almighty; from **всевы́шний,** adjective used as a noun. The prefix **все-** is roughly equal to the English all- (all-powerful).
10. **Зеве́са** instead of **Зе́вса,** Zeus.
11. **Людми́ла, Русла́н,** figures in Russian folktales, and title of one of Pushkin's works.
12. **брега́х,** instead of **берега́х.**
13. **ежего́дно = ка́ждый год.** The Russian prefix **еже-** has the meaning of 'every' when used with some nouns, adjectives and adverbs referring to time: **еженеде́льник,** 'weekly' (publication, noun), **еженеде́льный,** 'weekly' (adj), **еженеде́льно,** 'weekly' (adv).
14. **промота́лся,** was ruined.
15. **Madame,** here 'governess.'
16. **Monsieur,** here 'governor, tutor.'
17. **резо́в,** playful; instead of **резв,** short form of **ре́звый.**
18. **убо́гой,** wretched; instead of **убо́гий, -ая, -ое.**
19. **дитя́,** (archaic) 'child.' Only the plural form of this word **де́ти, дете́й,** etc., survives in modern Russian, as well as in a few clichés like **дитя́ приро́ды,** 'child of nature.' Normally **ребёнок** and its oblique cases are used in the singular for 'child.'

II. Language Analysis

A.

1. Look up in the dictionary all the meanings of the following: **нау́ка, во́ля; до́брый; гуля́ть, лете́ть, блиста́ть, служи́ть, храни́ть, дава́ть; про себя́.** Use these in sentences.

2. Find the synonyms of the following: **занемо́чь, забавля́ть, позво́лить, брани́ть; мо́жет быть, не́когда, сперва́, пото́м, наконе́ц, слегка́.**

3. Find the antonyms of the following: ску́ка, прия́тель; больно́й, ни́зкий, родно́й, молодо́й, вре́дный; лу́чше.

B.

1. Find in the text all the adjectives used as nouns, as well as short forms of adjectives. Indicate the long forms of the latter.

2. Find the following gerunds in the text: отходя́, летя́, шутя́, служи́в. Indicate their tense, infinitive and aspect.

3. Indicate the differences in meaning between the following pairs of imperfective verbs: води́ть: вести́; носи́ть: нести́; ходи́ть: идти́; лете́ть: лета́ть; плыть: пла́вать.

C.

1. With what various prefixes can the verbs ду́мать and гуля́ть be combined? How do these prefixes change the meanings of the new verbs?

2. Find in the text the noun нау́ка, which here governs the dative case. Construct other sentences of this type using the words нау́ка or уро́к, the latter usage being more current than the former.

3. Find in the text the following verbs and indicate what cases they govern: поправля́ть, жить, забавля́ть. What two cases does учи́ть govern? Construct sentences of your own for the above.

III. Questions

I

1. Чем себя́ заста́вил уважа́ть дя́дя ?
2. Почему́ така́я ску́ка сиде́ть с больны́м ?
3. Что ну́жно Оне́гину де́лать для больно́го ?
4. Что ду́мает Оне́гин о своём дя́де ?

II

1. Когда́ ду́мал Оне́гин о дя́де ?
2. Был ли он его́ насле́дником ?
3. Кто геро́й рома́на ?
4. Кто знако́мит нас с Оне́гиным ?
5. Где роди́лся Оне́гин ?

III

1. Как жил оте́ц Оне́гина ?
2. Ско́лько бало́в он дава́л в год ?
3. Чем он жил ?
4. Кто учи́л молодо́го Евге́ния ?
5. Как его́ учи́ли ?
6. Кто за ним ходи́л ?
7. Докуча́ли ли его́ мора́лью стро́гой ?
8. Кто ведёт расска́з ?

* * *

IV.

Когда́ же ю́ности мяте́жной
Пришла́ Евге́нию пора́,[1]
Пора́ наде́жд и гру́сти не́жной,
Monsieur прогна́ли со двора́.[2]
Вот мой Оне́гин на свобо́де;
Остри́жен[3] по после́дней мо́де,
Как *dandy* ло́ндонский оде́т—
И наконе́ц уви́дел свет.[4]
Он по-францу́зски соверше́нно
Мог изъясня́ться и писа́л;
Легко́ мазу́рку танцева́л,[5]
И кла́нялся непринуждённо;
Чего́ ж вам бо́льше?[6] Свет реши́л,
Что он умён и о́чень мил.

V.

Мы все учи́лись понемно́гу
Чему́-нибу́дь и ка́к-нибу́дь,
Так воспита́ньем,[7] сла́ва Бо́гу,
У нас не мудрено́ блесну́ть.[7]
Оне́гин был, по мне́нью[8] мно́гих
(Суде́й[9] реши́тельных и стро́гих),
Учёный ма́лый, но педа́нт:
Име́л он сча́стливый[10] тала́нт
Без принужде́нья[11] в разгово́ре
Косну́ться до всего́[12] слегка́,
С учёным ви́дом знатока́
Храни́ть молча́нье в ва́жном спо́ре,
И возбужда́ть улы́бку дам
Огнём нежда́нных эпигра́мм.

ю́ность, youth
мяте́жный, rebellious, restless
грусть, melancholy
изъясня́ться, to express oneself
кла́няться, to bow
непринуждённо, without embarrassment
понемно́гу, a little at a time

мудрено́, difficult
знато́к, expert
молча́нье, silence
спор, argument
возбужда́ть, to excite, arouse
улы́бка, smile
нежда́нный, unexpected

VI.

Латы́нь из мо́ды вы́шла ны́не;
Так, е́сли пра́вду вам сказа́ть,
Он знал дово́льно по-латы́ни,[13]
Чтоб эпигра́фы[14] разбира́ть,
Потолкова́ть об Ювена́ле,[15]
В конце́ письма́ поста́вить *vale*,[16]
Да по́мнил, хоть не без греха́,
Из Энеи́ды[17] два стиха́.
Он ры́ться не име́л охо́ты
В хронологи́ческой пыли́
Бытописа́ния[18] земли́;
Но дней мину́вших анекдо́ты,
От Ро́мула[19] до на́ших дней,
Храни́л он в па́мяти свое́й.

VII.

Высо́кой стра́сти не име́я
Для зву́ков жи́зни не щади́ть,
Не мог он я́мба от хоре́я,[20]
Как мы ни би́лись,[21] отличи́ть.
Брани́л Гоме́ра, Феокри́та;[22]
Зато́ чита́л Адама́ Сми́та,
И был глубо́кий эконо́м,[23]
То есть, уме́л суди́ть о том,
Как госуда́рство богате́ет,
И чем живёт, и почему́
Не ну́жно зо́лота ему́,
Когда́ просто́й проду́кт[24] име́ет.
Оте́ц поня́ть его́ не мог
И зе́мли отдава́л в зало́г.[25]

ны́не, now
разбира́ть, to analyze
потолкова́ть (P), to talk a little
хоть, although
грех, sin
ры́ться, to dig, rummage
охо́та, inclination
пыль, dust
мину́вший, past (adj)

па́мять, memory
страсть, passion
звук, sound
щади́ть, to spare
отличи́ть (P), to distinguish
суди́ть, to try, judge
богате́ть, to grow rich
зо́лото, gold

I. Notes

1. **пришла́ Евге́нию пора́,** the time . . . arrived for Eugene.
2. **прогна́ли со двора́,** kicked out.
3. **остри́жен,** shorn; short form past pass. part. from **остри́чь,** perfect., 'bob, crop hair.'
4. **свет,** here 'high society.'
5. **танцева́л** preferred to **танцова́л.**
6. **Чего́ ж вам бо́льше?** What else do you want?
7. **воспита́ньем . . . блесну́ть,** show off . . . education. **Блесну́ть** here governs the instrumental case.
8. **мне́нью = мне́нию.**
9. **суде́й,** gen. pl. of **судья́.**
10. **сча́стливый,** notice stress. In modern Russian, this is stressed thus: **счастли́вый.**
11. **принужде́нья = принужде́ния.**
12. **косну́ться до всего́,** touch upon everything. In contemporary Russian, this usage prevails: **косну́ться всего́.** Notice the absence of the preposition and the fact that the verb governs the genitive.
13. **латы́нь,** colloq. for **лати́нский язы́к.**
14. **эпигра́фы,** notice stress. **Эпи́граф** is stressed thus in modern Russian.
15. **Ювена́ле,** Juvenal, I century A.D. Roman satirical poet.
16. **vale,** Latin 'be well.'
17. **Эне́йды,** Aeneid.
18. **бытописа́ния** (archaic), chronicling.
19. **от Ро́мула,** from Romulus.
20. **я́мба от хоре́я,** an iamb from a trochee; iamb, trochee—verse units.
21. **как мы ни би́лись,** no matter how much we tried.
22. **Гоме́ра, Феокри́та,** Homer, Theocritus.
23. **эконо́м,** archaic for **экономи́ст.**
24. **просто́й проду́кт,** raw materials.
25. **зе́мли отдава́л в зало́г,** mortgaged his lands.

II. Language Analysis

A.

1. Look up in the dictionary all the meanings of the following: **двор, кла́няться, разбира́ть, охо́та, письмо́, стих, да, суди́ть, воспита́ние.** Use these in sentences.

2. Find the synonyms of the following: **знато́к, пора́; мяте́жный; ры́ться, би́ться, потолкова́ть; ны́не, ну́жно, соверше́нно, непринужде́нно, дово́льно, мудрено́, понемно́гу.**

3. Find the antonyms of the following: **свобо́да, пра́вда, коне́ц, жизнь; после́дний, умён, счастли́вый, глубо́кий, просто́й; легко́, бо́льше.**

B.

1. Identify the case, gender and number of the following nouns and find their nominative singular: **наде́жд, суде́й, дам, дней, зву́ков.**

2. How is **мно́гие** used in Russian? How do its uses differ from **мно́го?**

3. What are the infinitives of the following past tense forms: кла́нялся, мог, учи́лись, пришли́, вы́шла? What are the rest of the past tense forms of these?

C.

1. How many new verbs can you form from дава́ть, писа́ть, сказа́ть, чита́ть with the following prefixes: вы-, за-, от-, при-, про-? What are the meanings of the new derivatives?

2. What cases do the following verbs govern in the text: учи́ться; блесну́ть, жить; прогна́ть, уви́деть, танцева́ть, име́ть, храни́ть, сказа́ть, поста́вить, по́мнить, щади́ть, отличи́ть, брани́ть, чита́ть, поня́ть, отдава́ть? What two cases does the verb возбужда́ть govern in this text?

3. Find in the text the nouns which the following prepositions govern and indicate the case of the former: в, без, до, из, на, о (об), от, по, с (со).

4. Note the following parenthetical expressions of colloquial Russian: не без греха́, по (моему́) мне́нию, пра́вду сказа́ть, сла́ва Бо́гу, то́ есть. Use these in your oral Russian.

III. Questions

IV

1. Кака́я пора́ пришла́ Евге́нию?
2. Кого́ прогна́ли со двора́?
3. Как был остри́жен Оне́гин?
4. Как он был оде́т?
5. На како́м языке́ он мог изъясня́ться?
6. Что он хорошо́ танцева́л?
7. В чём заключа́лись тала́нты Оне́гина?
8. Что ду́мал свет про Оне́гина?

V

1. Кака́я филосо́фия в фра́зе „Мы все учи́лись понемно́гу чему́-нибу́дь и как-нибу́дь“?
2. Был ли Евге́ний Оне́гин по мне́нию мно́гих учёный?
3. Како́й счастли́вый тала́нт име́л он?
4. Почему́ он храни́л молча́нье в ва́жном спо́ре?
5. Чем он возбужда́л улы́бку дам?

VI

1. Был ли лати́нский язы́к в мо́де?
2. Что он мог разбира́ть по-лати́нски?
3. Мог ли он говори́ть об Ювена́ле?
4. Ско́лько стихо́в из Энеи́ды знал он?
5. Что он храни́л в па́мяти?
6. Каки́е позна́ния име́лись у Оне́гина?

VII

1. Как относи́лся Оне́гин к стиха́м ?
2. Чего́ он не мог отличи́ть ?
3. Кого́ он брани́л ?
4. Кого́ он чита́л ?
5. О чём он уме́л суди́ть ?
6. Был ли он хоро́шим экономи́стом ?

* * *

XV.

Быва́ло,[1] он ещё в посте́ле:[2]
К нему́ запи́сочки несу́т.
Что ? Приглаше́нья ?[3] В са́мом де́ле,
Три до́ма на́ вечер зову́т:
Там бу́дет бал, там де́тский пра́здник.
Куда́ ж поска́чет[4] мой прока́зник ?[5]
С кого́ начнёт он ? Всё равно́;[6]
Везде́ поспе́ть немудрено́.[7]
Пока́мест[8] в у́треннем убо́ре,[9]
Наде́в широ́кий *болива́р*,[10]
Оне́гин е́дет на бульва́р,
И там гуля́ет на просто́ре,
Пока́ недре́млющий брегёт[11]
Не прозво́нит ему́ обе́д.

XLIII.

. . . Отсту́пник[12] бу́рных наслажде́ний,
Оне́гин до́ма заперся́,[13]
Зева́я, за перо́ взялся́,[14]
Хоте́л писа́ть—но труд упо́рный
Ему́ был то́шен;[15] ничего́

запи́сочка, note	недре́млющий, vigilant
де́тский, child's (adj)	прозвони́ть (P), to ring out
пра́здник, holiday	бу́рный, stormy
везде́, everywhere	наслажде́ние, enjoyment
поспе́ть (P), to get to	зева́ть, to yawn
бульва́р, boulevard	упо́рный, stubborn, persistent
npocто́p, space, spaciousness	

Не вы́шло из пера́ его́,
И не попа́л он в цех[16] задо́рный[17]
Люде́й, о ко́их[18] не сужу́
Зате́м,[19] что к ним принадлежу́.

XLIV.

И сно́ва, пре́данный безде́лью,[20]
Томя́сь[21] душе́вной пустото́й,
Усе́лся он—с похва́льной це́лью
Себе́ присво́ить ум чужо́й;[22]
Отря́дом книг уста́вил по́лку,
Чита́л, чита́л, а всё без то́лку:[23]
Там ску́ка, там обма́н иль[24] бред;
В том со́вести, в том смы́сла нет;
На всех разли́чные вери́ги;[25]
И устаре́ла старина́,
И ста́рым бре́дит новизна́.
Как же́нщин, он оста́вил кни́ги,
И по́лку, с пы́льной их семьёй,
Задёрнул тра́урной тафто́й.[26]

LI.

Оне́гин был гото́в со мно́ю
Уви́деть чу́ждые страны́;[27]
Но ско́ро бы́ли мы судьбо́ю
На до́лгий срок разведены́.
Оте́ц его́ тогда́ сконча́лся.
Пе́ред Оне́гиным собра́лся
Заимода́вцев жа́дный полк.[28]

попа́сть (P), to get into	разли́чный, various
принадлежа́ть, to belong (to)	устаре́ть (P), to grow antiquated
сно́ва, again	старина́, antiquity
пустота́, emptiness	бре́дить, to be delirious
усе́сться (P), to seat oneself	новизна́, novelty
похва́льный, praiseworthy	пы́льный, dusty
отря́д, detachment	задёрнуть (P), to pull over
уста́вить (P), to place, put	чу́ждый, alien
обма́н, deception	срок, period
бред, delirium	разведённый, parted
со́весть, conscience	сконча́ться (P), to pass away
смысл, sense	собра́ться (P), to assemble

У ка́ждого свой ум и толк:
Евге́ний, тя́жбы[29] ненави́дя,
Дово́льный жре́бием[30] свои́м,
Насле́дство предоста́вил им,
Большо́й поте́ри в том не ви́дя,
Иль предузна́в[31] издалека́
Кончи́ну дя́ди старика́.

толк, sense, plan
ненави́деть, to hate
насле́дство, inheritance

предоста́вить (P), to give, grant
поте́ря, loss
издалека́, from afar

I. Notes

1. **быва́ло,** sometimes; used here as a parenthetical expression. It is also used with the past tense: **Он быва́ло ча́сто е́здил в дере́вню.**—'He would often go to the country.'
2. **в посте́ле,** archaic for **в посте́ли.**
3. **приглаше́нья,** for **приглаше́ния.**
4. **поска́чет,** from **поскака́ть,** 'to gallop off.'
5. **прока́зник,** prankster.
6. **всё равно́,** it's all the same. This is another example of Russian impersonal expressions. When reference to a person is made, the dative case is used: **Мне всё равно́,** It's all the same to me.
7. **немудрено́,** simple; predicate neuter short form of **немудрёный.**
8. **пока́мест,** colloq. for **пока́,** while.
9. **у́треннем убо́ре,** morning dress.
10. **болива́р** (archaic), top hat.
11. **бреге́т** (archaic), clock, chronometer. A very accurate timepiece, striking minutes and showing days of months, named after its French inventor, Bréguet.
12. **отсту́пник,** apostate, renouncer.
13. **заперся́,** past tense of **запере́ться,** instead of **за́перся**
14. **за перо́ взялся́,** took to writing; from **взя́ться,** undertake. Both stresses are current in Russian: **взя́лся, взялся́.**
15. **то́шен,** repugnant, nauseating; short form from **то́шный.**
16. **цех,** guild.
17. **задо́рный** (colloq.), smart, sharp.
18. **ко́их** (archaic), which; from **кой,** archaic interrogative/relative pronoun, today surviving only in a few expressions like **в ко́и ве́ки,** finally, at last.
19. **зате́м** (archaic), because.
20. **пре́данный безде́лью,** devoted to idleness.
21. **томя́сь,** from **томи́ться.**
22. **себе́ присво́ить ум чужо́й,** to appropriate someone else's intellect.
23. **без то́лку,** without any rhyme or reason. **То́лку** is an alternate genitive of **толк** (cf. **ча́ю, са́хару**).
24. **иль,** for **и́ли.**
25. **вери́ги** (archaic), penitent chains.
26. **тра́урной тафто́й,** with mourning cloth.

27. **страны́,** notice this archaic stress for nom. sg. In modern Russian, this word is stressed thus in nom. sg.: **стра́ны.**

28. **заимода́вцев жа́дный полк,** greedy host of creditors; **заимода́вцев** from **заимода́вец,** archaic for **кредито́р.**

29. **тя́жбы** (archaic), law suits.

30. **жре́бием,** from **жре́бий,** lot, destiny.

31. **предузна́в** (archaic), having a premonition; past ger. from **предузна́ть,** to know ahead of time, to have a premonition.

II. Language Analysis

A.

1. Look up in the dictionary all the meanings of the following: **поспе́ть, суди́ть, ум, отря́д, полк, чужо́й, чу́ждый, зате́м, кой, пока́.** Use these in sentences.

2. Find the synonyms of the following: **наслажде́ние, труд, толк, кончи́на; бу́рный, разли́чный; сконча́ться; везде́, сно́ва.**

3. Find the antonyms of the following: **ве́чер, безде́лье, пустота́, ску́ка, обма́н, поте́ря; широ́кий, у́тренний, чужо́й, ста́рый, до́лгий; ненави́деть.**

B.

1. What are the long forms of the following: **то́шен, гото́в, разведены́?**

2. What are the infinitives of the following: **заперся́, взя́лся, усе́лся, сконча́лся, собра́лся, попа́л, вы́шло, поска́чет, начнёт, прозво́нит, принадлежу́, сужу́, бре́дит?**

3. Find the following gerunds in the text and indicate their tense, infinitive and aspect: **наде́в, зева́я, томя́сь, ненави́дя, ви́дя.**

4. The suffixes **-ина** (**старина́** from **ста́рый**) and **-изна** (**новизна́** from **но́вый**) are used to form abstract nouns. Do you know any other nouns formed with these suffixes?

C.

1. What cases do the following verbs govern in the text: **бре́дить, томи́ться?** What two cases do the following verbs govern in the text: **прозвони́ть, присво́ить, уста́вить, задёрнуть, предоста́вить?** What cases do the following adjectives and participles govern in the text: **пре́данный, разведены́, дово́льный?**

2. Some Russian verbs are always followed by certain prepositions, which in turn govern certain cases. Find the following in the text: **с кого́ начнёт он; к нему́ запи́сочки несу́т; к ним принадлежу́** (but also: **э́та кни́га принадлежи́т мне**); **за перо́ взялся́; попа́л он в них.**

3.

    (a) Find in the text the nouns which the following prepositions govern and indicate the cases of the nouns: **без, за, из, к, пе́ред, с, у.**

    (b) Find in the text instances of **в** and **на** governing the accusative and prepositional cases.

4. Note the following parenthetical expressions of colloquial Russian: **быва́ло, в са́мом де́ле, всё равно́.** Use these in your oral Russian.

III. Questions

XV

1. Когда́ Оне́гин был ещё в посте́ли, что ему́ несли́?

2. Что бы́ло в запи́сочках?

3. Каки́е э́то бы́ли приглаше́ния?
4. Куда́ пое́дет Оне́гин?
5. С кого́ начнёт он?
6. Что он надева́ет у́тром?
7. Где Оне́гин гуля́ет до обе́да?
8. Как проводи́л день Оне́гин?

XLIII

1. Чем реши́л заня́ться Оне́гин?
2. Где он за перо́ взя́лся?
3. Люби́л ли он труд упо́рный?
4. Что вы́шло из пера́ его́?
5. Как подвига́лись его́ успе́хи?

XLIV

1. Отчего́ томи́лся Оне́гин?
2. Чем он уста́вил по́лку?
3. Чита́л ли он всё без то́лку?
4. Что он нашёл в кни́гах?
5. Оста́вил ли он кни́ги, как он оста́вил же́нщин?
6. Что он сде́лал с по́лкой книг?

LI

1. С кем был Оне́гин гото́в уви́деть чу́ждые стра́ны?
2. Почему́ Оне́гин не уе́хал?
3. Кто собра́лся пе́ред Оне́гиным?
4. Что ненави́дел Оне́гин?
5. Как он поступи́л с насле́дством?
6. Почему́ он так поступи́л?

* * *

LII.

Вдруг получи́л он в са́мом де́ле[1]
От управи́теля[2] докла́д,
Что дя́дя при́ смерти,[3] в посте́ле
И с ним прости́ться был бы рад.
Прочтя́[4] печа́льное посла́нье,

докла́д, report
посте́ль, bed

прости́ться (P), to say good-by to
посла́ние, message

Евге́ний то́тчас на свида́нье
Стремгла́в[5] по по́чте поскака́л,[6]
И уж зара́нее зева́л,
Приготовля́ясь, де́нег ра́ди,[7]
На вздо́хи, ску́ку и обма́н
(И тем я на́чал мой рома́н);
Но, прилете́в в де́ревню дя́ди,
Его́ нашёл уж на столе́,
Как дань, гото́вую земле́.

LIII.

Нашёл он по́лон[8] двор услу́ги;[9]
К поко́йнику со всех сторо́н
Съезжа́лись не́други и дру́ги,[10]
Охо́тники до похоро́н.[11]
Поко́йника похорони́ли.
Попы́ и го́сти е́ли, пи́ли,
И по́сле ва́жно разошли́сь,
Как бу́дто[12] де́лом заняли́сь.
Вот наш Оне́гин се́льский жи́тель,
Заво́дов,[13] вод, лесо́в, земе́ль
Хозя́ин по́лный, а досе́ль[14]
Поря́дка враг и расточи́тель,[15]
И о́чень рад, что пре́жний путь
Перемени́л на что́-нибу́дь.[16]

LIV.

Два дня ему́ каза́лись но́вы[17]
Уединённые[18] поля́,
Прохла́да су́мрачной дубро́вы,[19]

то́тчас, immediately
свида́ние, meeting
зара́нее, beforehand, in good time
вздох, deep breath
прилете́ть (P), to come in haste
дань, tribute
поко́йник, the deceased
съезжа́ться, to assemble
похорони́ть (P), to bury

поп, priest
разойти́сь (P), to disperse
заня́ться (P), to be occupied
се́льский, rural
жи́тель, inhabitant
враг, enemy
перемени́ть (P), to change
прохла́да, coolness
су́мрачный, gloomy

Журча́нье ти́хого ручья́;
На тре́тий ро́ща, холм и по́ле
Его́ не занима́ли бо́ле,[20]
Пото́м уж наводи́ли сон;
Пото́м уви́дел я́сно он,
Что и в дере́вне ску́ка та же,
Хоть нет ни у́лиц, ни дворцо́в,
Ни карт, ни ба́лов,[21] ни стихо́в.
Хандра́[22] ждала́ его́ на стра́же,[23]
И бе́гала за ним она́,
Как тень иль ве́рная жена́.

1823–1831.

журча́нье, murmur
ручéй, stream
ро́ща, grove
холм, hill
занима́ть, to occupy

наводи́ть, to overcome
сон, sleep
дворéц, palace
тень, shadow
вéрный, faithful

I. Notes

1. **в са́мом де́ле,** indeed.
2. **управи́теля** (archaic), manager.
3. **при смерти,** near death.
4. **прочтя́,** having read; present tense ger. from **прочéсть.** Today the past tense ger. **прочита́в** from **прочита́ть** would be normally used.
5. **стремгла́в,** very rapidly.
6. **по по́чте поскака́л,** rode off on a stage coach.
7. **дéнег ра́ди,** for the sake of money. **Ра́ди,** preposition with the gen. 'for the sake of,' is occasionally used after the noun which it governs: **шу́тки ра́ди**— 'as a joke.'
8. **по́лон,** full; short form adjective from **по́лный,** 'full.'
9. **услу́ги** (archaic), servants; from **услу́га,** here a collective noun. This word also means 'favor.'
10. **нéдруги и дру́ги,** enemies and friends. **Нéдруги** from **нéдруг,** 'foe,' pompous style. **Дру́ги** is the archaic plural for **друзья́** from **друг.**
11. **охо́тники до похоро́н,** lovers of funerals. **Охо́тник** followed by **до** and the gen. or the infinitive, is roughly equivalent to the English 'to be fond of.' **По́хороны**—'funeral,' is used in the plural only.
12. **как бу́дто,** as though.
13. **заво́дов,** here 'breeding farms.'
14. **досéль** (archaic), until now.
15. **расточи́тель,** spendthrift.
16. **что́-нибудь,** here 'something else.'
17. **но́вы,** instead of **но́выми.** Pushkin here uses the predicate nominative instead of the instrumental which usually follows **каза́ться** in modern Russian.

18. **уединённые**, secluded, solitary; from **уединённый**, past pass. part. of **уедини́ть**, 'to seclude.'

19. **дубро́вы** (archaic, poetic), grove; from **дубро́ва** or **дубра́ва**, 'oak grove.'

20. **бо́ле**, archaic for **бо́лее**.

21. **ба́лов**, notice stress; from **бал**, ball, dancing party. The gen. plu. is usually stressed thus: **бало́в**.

22. **хандра́**, the blues.

23. **на стра́же**, on guard.

II. Language Analysis

A.

1. Look up in the dictionary the meanings of the following: **докла́д, крова́ть, посте́ль, дань, стра́жа, тень; наводи́ть.** Use these in sentences.

2. Find the synonyms of the following: **не́друг, путь, хандра́, ро́ща, се́льский, су́мрачный; по́сле, вдруг, то́тчас, стремгла́в, досе́ль.**

3. Find the antonyms of the following: **дере́вня, поря́док, враг; печа́льный, по́лный, пре́жний, ти́хий; получи́ть; зара́нее.**

B.

1. Identify the case, gender and number of the following and find their nominative singular: **де́нег, сторо́н, похоро́н, заво́дов, вод, лесо́в, земе́ль, у́лиц, дворцо́в, карт, бало́в, стихо́в.**

2. What is the difference in the usage of the following indefinite pronouns: **что́-нибудь, что́-то, ко́е-что́?** Write illustrative sentences.

3. What are the infinitives of the following past tense forms: **нашёл, е́ли, съезжа́лись, разошли́сь, заняли́сь, каза́лись?**

4. Find the following gerunds in the text and indicate their tense, infinitive and aspect: **прочти́, приготовля́ясь, прилете́в.**

5. Find other words derived from the same root, as in **управи́тель.**

C.

1. What cases do the following verbs govern in the text: **найти́, похорони́ть, занима́ть, наводи́ть, ждать, заня́ться?** What two cases does the following verb govern: **каза́ться?** What cases do the following adjectives govern: **гото́вый, по́лный?**

2.
    (a) Find in the text these verbs followed by prepositions and the cases that the latter govern: **прости́ться с** + instr.; **приготовля́ться на** + acc.; **бе́гать за** + instr.
    (b) Find also in the text the same construction in a noun: **охо́тник до** + gen.

3. Find in the text instances of **в** and **на** followed by the accusative or the prepositional.

4. Find in the text instances of the following conjunctions used to join clauses: **что, но, как бу́дто, хоть, и.**

5. Observe the following construction and use it in sentences: **при́ смерти.** (Note the absence of stress on the noun.)

III. Questions

LII

1. От кого́ получи́л Оне́гин докла́д?
2. Кто был при сме́рти?
3. Кто хоте́л с ним прости́ться?
4. Что сде́лал Оне́гин прочтя́ посла́ние?
5. На что приготовля́лся он де́нег ра́ди?
6. Что заста́л Оне́гин по прие́зде к дя́де?

LIII

1. Кого́ он нашёл в до́ме дя́ди?
2. Кто поко́йника похорони́л?
3. Что де́лали го́сти?
4. Когда́ они́ разошли́сь?
5. Кем стал Оне́гин?
6. Каки́е измене́ния произошли́ в жи́зни Оне́гина?
7. Чему́ он был рад?

LIV

1. Что бы́ло но́во для Оне́гина в пе́рвые два дня?
2. Что его́ бо́лее не занима́ло на тре́тий день?
3. Как бы́стро заскуча́л Оне́гин?
4. Почему́ он так бы́стро заскуча́л?
5. Почему́ хандра́ ждала́ его́?

Сергей Есенин
(1895–1925)

Сергей Есенин вышел из крестьянской семьи. Он начал писать стихи с четырнадцатилетнего возраста. За свою короткую жизнь Есенин написал большое количество лирических стихов, в которых сказываются перемены его взглядов и убеждений, но любовь к родине и к русской природе была основным источником его поэзии. Стихи и песни Есенина были хорошо известны читающей России. Он сумел передать старую, деревенскую Русь, которую он идеализировал в своих стихах.

Из многочисленных произведений Есенина лучшими считаются: поэма ,,Анна Снегина" (1925) и цикл стихов ,,Персидские мотивы" (1924–25). ,,Письмо к матери" принадлежит к стихотворениям 1924-го года.

Есенин покончил жизнь самоубийством.

возраст, age	**суметь** (P), to succeed (in)
сказываться, to be expressed	**многочисленный,** numerous
убеждение, conviction	**персидский,** Persian (adj)
источник, source	**самоубийство,** suicide

Письмо от матери

Чего же мне
Ещё теперь придумать,
О чём теперь
Ещё мне написать ?
Передо мной
На столике угрюмом
Лежит письмо,
Что мне прислала мать.

Она мне пишет:
,,Если можешь ты,
То приезжай, голубчик,[1]

придумать (P), to think of, devise   **прислать** (P), send
угрюмый, gloomy

К нам на святки.[2]

Купи мне шаль,
Отцу купи порты,[3]
У нас в дому
Большие недостатки.[4]

Мне страх не нравится,[5]
Что ты поэт,
Что ты сдружился
С славою плохою.
Гораздо лучше б
С малых лет
Ходил ты в поле за сохою.

Стара я стала
И совсем плоха,
Но если б дома
Был ты изначала,
То у меня
Была б теперь сноха
И на ноге
Внучонка[6] я качала.

Но ты детей
По свету растерял,
Свою жену
Легко отдал другому,
И без семьи, без дружбы,
Без причал[7]
Ты с головой
Ушёл в кабацкий омут.[8]

Любимый сын мой,
Что с тобой?
Ты был так кроток,[9]
Был так смирёнен.

шаль, shawl	сноха, daughter-in-law
сдружиться (P), to become	качать, to rock
friends (with)	растерять (P), to lose
слава, fame	дружба, friendship
соха, wooden plow	смирённый, docile
изначала, from the very beginning	

И говори́ли все наперебо́й:
Како́й счастли́вый
Алекса́ндр Есе́нин!

В тебе́ наде́жды на́ши
Не сбыли́сь,
И на душе́
С того́ больне́й[10] и го́рше,[11]
Что у отца́
Была́ напра́сной мысль,
Чтоб за стихи́
Ты де́нег брал побо́льше.

Хоть ско́лько б ты
Ни брал,
Ты не пошлёшь[12] их в дом,
И потому́ так го́рько
Ре́чи лью́тся,[13]
Что зна́ю я
На о́пыте своём:
Поэ́там де́ньги не даю́тся.

Мне страх не нра́вится,
Что ты поэ́т,
Что ты сдружи́лся
С сла́вою плохо́ю.
Гора́здо лу́чше б
С ма́лых лет
Ходи́л ты в по́ле за сохо́ю.

Тепе́рь сплошна́я грусть,
Живём мы как во тьме.
У нас нет ло́шади.
Но е́сли б был ты в до́ме,
То бы́ло б всё,
И при твоём уме́—
Пост председа́теля
В волисполко́ме.[14]

наперебо́й, vying with each other
сбы́ться (P), to come true
напра́сный, vain
го́рько, bitterly
ре́чи, speech, words

о́пыт, experience
сплошно́й, continuous
грусть, sadness
председа́тель, chairman

Тогда б жилóсь смелéй,[15]
Никтó б нас не тянýл,
И ты б не знал
Ненýжную устáлость.
Я б заставлáла
Прясть
Твою женý,
А ты, как сын,
Покóил нáшу стáрость".

Я кóмкаю письмó,
Я погружáюсь в жуть.
Ужéль[16] нет выхода
В моём путú завéтном?
Но всё, что дýмаю,
Я пóсле расскажý—
Я расскажý
В письмé отвéтном.

1924.

тянýть, to compel, pull
устáлость, fatigue
заставлáть, to compel
прясть, to spin
покóить, to comfort

кóмкать, to crumple
погружáться, to sink into
жуть, horror
завéтный, innermost

I. Notes

1. голýбчик, darling, dimin. of гóлубь, 'pigeon.'
2. свáтки, Christmastide, period from Christmas till January 6.
3. порты, pl. only, also порткú (colloq.), trousers.
4. недостáтки, nom. pl. of недостáток, want, shortage.
5. Мне страх не нрáвится, I don't like at all.
6. внучóнка, gen. of внучóнок, dimin. of внук, grandson.
7. Без причáл, gen. pl. of причáл, without mooring lines. The regular gen. plu. of причáл is причáлов.
8. кабáцкий óмут, saloon depths (mire).
9. крóток, masc. short form of крóткий, gentle.
10. больнéй, comp. of бóльно, more painful. The colloquial comparative can end in -ей.
11. гóрше for гóрче, comp. of гóрький, more bitter.
12. пошлёшь, fut. of послáть, you will . . . send.
13. льются, pres. of лúться, flow.

14. **волисполко́м,** abbreviation of **волостно́й исполни́тельный комите́т,** county district executive committee.
15. **смеле́й,** comp. of **сме́ло,** more boldly, fearlessly. See note 10 above.
16. **уже́ль** archaic of **неуже́ли,** really.

II. Language Analysis

A.

1. Look up in the dictionary the meaning of the following: **о́пыт, по́ле, свет.** Use these in sentences.

2. Find the synonyms of the following: **мы́сль, стихи́, страх; кро́ткий, угрю́мый; сбы́ться.**

3. Find the antonyms of the following: **грусть, дру́жба, ста́рость; плохо́й, счастли́вый; го́рько, легко́, побо́льше.**

B.

1.
    (a) Identify the forms of the following nouns and indicate their nom. sing. forms: **недоста́тки, дете́й, де́нег, пути́, в дому́.**
    (b) Find in the text the following nouns used in the plural only: **свя́тки, порты́, де́ньги.**

2.
    (a) Find in the text the following short form adjectives and indicate the rest of the short forms (indicating also the stress), as well as the long form adjectives from which they are formed: **стара́, плоха́, кро́ток.**
    (b) Indicate the positive degree forms of the following comparatives: **лу́чше, больне́й, го́рше, смеле́й.**

3. Find in the text instances of the use of **что** as a relative pronoun.

4. Identify the following verb forms and indicate the rest of their tense forms, infinitive and aspect: **пошлёшь, расскажу́, ушёл, приезжа́й, купи́.**

5. Identify the aspect of the following verbs and indicate their other aspect, if the latter exists: **приду́мать, написа́ть, лежа́ть, присла́ть, приезжа́ть, купи́ть, сдружи́ться, стать, отда́ть, говори́ть, брать, посла́ть, жить, тяну́ть, заставля́ть, ду́мать, рассказа́ть.**

6. Find in the text the adverb **гора́здо** which is always followed by a comparative.

7. What cases do the following prepositions govern in the text: **без, за, пе́ред, по, при?**

8. Find in the text instances of the use of the following conjunctions: **е́слиб(ы), чтоб (ы), хотя́ (хоть); е́сли . . . , то.**

C.

1. What cases do the following verbs govern in the text: **приду́мать, присла́ть, кача́ть, растеря́ть, брать, посла́ть, заставля́ть?** What two cases do the following verbs govern in the text: **купи́ть, отда́ть?**

2. Find in the text these verbs followed by prepositions and the nouns which the latter govern: **написа́ть о** + prep.; **сдружи́ться с** + instr.

3. Find in the text these and other examples of:
    (a) *Dative with the infinitive:* **Чего́ . . . мне . . . приду́мать; о чём . . . мне написа́ть.** To what English constructions are these equivalent?
    (b) *Impersonal verb:* **тогда́ б жило́сь смеле́й.**

4. Observe the following Russian expressions used in the text: **наперебо́й; на душе́; с ма́лых лет; что с тобо́й (ва́ми, ним,** etc.). Use these in sentences of your own.

III. Questions

1. Что лежит на столе поэта ?
2. Что мать просит сына привезти ей и отцу ?
3. Почему не нравится матери, что сын её поэт ?
4. Какая жизнь была бы лучше для него ?
5. Какую жизнь предсказывает мать поэту, если бы он не покинул родной дом ?
6. Кого нет у Есенина ?
7. Каким он был раньше ?
8. Сбылись ли надежды отца и матери ?
9. Почему мать считает, что её сын домой денег не пошлёт ?
10. Как живётся родителям без него ?
11. Почему им так скучно без сына ?
12. Есть ли выход у Есенина ?

Влади́мир Маяко́вский
(1893–1930)

Влади́мир Маяко́вский, вели́кий ру́сский сове́тский поэ́т, роди́лся в селе́ Багда́ды в Гру́зии в семье́ лесни́чего. По́сле сме́рти отца́ в 1906 году́ семья́ перее́хала в Москву́.

Стихи́ Маяко́вского впервы́е появи́лись в печа́ти в 1912 году́; он тогда́ принадлежа́л к гру́ппе футури́стов и его́ пе́рвое футури́стическое стихотворе́ние обрати́ло внима́ние на его́ высо́кое поэти́ческое дарова́ние. В 1915 году́, Маяко́вский познако́мился с Го́рьким. В том же году́ он написа́л своё пе́рвое значи́тельное произведе́ние ,,Облако в штана́х'', но цензу́ра его́ си́льно уре́зала и оно́ вы́шло по́лностью лишь по́сле револю́ции. В 1918 г. Маяко́вский написа́л пе́рвую сове́тскую пье́су ,,Мисте́рия Буфф'', а та́кже стихотворе́ние ,,Ле́вый марш'', кото́рое бы́ло пе́рвым сове́тским произведе́нием переведённым на други́е языки́.

Почти́ три го́да Маяко́вский рабо́тал, в ка́честве худо́жника и поэ́та, в аге́нстве РО́СТА, ста́вшим по́зже ТАСС. В 1923 г. он организова́л журна́л ,,Леф'' (,,Леф''—ле́вый фронт иску́сств), реда́ктором кото́рого остава́лся до 1928-го го́да. Маяко́вский ча́сто е́здил заграни́цу, соверша́л больши́е пое́здки по стране́, и повсю́ду выступа́л с чте́нием свои́х стихо́в.

Стихотворе́ние ,,Сча́стье иску́сств'' бы́ло напеча́тано в журна́ле ,,Радиослу́шатель'' в 1928 г. и Маяко́вский прочёл его́ пе́ред микрофо́ном.

К кру́пным произведе́ниям Маяко́вского отно́сится поэ́ма ,,Влади́мир Ильи́ч Ле́нин'' (1924). За после́дние го́ды жи́зни Маяко́вским напи́саны: поэ́ма ,,Хорошо́'', пье́сы ,,Клоп'' и ,,Ба́ня'', киносцена́рий ,,Как пожива́ете'' и огро́мное коли́чество стихотворе́ний, аги́ток, пе́сен и де́тских стихо́в.

Маяко́вский поко́нчил жизнь самоуби́йством в 1930 году́.

лесни́чий, forester
дарова́ние, talent
штаны́, trousers
уре́зать (P), to cut down
по́лностью, in full
РО́СТА, Росси́йское Телегра́фное Аге́нтство, Russian Telegraph Agency

ТАСС, Телегра́фное Аге́нтство Сове́тского Сою́за, Telegraph Agency of the Soviet Union (Tass)
клоп, bed bug
ба́ня, Russian (steam) bath
киносцена́рий, film script
аги́тка, propaganda piece

СЧАСТЬЕ ИСКУССТВ

СТИХОТВОРЕНИЕ
В. МАЯКОВСКОГО

Бедный,
    бедный Пушкин!
Великосветской тиной,
дамам
        в холеные ушки

... Бедный, бедный Пушкин!

читал
    стихи
        для гостиной.
Жаль—
    губы.
Дам
    да вон!
Да с губы,
    ему бы,
да микрофон!

    * *

Мусоргский —
    бедный, бедный!
Робки —
    зауки роялишек:
концертный зал

... Мусоргский — бедный, бедный!

да обеденный
обойдут—
    и ни метра дальше.

    * *

Бедный,
    бедный Герцен!
Слабы
    слова красивые;—
По радио
    колокол - сердце
расплескивать бы
    ему
        по России!

    * *

Человечьей
    отсталости
        жертвы —
радуйтесь
    мысли-громаде!
Вас
    из забытых и мертвых
воскрешает
    нынче
        радио!

В. Маяковский читает
перед микрофоном свое стихотворение.

Во все
    всехсветные лона
и песня
    и лозунг текут.

... Бедный, бедный Герцен!

Мы
    близки
        ушам миллионов: -
Бразильцу
    и эскимосу,
        испанцу
            и вотяку.
Долой
    салонов жилье!
Наш день
    прекрасней, чем небыль...
Я счастлив,
    что мы
        живем
в дни
    распеваний по небу.

Сча́стье иску́сств

Бе́дный,
        бе́дный Пу́шкин!
Великосве́тской ти́ной
да́мам
        в хо́леные у́шки
чита́л
        стихи́
                для гости́ной.
Жаль—
        гу́бы.
Дам
        да вон!
Да в гу́бы
                ему́ бы
да микрофо́н!
Му́соргский[1]—
                бе́дный, бе́дный!
Ро́бки
        зву́ки роя́лишек:[2]
конце́ртный зал
                да обе́денный
обойду́т——
        и ни ме́тра да́льше.
Бе́дный,
        бе́дный Ге́рцен![3]
Сла́бы
        слова́ краси́вые.
По ра́дио
        ко́локол-се́рдце
расплёскивать бы
                ему́ по Росси́и!

великосве́тский, high society (adj)	**ро́бкий,** timid
ти́на, slime	**обе́денный,** dining
хо́леный, well-groomed	**обойти́** (P), to spread
у́шко, little ear	**метр,** meter
гости́ная, sitting room	**сла́бый,** weak, faint
жаль, pity	**ко́локол,** bell
вон, out!	**расплёскивать,** to spill

Челове́чьей
    отста́лости
            же́ртвы—
ра́дуйтесь[4]
    мы́сли-грома́де!
Вас
    из забы́тых и мёртвых
воскреша́ет
            ны́нче
                ра́дио!
Во все
    всехсве́тные ло́на[5]
и пе́сня
    и ло́зунг теку́т.[6]
Мы
    бли́зки
        уша́м миллио́нов—
брази́льцу[7]
        и эскимо́су,
            испа́нцу
            и вотяку́.
Доло́й
    сало́нов жильё!
Наш день
        прекра́сней,[8] чем небыль . . . .
Я сча́стлив,
        что мы
            живём
в дни распева́ния по не́бу.

1928.

челове́чий, human	**всехсве́тный,** world-wide
отста́лость, backwardness	**ло́зунг,** slogan
же́ртва, victim	**доло́й,** down with!
грома́да, enormity	**жильё,** dwelling
забы́тый, forgotten	**небыль,** fiction
воскреша́ть, to resurrect	**распева́ние,** singing
ны́нче, nowadays	

I. Notes

1. **Моде́ст Петро́вич Му́соргский** (1839–1881), Russian composer.
2. **роя́лишек,** gen. pl. of **роя́лишко,** dimin. of **роя́ль,** grand piano.

3. **Алекса́ндр Ива́нович Ге́рцен** (1812–1870), Russian essayist and philosopher. Publisher of political newspaper ,,Ко́локол" (Bell), in London, 1857–1867.

4. **ра́дуйтесь,** imper. of **ра́доваться,** rejoice.

5. **ло́но** (normally used in sg. only), bosom, lap.

6. **теку́т,** pres. tense of **течь,** to flow.

7. **брази́лец,** Brazilian; **эскимо́с,** Eskimo; **испа́нец,** Spaniard; **вотя́к,** Votyak, member of a Finno-Ugric tribe, residing near the Kama river, in northeast European Russia.

8. **прекра́сней,** comparat. of **прекра́сно,** more beautiful; the colloquial comparative can end in **-ей.**

II. Language Analysis

A.

1. Find the synonyms of the following: **мысль; краси́вый, ро́бкий; ны́нче, прекра́сно.**

2. Find the antonyms of the following: **бли́зкий, мёртвый, сла́бый, счаст-ли́вый; ра́доваться.**

B.

1. Identify the form of the following nouns and indicate their nom. sing. forms: **уша́м, брази́льцу, испа́нцу, дни.**

2. Find in the text the following short form adjectives and indicate the rest of the short forms (indicating also the stress), as well as the long form adjectives from which they are derived: **ро́бки, сла́бы, бли́зки, сча́стлив.**

3. Identify the following verb forms and indicate the rest of their tense forms, infinitive and aspect: **обойду́т, ра́дуйтесь, теку́т.**

C.

1. What cases do the following verbs govern in the text: **ра́доваться; обойти́, воскреша́ть?**

2. What nouns are the following diminutives derived from: **у́шко, роя́лишко?**

III. Questions

1. Почему́ до́лжен был вели́кий ру́сский поэ́т Пу́шкин чита́ть свои́ стихи́ великосве́тским да́мам ?

2. Как вы понима́ете слова́ Маяко́вского ,,жаль гу́бы. Дам да вон!" ?

3. Где слы́шалась му́зыка Му́соргского ?

4. Кто мог бы слы́шать краси́вые слова́ Ге́рцена по ра́дио ?

5. Кого́ счита́ет Маяко́вский же́ртвами отста́лости ?

6. Чему́ до́лжен наро́д ра́доваться ?

7. Что воскреша́ет его́ ?

8. Что сде́лало ра́дио для всего́ ми́ра ?

9. Како́й день счита́ет Маяко́вский прекра́сней чем не́быль ?

10. Каки́е возмо́жности откры́ло ра́дио иску́сству ?

Степа́н Щипачёв
(1899–   )

Степа́н Щипачёв—совреме́нный сове́тский поэ́т. Пе́рвый сбо́рник его́ стихо́в—,,По курга́нам веко́в" вы́шел в свет в 1923 г. За ,,Стихотворе́ния" (1948) и ,,Па́влик Моро́зов" (1950) Щипачёв был награждён Ста́линской пре́мией. Та́кже изве́стны его́ поэ́мы ,,До́мик в Шуше́нском" и ,,В до́брый путь".

В 1956 г. появи́лось его́ пе́рвое прозаи́ческое произведе́ние ,,Берёзовый сок".

сбо́рник, volume
курга́н, burial mound
награждён, rewarded

пре́мия, prize
берёзовый, birch (adj)
сок, sap, juice

*
* *

Ты со мной, и ка́ждый миг мне до́рог.
Мо́жет, впереди́ у нас года́
Но придёт разлу́ка, за кото́рой
Не быва́ет встре́чи никогда́.

То́лько звёзды в чей-то час свида́нья
Бу́дут так же лить свой ти́хий свет.
Где тогда́ в холо́дном мирозда́нье,
Ми́лый друг, я отыщу́ твой след?

1951.

миг, moment
разлу́ка, parting
свида́ние, meeting, rendezvous
лить, to pour

мирозда́ние, universe
отыска́ть (P), to find, track down
след, trace

Questions

1. Почему́ ка́ждый миг до́рог поэ́ту?
2. О како́й разлу́ке говори́т он?
3. Ве́рит ли он, что по́сле тако́й разлу́ки быва́ют други́е встре́чи?
4. Как он мо́жет отыска́ть след своего́ дру́га?

С. Маршáк
(1887–)

С. Я. Маршáк—извéстный дéтский писáтель, поэт и перевóдчик. Егó сатири́ческая поэ́ма для детéй „Ми́стер Тви́стер" и пьéса „Двенáдцать мéсяцев" пóльзуются большóй популя́рностью. Им напи́сано большóе коли́чество лири́ческих стихóв, среди́ них „Лири́ческая тетрáдь", „Стихи́ о войнé и ми́ре", „Начáло дня" и др. Он тáкже извéстен как перевóдчик Шекспи́ра, Бéрнса, Гéйне и други́х клáссиков. Маршáк три́жды лауреáт Стáлинской прéмии.

перевóдчик, translator	**Бéрнс,** Robert Burns (1759-1796), Scottish poet
пóльзоваться, to enjoy	
тетрáдь, notebook	**Гéйне,** Heinrich Heine (1797-1856), German poet

Начáло дня

За óкнами сýмрак рáнний
На свет и на тьму похóж,—
Бýдто на си́нем плáне
Нóвого дня чертёж.

Ви́жу, привстáв с постéли,
Как выступáют из мглы
Стрóгие лéсенки éлей,
Сóсен прямы́е стволы́.

Слы́шу в ти́ши до рассвéта
Пéрвые грузовики́.
Слы́шу, как в гóроде гдé-то
Прóбуют гóлос гудки́.

сýмрак, dusk	**ель,** fir
рáнний, early	**соснá,** pine
тьма, darkness	**ствол,** trunk
чертёж, sketch, design	**тишь,** silence
привстáть (P), to raise oneself	**рассвéт,** dawn
выступáть, to come forward	**грузови́к,** truck
лéсенка, ladder	**прóбовать,** to try out
мгла, haze, shadows	**гудóк,** whistle, toot, honk

200

Тот, кто мину́ту свида́нья
Но́чи и дня подгляде́л,
Ви́дел весь мир в ожида́нье
Но́вых собы́тий и дел.

1949.

свида́ние, meeting
подгляде́ть (Р), to peep (at)

ожида́ние, waiting
собы́тие, event

Questions

1. Когда́ нача́ло дня?
2. Что ви́дит поэ́т, привста́в с посте́ли?
3. Что слы́шит поэ́т до рассве́та?
4. Даёт ли мину́та свида́ния но́чи и дня, чертёж но́вого дня?
5. Когда́ мо́жет челове́к ,,ви́деть‟ мир в ожида́нии но́вых собы́тий и дел?

Борис Пастерна́к
(1890–1960)

Бори́с Пастерна́к, изве́стный поэ́т, писа́тель и перево́дчик, роди́лся в Москве́ в семье́ худо́жника.

Пастерна́к написа́л большо́е коли́чество лири́ческих стихо́в, кото́рые и́зданы в сбо́рниках: ,,Те́мы и варья́ции'' (1923), ,,Второ́е рожде́ние'' (1932), ,,На ра́нних поезда́х'' (1943), и др. Перу́ Пастерна́ка́ принадлежа́т та́кже поэ́мы ,,Лейтена́нт Шмидт'' и ,,Девятьсо́т пя́тый год''. Пастерна́к перевёл на ру́сский язы́к грузи́нских поэ́тов, ,,Фа́уста'' Гёте, траге́дии Шекспи́ра: ,,Га́млет'', ,,Оте́лло'', ,,Макбе́т'', ,,Роме́о и Джулье́тта'', ,,Анто́ний и Клеопа́тра'', ,,Коро́ль Ге́нрих IV'' и ,,Коро́ль Лир''.

Пе́рвый рома́н Пастерна́ка ,,До́ктор Жива́го'' (1956) получи́л но́белевскую пре́мию, но в Сове́тском Сою́зе э́тот рома́н не печа́тался.

Пастерна́к у́мер в 1960 году́.

перево́дчик, translator
худо́жник, artist, painter
вариа́ция, variation
рожде́ние, birth
ра́нний, early
рассве́т, dawn
зи́мний, wintry
перевести́ (P), to translate

грузи́нский, Georgian (republic in the Caucasus)
Гёте, Johann von Goethe (1749-1832), German poet
коро́ль, king
Ге́нрих, Henry
но́белевский, Nobel (adj)

Рассве́т

Ты зна́чил всё в мое́й судьбе́,
Пото́м пришла́ война́, разру́ха,
И до́лго-до́лго о тебе́
Ни слу́ху не́ было, ни ду́ху.[1]

И че́рез мно́го-мно́го лет
Твой го́лос вновь меня́ встрево́жил.
Всю ночь чита́л я твой заве́т
И как от о́бморока о́жил.

рассве́т, dawn
разру́ха, ruin, devastation
вновь, anew
встрево́жить (P), to alarm

заве́т, testament
о́бморок, faint
ожи́ть (P), to recover

From PASTERNAK: A PICTORIAL BIOGRAPHY by Gerd Ruge. Published by McGraw-Hill, New York, and Thames and Hudson, London.

Мне к лю́дям хо́чется, в толпу́,
В их у́треннее оживле́нье.
Я всё гото́в разне́сть[2] в щепу́
И всех поста́вить на коле́ни.

И я по ле́стнице бегу́,
Как бу́дто выхожу́ впервы́е
На э́ти у́лицы в снегу́
И вы́мершие мостовы́е.

Везде́ встаю́т огни́, ую́т,
Пьют чай, торо́пятся к трамва́ям,
В тече́нье[3] не́скольких мину́т
Вид го́рода неузнава́ем.

В воро́тах вью́га вя́жет[4] сеть
Из гу́сто па́дающих хло́пьев,
И, чтобы во́-время поспе́ть,
Все мча́тся недое́в, недо́пив.

Я чу́вствую за них, за всех,
Как бу́дто побыва́л в их шку́ре,
Я та́ю сам, как та́ет снег,
Я сам, как у́тро, бро́ви хму́рю.

Со мно́ю лю́ди без имён,
Дере́вья, де́ти, домосе́ды.
Я и́ми все́ми побеждён,[5]
И то́лько в том моя́ побе́да.

1955.

у́тренний, morning (adj)	**гу́сто,** densely
оживле́ние, animation	**хло́пья,** flakes
щепа́, smithereens	**мча́ться,** to rush
коле́но, knee	**недое́в,** not having finished eating
ле́стница, stairs	**недо́пив,** not having finished drinking
впервы́е, for the first time	instead of **недопи́в**
вы́мерший, extinct (here deserted)	**побыва́ть** (P), to be
мостова́я, pavement	**шку́ра,** skin, hide
ую́т, coziness	**та́ять,** to melt
неузнава́емый, unrecognizable	**бровь,** eyebrow
воро́та, gate	**хму́рить,** to knit (brows)
вью́га, blizzard	**домосе́д,** stay-at-home
сеть, net	**побе́да,** victory

Зимняя ночь

Мело,[6] мело по всей земле
Во все пределы.
Свеча горела на столе,
Свеча горела.

Как летом роем мошкара
Летит на пламя,
Слетались хлопья со двора
К оконной раме.

Метель лепила на стекле
Кружки и стрелы,
Свеча горела на столе,
Свеча горела.

На озарённый[7] потолок
Ложились тени:
Скрещенья рук, скрещенья ног,
Судьбы скрещенья.

И падали два башмачка
Со стуком на пол,
И воск слезами с ночника
На платье капал.

И всё терялось в снежной мгле,
Седой и белой.
Свеча горела на столе,
Свеча горела.

предел, limit, end
свеча, candle
рой, swarm
мошкара, midges, flies, gnats
слетаться, to fly together
оконный, window (adj)
рама, frame
метель, snow storm
лепить, to fasten, paste
кружок, circle
стрелка, arrow

тень, shadow
скрещение, crossing, junction
башмачок, slipper
стук, knock, tap, noise
воск, wax
ночник, night-light
капать, to drip
теряться, to be lost
мгла, haze
седой, grey

На све́чку ду́ло из угла́,
И жар собла́зна
Вздыма́л, как а́нгел, два крыла́
Крестообра́зно.

Мело́ весь ме́сяц в феврале́,
И то и де́ло.[8]
Свеча́ горе́ла на столе́,
Свеча́ горела́.

1955.

дуть, to blow
жар, heat
собла́зн, temptation

вздыма́ть, to raise
крыло́, wing
крестообра́зный, cross-shaped

I. Notes

1. ни слу́ху . . . ни ду́ху, no news.
2. разне́сть, poetic for разнести́, to smash.
3. в тече́нье for в тече́ние, in the course (of).
4. вя́жет, pres. of вяза́ть, knits.
5. побеждён, vanquished; побеждённый, past pass. part. of победи́ть, to conquer, vanquish.
6. мело́, past of мести́, (it) swept.
7. озарённый, illuminated; past pass. part. of озари́ть, here used as adj., to illuminate.
8. то и де́ло, ever so often.

II. Language Analysis

A.

1. Look up in the dictionary the meanings of the following words and use them in sentences: заве́т, преде́л, ра́ма, слух; вяза́ть, разнести́.

2. Find the synonyms of the following: разру́ха, ую́т; густо́й; мча́ться, поспе́ть, торопи́ться; везде́, вновь, впервы́е.

3. Find the antonyms of the following: война́, побе́да, потоло́к: зи́мний, у́тренний; выходи́ть, па́дать, теря́ться.

B.

1. Identify the forms of the following nouns and indicate their nom. sing.: коле́ни, огни́, воро́тах, хло́пьев, бро́ви, имён, башмачка́, угла́.

2. Identify the following verb forms and indicate the rest of their tense forms, infinitive and aspect: торо́пятся, мело́.

3. Identify the aspects of the following verbs and indicate their other aspects, if the latter exist: вздыма́ть, встрево́жить, вяза́ть, горе́ть, дуть, ка́пать, лепи́ть, ложи́ться, мести́, ожи́ть, па́дать, побыва́ть, поспе́ть, разнести́, слета́ться, теря́ться, торопи́ться, хму́рить.

C.

1. What nouns are these adjectives derived from: **у́тренний, зи́мний, око́нный, сне́жный?**

2.

    (a) Find in the text this example of an impersonal verb: **мне к лю́дям хо́чется.**

    (b) Find in the text these examples of personal verbs used impersonally: **мело́ . . . по всей земле́; на све́чку ду́ло из угла́.**

3. Observe the following Russian expressions in the text and use them in sentences: **в тече́ние; хму́рить бро́ви; чу́вствовать за + acc.; ни слу́ху, ни ду́ху; то и де́ло.**

III. Questions

РАССВЕ́Т

1. Как поня́ть пе́рвое сло́во ,,Ты`` в стихотворе́нии Пастерна́ка ?
2. Разуме́ет ли Пастерна́к Бо́га под э́тим сло́вом ,,Ты`` ?
3. Кто был забы́т по́сле войны́ и разру́хи ?
4. Чей го́лос встрево́жил поэ́та по́сле мно́гих лет ?
5. Что чита́л поэ́т всю ночь ?
6. Кого́ он хо́чет поста́вить на коле́ни ?
7. Куда́ ему́ хо́чется идти́ ?
8. Почему́ ему́ ка́жется, что он впервы́е выхо́дит на у́лицу ?
9. Почему́ го́род неузнава́ем в тече́ни не́скольких мину́т по́сле рассве́та ?
10. Куда́ мча́тся лю́ди недое́в, недопи́в ?
11. Как вы понима́ете слова́ Пастерна́ка ,,как бу́дто побы́л в их шку́ре`` ?
12. Лю́бит ли поэ́т приро́ду и люде́й ?
13. Како́е значе́ние име́ет ,,Рассве́т`` ?

ЗИ́МНЯЯ НОЧЬ

1. Что мело́ по всей земле́ ?
2. Что горе́ло на столе́ ?
3. Как слета́лись хло́пья сне́га к око́нной ра́ме ?
4. Что лепи́ла мете́ль на стекле́ ?
5. Каки́е те́ни ложи́лись на озарённый потоло́к ?
6. Что па́дало со сту́ком на́ пол ?
7. Что ка́пало на пла́тье ?
8. Како́й была́ сне́жная мгла ?
9. Как вы понима́ете слова́ Пастерна́ка, ,,и жар собла́зна вздыма́л, как а́нгел, два крыла́ крестообра́зно`` ?
10. Что говори́т нам Пастерна́к в его́ стихотворе́нии ,,Зи́мняя ночь`` ?

GLOSSARY

The glossary contains all the words appearing in the text selections, with the exception of the 695 words contained in Lists I and II of H. JOSSELSON'S *The Russian Word Count* which are listed separately prior to the glossary. It is assumed that the student knows these words. The translations of all other words fit the narrow context of the text selections. Feminine nouns ending in -ь are marked (fem.), masculine nouns ending in -ь are unmarked. Perfective verbs are marked (P), imperfective are unmarked.

A list of abbreviations used in the glossary follows:

adj., adjective
adv., adverb
arch., archaic
bot., botanical
colloq., colloquial
fem., feminine (noun)
impf., imperfective
impers., impersonal
indecl., indeclinable
mil., military
n., noun
p., perfective
p. & i., perfective and imperfective
pl., plural
sg., or sing., singular

List of Basic Words Not Translated in the Glossary

а
ах
———————
бе́дный
бежа́ть
без
бе́лый
бе́рег
бить
бли́зкий
бли́зко
Бог
бога́тый
бо́лее
больно́й
бо́льше
большо́й
боя́ться
брат
брать
бро́сить
бу́дто
бу́дущий
бы
быва́ть
бы́стро
быть
  есть
———————
в
ва́жный
ваш
вдруг
ведь
век
вели́кий
ве́ра
ве́рить
верну́ться
ве́рный
весёлый
вести́
весь
ве́тер
ве́чер
вещь
взгляд
взгляну́ть
взять
вид
ви́деть
ви́дный
винова́тый
власть

вме́сте
вме́сто
внима́ние
вода́
возвраща́ться
во́здух
возмо́жность
война́
войти́
вокру́г
во́лос
во́ля
вообще́
вопро́с
вот
вперёд
вполне́
впро́чем
враг
вре́мя
всё
всегда́
всё-таки
вспо́мнить
встать
встре́тить
вся́кий
второ́й
входи́ть
вчера́
вы
  вам
  вас
вы́звать
вы́йти
выраже́ние
высо́кий
высоко́
выходи́ть
———————
газе́та
где
гла́вный
глаз
глубо́кий
гляде́ть
говори́ть
год
голова́
го́лос
гора́
гора́здо
горе́ть
го́род

господи́н
гость
гото́вый
гро́мко
грудь
губа́
———————
да
дава́ть
давно́
да́же
далеко́
дать
два
два́дцать
дверь
дви́гаться
движе́ние
двор
де́вушка
де́вять
де́йствие
действи́тельно
де́йствовать
де́лать
де́ло
день
де́ньги
дере́вня
де́рево
держа́ть
держа́ться
де́сять
дитя́
дли́нный
для
до
до́брый
дово́льно
до́лго
до́лжный
дом
домо́й
доро́га
дорого́й
дочь
друг
друго́й
ду́мать
дух
душа́
———————
едва́
еди́нственный

е́сли
е́хать
ещё
———————
ждать
же
жела́ние
жела́ть
желе́зный
жена́
же́нщина
живо́й
жизнь
жить
———————
за
забы́ть
за́втра
зако́н
заме́тить
замеча́ть
заста́вить
зате́м
заче́м
звать
здесь
земля́
злой
знако́мый
знать
зна́чить
золото́й
———————
и
игра́ть
из
изве́стный
из-за
из-под
и́ли
и́менно
име́ть
и́мя
и́наче
иногда́
ино́й
иска́ть
исто́рия
итти́
———————
к
ка́ждый
каза́ться

как
како́й
како́й-нибудь
како́й-то
ка́к-то
ка́мень
карма́н
карти́на
кни́га
когда́
ко́мната
коне́ц
коне́чно
коро́ткий
кото́рый
край
кра́йний
краси́вый
кра́сный
кре́пко
крик
крича́ть
кровь
кро́ме
круг
кру́пный
кто
кто́-то
куда́
———————
лёгкий
легко́
лежа́ть
лес
ле́то
ли
лицо́
лишь
лоб
ло́шадь
лу́чше
лу́чший
люби́ть
любо́вь
лю́ди
———————
ма́ленький
ма́ло
ма́лый
ма́льчик
мать
ме́дленно
ме́жду
ме́лкий

ме́ра	никто́	па́лец	представля́ть	рост
мёртвый	ничего́	пе́рвый	пре́жде	рот
ме́сто	ничто́	пе́ред	пре́жний	рубль
ме́сяц	но	перейти́	прекра́сный	рука́
ми́лый	но́вый	переста́ть	при	ру́сский
мину́та	нога́	пе́сня	привести́	ряд
мир	нос	писа́ть	прие́хать	ря́дом
мне́ние	носи́ть	письмо́	прийти́	
мно́гий	ночь	пить	прийти́сь	
мно́го	но́чью	пла́кать	приказа́ть	
мо́жно	ну	план	принести́	с
мой	ну́жно	плечо́	принима́ть	сам
молодо́й	ну́жный	по	приня́ть	са́мый
молча́ть		под	приро́да	свет
мочь		подня́ть	приходи́ть	све́тлый
муж	о	подня́ться	причи́на	свобо́дный
мы	о́ба	подо́бный	про	свой
мысль	о́браз	подойти́	провести́	сде́лать
	обрати́ться	поду́мать	продолжа́ть	себя́
	обраща́ться	подходи́ть	происходи́ть	сего́дня
	о́бщество	пое́хать	пройти́	сей
на	о́бщий	позво́лить	пропа́сть	сейча́с
над	ого́нь	по́здно	проси́ть	семь
наде́жда	огро́мный	пойти́	про́сто	семья́
наде́яться	оди́н	пока́	просто́й	се́рдце
на́до	одна́жды	показа́ть	про́тив	се́рый
наза́д	одна́ко	показа́ться	проходи́ть	серьёзный
назва́ть	ожида́ть	пока́зывать	проче́сть	сесть
называ́ть	оказа́ться	по́ле	про́чий	сиде́ть
найти́	окно́	по́лный	про́шлый	си́ла
наконе́ц	о́коло	полови́на	пря́мо	си́льно
написа́ть	он	положе́ние	прямо́й	си́льный
наприме́р	его́	положи́ть	пусто́й	сказа́ть
наро́д	её	получа́ть	пусть	сквозь
настоя́щий	ей	получи́ть	путь	ско́лько
нау́ка	ему́	по́льза	пять	ско́ро
находи́ть	их	по́мнить	пятьдеся́т	сла́бый
находи́ться	она́	помо́чь		сла́ва
нача́ло	они́	по́мощь		сле́довать
нача́ть	опя́ть	понима́ть	рабо́та	сле́дующий
нача́ться	осо́бенно	поня́ть	рабо́тать	слеза́
начина́ть	осо́бенный	попа́сть	рабо́чий	сли́шком
наш	осо́бый	пора́	ра́ди	сло́во
не	остава́ться	поря́док	ра́дость	слу́жба
не́бо	оста́вить	посла́ть	раз	служи́ть
неда́вно	остально́й	по́сле	ра́зве	слу́чай
неде́ля	останови́ться	после́дний	разгово́р	случи́ться
не́который	оста́ться	посмотре́ть	ра́зный	слу́шать
нельзя́	от	поста́вить	ра́но	слы́шать
немно́го	отве́т	потеря́ть	расска́з	смерть
необходи́мый	отве́тить	пото́м	рассказа́ть	сметь
не́сколько	отвеча́ть	похо́жий	расска́зывать	смех
несмотря́	отда́ть	почему́	расти́	смея́ться
нести́	оте́ц	почти́	ребёнок	смотре́ть
нет	откры́тый	почу́вствовать	река́	смысл
не́чего	откры́ть	появи́ться	речь	снача́ла
ни	отку́да	пра́вда	реши́ть	сно́ва
никако́й	отноше́ние	пра́во	род	снять
никогда́	о́чень	пра́вый	родно́й	соба́ка
				собира́ться

собра́ться	судьба́	труд	хара́ктер	число́
со́бственный	существова́ть	тру́дно	хлеб	чи́стый
соверше́нно	счастли́вый	туда́	ход	чита́ть
сове́т	сча́стье	тут	ходи́ть	член
сове́тский	счёт	ты	хозя́ин	что
совсе́м	счита́ть	тебя́	холо́дный	что́бы
со́лнце	сын	ты́сяча	хоро́ший	что́-нибудь
сон	сюда́	тяжёлый	хорошо́	что́-то
со́рок			хоте́ть	чу́вство
спать			хоте́ться	чу́вствовать
спина́	так	у	хотя́	чужо́й
споко́йно	та́кже	уби́ть		чуть
споко́йный	тако́й	уви́деть		
спра́шивать	там	у́гол		
спроси́ть	твой	уже́	цвето́к	
сра́зу	те́ло	у́зкий	це́лый	шаг
среди́	тёмный	узна́ть	цель	шесть
ста́вить	тепе́рь	уйти́	це́рковь	широ́кий
станови́ться	ти́хий	у́лица		
стара́ться	ти́хо	улыба́ться		
стари́к	то	улы́бка	чай	э́то
ста́рый	това́рищ	ум	час	э́тот
стать	тогда́	умере́ть	ча́сто	
стена́	то́ есть	уме́ть	часть	
сто	то́же	упа́сть	челове́к	я
сто́ить	толпа́	успе́ть	челове́ческий	меня́
стол	то́лько	у́тро	чем	мне
сто́лько	то́нкий	у́тром	че́рез	яви́ться
сторона́	тот	ухо́д	чёрный	явля́ться
стоя́ть	то́чно	уходи́ть	чёрт	язы́к
страна́	тре́бовать		че́стный	я́сно
стра́нный	тре́тий		честь	я́сный
страх	три	факт	четвёртый	
стра́шный	три́дцать	фигу́ра	четы́ре	

A

абза́ц, paragraph
абсолю́тный, absolute
абсу́рдный, absurd
а́вгуст, August
аво́сь, perhaps, maybe
аво́сь-либо = аво́сь
австри́йский, Austrian (adj)
автомоби́ль, car
а́втор, author
авторите́т, authority
а́вторский, author's
а́вторство, authorship
аге́нтство, agency
аги́тка, piece of propaganda
агитацио́нная пье́са, propaganda play
агроно́м, agriculturist
ад, hell
администра́тор, business manager
а́дрес, address
адреса́т, addressee
а́ист, stork
ай, oh!
акаде́мия, academy
ака́ция, acacia
аква́риум, aquarium
актёр, actor
акти́вный, active
актри́са, actress
алжи́рский, Algerian (adj)
а́мбра, amber
амортиза́ция, softening, cushioning
а́нгел, angel
а́нгельский, angelic
англи́йский, English (adj)
англича́нин, Englishman
анекдо́т, joke, funny story
анса́мбль, ensemble
анчо́ус, anchovy
апа́тия, apathy
апо́криф, Apocrypha
аппети́т, appetite
апре́ль, April
апте́карский, pharmaceutical
апте́карь, druggist
аре́нда, lease
арестова́ть (P), to arrest
а́рка, arch
арме́йский, army (adj)
а́рмия, army
арома́т, aroma
арти́ст, artist
артишо́к, artichoke
а́рфа, harp
аспири́н, aspirin
астроно́м, astronomer
асфа́льт, asphalt

атакова́ть, to attack
атмосфе́ра, atmosphere
афе́ра, shady transaction

Б

ба́ба, peasant woman
ба́бка, old woman
ба́бушка, grandmother
багро́вый, crimson
бакенба́рды (pl), sidewhiskers
бал, ball
балда́, blockhead
балова́ть, to spoil
ба́нда, band, gang
ба́нка, jar
банке́т, banquet
ба́ночка dim. of ба́нка
ба́ня, Russian bath
бараба́н, drum
ба́рин (arch), gentleman; master; sir
баро́н, baron
ба́рыня (arch), landowner's wife; lady, mistress
ба́рышня (arch), young lady
бас, bass
батальо́н, battalion
бати́стовый, of batiste
бахва́льство, bragging, boasting
бахрома́, fringe
башка́ (sg only) (colloq), pate, noodle
башма́к, shoe
башмачо́к, slipper
ба́шня, tower, turret
бе́гать, to run
бегемо́т, hippopotamus
бе́глый, passing
бегово́й, racing (adj)
беда́, trouble
бедня́жка, poor girl
бедня́к, poor man
бе́жевый, beige
безвы́ходный, hopeless
безда́рность (fem), lack of talent
безде́лка, trifle
безде́лье, idleness
бе́здна, abyss
беззако́ние, lawlessness
беззву́чный, soundless
безме́рно, immeasurably
безнадёжный, hopeless
безнака́занный, unpunished
безобра́зный, ugly, hideous
безогля́дный, carefree
безразли́чный, indifferent
безрассу́дность (fem), thoughtlessness, foolishness
безрассу́дство, rashness

213

безу́держный, unrestrained
безу́мие, folly, madness
безусло́вно, undoubtedly
безуспе́шный, unsuccessful
безымя́нный, nameless
бей, Bey (Turkish title)
бека́с, snipe
беле́ть, to whiten
белоку́рый, blond
берегова́я оборо́на, coast guard
бережли́вый, thrifty, economical
бе́режно, with care
берёза, birch
берёзовый, birch (adj)
бес, demon
бесе́да, conversation
бесе́дка, arbor
беси́ть, madden
беси́ться, to be frantic, to be furious
бесконе́чно, infinitely
бесконе́чный, endless
бескоры́стный, unselfish
беспа́мятство, unconsciousness
беспла́тно, free of charge
беспоко́иться, to worry
беспоко́йный, restless
беспоко́йство, uneasiness
бесполе́зно, uselessly
бесполе́зность (fem), uselessness
бесполе́зный, senseless
беспоря́док, disorder
беспреде́льный, infinite
беспреры́вно, uninterruptedly
беспреры́вный, uninterrupted
беспреста́нно, continually
беспреста́нный, continual
беспринци́пность (fem), lack of prin-
　ciples
бесприю́тный, homeless
бесси́лие, impotence
бесси́льный, impotent
бессме́ртие, immortality
бессмы́сленный, senseless, inane
бессозна́тельно, unconsciously
беспо́рный, indisputable
бесстра́стный, impassive
бесстра́шный, fearless
бессчётный, innumerable, countless
бе́стия, knave, rogue
бе́столочь (fem) (colloq), confusion
бесчи́сленный, numerous
бесшу́мный, noiseless
бе́шенство, rage
библиографи́ческий, bibliographical
библиоте́ка, library
би́вень, tusk
бизо́н, bison
биле́т, ticket

би́тва, battle
би́ться, fight, strike, beat
бла́го, blessing
благогове́йный, reverential
благодари́ть, to thank
благода́рность (fem), gratitude
благода́рный, grateful
благодаря́, thanks to
благода́тный, beneficial
благоде́тельный, beneficial
благоду́шный, complacent
благозву́чие, euphony
благо́й, good
благополу́чный, safe
благорасположённость (fem), benev-
　olence
благоро́дный, noble
благоро́дство, nobility, nobleness
благоскло́нно, favorably
благоскло́нность (fem), benevolence
благослове́нный, blessed
благословля́ть, to bless
блаже́нный, blissful
бланк, form
бле́дненький dim. of бле́дный
бледне́ть, to turn pale
бледножёлтый, pale yellow
бле́дность (fem), pallor, paleness
бле́дный, pale, pallid
блеск, lustre
блесну́ть (P), flash
блесте́ть, to glitter
блёстка, sparkle
блестя́щий, brilliant
бли́же, nearer
бли́жний, near, neighboring
бли́зкий, near
бли́зость (fem), nearness
блин, pancake
блиста́ть, shine
блокно́т, notebook
блю́дечко, saucer
блю́до, course (dinner)
блюсти́тель, observer
блюсти́тель поря́дка (colloq), police-
　man
бля́ха, badge
бобёр, beaver
бо́бриком, brushed-up (adv)
богате́ть, to grow rich
бога́тство, riches, wealth
богаты́рь, hero
бога́ч, rich man
бо́дро, cheerfully
бо́дрость (fem), cheerfulness
бо́дрый, brisk
боево́й, battle (adj)
Бо́же, good God, good Lord

божественный, divine
божество, deity, idol
Божий, God's
божиться, to swear
бой, battle
бок, side
болван, blockhead
болгарский, Bulgarian
болезненно, morbidly
болезнь (fem), illness, disease
болеть, to ache, hurt
болеть за, to root for
боливар (arch), top hat
болтать, to chatter, jabber
боль (fem), pain
больница, hospital
больно, painful
больно глазам, the eyes ache
большинство, majority
бомба, bomb
бомбёжка, bombing
борец, fighter
бормотать, mutter
борода, beard
бороться, to struggle
борт, side, board (of ship)
борьба, struggle
босой, bare(footed)
ботаник, botanist
ботанический, botanical
ботики, overshoes
ботинки, high shoes
бочар, cooper
бочка, barrel
боярин, boyar
бразильянец = бразилец (n), Brazilian
брак, rejects
бранить, to scold, abuse
браниться, to quarrel (with)
братец, my boy
браться, to undertake
брегет (arch), clock (named after Bréguet)
бред, delirium
бредить, to be delirious
бредоносец, raving person
бренчать, to jingle, clank
бритва, razor
бритвенный, shaving
бритый, shaven
брить, to shave
бровь (fem), eyebrow
бродяжнический, itinerant, vagabond (adj)
бродячий, itinerant
броненосец, battleship
бронза, bronze
бронзовый, bronzed

бросать, to throw
бросаться, to throw oneself (on, upon)
брюзжать, to grumble
брюки (pl only), trousers
брюнет, dark(haired) man
бубенцы (pl), bells
будить, to awaken
будка, cabin, stall, booth
будничный, everyday (adj)
будочка dim. of будка
будто бы, supposedly
будуар, boudoir
будучи, being
будущее, future
будущность (fem), future
букашка, insect
буква, letter
букинистический, pertaining to second-hand books
булавочный, of a pin
булат, sword
бульвар, avenue, boulevard
бумага, paper
бумажка, bit of paper, note
буран, snow storm
бурный, stormy
буря, storm
бутерброд, sandwich
бутылка, bottle
буфф (indecl), comical
буянить, to make a row
бывший, former
бык, pier (of bridge)
былина, folk tale
быстрота, speed
быстрый, quick
быт, life
бытописание, chronicling
бытие, existence
бюджет, budget
бюрократ, bureaucrat

В

в виде, in the form of
в общем, generally
в том числе, including
важно, grandly
важность, importance (fem)
валенки, felt boots
валить, to bring down
валиться, to fall
валяться, to be scattered about
варежка, mitten
вариация, variation
варить, to boil
ватник, quilted jacket
вбирать, absorb

вблизи́, nearby
вве́рх, upwards
вверху́, above
ввечеру́ = ве́чером
вдави́ть (Р), to press in
вдалеке́, вдали́, in the distance, far off
вдво́е, twice as
вдвоём, two (together)
вдёргивать, to pull in, through
вдоба́вок, in addition
вдова́, widow
вдоль, along
вдохнове́ние, inspiration
вдохнови́ться (Р), to be inspired
вдохну́ть (Р), to inhale
вдыха́ть, to inhale
ве́дать, to know
ведро́, bucket, pail
ве́жливо, politely
везде́, everywhere
ве́ко, eyelid
веле́ть (Р + I), to order, to tell
великово́зрастный, overgrown
великоду́шие, generosity, magnanimity
великоду́шный, magnanimous
великоле́пный, magnificent
великосве́тский (arch), high society (adj)
велича́вый, majestic
велича́йший, greatest
велича́ть, to call, name, honor
величина́, size
велосипе́д, bicycle
вельмо́жа (arch), important personage
венециа́нский, Venetian (adj)
ве́ник, besom
верблю́д, camel
верёвка, string
веретено́, spindle
вери́ги, penitent chains
ве́рно, probably, most likely
ве́рное = наве́рное
вероя́тие, likelihood, probability
вероя́тно, probably
вероя́тность (fem), probability
верста́, verst (3.500 feet)
верте́ть, to twirl
верте́ться, to whirl
верху́шка, top, summit
верши́на, top, summit, crest
вес, weight
ве́село, merrily, gaily
весёлость (fem), joviality, gaiety
весе́лье, mirth, gaiety
весельча́к, merry fellow
весе́нний, spring (adj)
весна́, spring
весну́шки, freckles

ведётся, it is the custom
весьма́, highly, greatly, very
ве́тка, branch
ве́точка, shoot
ве́треный, windy
ве́тхий, decrepit
ветчина́, ham
вече́рний, evening (adj)
ве́чером, in the evening
ве́чный, eternal
ве́шалка, hanger
ве́шний, spring (adj)
вещество́, substance
вещи́ца, little thing
ве́яние, blowing, breathing
взад, back (adv)
взбеси́ться (Р), to be frantic
взва́ливать, to hoist
взва́лить (Р), to hoist
взвива́ться, to fly up, to soar
взви́ться (Р), to fly up, to soar
вздор, nonsense, rubbish
вздо́рный, absurd, foolish
вздох, deep breath
вздохну́ть (Р), breathe, sigh
вздра́гивать, to start, to flinch
вздремну́ть (Р), to take a nap
вздро́гнуть (Р), to start to flinch
взду́мать (Р), to take into one's head
вздыма́ть, to raise
вздыха́ть, to sigh
взлета́ть, to fly up
взма́хивать, to flap, wave
взметну́ться (Р), to rush up
взойти́ (Р), ascend
взорва́ться (Р), to explode
взро́слый, adult
взрыв, explosion
взя́точник, grafter
взя́ться (Р), to undertake
вибра́тор, vibrator
вида́ть, to see
ви́дение, vision, sight
виде́ние, phantom
ви́деться, to see each other
ви́димо, apparently
ви́димый, visible
видне́ться, to be seen
ви́дно, apparently
видоизменя́ть, to modify
ви́дывать, to see
визг, screech
визжа́ть, whine
вина́, guilt
вино́, wine; vodka (colloq)
виногра́д, grapes
виногра́дный, grape (adj)
вира́ж, turn, curve

висе́ть, to hang
висо́к, temple (part of head)
вито́й, twisted
ви́ться, to meander
ви́хорь = вихрь, whirlwind
вихра́стый, mop headed
вицмунди́р (arch), (formal dress) uniform
вишнёвый, cherry (adj)
вишь (abbr. of) = ви́дишь (colloq)
включа́ть, to include
включи́ть (P), to include
вкус, taste
вла́га, moisture
владе́лец, owner
владе́ть, to possess, to be master (of)
вла́жный, humid, moist, damp
влета́ть, to fly in
влия́ние, influence
влия́тельный, influential
влюблённый, in love (adj)
влюбля́ться, to fall in love
вмести́ть (P), to contain
вмеша́ться (P), to interfere
вме́шивать, to cut in, to meddle
внеза́пный, sudden
вне́шний, external
вне́шность, appearance (fem)
вниз, down
внизу́, below
внима́тельный, attentive
внима́ть, to listen (to)
вновь, anew, again
вну́тренний, inside
внуши́ть, to suggest, to inspire
вня́тный, distinct
вове́ки (arch), never
во́все, quite
водеви́ль, vaudeville
води́ть, to lead, to conduct
вое́нный, military (adj)
вое́нный, soldier
вожжа́, rein
возбуди́ть (P), to arouse, awake
возбужда́ть, to provoke
возвеща́ть, to announce
возводи́ть, to erect
возврати́ться (P), to return
возвыша́ться (P), to rise, to tower
во́зглас, exclamation, cry
возгласи́ть (P), to proclaim
возду́шный, air (adj)
воззре́ние, view
возлага́ть, to place
во́зле, by, near
возложи́ть (P), to place
возмечта́ть (P), to start to daydream
возмути́тельный, outrageous, shocking

возмуща́ться, to be incensed, to be filled with indignation
возмуще́ние (arch), insurrection
вознагради́ть (P), to reward
возненави́деть (P), to come to hate
возника́ть, to arise
возобнови́ть (P), to resume
возража́ть, to object
возрази́ть (P), to object
во́зраст, age
во́ин, soldier
вой, howling
вокза́л, railway station
волна́, wave
волне́ние, agitation
волнова́ть, to agitate
волнова́ться, to be agitated
волокно́, fibre
волочи́ться, to run (after)
во́льная (n) (arch), certificate of freedom (for serfs)
во́льно, freely
во́льный, free (adj)
вон, out
вон, there, over there
вонь (fem), stink, stench
воню́чий, stinking
вообража́ть, to imagine
воображе́ние, imagination
вообрази́ть (P), to imagine
воодушеви́ться (P), to be animated
воодушевля́ть, to inspire
во-пе́рвых, in the first place
вопль, howl, cry
вопреки́, in spite of
вопроси́тельный, inquiring, questioning
вор, thief
воробе́й, sparrow
ворова́ть, to steal
воровско́й, thievish, stealthy
воро́на, crow
воро́нка, crater
воро́та (pl only), gates
воротни́к, collar
во́рох, pile, heap
ворча́ть, to grumble (at)
во́семь, eight
воск, wax
воскли́кнуть (P), to exclaim
восклица́ть, to exclaim
воскреса́ть, to rise again
воскресе́нье, resurrection
воскре́снуть (P), to rise again
воскреша́ть, to resurrect
воспита́ние, education
воспита́тель, educator
воспита́тельный, educational

воспо́льзоваться (Р), to take advantage (of)

воспомина́ние, memory, reminiscence

восстанови́ть (Р), to restore

восто́рженно, enthusiastically

восто́рженный, enthusiastic

восто́чный, eastern

восхища́ться, to be carried away, to be delighted (with)

восхище́ние, delight

восьмидесятиле́тний, eighty-year-old (adj)

воцари́ться (Р), to set in

воцаря́ться, to set in

вошь, louse (fem)

во́ющий, howling (adj)

впа́лый, hollow, sunken

впасть (Р), to fall (into)

впервы́е, for the first time

впереди́, in front

впечатле́ние, impression

впива́ться, to stick (into)

впи́ться (Р), to stick (into)

вполго́лоса, in a low voice

впра́вду, really and truly

впуска́ть, to let (in), admit

впусти́ть (Р), to let (in) admit

вра́жеский, hostile

вра́ки, nonsense, idle talk

врать, to lie

врач, physician

вреди́ть, to harm, to injure

вре́дный, harmful, bad, injurious

вро́де, like, kind of

вруча́ть, to entrust (to)

вряд(ли), hardly

всевозмо́жный, all sorts of

всевы́шний, the Most High (divinity)

всеми́рно, world-wide

всенаро́дный, nation-wide

всерьёз, seriously

всехсве́тный, world-wide

всечелове́ческий, universally human

вска́кивать, to jump up, to leap up

вско́ре, soon (after)

вскри́кивать, to utter a shriek, to scream

вскри́кнуть (Р), to utter a shriek, to scream

вслед за, after, following

всмотре́ться (Р), to observe closely

вспаха́ть (Р), to plow (up)

всплёскивать, to splash

всплесну́ть (Р), to splash

всплыть (Р), to come to the surface

вспомина́ть, to remember, to recollect, to think (of)

вспу́читься (Р), to distend

вспыли́ть (Р), to flare up

вспы́льчивый, hot-tempered

вспы́хивать, to blaze up, to flash

вспы́шка, flash

встава́ть, to get up, to rise

вста́вить (Р), to put (into, in)

вставля́ть, to put (into, in)

встрево́житься (Р), to be anxious

встре́титься (Р), to meet, to come across

встре́ча, meeting

встреча́ться, to meet, to come across

встря́хивать, to shake

вступа́ться, to stand up (for)

вступи́ть (Р), to stand up (for)

вступи́ться, to stand up (for)

вступле́ние, entry (into)

всходи́ть, to ascend, to rise

всю́ду, everywhere

вуа́ль (fem), veil

вход, entrance, entry

вчера́шний, yesterday's

въе́хать (Р), to drive (into)

выбега́ть, to run out

вы́бежать (Р), to run out

выбива́ть, to knock out

выбива́ться, to come out, to get out

выбира́ть, to choose, select, pick out

вы́бить (Р), to knock out

выбра́сывать, to throw out

вы́брать (Р), to choose, select

вы́браться (Р), to get out

вы́бритый, shaven

вы́брить (Р), to shave

вы́бросить (Р), to throw out

вы́весить (Р), to hang out

вы́вести (Р), to take out, to lead out

выве́шивать, to hang out

вы́вод, conclusion

выводи́ть, to take out, to lead out

выгля́дывать, to look out

вы́глянуть (Р), to look out

вы́гнать (Р), to drive out

выгова́ривать, to utter

вы́говорить (Р), to utter

вы́года, advantage, benefit

выгоня́ть, to drive out

выдава́ть, to pay (a salary), to betray

вы́дать (Р), to pay (a salary), to betray

вы́дача, distribution

выдаю́щийся, outstanding

вы́делиться (Р), to stand out

выделя́ть (arch), to discharge

выделя́ться, to stand out

выдёргивать, to pull out

вы́держать, to contain (oneself)

вы́дернуть (Р), to pull out

выдува́ть, to blow out

вы́думать (Р), to invent, to make up

выду́мывать, to invent, to make up

вы́езд, exit
вы́ездить (P), to drive out
выезжа́ть, to drive out
вы́ехать (P), to drive out
вы́золоченный, gilded
вы́играть (P), to win
выка́зывать, to manifest, to display
выка́пывать, to dig out
вы́катиться (P), to roll out
выка́тываться, to roll out
вы́кинуть (P), to throw out
вы́клянчить (P), to beg
вы́копать (P), to dig (out)
вы́крутиться (P), to get out of (it)
вылеза́ть, to climb out
вы́лезть (P), to climb out
вылета́ть, to fly out, dart out, rush out
вылива́ть, to pour out
вы́литься (P), to run out, to pour out
вы́мерший, deserted
вы́нести (P), to carry out
вынима́ть, to take out
выноси́ть, to carry out, to take out
выноси́ться, to rush out
вынужда́ть, to force
вы́нужденный, forced
вы́нуть (P), to take out
вы́нырнуть (P), to come to the surface (of water)
вы́пад, thrust
выпада́ть, to occur
выпа́рхивать, to flutter out
выпива́ть, to drink (up)
вы́писаться (P), to be discharged
вы́писка, excerpt
вы́пить (P), to drink (up)
выплёскивать, to splash out
выплыва́ть, to swim out
вы́плыть (P), to swim out
вы́плюнуть (P), to spit out
вы́ползти (P), to creep out
вы́полнить (P), to carry out
вы́порхнуть (P), to flutter out
выпра́стывать (colloq), to get out, to get free
выпра́шивать, to ask, to beg
вы́просить (P), to ask, to beg
вы́простать (P), to get out
вы́пуклый, bulging
выпры́скивать, to splash out
выпуска́ть, to release, to set free
вы́пустить (P), to release, to set free
вы́работать (P), to cultivate
выража́ться, to express oneself
вы́разиться (P), to express oneself
выраста́ть, to grow up, to grow (out of)
вы́расти (P), to grow up, to grow (out of)

вы́рвать (P), to pull out, to tear out
вы́рваться (P), to break away
вы́рисоваться (P), to sketch in
вы́ронить (P), to drop out
вы́ругаться (P), to curse (someone), to swear, to curse
выруча́ть, to rescue
вырыва́ть, to tear out
вырыва́ться, to break away, to burst out
вы́садить (P), to drop off, put off
выса́живать, to drop off, put off
выса́сывать, to suck out
вы́сечь (P), to flog, to whip
вы́ситься, to rise (above)
вы́сказаться (P), to express one's opinion
выска́зывать, to express
выска́зываться, to express oneself
выска́кивать, to jump out, to leap
вы́скочить (P), to jump out, to leap
вы́слать (P), to banish
вы́слушать (P), to hear (out)
выслу́шивать, to hear (out)
высма́тривать, to peer out
высо́вывать, to put out, to thrust out
высо́вываться, to push oneself
высокока́чественный, high quality (adj)
вы́сосать (P), to suck out
высоча́йший, highest
вы́спаться (P), to have a good sleep
выспра́шивать, to question
вы́ставить (P), to show
выставля́ть, to show
выставля́ться, to protrude
вы́стрел, shot
выступа́ть, to come forward, appear, perform
вы́ступить (P), to come forward, appear, perform
выступле́ние, appearance
вы́сунуться (P), to lean out
вы́считать (P), to figure out
вы́сший, higher
высыла́ть, to banish
высыпа́ть, to empty, to pour out
высыпа́ться, to pour out
выта́лкивать, to push (out)
выта́скивать, to drag out
вы́тащить (P), to drag out
вытека́ть, to follow
вы́тереться (P), to wipe oneself, to dry oneself
вытира́ть, to wipe, to dry
вы́толкнуть (P), to push out
выть, to howl
вытя́гивать, to stretch
вы́тянуться (P), to stretch

вы́живать, to fish (out)
вы́учиваться, to learn
вы́учиться (P), to learn
вы́ход, way out
вы́ход в свет, appearance
вы́ходит, it turns out
вы́ходка, trick
выходно́й, day off
вы́цвести (P), to fade
вычёркивать, to cross out
вычища́ть, to clean, to brush
вы́чурный, fanciful
вы́ше, higher
вышина́, top, summit
вы́шитый, embroidered
вью́га, snow storm
вяза́ть, to tie up
вя́зкий, viscous, sticky, swampy
вязь (fem), ligature
вя́леный, dried (meat, fish)
вя́лый, languid, dull

Г

га́дкий, bad
галере́я, gallery
галифе́ (indecl), riding-breeches
га́лка, daw
гало́ша, galosh
га́лстук, necktie
гармо́ника, accordion
гарниту́р, set (furniture)
гва́рдия, guard
где́-нибудь, somewhere
генера́л, general
генера́л-губерна́тор, governor-general
генера́льский, general's
генера́льство, generalship
гениа́льный, brilliant
ге́ний, genius
географи́ческий, geographic(al)
георги́н, dahlia
герма́нский, German (adj)
геро́й, hero
ге́тто, ghetto
ги́бкость (fem), flexibility
ги́бнуть, to perish
гимна́зия, secondary school
гита́ра, guitar
гитлери́зм, Hitlerism (Nazism)
глава́, head, chief
главк (гла́вное управле́ние), central board
гла́дить, to iron
гла́дкий, smooth
глота́ть, to swallow
глубина́, depth, interior
глубоко́, deeply

глубокомы́сленный, profound
глубокомы́слие, insight
глу́пость (fem), foolishness, stupidity
глу́пый, foolish, stupid
глухо́й, toneless, hollow, remote, lonely
глушь, remote corner (fem)
гля́нуть (P), to glance
гнать, to drive, to chase, to hunt
гнев, anger, ire
гне́вно, angrily
гнездо́, nest
гну́сный, vile
гнуть, to bend
гну́ться, to stoop
гнуша́ться, to shun
говори́тся, to be said
голени́ще, top (of a boot)
голо́вка dim. of голова́
головокруже́ние, dizziness
голо́вушка endear. of голова́
го́лод, hunger
голо́дный, hungry
голосло́вный, unsubstantiated
голосова́ть (P + I), to vote
голосово́й, vocal
голосо́к dim. of го́лос
голубо́й, blue, light (pale) blue, sky blue, azure
голу́бушка (fem), my dear
голу́бчик, my dear fellow
го́лый, naked, bare
го́нка, race
гоня́ть, to drive, to drive away
гоня́ться, to chase, to pursue
горба́тый, hunchbacked
горба́ч, hunchback
го́рбиться, to become bent
горди́ться, to be proud (of)
го́рдо, proudly
го́рдый, proud
горда́чка, proud woman
го́ре, grief
го́рестно, sorrowfully
го́рестный, sorrowful
го́рец, mountaineer
горизо́нт, horizon
горко́м (городско́й комите́т), town committee
го́рло, throat
го́рный, mining (adj)
городи́шко, God-forsaken little town
городо́к dim. of го́род
горшо́к, (earthenware) pot
го́рький, bitter
го́рько, bitterly
горю́чее (n), fuel (oil)
горя́чее (n), hot dish
горя́чка, fever

го́спиталь, hospital (military)
господа́, gentlemen
Го́споди, good heavens! Lord!
госпо́дский, manorial
гости́ная (n), drawing room
гости́нец, present
гости́ница, hotel
гости́ть, to stay (with)
госуда́рственный, state (adj)
госуда́рство, state
госуда́рь, sovereign
гото́виться, to prepare
гра́бить, to rob
град, hail
гра́дус, degree
граждани́н, citizen
гражда́нский, civic, civilian
грамм, gram
гра́мотно, correctly, grammatically
гранд, grandee (Spanish nobleman)
гранёный, faceted
грани́тный, granite (adj)
грани́ца, boundary, border
грань (fem), border
граф, count
графи́н, decanter
графи́ня, countess
гра́ция, grace
грек, Greek
гре́ться, to warm (oneself)
грех, sin
гре́ческий, Greek (adj)
гре́шный, sinful
гри́ва, mane
гроб, coffin
гроза́, storm
гроздь (fem), cluster (of fruit)
грози́ть, to threaten
гром, thunder
грома́да, enormous mass
грома́дный, huge, enormous
громи́ть, to rout
гро́мкий, loud
громкоговори́тель, loud-speaker
гро́хот, roar
грош, half a copeck, farthing
грубия́н (colloq), rude fellow, boor
гру́бо, rudely
гру́бый, coarse, rude
гру́да, heap
грузи́нский, Georgian (adj)
гру́зный, heavy
грузови́к, truck
гру́ппа, group
группо́вщина, clannishness
гру́стно, sadly
гру́стный, sad
грусть (fem), melancholy, sadness

гря́зи (pl only), mud baths
гря́зный, dirty
грязь (fem), dirt
губерна́торский, governor's
губе́рния, province
губи́тельный, ruinous
губи́ть, to ruin
гу́бка dim. of губа́, lip
гуверна́нтка, governess
гуд, drone
гуде́ть, to drone
гудо́к, whistle
гул, rumble
гуля́ка, reveller
гуля́нье, taking a walk
гуля́ть, to take a walk, a stroll
густе́ть, to thicken
гу́сто, densely
густо́й, dense

Д

дави́ть, to press, to choke
да́вний, old, former
да́лее, further
дальне́йший, subsequent
да́льний, remote
да́льше, farther
да́ма, lady
да́мский, lady's
да́нные, data
да́нный, given
дань (fem), tribute, contribution
дари́ть, to give (a gift)
дарова́ние, talent
даровщи́нка (colloq), for nothing, gratis
да́ром, for nothing, gratis
да́ча, cottage
двадцатиле́тний, twenty-year-old
двена́дцать, twelve
две́рца, door
две́сти, two hundred
дви́гатель, motor, engine
дви́гать, to move, to advance
дви́жущий, moving, advancing
дви́нуться (P), to move, to advance
двоеду́шие, duplicity
двойно́й, double
дворе́ц, palace
дво́рник, yard-keeper
дворня́га, mongrel
дворяни́н, nobleman
дворя́нский, noble
двою́родный племя́нник, son of a cousin
двуго́рбый, two-humped
двугри́венный, twenty-copeck coin

дебо́шничать, to carouse
дева́ть, to put
дева́ться, to escape
де́вка, wench
де́вочка, little girl
девчо́нка, girl
девятиме́сячный, nine month-old
дегати́ровать = декати́ровать
де́душка, grandfather
дежу́рный (n), man on duty
действи́тельность (fem), reality
действи́тельный, actual, real, true
декабри́ст, Decembrist (revolutionary)
дека́брь, December
декати́ровать (P + I), to sponge
    (cloth)
деклара́ция, declaration
де́латься, to become, to take place
деле́ц, smart dealer
делика́тный, considerate, tactful
дели́ть, to divide
дели́ться, to share
делови́тость (fem), efficiency
делопроизво́дство, clerical work
де́льный, sensible
де́мон, demon
департа́мент, department
депута́т, deputy
депута́ция, deputation
дёргать, to pull
дёргаться, to twitch
дереве́нский, village, country (adj)
деревообде́лочный, woodworking
дереву́шка, hamlet, small village
деревя́нный, wooden
держа́ва, state
де́рзкий, daring
дерзну́ть (P), to dare
деспоти́зм, despotism
деся́тки, tens, scores
дети́шки, kiddies, little ones
де́точка dim. of дитя́
де́тский, child's
де́тство, childhood
де́ться (P), to escape
дефици́т, deficit
деше́вле, cheaper
дёшево, cheaply
дешёвый, cheap
де́ятель, figure (public), worker
де́ятельность (fem), activity
де́ятельный, active
джаз, jazz band
джигито́вка, trick riding
дива́н, sofa
дива́нная (n), sitting room
диви́ться, to marvel
ди́вный, marvellous

ди́кий, wild, savage
дире́ктор, director, manager
дире́кторский, manager's
дире́кция, management
диссерта́ция, thesis
дисципли́на, discipline
дитя́тко dim. of дитя́
дичь (fem), game
длиннова́тый, longish
дли́ться, to last
дневни́к, diary
дно, bottom
до сих пор, until now
доба́вить (P), to add
добега́ть, to run (up to)
добежа́ть (P), to run (up to)
добива́ться, to obtain
добира́ться, to get (to)
доби́ться (P), to obtain, to attain
добра́ться (P), to reach, to get
доброво́лец, volunteer
доброде́тель (fem), virtue
доброду́шный, good-natured
доброжела́тельный, benevolent
довезти́ (P), to take, to bring (to)
дове́рие, trust
дове́риться (P), to trust
довести́ (P), to lead (to)
до́вод, argument
довози́ть, to take, to bring (to)
дово́льно, fairly
дово́льный, satisfied
дог, great Dane
до́га (colloq) for дог
догада́ться (P), to guess, to suspect, to
    surmise, to conjecture
дога́дываться, to guess, to suspect, to
    surmise, to conjecture
до́гма, dogma
договори́ться (P), to come to an
    agreement
доезжа́ть, to arrive
дое́хать (P), to arrive
дожда́ться (P), to wait
дождево́й, rainy
до́ждик dim. of дождь
дозвони́ться (P), to ring until
    answered
дойти́ (P), to reach
доказа́ть (P), to prove
дока́зывать, to prove
дока́нчивать, to finish
докла́д, report
докла́дывать, to report
до́кторский, doctor's
докуме́нт, document
докуча́ть, to bother
долг, debt

долгий, long
должность (fem), post, job
долина, valley
доложить (P) (colloq), to add
долой, down with
доля, share
домашний, domestic, home (adj)
домишко dim. of дом
домогательство, insistent solicitation
домосед, stay-at-home
донна = донья
доныне, hitherto
донья, donna (title of Spanish noble-woman)
допрашивать, to question, to interrogate
допросить (P), to question, to interrogate
допускать, to permit, to allow, to tolerate
допустимый, permissible
допустить (P), to permit, to allow, to tolerate
дорабатывать, to finish work
дорого, dearly
дорогуша (colloq), darling
дорожка, path, walk
досада, annoyance
досадливый, annoying, vexatious (adj)
досадно, it is vexing, annoying
доселе, until now
дослужиться (P), to rise in rank
доставать, to reach
доставаться, to fall to one's lot
доставлять, to cause
доставляться, to proffer
достатки (pl only), income
достаточно, enough
достаться (P), to be received
достигать, to reach, to achieve
достигнуть (P), to reach, to achieve
достоверно, for certain
достоинство, dignity, merit, virtue
достойный, deserving
доступный, accessible
досуг, leisure
досужий, idle
дохнуть (P), to breathe
доцент, instructor
дочитать (P), to finish reading
дощечка, name plate
драгоценный, precious
драгун, dragoon
драма, drama
драматический, dramatic
драматургия, dramatic compositions
драться, to fight (with)
дребезжание, creaking

дребезжать, to rattle
древнееврейский, ancient Hebrew (adj)
древний, ancient
древовидный, treelike
дремать, to doze, to slumber
дробь (fem) (colloq), small shot
дрова (pl), firewood
дрожать, to shiver, to tremble, to shake
дрожащий, trembling
дрожки (pl), droshky (horse-drawn vehicle)
дрожь (fem), tremor
дружба, friendship
дружелюбный, friendly
дружеский, friendly
дружество = дружба, friendship
дружно, simultaneously
дружный, friendly, amicable
дрянной, wretched, rotten (adj)
дрянь (fem), rubbish, trash
дуб, oak
дубовый, oak (adj)
дубрава, oak-grove
дуброва = дубрава
дума, thought
думается, it seems
дура, fool (woman)
дурак, fool (man)
дурно, badly
дурной, bad, ugly
дурнушка, plain girl
дуть, to blow
духовный, spiritual, ecclesiastical
духота, closeness, stuffy air
душевный, emotional, of the soul
душегуб, murderer
душенька, my dear, darling
душечка = душенька, my dear, darling
душить, to suffocate, to choke
душно, stifling
душный, stuffy
дуэль (fem), duel
дым, smoke
дымный, smoky
дыра, hole
дыхание, breathing, respiration
дышать, to breathe
дьявол, devil
дядюшкин, uncle's
дядя, uncle

Е

еврей, Jew
еврейка, Jewish woman
ежегодно, yearly

ежедне́вный, daily
е́жели (arch) = е́сли
ёжиться, to huddle oneself up
е́здить, to go, to ride
ёлка, fir (tree), spruce
ель (fem), fir(tree)
ено́т, racoon
ено́товый, racoon (adj)
ерала́ш, jumble
ёрзать, to fidget
еро́шить, to rumple
естествозна́ние, natural science
есть, to eat

Ж

жабо́ (indecl), ruffles
жа́дно, greedily, avidly
жа́дность (fem), greediness
жа́дный, greedy
жа́жда, thirst
жа́ждать, to thirst
жале́ть, to feel sorry (for), to pity
жа́лкий, pitiful
жа́лко, sorry (short form adj)
жа́лко, pitifully
жа́лоба, complaint
жа́лобный, sorrowful
жа́лование, salary
жа́ловаться, to complain
жа́лость (fem), pity
жаль, sorry
жар, heat
жарго́н, jargon
жа́ркий, hot
жа́рко, hotly
жарко́е (n), roast (meat)
жгу́чий, burning, jet-black
жева́ть, to chew
жела́нный, long wished for
железнодоро́жный, railway (adj)
желе́зо, iron
желте́ть, to turn yellow
жёлтый, yellow
жена́тый, married (of a man)
жени́ться (P + I), to marry, to get
  married (of a man)
жени́х, fiancé
же́нский, feminine
жеребёнок, foal
жеребёночек dim. of жеребёнок
же́ртва, sacrifice
же́ртвовать, to sacrifice
жест, gesture
жёсткий, harsh
жесто́кий, cruel
жестяно́й, tinny
живопи́сец, painter

жи́вопись (fem), painting
живо́тное (n), animal
жид (colloq), tightwad
жи́дкий, sparse
жи́зненный, vital
жиле́ц, tenant
жильё, dwelling
жи́рный, fat, plump
жи́тель, inhabitant, resident, dweller
жрать, to gorge, to guzzle
жре́бий, lot, fate
жужжа́ние, hum, buzz, drone
журна́л, magazine
журнали́стка (fem), journalist
журна́льный, journalistic
жу́тко, awesome
жуть (fem), horror

З

забавля́ть, to amuse
забавля́ться, to amuse oneself
заба́вно, amusing
заба́вный, amusing
забега́ть, to call, to drop in (at somebody's place)
забежа́ть (P), to call, to drop in (at
  somebody's place)
забеспоко́иться (P), to begin to worry
забива́ть, to hammer in, to drive in
забира́ть, to collect, to pick up
забира́ться, to climb
заби́ть (P), to hammer in, to drive in
заболева́ние, disease
заболева́ть, to fall ill (with)
заболе́ть (P), to fall ill (with)
забо́р, fence
забормота́ть (P), to begin to mutter
забо́та, anxiety
забо́титься, to look after, to care
забра́ть (P), to collect, to pick up
забра́ться (P), to climb
забреда́ть (P), to drop in
забро́сить (P), to throw
забушева́ть (P), to begin to rage
забы́тый, forgotten
завали́ть (P), to fall
заве́са, curtain
завести́ (P), to establish
завести́сь (P), to be wound up
заве́тный, cherished, hidden
зави́дно, envious
зави́дный, enviable
зави́довать, to envy
завизжа́ть (P), to begin to squeal
зави́сеть, to depend (on)
за́висть, envy
завито́й, curled

завиток, lock, curl
завод, factory, stud(farm)
заводить, to establish
заводиться, to be wound up
завоевать (P), to conquer
завоёвывать, to conquer
завозиться (P), to begin to stir
завсегда = всегда
завтрак, breakfast
завтрашний, tomorrow (adj)
завывание, howling
завывать, to begin to howl
завыть (P), to begin to howl
загадка, riddle
загадочность, mysteriousness (fem)
загадочный, mysterious
загибать, to bend
заглавие, title, heading
заглавный, capital (letter), title-page (adj)
заглядывать, to peep in
заглядываться, to stare at, to admire
заглянуть (P), to peep in
загнанный, winded, overdriven
загнать (P), to drive in
заговаривать, to start to talk
заговор, conspiracy
заговорить (P), to begin to speak
загонять, to drive in
загореться (P), to light
загородный, country (adj)
заготовленный, prepared
загреметь (P), to begin to thunder
загудеть (P), to begin to howl
загулять (P), to start drinking
зад, rear
задавать, to assign
задать (P) вопрос, to ask a question
задача, problem
задевать, to touch
заделать (P), to close up
заделаться (P), to become closed up
заделывать, to close up
задёргать (P), to begin to move
задёргивать, to shut, to draw (together)
задержать (P), to delay, to detain
задерживать, to delay, to detain
задерживаться, to linger
задёрнуть (P), to shut, to draw (together)
задний, back (adj)
задорный, provocative
задохнуться (P), to choke, to suffocate
задремать (P), to doze off, to get drowsy
задумчивость (fem), pensiveness
задумчивый, thoughtful

задумываться, to become thoughtful
задушевный, sincere, gentle
задыхаться, to choke, to suffocate
заезжать, to call on (somebody)
заехать (P), to call on (somebody)
зажечь (P), to light
заживать, to heal
зажигать, to light
зажить (P), to heal
зазвенеть (P), to begin to ring, to jingle
зазвонить (P), to begin to ring
зазнаваться, to get puffed up, to give oneself airs
заимодавец, creditor
заиндевелый, covered with hoar-frost
зайти (P), to drop in
заказывать, to order
заканчивать, to finish
закат, sunset
заключать, to imprison
заключаться, to consist
заключение, conclusion
заключённый, imprisoned
заключить (P) в объятия, to embrace
заклятие, oath, pledge
заколоть (P), to stab
законный, legitimate
закончить (P), to finish
закоптелый, sooty
закоулок, secluded corner, nook
закраснеться (P), to blush
закричать (P), to begin to cry, to give a shout
закруглять, to round (off)
закручивать, to twist
закрывать, to close
закрываться, to cover oneself
закрытый, covered
закрыться (P), to cover oneself
закупоривать, to stop up, to cork up
закурить (P), to begin to smoke
закуска, hors d'oeuvre
закутанный, bundled up
закутаться (P), to wrap oneself up
закутываться, to wrap oneself up
зал, hall
залаять (P), to begin to bark
залезать, to creep (in)
залезть (P), to creep (in)
заливать, to flood
залить (P), to flood
залп, volley
заманивать, to entice
заманить (P), to entice
замахать (P), to begin to wave
замедлить (P), to slow down
заменить (P), to substitute, to replace

заменя́ть (P), to substitute, to replace
замерза́ть, to freeze, to freeze to death
замёрзнуть (P), to freeze, to freeze to death
замёрзший, frozen
замести́тель, deputy
заме́сто = вме́сто
заме́тка, notice
заме́тно, noticeably
замеча́ние, remark, observation
замеча́тельный, remarkable
замеша́тельство, confusion, embarrassment
замира́ть, to stand still
за́мкнутый, secluded
замо́к, lock
замолка́ть, to become silent, to lapse into silence
заму́жество, marriage (of a woman)
замя́ться (P), to hesitate
занемо́чь (P), to fall ill, to be taken ill
занима́ть, to interest
занима́ться, to concern oneself (with)
зано́счивый, arrogant
заня́тие, work, study
заня́той, busy
заня́ться (P), to busy oneself (with)
за́пах, smell
запа́хнуть (P), to begin to smell
запа́чкать (P), to dirty, to soil
запева́ла, first singer (of a choir)
запёкшийся, parched
запере́ть (P), to lock
запере́ться (P), to lock oneself up
запе́ть (P), to begin to sing
запеча́тать (P), to seal up
запечатле́ть (P), to impress itself (upon)
запира́ть, to lock
запира́ться, to lock oneself up
записа́ть (P), to write down
запи́ска, note
запи́ски, notes, memoirs
записна́я кни́жка, notebook
запи́сочка dim. of запи́ска
запи́сывать, to write down
запла́кать (P), to begin to cry
заплати́ть (P), to pay
запозда́лый, belated, delayed
запо́лненый, filled
запо́лнить (P), to fill
запороши́ть (P), to powder, to dust
заправля́ть, to stick in
запра́шивать, to inquire
запреща́ться, to be prohibited
запреще́ние, prohibition
запро́с, inquiry
запротестова́ть (P), to protest (against)

запры́гать (P), to begin to jump
запряга́ть, to harness
запу́танность, confusion
запылённый, dust-covered
запы́хаться (P), to pant
запята́я (n), comma
зараба́тывать, to earn
зарабо́тать (P), to earn
за́работок, earnings
заража́ть, to infect
зара́нее, beforehand
зарасти́ (P), to be overgrown
заре́зать (P), to cut, to kill, to knife
зарубе́жный, foreign
заручи́ться (P), to secure, to enlist
зарыда́ть (P), to begin to sob
заря́, dawn
заря́д, charge, supply
засвети́ться (P), to light up
засе́сть (P), to sit down
засе́чь (P), to flog to death
заскрипе́ть (P), to begin to creak
заслу́га, merit
заслу́живать, to deserve, to merit
заслужи́ть (P), to deserve, to merit
засмея́ться (P), to begin to laugh
засну́ть (P), to fall asleep
засо́в, bolt
засоса́ть (P), to begin to suck
засо́хнуть (P), to dry (up)
застава́ть, to find in
заставля́ть, to force, to compel
заста́ть (P), to find in
застёгивать, to button up
застегну́ть (P), to button
засте́нчивый, shy, embarrassed
застря́ть (P), to get stuck
за́ступ, spade
застуча́ть (P), to begin to knock
застыва́ть, to get stiff with cold
засуди́ть (colloq) (P), to condemn
засыпа́ть, to fall sleep, to drop off to sleep
засыха́ть, to dry up, to wither
затаённость, concealment
затво́р, bolt
затвори́ться (P), to lock, to shut (oneself)
затворя́ть, to lock, to shut
затева́ться, to start
затемнённый, darkened
зате́ять (P), to start
заткну́ть (P), to stop up, to plug up
затопи́ть (P), to drown
заторопи́ться (P), to begin to bustle
заточе́ние, seclusion
затрёпанный (colloq), worn out
затреща́ть (P), to begin to crackle
затрудне́ние, difficulty

затрудни́тельный, difficult, embarrassing

затрясти́ (P), to begin to shake, to tremble

затума́нивать, to cloud

затыка́ть, to stop up, to plug up

заты́лок, back of the head

затяну́ть (P), to tighten

захвати́ть (P), to take, to capture, to round up

захва́тывать, to take, to capture, to round up

захвора́ть (P), to be taken ill

захло́пнуть (P), to slam

заходи́ть, to drop in

захолу́стный, remote

захоте́ть (P), to begin to want

захохота́ть (P), to burst out laughing

захуда́лый, shabby

зацепи́ть (P), to hook, to catch (on)

зацепля́ть, to hook, to catch (on)

зачасту́ю, frequently

зачи́слить (P), to enlist

зашевели́ться (P), to begin to stir

зашуме́ть (P), to begin to make noise

зашурша́ть (P), to begin to rustle

защи́та, defense

защища́ть, to defend

заяви́ть (P), to declare, to announce

заявля́ть, to declare, to announce

зва́ние, rank

звезда́, star, decoration

звёздочка dim. of звезда́

звене́ть, to ring, to clank

звеня́щий, ringing

зверь, (wild) beast

звони́ть, to ring

зво́нкий, sonorous

звоно́к, bell, ring (of the telephone)

звоно́чек, little bell

звук, sound

звуча́ние, sounding

звуча́ть, to sound, to ring

зву́чно, loudly

зда́ние, building

зде́шний, local

здоро́ваться, to say how do you do (to)

здоро́вый, healthy, strong, robust

здоро́вье, health

здорови́к (colloq), robust fellow

здра́вый, sensible

зева́нье, yawning

зева́ть, to yawn

зевну́ть (P), to yawn

зево́к, yawn

зелёный, green

зе́лень (fem) (sg only), greens (vegetables)

зени́тный, antiaircraft (adj)

зе́ркало, mirror

зерка́льное стекло́, plate-glass

зерно́, grain

зигза́г, zigzag

зима́, winter

зи́мний, wintry

зимо́й, in winter

зли́ться, to be angry (with)

зло, evil

зло́ба, spite, anger, malice

зло́бный, malicious

злоде́й, villian, scoundrel

злость (fem), malice, fury

злоупотребле́ние, misuse

змей, serpent

знак, sign

знако́мить, to acquaint (with), to introduce (to)

знако́мство, acquaintance

знамени́тый, celebrated

зна́ние, knowledge

зна́тный, distinguished

знато́к, expert, connoisseur

значе́ние, significance, meaning, importance

зна́чит (colloq), now then, well then

значи́тельность (fem), importance, significance

значи́тельный, considerable

значо́к, badge

зно́йный, hot, burning

зо́лото, gold

золочёный, gilded

зо́нтик, umbrella

зрачо́к, pupil (of the eye)

зре́лище, spectacle

зре́лый, mature

зре́ние, sight, view

зри́тель, spectator

зря (colloq), for nothing

зуб, tooth

зубо́к dim. of зуб

И

и́бо, for (conj)

иго́лка, needle

игру́шечный, toy (adj)

игру́шечка, toy, plaything

идеализи́ровать, to idealize

идеа́льный, ideal

иде́я, idea

идио́т, idiot

изба́, hut, peasant house

избавля́ться, to get rid (of)

избега́ть, to avoid

изби́тый, battered

избра́ние, election

избра́ть (P), to choose

изве́дать (P), to come to know
изве́стно, it is known
изве́стность (fem), fame
извини́ться (P), to apologize (to)
извиня́ть, to excuse
извиня́ться, to apologize
извлека́ть, to extract, to elicit (from)
извле́чь (P), to extract, to elicit (from)
изво́зчик, cabman, cabby (for horse-drawn vehicles)
изво́зчичий, with a driver, hired
изво́льте, if you please
изгиба́ть, to bend, to curve
изгиба́ться, to bend, to curve
изголо́вье, head of the bed
и́згородь (fem), fence
изгото́вить (P), to manufacture
издалека́, from far away
и́здали, from a distance
изда́ние, publication
изда́тельство, publishing (house)
изда́ть (P), to publish
излага́ть, to set forth
изложи́ть (P), to set forth
излома́ть (P), to break
измене́ние, change
измени́ть (P), to change
измени́ться (P), to change
изменя́ть, to change
изменя́ться, to change
измеря́ть, to measure
изму́чить (P), to tire out, to exhaust
изму́читься (P), to be tired out, to be exhausted
измя́тый, rumpled
изнача́ла (arch), from the beginning
изне́женный, delicate, coddled
изнутри́, from within, on the inside
изобража́ть, to depict, to portray
изображе́ние, representation, portrayal
изо́рванный, tattered
изорва́ть (P), to tear (to pieces)
и́зредка, now and then
изре́зать (P), to cut up
изре́зывать, to cut up
изумле́ние, amazement
изумля́ться, to be amazed
изуро́довать (P), to disfigure
изуча́ть, to study
изъясня́ться, to express oneself
икра́, caviar
иль = и́ли
име́ние, estate
имени́ны (pl only), name-day
импера́тор, emperor
инвента́рный, inventory (adj)
индивидуа́льность (fem), individuality
индокита́йский, Indochinese (adj)

и́ней, hoar-frost
инжене́р, engineer
инжене́рный, engineering (adj)
инициати́ва, initiative
инквизи́тор, inquisitor
инквизи́ция, inquisition
инко́гнито, incognito
иностра́нный, foreign
исписа́ть (P), to cover with writing
инстинкти́вный, instinctive
институ́т, institute
инстру́ктор, instructor
интеллиге́нт, intellectual
интеллиге́нция, intelligentsia
интенда́нт, commissary
интере́с, interest
интересова́ться, to be interested (in), to care (for)
интона́ция, intonation
интри́жка dim. of интри́га, intrigue
иска́ние, searching
иска́тель, searcher
исключа́ть, to expel
исключе́ние, exception
исключи́тельно, exclusively
исключи́тельный, exceptional
искове́ркать, to mangle
и́скренний, sincere
искри́стый, sparkling
искуса́ть (P), to bite
иску́ственный, artificial
иску́сство, art
искуше́ние, temptation
испа́нец, Spaniard
испа́нский, Spanish (adj)
испито́й, haggard
исподло́бья, sullenly
исподтишка́, quietly
исполи́нский, gigantic
исполня́ть, to fulfil
испо́льзование, utilization
испо́ртить (P), to deteriorate
испра́виться (P), to be improved
испра́вник, district police officer (pre-1917 Russia)
испу́г, fright
испу́ганный, frightened
испуга́ться (P), to become frightened
испыта́ние, trial, examination
испы́тывать, to experience
иссле́дование, investigation
иссле́довать (P + I), to investigate
иссо́хший, shrivelled, withered
исте́рзанный, disfigured
и́стина, truth
и́стинность (fem), truth
и́стинный, true
истлева́ть, to rot

и́стовый (arch), earnest
исто́к, source
истолкова́ть (P), to interpret
истори́ческий, historical
исто́чник, source
исходи́ть, to proceed (from)
исчеза́ть, to disappear, to vanish
исче́знуть (P), to disappear, to vanish
ита́к, so (conj)
итти́ть (colloq) = итти́ see идти́
и́хний (colloq), their
ию́ль, July
ию́нь, June

К

каби́на, booth
кабине́т, office, study
кабы́ (colloq), if
кавале́р, admirer, boyfriend
кавалери́йский, cavalry (adj)
кавка́зский, Caucasian (adj)
казённый, fiscal
казни́ть (P + I), to punish
как бы, as if
ка́к-нибудь, somehow
ка́ктус, cactus
каламбу́р, pun
кали́тка, side gate
кало́ша = гало́ша
камене́ть, to harden into stone
камерди́нер, valet
ка́мер-ю́нкер, gentleman-in-waiting
кана́ва, ditch
кана́льство, rascality
канаре́йка, canary (bird)
кана́т, rope, cable
кандида́т нау́к, Bachelor of Science
кани́кулы (pl only), vacation
каните́ль (colloq) (fem), long-drawn-out proceedings
канцеля́рский, office (adj)
ка́нцлер, chancellor
ка́пать, to drip, to dribble, to drop
капе́ль (fem), dripping (snow)
ка́пелька, droplet
ка́персы (pl), capers
капита́л, capital
ка́пля, drop
капри́зничать, to be naughty
ка́псула, capsule
ка́псюля = ка́псула
капу́ста, cabbage
капюшо́н, hood
каранда́ш, pencil
каранти́нный, quarantine (adj)
каре́та, coach
ка́рий, hazel

карма́нчик dim. of карма́н
ка́рта, (playing) card
карте́чь (fem), canister (shot)
карто́нный, cardboard (adj)
ка́рточка, photograph, (rationing) card
карту́з, (visored) cap
каса́ться, to touch (with), to touch (upon)
кастрю́ля, pan, stew-pan
катастро́фа, catastrophe, disaster
катего́рия, category
ка́тер, launch
ка́торга, penal servitude, hard labor
каторжа́нин, convict
ка́торжник, convict
каучу́ковый, rubber (adj)
кача́ть, to rock, to swing
ка́чество, quality
ка́ша, porridge
ка́шель, cough
ка́шка dim. of ка́ша
ка́шлять, to cough
квадрату́ра, quadrature, squaring
кварта́л, block (city)
кварти́ра, apartment
кве́рху, up (adv)
квиети́зм, quietism
кем уго́дно, (with) anybody at all
ке́пка, cap
кероси́нка, oil-stove
кероси́новый, kerosene (adj)
кефи́р, kefir
кива́ть, to nod
кивну́ть (P), to nod
кида́ть, to throw
кида́ться, to throw, to fling (oneself)
кило́ (indecl) (colloq), kilogram
килогра́мм, kilogram
киломе́тр, kilometer
кинемато́граф, movie (house)
кино́, movie (house)
кинова́рный, vermillion (adj)
киноэкра́н, movie screen
ки́нуться (P), to throw, to fling (oneself)
ки́слый, sour
кисть (fem), brush
ки́тель, tunic
кла́виша, key (of piano)
клад, treasure
кла́няться, to bow (to)
класс, class
кла́ссик, classic
класси́ческий, classical
класть, to lay, to put (down)
клева́ть, to bite
клеветни́ческий, slanderous
клеёнчатый, oilcloth (adj)

кле́тчатый, checked
кли́кнуть (P), to call
кли́ника, clinic
кли́рос, choir (church)
клоп, bedbug
клочкова́тый, ragged
клочо́к, scrap
клуб, puff (of smoke)
клуби́ться, to swirl
клю́ква (sg only), cranberries
клю́нуть (P), to bite (of fish)
кля́сться, to swear, to vow
кля́тва, vow, oath
кля́узник, schemer
кни́жка dim. of кни́га
кнут, whip
князь, prince
кобы́ла, mare
кобы́лочка dim. of кобы́ла
кова́рный, insidious, crafty
кова́рство, insidiousness, perfidy
ковёр, carpet, rug
кове́ркать, to mangle
когда́-нибудь, sometime, someday
когда́-то, once (upon a time), formerly
ко́е-где́, here and there
ко́е-ка́к, anyhow
ко́е-кто́, somebody
ко́е-что́, something
ко́жа, skin
ко́жаный, leather (adj)
ко́злы (pl only), coach box (of a
   carriage)
ко́зни (pl), intrigues
колбаса́, sausage
колеба́ние, hesitation
коле́но, knee
колеси́ть (colloq), to ramble (all over)
колесо́, wheel
коле́чко, ringlet
ко́ли (conj), if (conj)
коли́чество, quantity, number
колле́гия, board
колле́жский, part of rank designation
   of pre-1917 Russia (adj)
колле́кция, collection
коло́дезный, well (water) (adj)
коло́дник, prisoner (in stocks)
ко́локол, bell
колоко́льчик, bell
коло́нка, column
коло́нна, column
колоти́ть, to shake
коло́ть, to stab, to split
колпа́к, cap, cowl
колыха́ться, to sway
колю́чий, barbed (wire)
кома́нда, order, command

командиро́вка, mission, business trip
кома́ндовать, to order
комбина́т, group of (enterprises), corporation
коме́дия, comedy
комиссионе́р, agent
комиссио́нный, commission (shop)
коми́ссия, commission
ко́мкать, to crumple
ко́мкаться, to become crumpled
коммунисти́ческий, communist (adj)
ко́мпас, compass
комфорта́бельный, comfortable
конве́рт, envelope
конво́й, escort
консервати́зм, conservatism
консе́рвы (pl), canned food
ко́нский, horse (adj)
констру́ктор, designer
констру́кция, construction
конто́рщик, clerk
контроли́ровать, to check, to control
конфе́та, candy
конфли́кт, conflict
конце́ртный, concert (adj)
ко́нчено, all is over
ко́нчик, the very bottom (of a page)
кончи́на, demise
ко́нчиться (P), to expire
конь, horse
конья́к, cognac
коню́шня, stable
копа́ть, to dig
копе́йка, copeck
ко́пия, copy
ко́поть (fem), soot
копоши́ться, to stir
копчёный, smoked
кора́, bark (of tree)
корабе́льный, ship's
корени́ться, to root (in), to be founded
   (in)
ко́рень, root
корзи́на, basket
коридо́р, passage
кори́ца, cinnamon
ко́рка, crust
корма́, stern
корми́ть, to feed
корми́ться, to feed (oneself)
коро́бка, box
коро́бочка dim. of коро́бка
коро́ва, cow
короле́ва, queen
коро́ль, king
коро́тенький dim. of коро́ткий
ко́рочка dim. of ко́рка, crust
ко́рпус, body, building

корре́ктный, correct
корреспонде́нт, correspondent
ко́рчиться, to writhe, to squirm
косми́ческое простра́нство, outer (cosmic) space
космополити́зм, cosmopolitanism
косну́ться (P), to touch (upon)
ко́со, aslant (adv)
косо́й, slanting
костёр, bonfire
кость (fem), bone
костю́м, costume, dress
костяно́й, bone (adj)
кот, tomcat
кофе́йник, coffeepot
ко́фий (colloq for) ко́фе
ко́шка, cat
краб, crab
крапи́ва, (stinging) nettle
кра́пинка, speck
краса́вец, handsome man
кра́сить, to paint
кра́ска, paint
красне́ть, to redden
красноарме́ец, Red Army man
красота́, beauty
красо́тка (colloq), beauty (girl)
красть, to steal
кра́ткий, brief
кре́йсер, cruiser
кре́пкий, strong
крепостно́й, serf (adj)
крепостно́е пра́во, serfdom
кре́пость (fem), fortress
крест, cross
крести́ться, to cross (oneself)
крёстный оте́ц, godfather
крестообра́зный, cross-shaped
крестья́нин, peasant
крестья́нский, peasant (adj)
криви́ть, to bend
криво́й, crooked
кри́кнуть (P), to call
криста́лл, crystal
кри́тик, critic
кри́тика, criticism
крова́вый, bloody
крова́ть (fem), bed
кро́вельный, roofing (adj)
кро́вля, roofing
кроке́т, croquet
кро́лик, rabbit
кро́на, top, crown (of a tree)
кро́ткий, gentle, meek
кро́хотный (colloq), tiny
кро́шечный dim. of кро́хотный
кру́глый, around
круго́м, all around

кружи́ть, to turn, to whirl
кружи́ться, to whirl, to spin, to go round
кру́жка, mug
кружо́к dim. of круг
крути́ть, to whirl
круто́й, steep
крыле́чко dim. of крыльцо́
крыло́, wing
кры́лышко dim. of крыло́
крыльцо́, porch
Крым, Crimea
крыть, to cover
кры́ша, roof
кры́шка, lid
крюк, hook
кря́кать (colloq), to grunt
кря́кнуть (P) (colloq), to grunt
кста́ти, opportunely, by the way
кто́-нибудь, somebody, someone
ку́бик, block (children's toy)
кувши́н, pitcher
куда́ лу́чше, much better
ку́дри (pl), curls
кудря́вый, curly
куды́ (colloq) = куда́
кузне́чик, grasshopper
ку́кла, doll
ку́колка, dolly
кула́к, fist
кулёк, bag
культу́ра, culture, crops
купа́льщик, bather
купа́ние, bathing
купе́ (indecl), compartment (in train)
купе́ц, merchant
купи́ть (P), to buy
купле́т, verse, couplet
ку́пол, cupola
ку́пчик-конто́рщик, merchant's clerk
курга́н, burial mound
кури́ный, chicken (adj)
кури́ть, to smoke
курс, course
ку́рский, from Kursk (city in central Russia)
куртиза́нка, courtesan
курча́вый, curly
курье́р, messenger
курье́рша, messenger (female)
куса́ть, to bite
кусо́к, piece
кусо́чек dim. of кусо́к
куст, bush
кутёж, carousal, orgy
куха́рка, cook
ку́хня, kitchen
ку́ча, heap

ку́чер, driver
кушáк, belt
кýшать, to eat
кушéтка, couch

Л

лаборато́рия, laboratory
лáва, drift (mining)
лáвка, bench; store, shop
лáдить (colloq), to agree
лáдно (colloq), all right
ладо́нь (fem), palm
лазарéт (arch), infirmary
лай, bark
лакéй, footman, manservant
лакéйский, servile
лакиро́ванный, patent leather (adj)
лакони́чный, laconic
лáмпа, lamp
ландшáфт, landscape
лáпа, paw
лáска, caress
ласкáть, to caress, to fondle
ласкáться, to caress, to fawn (upon)
лáститься (colloq) of ласкáться
лати́нский, Latin (adj)
латы́нь (fem) (colloq), Latin
   (language)
лафéт, gun-carriage (mil)
лáцкан, lapel
лачýга, hut, shanty
лачýжка dim. of лачýга
лáять, to bark
лгать, to lie
лебеди́ный, swan (adj)
лéбедь, swan
левко́й, gillyflower
лéвый, left
лёгкое (n), lung
легкомы́слие, flippancy
лего́нечко dim. of лего́нько
лего́нько (colloq), gently, slightly
лёгочный, pulmonary
лёд, ice
леденя́щий, chilling, icy
ледяно́й, icy
лезть, to get (into); лезть в дýшу
   (colloq), to worm oneself into someone's confidence
лéи (pl only), patches on inside of
   riding breeches
лейтенáнт, lieutenant
лекáрство, medicine
лексико́н, lexicon, dictionary
лéкция, lecture
лени́вый, lazy
лéнта, ribbon

лéнточка dim. of лéнта
лепетáть, to babble
лепи́ть, to fasten, to paste
лéсенка, ladder
лéска (colloq) = лесá, fishing line
лесни́к, forester
лесни́чий, forester (adj)
лесопи́льный, sawing (adj)
лéстница, staircase, stairs
летá (pl), years
летáть, to fly
летéть, to fly
лéтний, summer (adj)
летýчий, flying
лечéние, treatment
лéший, woodgoblin
либерáльный, liberal
лизáть, to lick
лизнýть (P), to lick
ликвиди́ровать (P + I), to liquidate,
   to abolish
ликовáть, to rejoice
лило́вый, lilac, violet (adj)
ли́па, linden (tree)
ли́ра, lyre
лири́ческий, lyrical
лист (pl, ья), leaf, blade
лист (pl, ы), sheet
ли́ственный, leaf-bearing, deciduous
листо́к dim. of лист
литерáтор, writer
литератýра, literature
литератýрный, literary
литр, litre
лить, to pour
лихо́й, evil; (colloq), dashing
лихорáдка, fever
лихорáдочный, feverish
лицéй, lyceum (high school)
лицемéрить, to be hypocritical
ли́чико dim. of лицо́
ли́чно, personally
ли́чность (fem), personality
ли́чный, personal
лишáй, lichen
лишáть, to deprive (of)
лишённый, devoid (of)
лиши́ть (P), to deprive (of)
ло́бное мéсто, place of execution
лови́ть, to catch
ло́вкий, adroit, dexterous, clever
ло́вко, skillfully
ло́говище, lair, den
ло́жа, box (in theatre)
ло́жечка dim. of ло́жка
ложи́ться, to lie (down)
ло́жка, spoon
ложь (fem), lie, falsehood

лозня́к, willow, thicket
ло́зунг, slogan
ло́коть, elbow
лома́ть, to break
лома́ться, to break
ло́мкий, fragile
ло́ндонский, from London (adj)
лопа́та, shovel
ло́паться, to break, to burst
ло́пнуть (P), to break, to burst
лорне́т, lorgnette
лососи́на, (meat of) salmon
лото́ (indecl), bingo
лохма́тый, tousled
лохмо́тья (pl), rags
лошади́ный, of horses
лоша́дка dim. of ло́шадь (fem)
лошадёнка dim. of ло́шадь (fem), little old horse
лощёный, polished
лука́вый, sly
лукомо́рье (arch), curved seashore
луко́шко (colloq), basket made of tree bark
лу́нный, moonlit
лупи́ть (colloq), to thrash, to flog
луч, ray
лучи́на, splinter (used to furnish light)
лы́сина, bald spot
лы́сый, bald
льди́на, ice floe
льзя (arch), мо́жно
лы́синка dim. of лы́сина
льну́щий, clinging
льняно́й, linen
любе́зность (fem), courtesy
любе́зный, amiable
люби́мый, favorite
любова́ться, to admire
любо́й, any, every
любопы́тно, (it is) interesting
любопы́тный, curious
любопы́тство, curiosity
лю́дный, crowded (with people)
лю́лька, cradle
лягушо́нок, young frog
ля́згать, to clank (with)

М

магази́н, shop, store
магнети́ческий, magnetic
магни́т, magnet
магомета́нство, Mohammedanism
мазу́рка, mazurka
май, May
малоду́шие, cowardice
мало-пома́лу, little by little

малоуспе́шный, unsuccessful
ма́лый (colloq) (n), fellow, lad
мальчуга́н (colloq.), little boy
ма́ма, mamma
ма́монт (n), mammoth
ма́нтия, cloak
мара́тель (colloq), scribbler
ма́рка, stamp (postal) brand
март, March
марш, march
марширова́ть, to march
маскара́д, masquerade
ма́сло, oil
масо́н, freemason, mason
ма́сса, mass
ма́стер, foreman, expert
мастерска́я (n), workshop
мастерство́, craftsmanship
масшта́б, scale
материа́л, material (n)
материа́льный, material (adj)
мате́рия (sg only), matter
ма́товый, dull
матро́с, sailor
ма́тушка (arch), mother
матч, match (in sport)
мах (colloq), sweep
маха́ть, to wave
махну́ть (P), to wave
ма́хонький (colloq), small
маши́на, car, engine
машина́льно, absent-mindedly
мая́к, lighthouse
мгла, haze, shadow
мгнове́ние, instant, moment
ме́бель (fem), furniture
ме́бельный, furniture (adj)
медве́дь, bear
медици́на, medicine
медици́нский, medical
ме́дленность (fem), tardiness
медли́тельный, sluggish
ме́длить, to hesitate
ме́дный, copper (adj)
ме́жду тем, meanwhile
ме́лко, finely
мелкобуржуа́зный, petty-bourgeois (adj)
мело́чная ла́вка, grocery store
мель (fem), shoal
мелька́ть, to flash, to gleam
мелькну́ть (P), to flash, to gleam
ме́льком (colloq.), in passing, cursorily
ме́нее, less
менинги́т, meningitis
ме́ньше, smaller
меня́ть (impf only), to change
меня́ться (impf only), to change

мере́щиться, to seem (to), to appear (to)
мерза́вец, villain, scoundrel
ме́рзкий, vile
мёрзлый, frozen
ме́ркнущий, dimming
ме́рный, measured
ме́ртвенный, deathly
мертве́ц, corpse, dead man
мерца́ть, to twinkle
мести́, to sweep
ме́сяц, moon
ме́сячный, monthly
мета́ться, to rush about
мете́ль (fem), snowstorm
метео́р, meteor
ме́тить, to aim (at)
ме́тод, method
метр, metre
механиза́тор, machine-operator
меха́ник, mechanic
механи́ческий, mechanical
меховой, fur (adj)
меч, sword
мечта́ние, dream
мечта́тельный, dreamy
мечта́ть, to dream (of)
меша́ть, to prevent, to hinder; to mix (with), to blend (with)
меша́ться, to mix (with), to blend (with)
мешо́к, bag, knapsack
мещани́н, petty bourgeois
меща́нский, narrow-minded, vulgar, bourgeois
меща́нство, bourgeoisie
миг, moment, instant
микроско́п, microscope
микрофо́н, microphone
ми́ленький, pretty
миллио́н, million
ми́лостивый, gracious, kind
ми́лость (fem), favor, grace
мимолётный, fleeting, transient
ми́на, mine; countenance, mien
минда́льный, (of) almond
миниатю́ра, miniature
миниатю́рный, diminutive
министе́рство, ministry
мину́вший, past (adj)
мину́точка dim. of мину́та
мири́ться, to be reconciled (with somebody)
ми́рный, peaceful
мировой, world (adj)
мирозда́ние, universe
мисте́рия, mystery
мистици́зм, mysticism

мишу́рный, tawdry
младе́нческий, infantile
мни́тельный, nervous
многозначи́тельно, significantly
многозначи́тельный, significant
многоли́кость, diversity (fem)
многосторо́нность, versatility (fem)
многочи́сленный, numerous
многоэта́жный, multi-storied
мно́жество, multitude, great number
моги́ла, grave
могу́чий, mighty
мо́да, fashion, vogue
моде́ль (fem), model
мозг, brain
мо́крый, wet, moist
мол (colloq), he says, they say
молва́, rumor, fame
мо́лвить (P) (arch), to say
моли́тва, prayer
моли́ться, to pray
мо́лния, lightning
молодёжь (fem) (sg only), youth
моло́денький (colloq), (very) young
молоде́ц, fine fellow
молодня́к, young (animals)
молодожёны (pl), newly-weds
молокосо́с (colloq), greenhorn
моло́чная (n), dairy bar
моло́чник, milk-jug
мо́лча, silently
молчали́вый, silent
молча́ние, silence
мольба́, entreaty, supplication
мона́рший, monarchical
мона́х, monk
моне́та, coin
моноло́г, soliloquy
мора́ль (fem), moral
мора́льный, moral (adj)
мо́рда, muzzle, snout, mug
мо́рдочка dim. of мо́рда
мо́ре, sea
морко́вь (fem), carrot
моро́з, frost
моро́зный, frosty
мороси́ть, to drizzle
морской, sea (adj)
морщи́нистый, wrinkled
моря́к, sailor
мост, bridge
мо́стик dim. of мост
мости́ть, to pave
мостова́я (n), pavement
мостовой, bridge-girder (adj)
моти́в, motif
мото́р, motor
мошкара́ (sg only), swarm of flies

мрак, gloom, darkness, blackness
мра́чный, gloomy, sombre, dark
мстить, to revenge oneself (upon)
мудрено́, it is difficult, hard
му́жественный, manly
мужи́к (arch), muzhik (peasant)
мужско́й, men's
мужчи́на, man
му́зыка, music
музыка́льный, musical
му́ка, torment, torture
мука́, meal, flour
мунди́р, full-dress coat
мураве́й, ant
му́скул, muscle
мутнова́тый, dullish
му́тный, dull
му́фта, muff
муче́ние, torture, torment
му́ченик, martyr
му́ченический, martyr (adj)
мучи́тельно, painfully
мучи́тельный, poignant, agonizing
му́чить, to torment
му́читься, to feel unhappy, to torment
　(oneself)
мча́ться, to rush
мы́ло, soap
мы́сленный, mental
мысли́тель, thinker
мы́слить, to think
мыть, to wash
мы́ться, to wash (oneself)
мышело́вка, mouse-trap
мы́шца, muscle
мя́гкий, soft
мяте́жный, restless
мять, to crumple

Н

набе́г, raid, inroad
на́бело, clean, white all over
на́бережная (n), embankment, quay
набира́ться, to accumulate
наби́ть (P), to stuff, to fill
наблюда́ть, to observe
на́бок, on one side, sideways
набра́ть (P), to dial
набра́ться (P), to accumulate
навали́ться (P), to lean (on, upon)
наве́рно, for sure, certainly
наверста́ть (P), to make up (for)
наве́с, shed
навести́ (P), to direct, to bring, to aim
　(at)
навести́ть (P), to visit, to call (upon)
навеща́ть, to visit, to call (upon)

наводи́ть, to bring (on), to direct (at),
　to aim (at)
наводне́ние, flood
навсегда́, forever
навстре́чу, to meet (somebody),
　toward
нагиба́ться, to stoop, to bow
нагле́ц, impudent, insolent fellow
на́глость (fem), impudence, insolence
нагну́ться (P), to stoop, to bow
нагоре́ть (P) (colloq), to be scolded
награ́да, reward
награжда́ть, to reward
награждённый, (recipient of an) award
надвига́ться, to approach
надво́рный, court
надева́ть, to put on
надева́ться, to dress oneself
надёжный, reliable
наде́ть (P), to put on
надло́мленный, broken
на́добность (fem), necessity, need
надоеда́ть, to bore (with)
надо́лго, for a long time
на́дпись (fem), inscription
надстра́ивать, to build, to raise
надстро́ить (P), to build, to raise
надува́ть, to inflate, to dupe
наду́ть (P), to inflate, to dupe
нажда́чный, emery (adj)
нажива́ние, gain
наза́втра (colloq), the next day
назва́ние, name, appellation, title
на́земь (colloq), to the ground
назнача́ть, to appoint
назначе́ние, determination
назна́чить (P), to appoint
назо́йливость (fem), importunity
назрева́ть, to mature
называ́ться, to call oneself
наибо́лее, most
наибо́льший, the greatest
наи́вность (fem), naïveté
наизу́сть, by heart
наискосо́к, на́искось, obliquely
найти́сь (P), to be found
наказа́ние, punishment
наказа́ть (P), to punish
нака́зывать, to punish
накану́не, the day before, on the eve
наки́нуть (P), to slip on
наки́нутый, slipped on
наклика́ть, to call forth
наклони́ться (P), to bend, to bow
наклони́ть, to bend, to bow
накорми́ть (P), to feed
накостыля́ть, to hit with a crutch
накра́пы (pl), drizzle

накра́пывать, to drizzle
накрыва́ться, to cover (oneself)
накры́ть (Р), to set (table)
накупа́ть, to buy
накупи́ть (Р), to buy
налага́ть, to lay (on, upon)
нала́диться (Р), to put right
нала́женный, accustomed
нале́во, to the left
налега́ть, to lean (on, against)
налёт, raid (air)
налете́ть (Р), to swoop down
на́личный расчёт, cash payment
наложи́ть (Р), to lay (on, upon)
намерева́ться, to intend
наме́рение, intention, purpose
намести́ (Р), to drift
намета́ть, to drift
намо́кнуть (Р), to get wet
нанести́ (Р), to bring on
нанима́ть, to rent
нано́сный, superficial
наня́ть (Р), to rent
напа́дки (pl), attacks
наперебо́й, in eager rivalry, vying with each other
наперёд (colloq), in the future
наперерыв = наперебо́й
напеча́тать (Р), to print
напива́ться, to have something (to drink), to get drunk (colloq)
напира́ть (colloq), to press (upon)
напи́ться (Р), to drink, to get drunk (colloq)
наплы́в, flow, influx
напои́ть (Р), to give to drink
наполза́ть, to crawl upon
напо́лнить (Р), to fill
наполня́ть, to fill
наполови́ну, half (adv)
напомина́ть, to remind (of), to resemble
напо́мнить (Р), to remind (of), to resemble
направле́ние, direction
направля́ющий, guiding
напра́во, to the right
напра́сно, in vain
напра́сный, vain
напра́шиваться, to thrust oneself upon
напро́тив, on the contrary
напряга́ть, to strain
напряже́ние, effort
напуска́ть, to let loose
напускно́й, affected
наравне́, on the level (with)
нарисо́ванный, sketched
наро́дный, popular

народонаселе́ние, population
наро́чно, purposely
нару́жный, external
нару́жу, outside
наруша́ть, to break, to violate
нару́шенный, disturbed
нару́шить (Р), to break, to violate
на́ры (pl), plank-bed (sg)
наря́д, attire
наря́дный, smart, well-dressed
наседа́ть, to press hard
насе́сть (Р), to press hard
наси́лу (colloq), hardly
наскво́зь, through (and through)
наско́лько, how much
наскучи́ть (Р), to bore, to annoy
наслажда́ться, to take pleasure (in)
наслажде́ние, delight, enjoyment
насле́дник, heir, successor
насле́дство, inheritance
насме́шка, mockery
насме́шливый, mocking
настава́ть, to come, to begin
наста́ивать, to insist (on, upon)
наста́ть (Р), to come, to begin
на́стежь, wide (open)
насто́лько, so much
насто́льный, table (adj)
настра́ивать, to put in the mood, to dispose
настрое́ние, mood
настро́йка, tuning
настро́йщик, tuner
наступа́ть, to come, to set in
наступи́ть (Р), to come, to set in
насу́питься (Р), to frown, to scowl
насчёт, concerning
наткну́ться (Р), to stumble (on, upon)
натрениро́ванный, trained
нату́ра, nature
натура́льный, natural
нау́тро, the next morning
научи́ть (Р), to teach
нау́чный, scientific
нау́шники (pl), ear-flaps, ear-laps
наха́льный (colloq), impudent
нахлобу́чить (Р), to pull over one's eyes
нахму́риться (Р), to frown, to knit
национа́льный, national
на́ция, nation
нача́льник, head, chief
нача́льник ста́нции, station-master
нача́льник це́ха, shop superintendent
начина́ться, to begin
наша́рить, to find (by fumbling about)
нашёптывать, to whisper (to someone)
наши́вка, stripe (on military uniform)

не раз, more than once
небезопа́сный, insecure
небе́сный, celestial, heavenly
неблагоприя́тствующий, unfavorable, corrupt
небольшо́й, small
небо́сь (colloq), it is most likely (that)
небре́чь, neglect
не́быль (colloq), fiction (fem)
невдалеке́, not far off
неве́жда (masc & fem), ignoramus
неве́жество, ignorance
неве́жливый, impolite
неве́ста, bride, fiancée
не́видаль (fem) (colloq), what a wonder!
неви́нный, innocent
невмоготу́ (colloq), unbearable
невозмо́жно, it is impossible
невозмо́жный, impossible
невозмути́мый, imperturbable
нево́льно, involuntarily
нево́льный, involuntary
нево́ля, slavery, captivity
невыноси́мо, unbearably
невыноси́мый, unbearable
невыполне́ние, non-fulfilment
невысо́кий, not tall
неда́вний, recent, of late
неда́ром, not without reason
недове́рчивый, distrustful
недово́льный, dissatisfied
недое́в, not having finished eating
недо́лго, not long
недопи́в, not having finished drinking
недопонима́ние, lack of understanding
недора́звитость (fem), under-development
недоста́ток, lack (of), shortage (of)
недоста́точный, insufficient
недосяга́емый, inaccessible
недоуме́нный, puzzling
недоу́чка (colloq), half-learned person
недре́млющий, vigilant, watchful
не́друг, enemy
нежда́нно-нега́данно, completely unexpected
нежела́ние, unwillingness, reluctance
не́жели (arch), than (conj)
не́жность (fem), tenderness, delicacy
не́жный, tender, delicate, soft
незабве́нный, unforgettable
незави́симость (fem), independence
незаме́тно, imperceptibly
не́зачем (colloq), no need, it is useless
незнако́мый, unknown
неизбе́жность (fem), inevitability
неизве́стность (fem), uncertainty

неизве́стный, unknown person, stranger
неизмери́мость (fem), immensity
не́кий, some, certain
не́когда, in former times, in the old days
не́кого + inf, there is nobody
не́кому + inf = не́кого
некраси́вый (colloq), ugly
некста́ти, inopportunely
не́куда, nowhere
нелега́льный, illegal
нелёгкий, difficult
неле́пость (fem), nonsense
неле́пый, absurd
нело́вко, awkwardly
неме́цкий, German (adj)
немногочи́сленный, few
немо́й, mute (adj)
немудрено́, short form of немудрёный
немудрёный (colloq), simple, easy
ненави́деть, to hate
не́нависть (fem), hatred
ненадо́лго, for a short while
нена́стье, foul weather
ненахожде́ние, not finding (n)
необстре́лянный, unbombed
необходи́мость (fem), necessity
необъя́тный, immense
необыкнове́нный, unusual, uncommon
необыча́йный, extraordinary
неожи́данность (fem), surprise
неожи́данный, unexpected
неопределённость (fem), indefiniteness
неопределённый, indefinite
неопровержи́мый, incontrovertible
нео́пытность (fem), inexperience
нео́пытный, inexperienced
неотрази́мый, irresistible
неповтори́мый, unique
неподви́жно, motionlessly
неподви́жный, immovable
непонима́ние, lack of understanding
непоня́тный, incomprehensible
непостижи́мый, incomprehensible
непра́вильно, irregularly
непреме́нно, without fail, certainly
непреодоли́мый, irresistible
непреста́нно, incessantly
неприли́чный, improper, unbecoming
непримири́мый, unappeasable
непринуждённо, without embarrassment
непринуждённый, free and easy
неприя́тель, enemy
неприя́тность (fem), unpleasantness
неприя́тный, unpleasant
непробива́емый, impenetrable

непрогля́дный, pitch-dark, impenetrable

непро́чность (fem), fragility

неразбо́рчивость (fem), lack of fastidiousness

неразу́мный, unreasonable

нерви́ровать (P & I), to make somebody nervous

не́рвничать, to be nervous

нервнобольно́й (n), neurotic, nervous patient

не́рвный, nervous

нере́дко, not infrequently

нереши́тельный, indecisive, undecided

неро́вный, uneven

несбы́точный, unrealizable

несерьёзный, not serious

несконча́емый, never-ending

неслы́шный, inaudible

несостоя́тельный, insolvent

несправедли́вый, unjust

неспроста́ (colloq), with some hidden design

нестерпи́мый, unbearable

нести́сь, to float by

несчастли́вый, luckless

несча́стный, unhappy, unfortunate

несча́стье, misfortune

нетакти́чность (fem), tactlessness

неторопли́во, unhurriedly

не́ту (colloq.) = нет

неуве́ренный, uncertain

неугаси́мый, inextinguishable, unquenchable

неугомо́нный (colloq), restless

неуда́чный, unsuccessful

неудо́бно, awkward

неуже́ли, really? is it possible?

неузнава́емый, unrecognizable

неукло́нный, undeviating

неуклю́жий, clumsy, awkward

неуме́лый, clumsy

неуме́ние, inability

неуменьша́ющийся, not decreasing

неуста́нный, tireless

неустро́енный, disorganized

неутоми́мый, tireless

неучти́вый, impolite

нефтяно́й, oil (adj)

нечи́стый, unclean, dirty

не́что, something

неэкономи́чность (fem), inefficiency

нея́ркий, pale

ни́зенький dim. of ни́зкий, poor, little, low

ни́зкий, low, mean

ни́зко, low (adv)

ни́зменный, low-lying

ника́к, in no way, nowise

никуда́, nowhere

ниско́лько, not at all, not in the least

нить (fem), thread

ничего́-то, not a bit

ниче́й, nobody's

ничко́м, prone

ничто́жество, nonentity

ничто́жность (fem), insignificance

ничто́жный, insignificant

ничу́ть (colloq) = ниско́лько

нищета́, misery

ни́щий (n), beggar

но́белевский, Nobel (adj)

нова́тор, innovator

нове́лла, short story

новизна́, novelty

новорождённый, newborn

но́вость (fem), news

новь (fem), virgin soil

нож, knife

но́жик, knife

но́жичек dim. of нож

но́жка dim. of нога

но́жницы (pl), scissors

но́мер, number

нора́, hole

борови́ть (colloq), to strive

но́сик dim. of нос

носи́лки (pl), stretcher

носи́ться, to rush

носово́й, nose (adj)

но́тка, faint note

но́ты (pl), sheet music

ночева́ть (P & I), to spend the night

ночни́к, night-light

но́ша, burden

ноя́брь, November

нрав, temper

нра́виться, to please

нра́вственный, moral

нужда́, need

нужда́ться, to need, to be in need (of)

нужда́ющийся, needy

ну́ждочка dim. of нужда́

нуль, nought, zero

ны́не, now

ны́нешний, present (adj)

ны́нче (colloq), today, nowadays

ныря́ть, to dive

ню́хать, to smell

ня́нька (colloq) = ня́ня

ня́ня, nurse

О

обалде́ть (P) (colloq), to go out of one's mind

обвева́ть, to fan
обветша́лый, ramshackle
обвива́ть, to wind, to entwine
обвива́ться, to wind (round), to twine oneself (round)
обвини́ть (P), to blame (for), to accuse
обвиня́ть, to blame (for), to accuse
обви́ться (P), to wind (round), to twine oneself (round)
обворожи́ть (P), to fascinate
обвяза́ть (P), to tie (round)
обвя́зывать, to tie (round)
обгла́дывать, to pick, to gnaw
обглода́ть (P), to pick, to gnaw
обгоня́ть, to leave behind, to pass
обгора́ть, to be scorched, to be burnt
обгоре́ть (P), to be scorched, to be burnt
обдава́ть, to pour (over)
обда́ть (P), to pour (over)
обдира́ть, to peel
обду́мать (P), to consider, to think over
обду́мывать, to consider, to think over
обе́д, dinner
обе́дать, to dine
обе́денный, dining (adj)
обедне́вший, impoverished
обежа́ть (P), to run round
обезвре́дить (P), to render harmless
обездо́ленный, unfortunate
обезья́на, monkey
оберну́ться (P), to turn around
обеща́ние, promise
обеща́ть (P & I), to promise
обжига́ть, to burn
оби́да, offence, injury, wrong
оби́деться (P), to take offence
оби́дно, it is a pity
оби́дный, insulting
обижа́ться, to take offence
оби́лие, abundance
обира́ть (colloq), to gather, to rob, to fleece
обита́тельница, inhabitant (woman)
обка́тывать (colloq), to pile on
обла́ва, raid
облада́ть, to possess
о́блако, cloud
о́бласть (fem), province, region, field
облегче́ние, relief
облегчённый, relieved
облегчи́ть (P), to facilitate, to make easier
обледене́лый, ice-covered
обледене́ть (P), to become covered with ice
облека́ть, to clothe
облепи́ть (P), to cover (with)

облепля́ть, to cover (with)
облете́вший, surrounding
о́блик, aspect
облокоти́ться (P), to lean one's elbows (on)
обло́мовщина, inertness
обло́мок, wreckage
обма́н, fraud, deception
обману́ться (P), to deceive, to cheat
обма́нываться, to deceive, to cheat
обмерза́ть, to be covered with ice
о́бморок, fainting
обнару́жить (P), to display, to betray
обнести́ (P), to enclose
обнима́ть, to embrace
обню́хивать, to sniff (at)
обня́ть (P), to embrace
ообобра́ть (P), to gather
обогаща́ть, to enrich
обогаще́ние, enrichment
обогна́ть (P), to leave behind
ободра́ть (P), to peel
ободря́ть, to encourage
обожествля́ть, to idolize
обознава́ться (colloq), to (mis)take somebody for somebody else
обозна́ться (P) (colloq), to (mis)take somebody for somebody else
обозначе́ние, designation
обойти́ (P), to spread
обойти́сь (P), to manage
обомле́ть (P) (colloq), to be stupefied
оборва́ться (P), to break
обору́дование, equipment
обосо́бленный, solitary
обра́довать (P), to gladden
образе́ц, pattern
образова́ние, education
образо́ванный, (well-) educated
обрати́ть (P) (внима́ние), to take notice (of)
обра́тно, back (adv)
обра́тный, return (adj)
обраща́ть (внима́ние), to take notice (of)
обраще́ние, dealing, handling
обреза́ть (P), to cut off
обре́зывать, to cut off, to clip
обремени́тельность (fem), burden
обрусе́вший, Russianized
обру́шиваться, to pounce (upon)
обры́в, precipice
обрыва́ться, to break
обрю́згший, paunchy
обсервато́рия, observatory
обсмотре́ться = осмотре́ться
обстано́вка, furniture set, surroundings
обстоя́тельство, circumstance

обстре́л, shelling
обступи́ть (P), to surround
обсу́живать, to ponder
о́бувь (fem), footwear
обхвати́ть (P), to clasp
обходи́ться, to manage (without)
обхожде́ние (colloq), manners (pl)
обчи́стить (P), to rob, to clean out
обчища́ть, to rob, to clean out
обши́рный, vast, spacious
обще́ние, contact
обще́ственный, public, social
общечелове́ческий, common to all mankind
объезжа́ть, to travel over
объекти́вность (fem), objectivity
объе́хать (P), to travel over
объяви́ться (P), to declare oneself to be
объявля́ть, to declare
объявля́ться, to declare oneself to be
объясня́ть, to explain
объясня́ться (impf only), to be explained (by)
обыкнове́ние, habit
обыкнове́нно, usually
обыкнове́нный, usual, ordinary, commonplace
обыска́ть (P), to search
обы́скивать, to search
обы́чай, custom
обыча́йный, usual
обя́занность (fem), duty, responsibility
обя́занный, obliged
обяза́тельно, without fail
обяза́тельный, obligatory
овёс, oats
овладева́ть, to seize
овладе́ть (P), to seize
овра́г, ravine
огло́бля, shaft (of a carriage)
огля́дывать, to examine, to look over
огля́дываться, to turn (back) to look at, to look round
огляну́ться (P), to turn (back) to look at, to look round
оговори́ться (P), to slip (in speaking)
оголи́ться (P), to strip (oneself)
оголя́ться, to strip (oneself)
огорча́ть, to grieve
огра́бить (P), to rob
ограниче́ние, limitation
ограни́читься (P), to limit oneself
огуре́ц, cucumber
одарённый, gifted
одева́ние, dressing
одева́ть, to dress
одева́ться, to dress oneself
оде́жда, clothes

оде́тый, dressed, fully dressed
оде́ться (P), to dress oneself
одея́ло, blanket
одина́ково, equally
одино́кий, lonely (adj)
одино́ко, alone (adv)
одино́чество, solitude, loneliness
одино́чный, single
одновре́менно, simultaneously
одноство́льный, single-barrelled
одноэта́жный, one-storied
одолжа́ть, to lend
одолже́ние, favor
одолжи́ть (P), to lend
одушевля́ть, to animate
ожесточённый, fierce
оживи́ться (P), to become animated
оживле́ние, animation
ожида́ние, waiting, expectation
ожи́ть (P), to come to life
озабо́ченный, preoccupied
озада́ченный, puzzled
озари́ть (P), to light up, to illuminate
озаря́ть, to light up, to illuminate
оздоровля́ть, to render healthy, improve
озлобле́ние, bitterness
ознако́миться (P), to familiarize oneself
ознакомле́ние, acquaintance
означа́ть, to mean, to signify
ока́зывать, to show
окамене́ть (P), to become petrified
ока́нчивать, to finish
ока́нный (colloq), damned, cursed
океа́н, ocean
окли́кнуть (P), to call (to)
око́вы (pl), fetters
околева́ть, to die (of animals)
око́нный, window (adj)
око́нчить (P), to finish, to end
око́шко = окно́
окре́стный, neighboring
окружа́ть, to surround
окружа́ющий, surrounding
окружи́ть (P), to surround
октя́брь, October
оку́рок, cigarette butt
о́мут, pool, whirlpool
опа́здывать, to be late
опасе́ние, fear, misgiving
опа́сность (fem), danger
опа́сный, dangerous
о́пера, opera
опира́ться, to lean (upon), to rest (upon)
опи́санный, described
описа́ть (P), to describe

описывать, to describe
опоздать (P), to be late
оправа, mounting
оправдание, justification
оправдываться, to justify oneself
оправиться (P), to recover (from illness)
оправляться, to recover (from illness)
определённый, definite
определить (P), to define, to determine
определять, to define, to determine
опрокинуть (P), to topple over
опротиветь (P), to become loathsome
оптический, optical
опускать, to lower, to pull down
опускаться, to fall, to drop (into)
опустеть (P), to become deserted
опуститься (P), to fall, to drop (into)
опухать, to swell
опухнуть (P), to swell
опушка, edge (of a forest)
опыт, experience
опытный, experienced
оранжерея, hothouse, greenhouse
орать (colloq), to yell
организовать (P & I), to organize
органический, organic
орден, award, order
орешник, nut grove
оркестр, orchestra
орудие, cannon, instrument, tool
оружие, weapon
осаждённый, besieged
осведомляться, to inquire (about)
осветить (P), to light up, to illuminate
освещать, to light up, to illuminate
освободиться (P), to become free, to free oneself
освобождаться, to become free, to free oneself
осёл, donkey, ass
осень (fem), autumn
осенять, to dawn
осколок, splinter
оскомина, soreness of the mouth
оскорбиться (P), to insult, to outrage
оскорблённый, outraged
оскорблять, to insult, to outrage
оскорбляться, to take offence
ослабить (P), to weaken
ослепительный, blinding
осложнение, complication
осматривать, to examine, to look round
осматриваться, to look round
осмеливаться, to dare
осмелиться (P), to dare
осмотреться (P), to look round

основание, foundation
основательный, solid, substantial
основной, basic
особа, person
особенность (fem), peculiarity
осознавать, to realize
осознать (P), to realize
оставлять, to leave
останавливать, to stop
останавливаться, to dwell (on)
остерегаться, to beware (of)
осторожно, carefully
осторожный, careful, cautious
острить, to make jokes, to crack jokes
остро, sharply
остров, island
острог (arch), jail
острожный, jail, prison (adj)
острый, sharp, acute
остыть (P), to cool (down)
осуждать, to censure
осуждение, censure
осунуться (P), to grow pinched
осуществлять, to carry out
осуществляться, to become realized
осыпаться (P), to fall down
отбегать, to run off
отбежать (P), to run off
отблеск, reflection
отвага, courage
отвезти (P), to take away
отвернуться (P), to turn away
отверстие, opening
отвёртываться, to turn away
отвести (P), to lead
ответственность (fem), responsibility
ответственный редактор, editor-in-chief
отвлечённый, abstract
отвозить, to take away
отворачиваться, to turn aside
отворить (P), to open
отворять, to open
отвращение, repugnance, disgust, loathing
отвязать (P), to untie
отвязывать, to untie
отговаривать, to dissuade
отдавать, to return, to give up
отдаваться, to surrender oneself wholly
отдаление, distance
отдаться (P), to surrender oneself wholly
отдел, section, department
отделение, section, department
отдохнуть (P), to take a rest
отдых, rest

отдыха́ть, to take a rest
отдыша́ться (P), to recover one's breath
оте́чественный, homeland (adj)
оте́чество, native land, fatherland
отёчный, oedematous
о́тзыв, reference, review
отзыва́ться, to answer, to echo
отзы́вчивый, responsive
отка́з, refusal
отказа́ться (P), to refuse, to decline
отка́зываться, to refuse, to decline
отка́шливаться, to clear one's throat
откла́дывать, to set aside
отко́с, slope
открове́нный, frank
открыва́ть, to open
открыва́ться, to come to light, to reveal oneself
откры́тие, discovery
откры́ться (P), to come to light, to reveal oneself
отку́да-то, from somewhere
отку́дова see отку́да
отлега́ть, to be relieved
отли́ть (P), to cast
отлича́ться, to be distinguished
отли́чие, distinction
отличи́ть (P), to distinguish
отли́чно, excellently
отли́чный, excellent
отложи́ть (P), to put aside
отме́тина (colloq), mark
отме́тить (P), to note
отмсти́ть = отомсти́ть
отнима́ть, to take away
относи́тельно, with respect to
относи́ться, to treat
отня́ть (P), to take away
отогрева́ть, to warm
отогре́ть (P), to warm
отодви́нуться (P), to move aside
отозва́ть (P), to answer, to echo
отозва́ться, to answer, to echo
отойти́ (P), to move away
отомсти́ть (P), to avenge oneself (upon)
оторва́ть (P), to tear away
отосла́ть (P), to send away
отпеча́тать (P), to print
отпеча́ток, imprint
отпира́ться (colloq), to deny
отпра́виться (P), to go (to a place)
отправля́ть, to send
отправля́ться, to set off, to set out
о́тпуск, leave (of absence)
отпуска́ть, to let go, to let off
отпусти́ть (P), to supply
отпы́хиваться, to pant
отража́ть, to reflect

отрази́ться (P), to be reflected
отраста́ть, to grow
отрасти́ (P), to grow
отре́з, cut
отре́зать (P), to cut off, to snip off
отрекомендова́ть (P), to introduce
отрече́ние, renunciation
отрица́тельный, negative
о́трочеческий, adolescent (adj)
о́трочество, adolescence
отруба́ть, to chop off
отруби́ть (P), to chop off
отрыва́ть, to divert
отрыва́ться, to lose touch
отры́вистый, abrupt
отря́д, detachment
отсиде́ться (P) (colloq), to sit out
отстава́ть, to lag behind
отста́вка, retirement
отста́ивать, to defend, to defer
отста́лость (fem), backwardness
отстрани́ть (P), to move away (from)
отстраня́ть, to push aside
о́тступ, indentation
отступа́ть, to recede, to retreat, to fall back
отступа́ться, to renounce
отступи́ть (P), to recede, to retreat, to fall back
отсту́пник, apostate, recreant
отсу́тсвие, absence
отсыла́ть, to send away
отсю́да, from here
о́ттепель (fem), thaw
оттого́, that is why
оттолкну́ться (P), to push oneself away
отту́да, from there
отходи́ть, to move away
отцо́вский, paternal
отча́сти, partly
отча́яние, despair
отча́янный, desperate
отчего́, why
о́тчество, patronymic
отчёт, report
отчи́тывать, to rebuke
отчужде́ние, estrangement
отшвырну́ть (P), to fling away
отшлифова́ть (P), to grind, to polish
отъезжа́ть, to drive off
отъе́хать (P), to drive off
отыска́ть (P), to find
отыска́ться (P), to be found
отяжеле́ть (P), to grow heavy
офице́р, officer
офо́рмить (P), to formalize
ох, oh!, ah!
оха́пка, armful
о́хать, to sigh, to moan

охвати́ть (P), to envelop, to grip, to sieze
охва́ченный, enveloped, gripped, siezed
охо́та, wish, inclination
охо́тник, hunter, lover (of)
оцени́ть (P), to fix the price (of), to state the value (of)
оча́г, nursery school, hearth
очеви́дный, obvious, evident
очередно́й, next
о́чередь (fem), line
о́черк, sketch
очи́нива́ть, to sharpen
очища́ть, to clean, to purify
очки́ (pl), eye glasses
очну́ться (P), to come to oneself, to regain consciousness
очути́ться (P), to find oneself
ошиба́ться, to be mistaken
ошиби́ться (P), to be mistaken
оши́бка, mistake
ощу́пать (P), to feel
ощу́пывать, to feel
о́щупью, fumblingly, by sense of touch
ощути́тельный, perceptible
ощути́ть (P), to feel, to sense
ощуща́ть, to feel, to sense
ощуще́ние, sensation

П

па́губный, pernicious
па́дать, to fall, to drop
паде́ние, fall
паке́т, package
пала́та, chamber
пала́тка, tent
пала́ч, executioner
па́левый, straw-colored
пали́тра, palette
па́лка, stick
палкообра́зный, stick-like
па́лочка dim. of па́лка, stick
па́льма, palm (tree)
пальто́ (indecl), overcoat
па́мятник, monument
па́мять (fem), memory
пана́ма, panama (hat)
пансио́н, boarding school
па́па (colloq), dad, daddy
папиро́са, cigarette
па́пка, paper-case, folder
па́поротник, fern
пар, steam
па́ра, pair, couple
пара́д, parade
парашю́т, parachute
па́рень, fellow, lad, chap

парке́т, parquet
парке́тный, parquet (adj)
парохо́д, steamer
па́рочка dim. of па́ра
парти́йный, (of the) party (adj)
па́рус, sail
па́спорт, passport
пассажи́р, passenger
пасту́х, herdsman
пасть (P), to fall
патрио́т, patriot
патриоти́зм, patriotism
патру́ль, patrol
па́уза, pause
пау́к, spider
паути́на, web
па́хнуть, to smell
па́чка, bundle
па́чкать, to soil, to dirty
певе́ц, singer
певи́ца, singer (woman)
педагоги́ческий, pedagogical
педа́нт, pedant
пейзажи́ст, landscape painter
пе́ние, singing
пень, stump
пе́пельница, ash-tray
первобы́тный, pristine, primitive
перебега́ть, to run across
перебежа́ть (P), to run across
перебира́ть, to run one's fingers over
переби́ть (P), to interrupt
переби́ться (P), to shift along
перебрани́ться (P) (colloq), to quarrel (with)
перебра́нка (colloq), wrangle, squabble
перебра́сывать, to throw over
перебра́ться (P), to get over
перебыва́ть (P), to stay over
перева́ливаться, to roll over
перевернý́ть (P), to turn (over)
переве́ртывать, to turn (over)
перевести́ (P), to transfer, to translate
перевира́ть (colloq), to garble
перево́д, translation
переводи́ть, to transfer, to translate
перево́дчик, translator
перегиба́ться, to bend, to lean over
перегна́ть (P), to outdistance
перегну́ться (P), to bend, to lean over
перегоня́ть, to outdistance
перегоро́дка, partition
передава́ть, to give, to tell, to transmit
переда́ть (P), to give, to tell, to transmit
передвига́ться, to move

переде́лка, change, alteration
пере́дний, front (adj)
пере́дняя (n), anteroom
передова́я статья́, lead article, editorial
переезжа́ть, to move
перее́хать (P), to move
пережда́ть (P), to wait (out)
пережи́ть (P), to experience
пережо́г, excessive consumption of fuel
перекоси́ть (P), to distort
перекрести́ться (P), to cross (oneself)
перекрёсток, crossroad
перекувырну́ть (P) (colloq), to turn a somersault
перелеза́ть, to climb over
перелива́ться, to play (of colors)
перели́стывать, to look through
перело́м, break
переме́на, change
перемени́ться (P), to change
перемени́ть, to change
переменя́ться, to change
перепи́ливать, to saw in two
перепили́ть (P), to saw in two
переписа́ть (P), to rewrite
перепи́ска, correspondence
перепи́сывать, to rewrite
переплести́ (P), to interlace (with)
переплета́ть, to interlace (with)
переоде́ться (P), to change clothes
переполня́ть, to overflow
перепоро́ть (P), to flog, to whip, to thrash
перераба́тывать, to remake
перере́зать (P), to cut, to kill
перереза́ть, to cut
перерыва́ть, to rummage (in)
перерыва́ться, to be interrupted
переры́ть (P), to rummage (in)
пересека́ть, to cross over
пересма́тривать, to look over
переставва́ть, to stop
перестре́лка, exchange of fire, skirmish
переступа́ть, to step over, to cross
переступи́ть (P), to step over, to cross
пересчи́тывание, counting (off)
перетопи́ть (P), to drown
переу́лок, side street
перехвати́ться (P), to lash out, to throw
перехва́тывать, to lash out, to throw
переходи́ть, to turn (into)
перечини́ть (P), to sharpen, to point
перечи́слить (P), to transfer
перешаа́гивать, to step over
перешагну́ть (P), to step over
пери́ла (pl), rail(ing)

пери́од, period
перо́, feather, pen
перро́н, (railroad) platform
перси́дский, Persian (adj)
персона́ж, character
пёрышко, plumelet, dim. of перо́
пёс, dog
пе́сенка, song
пе́сенник, singer
песо́чный, sandy
пессими́зм, pessimism
пёстрый, motley, variegated
пету́х, rooster
петь, to sing
печа́ль (fem), grief, sorrow
печа́льный, sad, mournful
печа́тать, to print
печа́ть (fem), seal, stamp, press, print
печь (fem), stove
пи́во (sg. only), beer
пиджа́к, coat
пие́са = пье́са
пижа́ма, pajamas (pl)
пи́ка, lance
пи́ковый, of spades (adj)
пила́, saw
пир, feast
пира́т, pirate
пиро́г, tart (n)
писа́ние, writing
писа́тель, author, writer
писа́тельский, author, writer (adj)
пистоле́т, pistol
пи́сьменный, writing (adj)
письмецо́ dim. of письмо́
пита́тельный, nourishing
пита́ть, to nourish
пи́шущая маши́нка, typewriter
пи́ща (sg only), food
пища́ть, to squeak
пла́вание, swimming
пла́вать, to swim
плака́т, poster
плакси́вый, whining, tearful
пла́менный, flaming, fiery
пла́мень (fem), flame (poetic)
пла́мя, flame
пласт, layer
плата́н, plane (tree)
плати́ть, to pay
плато́к, handkerchief
пла́тье (collective), clothes
пла́тьице dim. of пла́тье
плащ, cloak
плева́ть, to spit
пле́мя, tribe
плен (sg only), captivity
плени́тельный, fascinating
плени́ть (P), to captivate

пле́нник, prisoner
плести́сь, to plod along
плете́нь, (twig) fence
плеть (fem), lash
пле́чико dim. of плечо́
плечи́стый, broad-shouldered
пли́тка, flagstone
пломби́р, ice-cream
пло́ский, flat (adj)
плоти́на, dam
пло́тный, dense
плоть (fem), flesh
пло́хо, badly
плохо́й, bad
пло́щадь (fem), square
плуг, plough
плыть, to swim
плю́нуть (P), to spit
по-вся́кому, anyway, at all
по отноше́нию к, with respect to
по-тво́ему, in your opinion
побе́гать (P), to run a little
побе́да, victory
побежа́ть (P), to break into a run
побежда́ть, to win
побеле́ть (P), to whiten
поблагодари́ть (P), to thank
побожи́ться (P), to swear
побо́льше, (just) a little more
побоя́ться (P), to be afraid (of)
побра́ть (P), to take, to fetch
побужде́ние, motive
побыва́ть (P), to be, to visit
повали́ть (P), to bring down
пове́рить (P), to believe
поверну́ться (P), to turn
поверте́ть (P), to twist
пове́рх, above
пове́рхность (fem), surface
пове́са (colloq), rake
повеселе́ть (P), to become merry
пове́сить (P), to hang
повести́ (P), to move
по́весть (fem), tale, story
повива́льная ба́бка (arch), midwife
повида́ться (P) (colloq), to see
по-ви́димому, apparently
по́вод, occasion
поводи́ть, to move
пово́зка, vehicle, carriage
повора́чивать, to turn
повора́чиваться, to turn, to swing
поворо́т, turning
повороти́ться (P), to turn, to swing
поворча́ть (P), to grumble a little
повреди́ть (P), to injure, to harm, to hurt
повремени́ть (P) (colloq), to wait a little (with)

повседне́вный, daily
повсю́ду, everywhere
повтори́ть (P), to repeat
повто́рный, repeated
повторя́ть, to repeat
повы́лазить, to keep on crawling
повыша́ть, to increase
повыше́ние, rise
погаса́ть, to go out (fire)
погаси́ть (P), to go out (fire)
погиба́ть, to perish, to be killed
поги́бнуть (P), to perish, to be killed
погляде́ть (P), to have a look (at), to look for a while
погна́ть (P), to drive, to begin to drive
поговори́ть (P), to have a talk
пого́да, weather
погоди́ть (P) (colloq), to wait a little (with)
погоня́ть, to drive on
погружа́ть, to submerge, to immerse
погружа́ться, to sink (into)
погуби́ть (P), to ruin, to destroy
погуля́ть (P), to take a walk
подава́ть, to give, to serve, to submit
подава́ться, to give way
подави́ться (P), to choke
подари́ть (P), to give (present)
пода́ть (P), to give
пода́чка, dole, pittance
подбира́ть, to pick up, to select
подбодри́ть (P), to cheer up
подбодря́ть, to cheer up
подборо́док, chin
подбра́сывать, to leave, to abandon
подва́л, basement
подверга́ться, to be subjected (to)
подве́ргнуться (P), to be subjected (to)
подверну́ться (P), to slip
подвёртываться, to slip
подве́ска, suspension bracket
подводи́ть, to place (under)
подво́дный, submarine (adj)
подворо́тня, gateway
подво́х (colloq), dirty trick
подвяза́ть (P), to tie up
подвя́зывать, to tie up
подгиба́ть, to bend (under)
подгляде́ть (P), to peep (at)
подгоня́ть, to hurry
поддава́ть, to kick
подда́кивать (colloq), to be a yes man
по́дданничество, servility, subservience
подда́ть (P), to yield, to give
поддержа́ть (P), to support
подде́рживать, to support
подде́ржка, support
поде́йствовать (P), to act

поде́лать (Р) (colloq), to be done
подели́ться (Р), to share
подельне́е, (a little) more sensible
поджа́ть (Р) (хвост), to put the tail between the legs
поджида́ть (colloq), to wait (for)
поджима́ть (хвост), to put the tail between the legs
подзаты́льник (colloq), slap
подземе́лье, cave, dungeon
подзыва́ть, to call up, to beckon
подиви́ться (Р), to marvel (at)
подка́пываться, to undermine
подки́дывать (colloq) = подбра́сывать, to leave, to abandon
подко́ва, horseshoe
подко́лотый, pinned
подкопа́ться (Р), to undermine
подкра́дываться, to steal up (to), to sneak up (to)
подкра́сться (Р), to steal up (to), to sneak up (to)
подкупа́ть, to bribe, to win over
подкупи́ть (Р), to bribe, to win over
по́дле, by the side of
подлежа́ть, to be subject (to)
подлета́ть, to fly up (to), to rush up (to)
подле́ц, rascal
по́длинно, really, truly
по́длинный, genuine, true
по́дло, meanly (adv)
по́длый, mean (adj)
подмётка, sole (of shoe)
подме́чено, noted
подмигну́ть (Р), to wink (at)
поднести́ (Р), to bring (to), to take (to)
поднима́ть, to rise, to get up
поднима́ться, to rise
подно́жие, foot (of mountain)
подноси́ть, to bring (to), to take (to)
подо́бие, likeness
подо́бно, like
подогну́ться (Р), to bend
подожда́ть (Р), to wait (for)
подозва́ть (Р), to call up (to), to beckon (to)
подозрева́ть, to suspect
подозре́ние, suspicion
подозри́тельность (fem), suspiciousness
подоро́жник, plantain
подо́шва, sole (of shoe)
подписа́ть (Р), to sign
подпи́сывать, to sign
подпи́сываться, to put one's name (to)
подплыва́ть, to swim up (to)
подпоя́сать (Р), to gird (oneself)
подпры́гивать, to bob (up and down)

подража́ние, imitation
подра́ться (Р), to fight
подро́бность (fem), detail
подро́бный, detailed
подро́сток (colloq), adolescent (n)
подру́га, (female) friend
подружи́ться (Р), to become friends
подру́жка dim. of подру́га
подрыва́ть, to undermine, to sap
подря́д, in succession
подсве́чник, candlestick
подсе́сть (Р), to take a seat (near), to sit down (near)
подска́кивать, to run up (to), to come running (to)
подскользну́ться = поскользну́ться
подскочи́ть (Р), to run up (to), to come running (to)
подсо́вывать, to slip (into)
подста́вить (Р) (но́жку), to trip up
подстака́нник, glass holder
подсти́лка, bedding
подступи́ться (colloq), to get near
подсу́нуть (Р), to slip (into)
подтверди́ть (Р), to be confirmed
подтолкну́ть (Р), to push slightly
поду́шка, pillow
подхали́мство, fawning
подхвати́ть (Р), to join in
подча́с (colloq), sometimes, at times
подчеркну́ть (Р), to underline
подчине́ние, subordination
подчинённый, subordinate
подчиня́ться, to submit (to), to surrender
подши́тый, soled
подъе́зд, entrance, doorway
подъезжа́ть, to drive up (to)
подъе́хать (Р), to drive up (to)
подыма́ть (colloq) = поднима́ть
пое́здка, journey
пое́сть (Р), to have a meal, to take some food
пожале́ть (Р), to feel sorry (for), to pity
пожа́ловать (Р) (arch), to bestow a title
пожа́луй, perhaps
пожа́луйста, please
пожа́луйте = пожа́луйста
пожа́р, fire
пожа́ть (Р) плеча́ми, to shrug one's shoulders
пожелте́лый, yellowed
пожелте́ть (Р), to turn yellow
поже́ртвовать (Р), to sacrifice
пожима́ть, to press, to shake, to shrug
по́за, pose, attitude

позабáвить (P), to amuse a little
позабы́ть (P), to forget
позадú, behind
позвáть (P), to call (upon)
позволя́ть, to allow + inf.; to permit
   + inf.
позвонúть (P), to ring
пóздний, late
поздрáвить (P), to congratulate (on,
   upon)
поздравля́ть, to congratulate (on,
   upon)
позёмка, ground wind
позúция, position
познакóмить (P), to acquaint with
познáние, knowledge
поигрáть (P), to play (a little)
пóиск, search
поймáть (P), to catch
покáз, illustration
покá что (colloq), in the meantime
покáмест (colloq) = покá
покатúться (P), to roll
покачáть (P) головóй, to shake one's
   head
покáчиваться, to rock slightly
покидáть, to leave
поклонúться (P), to bow
покля́сться (P), to swear, to vow
покóить, to comfort
покóй (n), rest, peace
покóйник, deceased
покóйница, deceased (woman)
покóйный, quiet, calm, comfortable
поколéние, generation
покóнчить (P), to end
покорúться (P), to submit (to)
покормúть (P), to feed
покорóче, a little shorter
покоря́ться, to submit (to)
покраснéть (P), to redden
покровúтельственный, condescending
покрóй (n), cut (of clothes)
покрывáть, to cover (with)
покрывáться, to cover oneself, to get
   covered
покры́ть (P), to cover (with)
покупáть, to buy
поку́шать (P), to eat
покушáться, to attempt, to encroach
пол, floor
полá, flap (of clothes)
полагáться, to be due
полáти (pl), broad sleeping berth
полгóда, half a year
полежáть (P), to lie (for a while)
полéзный, useful
полéзть (P), to fumble, to start to
   climb

полёт, flight
пóлзать, to creep, to crawl
ползтú (colloq.), to creep, to crawl
ползу́чий, creeping
поливáть, to pour
полúтик, political person, (here) shrewd
   person
полúтика, politics (pl)
политúческий, political
политрабóтник, political worker
полúть (P), to begin to pour
полицéйский (n), policeman
полúция, police
полк, regiment
пóлка, shelf
полкóвник, colonel
пóлно (colloq), enough (adv)
полнотá, completeness
полнóчный, midnight (adj)
пóлночь (fem), midnight
полóжим, let us assume
пóлоз, runner (of a sled)
полосá, band, strip
полосáтый, striped
полóска dim. of полосá
полотéнце, towel
полотнó, canvas
полотня́ный, linen (adj)
полувоéнный, semi-military
полуживóй, half dead
полузасыпáть, to doze off
полуоткры́тый, half-open
полупустóй, half-empty
полуразру́шенный, dilapidated
полусмéрть (fem), quasi-death
полу́чше, (just) a little better
полчасá, half an hour
пóльзоваться, to make use (of)
пóльский, Polish (adj)
полюбúть (P), to come to love
поля́на, clearing (in the forest)
помалéньку (colloq), so-so
помáхивать, to wave
помéдлить (P), to linger
поменя́ть (P), to change
померéть (P) (colloq), to die
помести́ться (P), to be located, to find
   room
помешáть (P), to mix (with), to blend
   (with)
помещáть, to place
помещáться, to be located, to find
   room
помéщик, landowner, landed gentleman
помéщица, lady of the manor
помúлуй (colloq), for goodness' sake!
помину́тно, every moment, every
   minute

помира́ть (colloq), to die
помога́ть, to help, to assist, to aid
по-мо́ему, in my opinion
помо́и (pl), slops
помолча́ть (P), to be silent (for a while)
помо́рщиться (P), to make a wry face
помо́щник, assistant
по́мысел, thought
помышле́ние = по́мысел
пона́добиться (P) (colloq), to need
понапра́сну (colloq), in vain
по-настоя́щему, truly
понаты́канный, stuck all over
понемно́гу, little by little
понести́сь (P), to rush
понижа́ть, to lower, to demote
пону́рить (P), to lower
поню́хать (P), to smell
поня́тие, notion, concept
поня́тно, understandable, of course
пообе́дать (P), to dine
пообеща́ть (P), to promise
поочерёдно, in turn, by turns
поп (colloq), priest
попада́ться, to be caught, to occur
попа́сться (P), to be caught, to occur
попече́ние, care
попи́сывать (colloq), to write, to do an occasional bit of writing, to scribble
поплати́ться (P), to pay
попола́м, half-and-half
попо́лнить (P), to replenish
пополу́дни, in the afternoon
попо́ртить (P) (colloq) = испо́ртить, to spoil
попра́вить (P), to repair, to mend
поправля́ть, to repair, to mend, to straighten out
попрёк, reproach
попро́бовать (P), to try
попроща́ться (P), to say good-by (to)
популя́рность (fem), popularity
популя́рный, popular
попыта́ться (P), to attempt, to try
попы́тка, attempt, endeavor
попя́тить (P), to back up
поража́ть, to strike, to startle
порази́ть (P), to strike, to startle
пора́ньше, a little earlier
порва́ть (P), to tear up
поровня́ться, to come abreast
поро́г, threshold
поро́да, species
порозове́ть (P), to turn pink
поро́й, at times
порт, port, harbor
по́ртить, to spoil
портно́й (n), tailor

портре́т, portrait
портфе́ль, briefcase
поруча́ть, to charge (with)
поруче́ние, commission
поры́в, gust, rush, fit of passion
появля́ться, to appear
поря́дочный, decent, honest
посади́ть (P), to plant
посвети́ть (P), to shine (for a while)
посвяти́ть (P), to dedicate
посвящённый, dedicated
поседе́ть (P), to turn grey
посели́ться (P), to take up residence
посети́тель, visitor, caller
посети́ть (P), to call on, to visit, to attend
посеща́ть, to call on, to visit, to attend
посиде́ть (P), to sit (for a while)
поскака́ть (P), to skip, to caper, to gallop
поскользну́ться (P), to slip
поско́льку (conj), since
поскоре́е, somewhat quicker
поскоре́й = поскоре́е
посла́ние, message
после́довать (P), to follow
после́дующий, following
послеза́втра, day after tomorrow
послеобе́денный, after-dinner (adj)
послесло́вие, epilogue
послу́шать (P), to obey
послы́шаться (P), to be heard
посме́ртный, posthumous
пособи́ть (P) (colloq), to help
посове́товать (P), to advise
посоли́ть (P), to salt
поспева́ть (colloq), to have time
поспе́ть (P) (colloq), to have time
поспеши́ть (P), to hurry
поспе́шно, hurriedly, hastily
посреди́, in the middle of
посре́дственный, mediocre
поссо́риться (P), to quarrel (with)
постаре́ть (P), to grow old
по-ста́рому, as before
постели́ть (P), to bed down
постепе́нно, gradually
постига́ть, to understand, to comprehend
пости́гнуть (P), to understand, to comprehend
постоя́лый (arch) двор, inn
постоя́нный, constant
постоя́ть (P), to stand (for a while)
постро́ение, construction
постро́ить (P), to build
поступа́ть, to act, to join, to enter
поступи́ть (P), to act, to join, to enter
посту́пок, action

постучáть (P), to stomp, to knock
посудить (P), to judge
посчастливиться (P) (impers), to be lucky
посылáть, to send
посыпаться (P), to begin to fall down
пот, sweat, perspiration
потакáть (colloq), to wink at
потёмки (pl), darkness
потемнéть (P), to get dark
потерпéть (P), to be patient
потёртый (colloq), shabby, threadbare
потéря, loss
потесниться (P), to make room
потирáть (colloq), to rub
потихóньку (colloq), slowly, noiselessly, on the sly
потолковáть (P), to talk (a little), to talk (about)
потолóк, ceiling
потомý, that is why
потонýть (P), to sink, to go down
потрéбность (fem), necessity, need
потрéбовать (P), to demand, to need, to require
потрёпанный, worn
потрéскивать, to crackle
потрудиться (P), to take some pains
потрясáть, to shake
потрясти (P), to shake
потряхивать (colloq), to shake
потýпиться (P), to drop one's glance
потуплять, to drop one's eyes
потупляться, to drop one's eyes
пóтчевать, to treat (to)
потягиваться, to stretch oneself
поутрý, in the morning
поучáть (arch), to instruct
поучительный, instructive
похвалá, praise
похвáльный, laudable, commendable
похищáть, to steal, to abduct
похищéние, abduction
похлóпать (P), to slap
похлопотáть (P), to intercede
похлóпывать, to pat
походить (на), to resemble
похóдный, field (mil) (adj)
похождéние, adventure
похоронить (P), to bury, to conceal
пóхороны (pl), burial, funeral
похрáпывать (colloq), to snore (slightly)
поцеловáть (P), to kiss
пóчва, soil, ground
пóчерк, hand(writing)
почерпáть, to get, to draw
почерпнýть (P), to get, to draw

почесáть (P), to comb, to scratch
почéсть (arch) (P), to consider, to think
почёсываться, to scratch oneself
почётный, honorable
починить (P), to repair
починка, repairing
почитáть, to respect, to revere
пóчта, post
почтить (P), to honor
почтмéйстер (arch), postmaster
почтóвый, mail (adj)
почýдиться (impers) (P), to seem
пошевелить (P) (colloq), to move (a little)
пошевелиться (P), to move (a little)
пóшлый, commonplace, trivial
пошутить (P), to joke, to jest
поэзия, poetry
поэт, poet
поэтический, poetical
поэтому, therefore
появиться (P), to appear, to emerge
появляться, to appear, to emerge
пóяс, belt
пояснить (P), to explain
правдивый, truthful, upright
прáвило, rule
прáвильно, correctly
прáвить, to govern, to rule
правлéние, government office
правотá, rightness
прáздник, holiday
прáздничный, holiday (adj)
прáздновать, to celebrate
практический, practical
преаляповáтый, very coarse
пребывáние, stay
превáжно, with an air of importance
превосходительство, excellency
превосхóдный, excellent
превращáть, to turn (into), to convert (into)
преграда, barrier
пред = пéред
предáть (P), to hand over, to betray
предварительный, preliminary
предводитель, leader
предвосхищáть, to anticipate
предéл, limit, end
предислóвие, preface, foreword
предлагáть, to offer, to suggest
предложить (P), to offer, to suggest
предмéстье, suburb
предмéт, topic, theme
предмéты обихóда, consumer goods
прéдо (prep) (poetic) = пéред
предостáвить (P), to give
предоставлять, to give

предполага́ть, to suppose
предположе́ние, assumption
предпочита́ть, to prefer
предпочте́ние, preference
предпочти́тельно, preferably
предприя́тие, undertaking, enterprise
предрассу́док, prejudice
председа́тель, chairman
предска́зывать, to predict
представа́ть, to appear (before)
представи́тель, representative
предста́вить (P), to imagine
предста́виться (P), to occur, to present itself
представле́ние, performance
представля́ться, to occur, to present itself
предстоя́щий, impending
предузна́ть (P), to have a premonition
предупрежда́ть, to know beforehand
предусмотре́ть (P), to foresee
предше́ственник, forerunner, precursor
преждевре́менный, untimely
презира́ть, to despise
презна́тный, most distinguished
презре́ние, contempt, scorn, disdain
презри́тельный, contemptuous scornful
преиму́щественный, primary
преиспо́лненный, filled
прекрати́ться (P), to discontinue
пре́лесть (fem), charm, fascination
прельсти́ть (P), to entice
прелю́дия, prelude
(не) premiнуть (P), not fail to
пре́мия, prize
премье́ра, opening night, premiere
пренебрега́ть, to scorn, to ignore
пренебреже́ние, disregard, disdain
пренебре́чь (P), to scorn, to ignore
преобразова́тель, transformer
препя́тствие, obstacle
прерва́ть (P), to interrupt
прескве́рно, very badly
пресле́довать, to pursue
престо́л, throne
престра́нный, very strange
преступле́ние, crime, offence
прете́нзия, claim
преужа́сный, most horrible
приба́вить (P), to add
прибавля́ть, to add
прибавля́ться, to rise, to gain
прибега́ть, to come running
прибедни́ться (P), to pretend to be poor
прибежа́ть (P), to come running
прибива́ть, to nail
приби́тый, attached

приби́ть (P), to nail
приближа́ть, to bring nearer
приближе́ние, approach
прибыва́ть, to arrive
при́быль, profits (pl)
прибы́ть (P), to arrive
прива́ливаться, to lean against
привали́ться (P), to lean against
привезти́ (P), to bring
приве́т, regard(s) (pl)
привиде́ние, apparition, spook, phantom
привлека́ть, to attract
приводи́ть, to bring, to lead (to)
привозить, to bring
привста́ть (P), to raise oneself
привыка́ть, to get accustomed (to)
привы́кнуть (P), to get accustomed (to)
привы́чный, habitual, usual
привя́занность (fem), attachment
привяза́ть (P), to tie (up)
привя́зывать, to tie (up)
пригла́дить (P), to smooth
пригласи́тельный биле́т, courtesy pass
пригласи́ть (P), to invite
приглаша́ть, to invite
приглаше́ние, invitation
пригля́дывать (colloq), to choose
пригля́дываться, to get accustomed (to), to get used (to)
пригото́вить (P), to prepare
пригото́виться (P), to prepare oneself
приготовля́ться, to prepare (for)
придава́ть, to attach
придви́нуться (P), to move up
придержа́ть (P), to hold (back)
приде́рживать, to hold (back)
приде́рживаться, to adhere (to)
приду́мать (P), to think (of), to devise
приду́мывать, to think (of), to devise
прие́зд, arrival
приезжа́ть, to arrive
прие́зжий, newcomer, visitor
прие́м, way
прие́мная (n), reception room
прижа́ться (P), to press (to), to clasp (to)
прижима́ть, to press (to), to clasp (to)
прижима́ться, to press oneself (to), to snuggle up (to)
призаду́маться (P), to become thoughtful
призва́ние, vocation, calling
призва́ть (P), to call, to summon
приземли́ть, to be earthbound
приземли́ться (P), to land
признава́ть, to recognize, to admit
признава́ться, to confess
при́знак, sign

признáть (P), to recognize, to admit
призывáть, to call, to summon
прикáз, order
прикáзывать, to order, to command, to direct
прикасáться, to touch
прикúдываться (colloq), to pretend (to be)
приключéние, adventure
прикосновéние, touch
прикрывáть, to cover
прилагáть, to apply
прилетáть, to come hurrying
прилетéть (P), to come hurrying
прилéчь (P), to lie down
прилúв, flow, flood (of tide), rising tide, surge
прилúчный, decent
приложúть (P), to add
примáзывать, to plaster, to stick
примáнка, bait
применéние, application
примéр, example
примéтить (P), to notice
примечáние, note
примечáть (colloq), to notice
примитúвный, primitive (adj)
прúмус, primus stove
принадлежáть, to belong to
принижáть, to belittle
принимáться (+ inf), to begin to start
приносúться, to be brought
принýдить (P), to compel, to force
принуждáть, to compel, to force
принуждéние, compulsion, constraint, coercion
принуждённый, forced
прúнцип, principle
принáться (P), to start, to begin
приобрестú (P), to acquire, to gain
приобретáть, to acquire, to gain
приостановúться (P), to stop (for a while)
приотворúться (P), to open slightly
приотворáть, to open slightly
припадáть, to fall (to)
припáдок, fit (of illness)
припúсывать, to ascribe
приподнимáть, to raise (a little)
приподнимáться, to raise oneself (a little)
приподнáться (P), to raise oneself (a little)
припоминáть, to remember, to recollect
припóмнить (P), to remember to recollect
припýхлость (fem), swelling
присвáивать, to appropriate

присвóить (P), to appropriate
приседáть, to squat, to cower
присéсть (P), to squat, to cower
прислáть (P), to send
прислонúться (P), to lean (against)
прислýга, household servant
прислýшаться (P), to listen (to)
присоединúть (P), to join
присóска, suction cup
приставáть, to pester (with), to badger (with)
прúстально, intently
прúстальный, intent
пристáть (P), to pester (with), to badger (with)
пристрáстие, predilection, bias
пристрелúть (P), to shoot (down), to kill
прúступ, fit of illness
приступúть (P), to begin
присудúть (P), to sentence
присýтствие, presence
присылáть, to send
притворúться (P), to shut, to close
притеснéние, oppression
притóпывать, to stamp one's foot
притрáгиваться, to touch
притрóнуться (P), to touch
притýшенный, dimmed
примóлкнуть (P) (colloq), to become silent
приучáть, to train
прихлёбывать, to sip
прихóд, arrival
приходúться, to have to
прихóжая (n), anteroom
причёсанный, combed
причинúть (P), to cause
причитáть, to lament (for, over)
причúтываться (colloq), to be owing
прищýрить (P), to squint
приютúться (P), to take shelter
приáтель, friend
приáтно, pleasant
пробасúть (P), to speak in a deep voice
пробéл, gap
пробивáть, to make a hole (in), to pierce
пробирáться, to make one's way
пробúть (P), to make a hole (in)
прóбка, cork
проблéма, problem
прóбовать (+ inf), to try
пробóр, part (in one's hair)
пробормотáть (P), to mutter
пробрáться (P), to make one's way
пробуждáть, to wake, to arouse
пробуждéние, awakening
пробы́ть (P), to stay, to remain

провали́ться (P), to collapse
прове́рка, check-up
проверя́ть, to check
проводи́ть (P), to accompany
проводни́к, guide
провожа́ть, to accompany
про́волока, wire
проворча́ть (P), to grumble
проглоти́ть (P), to swallow
прогна́ть (P), to drive away, to dismiss
проговори́ть (P), to say, to utter
прогоня́ть, to drive away, to dismiss
програ́мма, program
прогу́ливаться, to stroll
прогу́лка, stroll
продава́ть, to sell
продавщи́ца, saleswoman
прода́ть (P), to sell
проде́лать (P), to do, to make
продолже́ние, continuation
продолжи́тельный, prolonged
продо́льный, oblong
проду́кт, product
проезжа́ть, to drive (by, past, through)
прое́хать (P), to drive (by, past, through)
прожё́ктор, searchlight
прожива́ние, residence
прожива́ть, to stay, to spend
прожи́ть (P), to stay, to spend
про́за, prose
прозвене́ть (P), to ring out
про́звище, nickname
прозвони́ть (P), to ring out
прозева́ть (P), to yawn, to miss
прозрева́ть, to begin to see clearly
произведе́ние, work
произвести́ (P), to make
производи́ть, to make, to create
произво́дственный, production (adj)
произво́льный, arbitrary
произнести́ (P), to pronounce
произноси́ть, to pronounce, to utter
произойти́ (P), to happen, to take place
происхожде́ние, birth, descent
происше́ствие, incident, event
про́йденный, traversed
прока́за, mischief
прока́зник, prankish child
прока́пывать, to dig
прокля́тый, cursed, damned
прокопа́ть (P), to dig
проко́рм, nourishment, sustenance
прокормле́ние see проко́рм
прокрича́ть (P), to shout, to give a shout
пролепета́ть (P), to babble
проливно́й дождь, pouring rain, pelting rain

прома́тывать, to squander, to dissipate
проме́ж (colloq), between, among
промелькну́ть (P), to flash, to fly by (of time)
промо́лвить (P), to say, to utter
промота́ть (P), to squander, to dissipate
промы́шленность (fem), industry
промы́шленный, industrial
пронести́ (P), to retain
пронести́сь (P), to rush past
пронзи́тельный, piercing
проника́ть, to penetrate
проникнове́ние, penetration
проникнове́нно, with conviction
прони́кнуть (P), to penetrate
проноси́ться, to rush past
проню́хать (P) (colloq), to get wind (of)
пропада́ть, to be lost
пропуска́ть, to let through, to let in, to admit, to let pass
пропусти́ть (P), to let through, to let in, to admit, to let pass
прорабо́тать (P), to work
про́рубь (fem), ice-hole
просвеща́ть, to enlighten
просвеще́ние, enlightenment
просиде́ть (P), to sit, to spend time sitting
проси́живать, to sit, to spend time sitting
проси́тель, petitioner
просия́ть (P), to brighten
проскрежета́ть (P), to say through clenched teeth
просле́довать (P), to proceed
просмо́тр, preview
просну́ться (P), to wake up
проспе́кт, avenue
простира́ть, to hold, to reach (out)
проститу́тка, prostitute
прости́ть (P), to forgive, to pardon
простоду́шие, simple-heartedness, simple-mindedness
простона́ть (P), to groan, to moan
просто́р, spaciousness, space
просто́рный, spacious
простосерде́чный, simple-hearted, artless
простота́, simplicity
простоя́ть (P), to stand, to spend, to remain
простра́нство, space
простуди́ться, to catch cold
проступа́ть, to exude, show through
просыпа́ться, to wake up
про́сьба, request
протека́ть, to elapse

проти́вник, enemy
проти́вный, contrary, adverse
противополо́жный, opposite
противоре́чие, contradiction
протолка́ться (P), to push through
протя́гивать, to stretch out, to extend
протяже́ние, extent
протя́жный, extended
протяну́ть (P), to stretch out, to extend
проучи́ться (P), to study
профе́ссия, profession
профе́ссор, professor
профе́ссорский, professorial
проха́живаться, to stroll
прохла́да, coolness
проходно́й двор, communicating yard
прохо́жий (n), passer-by
прочита́ть (P), to read
про́чно, firmly
про́чный, solid, strong
прочь, away, off (adv)
проше́ние, application
прошепта́ть (P), to whisper
прошлого́дний, last year's
проща́й, good-bye
проща́льный, farewell (adj)
проща́ть, to forgive
проща́ться, to say good-by (to)
проявля́ться, to become apparent
пружи́на, spring
прут, rod
пры́гать, to jump
пры́снуть (P), to sprinkle
прыть (fem) (colloq), quickness
прядь (fem), lock (of hair)
прямизна́, straightness
прямоуго́льник, rectangle
прямоуго́льный, rectangular
прясть, to spin
пря́тать, to hide
пря́таться, to hide oneself
псевдони́м, pseudonym
психи́ческий, mental
психологи́ческий, psychological
психоло́гия, psychology
пти́ца, bird
пти́чка dim. of пти́ца
пу́блика, public
публикова́ть, to publish
публици́ст, journalist, essayist
пуга́ться, to be frightened
пуга́ющий, frightening
пу́говица, button
пуза́тый (colloq), pot-bellied, paunchy
пузырёк, vial
пунктуа́ция, punctuation
пуска́ть, to let go, to let in
пусте́ть, to become empty
пусти́ться (P), to start, to set out

пустота́, emptiness
пусты́нный, desert (adj)
пусты́ня, desert
пустя́к, trifle
пу́таться, to be confused
путево́й, travelling
путём, by means of (prep)
путём (colloq), properly
путеше́ствие, travels
пу́тник, traveller
пу́хлый, pudgy, plump
пучо́к, bundle
пуши́стый, downy, fluffy
пу́шка, cannon
пчела́, bee
пчёлка dim. of пчела́
пыла́ть, to glow
пы́льный, dusty
пыта́ться, to attempt, to try
пы́шный, magnificent, splendid
пье́са, play (in theater)
пья́ный, drunk, tipsy, intoxicated
пята́к (colloq), five-copeck coin
пятидесятиле́тие, fiftieth anniversary
пятна́дцать, fifteen
пятна́ть, to spot
пятни́стый, spotted
пятно́, spot
пя́тый, fifth

Р

раб, slave
рабо́тник, worker, farm-hand
работя́га (colloq) (masc & fem), hard
  worker
(всё)равно́, it is all the same, it makes
  no difference
равноду́шный, indifferent
равноме́рный, even
рад, glad
радиопереда́ча, broadcast
радиослу́шатель, radio listener
ра́доваться, to be glad, to be happy
ра́достный, glad, joyous, joyful
разбаза́ривание (colloq), squandering
разбега́ться, to scatter
разбежа́ться (P), to scatter
разбеси́ть (P) = взбеси́ть (P), to
  irritate
разбива́ть, to break
разбира́ть, to figure out
разбира́ться (colloq), to understand
разби́тый, broken, defeated
разби́ть (P), to break
разбо́йник, robber
разбра́сывать, to throw about, to
  waste
разбра́сываться (colloq), to squander
разбреда́ться, to disperse

разбро́санный, scattered
разбуди́ть (Р), to waken
разва́ливаться (colloq), to lounge
разва́лина, ruin
развали́ться (Р), to tumble down
разведённый, separated, divorced
разверну́ться (Р), to unroll, to unwind
развёртывать, to unroll, to unwind
развива́ть, to develop
развива́ться, to develop
разви́тие, development
развлека́ть, to distract
развле́чь (Р), to distract
разводи́ть, to separate
развя́зывать, to untie, to undo
разга́дывать, to interpret
разглаго́льствование (colloq), verbiage
разгляде́ть (Р), to discern
разгля́дывать, to examine
разгне́вать (Р), to incense
разгова́ривать, to talk (to, with)
разгро́м, rout
разгу́л, revelry
раздава́ться, to be heard, to resound
раздави́ть (Р), to run down
разда́ться (Р), to be heard, to resound
раздвига́ть, to move apart
раздвига́ться, to move, to slide
раздви́нуть (Р), to move apart
раздева́ть, to undress
раздели́ть (Р), to share
разделя́ть, to share
раздира́ть (colloq), to tear asunder
раздо́лье, freedom
раздража́ть, to irritate
раздраже́ние, irritation
раздражи́ть (Р), to irritate
разжёвывать, to chew
ра́зик dim. of раз
разла́д, disorder
разли́чный, different
разлу́ка, separation
размáлывать, to grind
разма́х, sweep
разма́хивать, to swing
разма́шисто, with a flourish (adv)
разме́р, size
размозжи́ть (Р), to smash
размоло́ть (Р), to grind
размори́ть (Р) (colloq), to wear out
размы́слить (Р), to reflect (on, upon), to meditate (on, upon)
размышле́ние, reflection
размышля́ть, to reflect (on, upon), to meditate (on, upon)
ра́зница, difference
разнови́дность (fem), variety

разнообра́зие, variety
разнообра́зный, diverse
ра́зность (fem), difference
разночи́нец (arch), commoner
разобра́ть (Р), to figure out, to investigate
разогну́ться (Р), to straighten oneself up
разоде́тый, dressed up
разозли́ть (Р), to make angry
разойти́сь (Р), to go away, to part
ра́зом (colloq), at once, all together (adv)
разорва́ть (Р), to tear, to break
разорённый, ravaged
разоря́ть, to ravage
разочаро́ванный, disappointed
разочарова́ться (Р), to disappoint
разража́ться, to break out, to burst (into), to burst (out)
разрази́ться (Р), to break out, to burst (into), to burst (out)
разреза́ть (Р), to cut, to slit
разре́зывать = разреза́ть, to cut, to slit
разреша́ть (+ inf), to permit
разреше́ние, permission, authorization
разреши́ть (Р), to permit
разру́ха, ruin
разру́шить (Р), to ruin
разры́в, break, explosion
разрыва́ть, to tear, to break
разрыда́ться (Р), to burst into tears
разуве́риться (Р), to lose one's faith
разуверя́ть, to dissuade
разуверя́ться, to lose one's faith
разуме́ть, to understand
разу́мный, reasonable
разъезжа́ть, to drive (about, around)
разъя́сниться (Р) (colloq), to become clear, to clear up (weather)
разъясни́ть (Р), to become clear, to clear up
разъясня́ть, to explain, to elucidate
разы́грывать, to pull somebody's leg
разыска́ть (Р), to look for, to search for
разы́скивание, search, investigation
разы́скивать, to look (for), to search (for)
рай, paradise
рак, cancer
раки́та, willow
ра́ковина, shell
ра́ма, frame
ра́мки (pl), limits
ра́на, wound
ра́нить (Р & I), to wound

ра́нний, early
ра́ньше, earlier (adv)
раскалённый, red-hot
раскати́ться (P), to gather momentum
раскача́ть (P), to swing
раска́яние, repentance
расквита́ться (P) (colloq), to get even (with)
раски́дывать, to stretch, to spread
раскле́ивать, to unglue
раскле́иваться (colloq), to be out of sorts
раскле́иться (P) (colloq), to be out of sorts
раскрасне́ться (P), to get red (in the face)
раскрыва́ть, to uncover, to disclose
раскрыва́ться, to uncover oneself
раскры́тый, open
раскры́ться (P), to uncover oneself
распева́ние (colloq), singing
распеча́тать (P), to unseal
распира́ть, to burst open
расписа́ние, schedule
распи́ска, receipt
распла́чиваться, to pay off
расплёскивать, to spill
располо́женный, disposed (toward, to)
расположи́ть (P), to win somebody's favor
распоряжа́ться, to dispose
распоряже́ние, disposal
распра́вить, to unfold
распределе́ние, distribution
распредели́ть (P), to distribute
распростане́ние, spreading, diffusion
распростани́ть (P), to spread
распространя́ть, to spread
распусти́ться (P), to loosen
распу́хнуть (P), to swell
рассвести́ (P), to dawn
рассве́т, dawn, daybreak
рассвета́ет, day is breaking
рассе́ивать, to disperse
рассерди́ться (P), to get angry, to wax angry
рассе́янность, absent-mindedness, distraction (fem)
рассе́янный, absent-minded
рассе́ять (P), to disperse
рассма́тривать, to consider, to examine, to look at
рассмея́ться (P), to begin to laugh, to burst out laughing
рассмотре́ть (P), to consider, to examine, to look at
расспра́шивать, to question, to make inquiries (about)

расспро́сы (pl), questions
расстава́ться, to part with
расстано́вка, arrangement
расста́ться (P), to part (with)
расстёгивать, to unfasten, to unbutton
расстегну́ть (P), to unfasten, to unbutton
расстоя́ние, distance, space
расстре́л, execution by shooting
расстреля́ть (P), execute by shooting
расстро́енный, out of tune
расстро́иться (P), to become upset
расстро́йство, disorder
рассуди́ть (P), to judge
рассужда́ть, to reason, to discuss
рассужде́ние, argument, discussion
рассчи́тывать, to reckon (on, upon)
рассчи́тываться, to settle accounts (with)
рассы́панный, disheveled
рассыпа́ться (P), to go to pieces
раствори́ть (P), to open
расте́ние, plant
расте́рянный, embarrassed, perplexed
растеря́ть (P), to lose
растира́ть, to rub
растолкова́ть (P), to explain (something to somebody)
растолко́вывать, to explain (something to somebody)
растолсте́ть (P), to grow stout
расторгова́ться, to extend one's (business) operations, to expand
расточи́тель, squanderer, spendthrift
растравля́ть, to embitter
растра́тчик, embezzler
растрёпанный, dishevelled
расходи́ться, to go away, to part, to disagree (with)
расхохота́ться (P) (colloq), to burst out laughing
расцве́т, bloom
расче́сться (P), to settle accounts
расчёт, calculation
расчётливость (fem), prudence
расчища́ть, to clear
расчи́щенный, cleared
расша́ркаться (P), to scrape one's feet
расшиба́ться, to smash to bits
расши́тый, embroidered
рациона́льный, rational
рва́ный, torn
рвать, to tear
рва́ться, to tear
реали́зм, realism
реализова́ть (P & I), to realize
реа́льный, real
ребя́та (pl), lads

реве́ть, to roar, to howl
ревизо́р, inspector
ревмати́зм, rheumatism
революционе́р, revolutionary
революцио́нный, revolutionary (adj)
револю́ция, revolution
регистра́тор, registrar
регистри́ровать (P & I), to register
реда́ктор, editor
редакцио́нная колле́гия, editorial board
ре́дко, seldom, rarely
ре́дкость (fem), rarity
ре́жущий, cutting
ре́зать, to kill, to knife
ре́звый, sportive, frisky
резе́ц, chisel
рези́новый, rubber (adj)
ре́зкий, sharp, harsh
резолю́ция, resolution
результа́т, result
религио́зный, religious
рели́гия, religion
реме́сленник, craftsman
ре́па, turnip
репута́ция, reputation
ресни́ца, eyelash
рестора́н, restaurant
ресу́рс, resource
референ́т, reviewer
рецензе́нт, reviewer
реце́пт, prescription
реша́ть, to decide
реша́ться, to make up one's mind
реше́ние, decision
решётка, grating, lattice, railing
реши́мость (fem), resolution
реши́тельно, decidedly, resolutely, absolutely
реши́тельный, decisive, determined
ржа́вый, rusty
рискну́ть (P), to risk
рискова́ть, to risk
рисова́ть, to draw
ри́фма, rhyme
ро́бкий, timid
рове́сник, of the same age
ро́вно, exactly, absolutely
ро́вный, even
рогу́лька, any fork-shaped object
роди́тели (pl), parents
роди́ться (P & I), to be born
родово́й, ancestral
ро́дом, by birth (adv)
ро́дственник, relative
ро́жа (colloq), ugly mug
рожа́ть (colloq), to give birth
рожде́ние, birth

Рождество́, Christmas
рожо́к, horn
ро́зга, birch (rod)
розова́тый, pinkish
розове́ть, to turn pink
ро́зовый, rose-colored
рой, swarm
роково́й, fatal
роль (fem), role
рома́н, novel
романи́ст, novelist
рома́нс, song
романти́зм, romanticism
рома́нтика, romance
роня́ть, to drop, to shed
роско́шный, luxurious
ро́скошь (fem), luxury
ро́слый, stalwart, strapping
ро́та (mil.), company
ро́ща, grove
роя́ль, grand piano
руба́шечка, nightshirt
руба́шка, shirt
руби́ть, to chop
ру́гань (fem), abuse
руга́тельство, swear word, curse
руга́ть, to scold
руга́ться, to curse
руда́, ore
ружьё, gun
рука́в, sleeve
рукави́ца, mitten
руководи́тельный (colloq), leading
руководи́тель, leader
руководи́ть, to lead
руково́дство, leadership
рукопа́шный, hand-to-hand fight(ing)
рукопи́сный, handwritten
ру́копись (fem), manuscript
руле́тка, tape-measure
румы́нский, Rumanian (adj)
румя́ный, ruddy
ру́пор, megaphone
Русь, Russia (fem)
ру́сый, light brown
рути́на, routine
ру́хнуть (P), to tumble down, to be destroyed
ру́чевский, (made) by Ruch (adj)
ручей́, brook
ру́чка dim. of рука́
ручо́нка dim. of ру́чка
ру́шить, to pull down
ры́ба, fish
рыба́к, fisherman
рыво́к, jerk
рыда́ть, to sob
рыжева́тый, reddish

рыжий, red-haired
рынок, market (place)
рысак, trotter
рысистый, trotter (adj)
рысца, jog-trot
рытвина, rut
рыться, to dig
рыхлый, crumbly, loose, light
рыцарский, chivalrous
рычаг, lever
рюмка, wine-glass
рябчик, grouse
рябь (fem) (pl only), ripple(s)
рядышком see рядом
рязанский, from Ryazan

С

сабля, saber
саговый, sago (adj)
сад, garden
садить, to plant
садиться, to sit down, to settle
садовник, gardener
садовый, garden (adj)
сажа, soot, smoke-black
сажать, to seat
сажень (fem), fathom
салат, salad
салазки (pl only), sled
салон, salon
самовар, samovar (tea urn)
самолёт, airplane
самолюбие, egotism
самостоятельность (fem), inde-
　pendence
самостоятельный, independent
самоубийство, suicide
сани, sleigh
сановник (arch), high official
сапог, (high) boot
сапфировый, sapphire (adj)
сарай, barn
сатана (sg only), Satan
сатирический, satirical
сахарный, sugary
сбежать (P), to run off
сбивать, to confuse
сбить (P), to knock off
сбоку, sideways, aslant
сборник, collection, volume
сборщик, gatherer
сбыться (P), to come true
свадьба, wedding
свариться (P), to be cooked
сведение, information
сведущий (n), informed person
свежий, fresh

сверкание, sparkling
сверкать, to sparkle, to twinkle
сверкнуть (P), to flash
свёрнутый, folded
свернуть (P), to turn off
сверстник, (of) the same age
сверху, from above
сверять, to check
светать (impers), to be dawning
светить, to shine
светиться, to be aglow
светлеть, to brighten
светский, high society (adj)
свеча, candle
свечка = свеча
свидание, meeting, rendevous
свидетель, witness
свидетельствовать, to testify (to)
свидеться (P) (colloq), to meet
свинцовый, leaden
свинья, swine
свирепый, fierce
свист, whistle
свистеть, to whistle
свобода, freedom, liberty
свободно, freely
свод, arch, vault
сводить (impers), to have a cramp
сволочь (fem), riff-raff, scum, swine
сворачивать, to turn
связанный (с), related to
связать (P), to tie together
связка, bunch
связывать, to tie together
связь (fem), tie, connection
святитель, bishop
святители!, Saints alive!
святое святых, holy of holies
святой, holy (adj)
святыня, holy, sacred thing
священный, sacred
сгиб, fold
сговариваться, to come to an arrange-
　ment
сговориться (P), to come to an arrange-
　ment
сгонять, to drive away
сгорбиться (P), to become bent
сгореть (P), to burn down
сдать (P), to turn in
сдвинуть (P), to displace
сделаться (P), to become
сдёрнуть (P), to pull off
сдохнуть, to die (vulg)
сдружиться (P), to become friends
сеанс, performance
север, north
северный, north (adj)

сего́дняшний, today's
седе́ть, to turn grey
седо́й, grey
секрета́рь, secretary
секу́нда, second
селёдка = сельдь, herring
село́, village
се́льский, rural
се́льское хозя́йство, agriculture
сельскохозя́йственный, agricultural
семе́йный, family (adj)
семина́рия, seminary
се́ни (pl), passage (in a peasant's cottage)
се́но, hay
серви́з, dinner service
серде́чность (fem), warmth
серде́чный, of the heart, tender, cordial
серди́ться, to be angry (with somebody)
сере́бряный, silver (adj)
среда́ see среда́
середи́на, middle
се́ренький dim., grey
се́рия, series
серьёзно, seriously
сестра́, sister
се́тка, net
сеть (fem), net
сечь, to flog, to whip
сжа́тый, squeezed
сжать (P), to squeeze, to compress
сжа́ться (P), to be squeezed, to be compressed
сжига́ть, to burn
сжима́ть, to squeeze, to compress, to clench
сза́ди, from behind
сиби́рский, Siberian (adj)
сиде́ние, seat
си́зый, dove-colored, blue-grey
силёнка (colloq), weak power
симпа́тия, sympathy
синева́ (n), (dark) blue
сине́ть, to show blue
си́ний, blue
сини́ца, tomtit
сипе́нье, hoarseness
сипе́ть, to say hoarsely
сире́на, siren
сире́нь (fem), lilac
сирота́ (masc & fem), orphan
сиро́тка dim. of сирота́
систе́ма, system
сия́ть, to shine
ска́зка, story, fairy tale
ска́зывать (arch for), говори́ть, расска́зывать

сказываться, to be expressed
скака́ть, to skip, to caper, to gallop
скаме́йка, bench
скамья́, bench
сканда́л, scandal
сканда́лить, to make trouble
ската́ть (P), to roll (up)
ска́тывать, to roll (up)
ска́тываться, to roll down
сквалы́га, tightwad
сквер, public garden
скве́рно, badly
скве́рный, bad, nasty
сквози́ть (impers), to glimmer
ски́нуть (P), to throw off
склад, warehouse
скла́дывать, to pile up, to fold up
скла́дываться, to form
склони́ться (P), to bend
скло́чник (colloq), squabbler
скля́нка, bottle, flask
скля́ночка dim. of скля́нка
скользи́ть, to slip, to slide
ско́лько-нибудь (colloq), any (amount)
ско́мкаться (P), to crumple
сконча́ться (P), to pass away
скорбный, sorrowful, mournful
скоре́е see ско́рый
скорлупа́, shell
ско́рость (fem), speed
ско́рчить (P), to make a face
ско́рый, fast, quick
скот, cattle
скоти́на (collective) (colloq), cattle
скрежещущий, screeching
скреще́ние, crossing, junction
скрип, screech
скри́пка, violin
скри́пнуть (P), to creak
скри́почка dim. of скри́пка
скрипу́чий (colloq), creaking
скро́мный, modest
скрыва́ть, to hide
скрыва́ться, to hide (oneself)
скры́ться (P), to hide (oneself)
ску́ка, boredom, tedium
ску́мбрия, mackerel
скупо́й, stingy
ску́пость, stinginess (fem)
скуча́ть, to be bored
скуча́ющий, bored
скучнова́тый, dullish, somewhat boring
ску́чный, dull, boring
славя́нский, Slavic
сла́дкий, sweet
слегка́, somewhat, slightly, gently
след, trace

следи́ть, to watch
сле́довательно (conj), consequently
слези́нка dim. of слеза́, tear
слета́ться, to fly together
слете́ть (P), to fly together
слива́ться, to flow together, to merge
сли́вки (pl), cream
слипа́ться, to stick together
слобода́, settlement, village (often of
    free non-serf peasants)
сло́вно (conj), as if
слог (sg only), style
сложе́ние, build
сложи́ть (P), to take off, to put up
сложи́ться (P), to take off, to put up
сло́жный, complicated
слой, layer
слома́ться (P), to break
слон, elephant
слони́ха, cow-elephant
слуга́, servant
слу́жащий (n), employee
служе́бный подъе́зд, stage entrance
слух, hearing
случа́ться, to happen, to come about,
    to happen (to)
слу́шатель, listener
слу́шаться, to obey, to listen (to)
слыха́ть, to hear
слы́хивать (colloq), to hear
слы́шаться, to be heard
слы́шно, one can hear
смека́ть (colloq), to realize, to grasp
    the meaning
сме́лость (fem), courage
сме́лый, bold, courageous
смени́ться (P), to change
сменя́ть, to change
сменя́ться, to change
смерка́ться (impers), to be getting dark
сме́ркнуться (P), to be getting dark
смерте́льно, mortally
смеша́ть (P), to mix
смешно́, it makes one laugh
смешно́й, funny
смеща́ться, to displace
смеще́ние, displacement
смире́ние, humbleness
смире́нство, humility
смири́ть (P), to subdue, to humble
сми́рно, quietly
смиря́ть, to subdue, to humble
сму́лоду (colloq), in one's youth
смоляно́й, permeated with pitch
смочь (P), to be able (to)
смрад, stink, stench
смути́ться (P), to be embarrassed
сму́тно, vaguely

смуще́ние, embarrassment
смущённый, embarrassed
смя́тый, rumpled
снаря́д, projectile
снег, snow
снежи́нка, snowflake
сне́жный, snowy
снежо́к (sg only), light snow
снести́ (P), to take (to)
сни́зу, from below
снима́ть, to take (away), to take (off)
снисходи́тельный, condescending
сни́ться, to dream
снова́ть, to scurry
сновиде́ние, dream
сноха́, daughter-in-law (of father-in-
    law)
сноше́ние (pl), dealings
собаче́нкий dim. of соба́чий
соба́чий, canine
соба́чина (colloq), dog meat
собесе́дник, fellow conversationalist
собира́ть, to collect
собла́зн, temptation
соблюсти́ (P), to observe
со́боль, sable
со́бственно, as a matter of fact
со́бственный, one's own
собы́тие, event
сова́ть, to poke, to thrust
соверша́ть, to accomplish
соверша́ться, to happen
соверше́нный, perfect
соверше́нство, perfection
соверше́нствоваться, to improve one-
    self
соверши́ться (P), to happen
со́весть (fem), conscience
сове́тник, adviser, counsellor
сове́товать, to advise
совеща́ние, meeting
совме́стно, in collaboration
совреме́нник, contemporary
совреме́нный, contemporary (adj)
совхо́з, state farm, sovkhoz
согла́сие, consent
согласи́ться (P), to agree
согла́сный, agreeable
соглаша́ться, to agree
согна́ть (P), to drive off
согну́ть (P), to bend
согре́ться (P), to warm oneself
содержа́ть, to keep, to maintain
содержа́ться, to be held, to be kept
соедини́ться (P), to combine
соедини́ть, to combine
сожале́ние, regret
создава́ть, to create

создава́ться, to be created
созда́ние, creation
созда́тель, creator
созда́ть (P), to create
сознава́ть, to be conscious
сознава́ться, to confess
созна́ние, consciousness
созна́тельно, consciously
сойти́ (P), to go down
сок, juice
солда́т, soldier
солёный, salty
солида́рность (fem), solidarity
соли́ть, to salt
со́лнечный, sunny
соло́ма, straw
соль (fem), salt
сомнева́ться, to doubt
сомне́ние, doubt
сона́та, sonata
со́нный, sleepy, drowsy
сообража́ть, to consider, to think out
соображе́ние, consideration
сообща́ть, to report, to let know
сообщи́ть (P), to report, to let know
соотве́тствующий, corresponding
соотéчественник, compatriot
сопли́вый (vulg), snotty
сопровожда́ть, to accompany
сопротивля́ться, to resist
сорва́ться (P), to jump off
соро́чка, (night) shirt (for man)
сосе́д, neighbor
сосе́дка, neighbor (woman)
сосе́дний, neighboring
сосе́дственный, neighboring
сосе́душка dim. of сосе́дка
соси́ска, sausage
соску́читься (P), to become bored
сосла́ть (P), to transport, to deport
сосло́вие, social class
сосна́, pine (tree)
составля́ть, to constitute
соста́риться (P), to grow old
состоя́ть, to consist (in), to consist (of)
состоя́ться (P), to take place
сосу́д, vessel
сотру́дничать, to collaborate (with)
со́ус, sauce, gravy
соха́, wooden plough
сохраня́ть, to preserve, to maintain
социалисти́ческий, socialist (adj)
сочета́ние, combination
сочине́ние, writing, composition
сочини́тель (arch), writer, author
сочини́ть (P), to write, to compose
сочиня́ть, to write, to compose
со́чный, juicy
сочу́вственный, sympathetic

сочу́вствие, sympathy
сочу́вствовать, to sympathize
спа́льный ваго́н, sleeping car
спа́льня, bedroom
спаса́тельный, life-saving (adj)
спаса́ть, to save
спаси́бо, thanks (pl)
спасти́ (P), to save
спекта́кль, performance
сперва́, at first
спеть (P), to sing
специали́ст, specialist
специа́льно, especially
специа́льность (fem), specialty
спеши́ть, to hurry
спи́ливать, to saw down, to saw off
спили́ть (P), to saw down, to saw off
спи́нка dim. of спина́, back
спира́ль (fem), spiral
спирт-сыре́ц, raw alcohol
спи́сок, list
спи́сываться, to ascribe (to)
сплошно́й, continuous
спор, argument
спо́рить, to argue
спо́рный, controversial
спорт, sport
спорти́вный, sports
спо́соб, means
спосо́бность (fem), ability
спосо́бный, able
споткну́ться (P), to stumble (over)
спотыка́ться, to stumble (over)
спохвати́ться (P) (colloq), to recollect
  suddenly
справедли́вость (fem), justice
справедли́вый, just, true
спра́виться (P), to consult
справля́ться, to consult
спря́таться (P), to hide
спуск, slope
спуска́ть, to get down
спусти́ться (P), to go down, to come
  down
спустя́, later
спу́тать (P), to confuse
спу́тник, companion, satellite
спу́тывать, to entangle, to confuse
спя́щий, sleepy
сравне́ние, comparison
сра́внивать, to compare
сравни́ть (P), to compare
сравня́ться (P), to compare
сраже́ние, battle
среда́, environment, Wednesday
сре́дний, middle
сре́дство, means
срок, period
срыва́ть, to tear away, tear off

ссо́ра, quarrel
ссо́риться, to quarrel (with)
ссыла́ть, to transport, to deport
ссыльнопоселе́нец, deportee
ссы́льный (n), exile
ста́вня, shutter
стадио́н, stadium
стака́н, glass
стака́нчик dim. of стака́н
ста́лкивать, to bring together
ста́лкиваться, to collide (with)
станда́рт, standard (n)
станови́ть (colloq), to put, to place
ста́нция, station
старе́ть, to grow old, to age
старина́ (sg only), antiquity
стари́нный, ancient
старичо́к, little old man
ста́рость (fem), old age
стару́ха, old woman
стару́шка, (little) old lady
старушо́нка, little old lady
ста́ться (impers) (P), to become
статья́, article
ста́я, pack
ствол, trunk
сте́бель, stem, stalk
стебелёк dim. of сте́бель
стека́ть, to flow (down)
стекло́, glass
стекля́нный, glass (adj)
стели́ться = стла́ться
сте́нка, wall
степе́нно, gravely
сте́пень (fem), degree
стереоти́пный, stereotypic
стёртый, obliterated
стесня́ть, to constrict
стесня́ться, to be ashamed (of something), to be embarrassed
стиль, style
сти́снуть (P), to squeeze, to clench
стих, verse
стихотворе́ние, poem
стихотво́рец (arch), poet
стихотво́рный, poetic
стишо́к (colloq), rhyme
стла́ться, to float, to drift
стовёрстный, hundred verst (adj)
столбе́ц, column
столе́тний, centenary
сто́лик dim. of стол
столкну́ться (P), to collide (with)
столо́вая (n), dining-room
столонача́льник (arch), section clerk
столь, so (adv)
стон, moan, groan
сторо́нка dim. of сторона́
сторо́нний (arch), strange

стоя́нка, stand, stop, parking (place)
страда́лец, sufferer
страда́ние, suffering
страда́ть, to suffer
стра́жа, guard
страни́ца, page
стра́стно, passionately
стра́стность (fem), passion
страсть (fem), passion
стра́шно, it is frightening, frightfully, terribly
стре́лка, arrow
стреля́ть, to shoot (at)
стремгла́в, headlong (adv)
стреми́тельный, swift
стреми́ться, to aspire (to)
стремле́ние, aspiration, striving
стри́женый, short-haired, shorn
стро́гий, strict
стро́же, stricter
строи́тель, builder
строи́тельный, construction (adj)
строи́тельство, building
стро́ить, to build
стро́йный, slender, well proportioned
строка́, line
строчи́ть (colloq), to scribble
стро́чка = строка́
стру́йка, little stream
струна́, string
стручо́к, pod
струя́, jet, stream
стря́пчий (n) (arch), attorney
стря́хивать, to shake off
стряхну́ть (P), to shake off
студе́нтка, student
студе́нческий, student (adj)
студёный (colloq), very cold
стук, knock, noise
сту́кать, to knock
сту́кнуть (P), to knock
стул, chair
ступа́ть, to take a step, to make a step
ступе́нь (fem), step (on staircase)
ступе́нька, step, rung (of a ladder)
стуча́ть, to knock, to make a noise
стуча́щий, rustling, knocking
стыд, shame
стыди́ться, to be ashamed (of)
сты́дный, shameful
сугро́б, snow-drift
суд, judgment
суди́ть, to try, to judge
суди́ться, to judge
су́дорога, cramp
судья́ (m), judge
суета́, fuss, bustle
суетня́ (colloq) = суета́
сукно́, cloth

сумасбро́дный, extravagant, wild
сумасше́дший, mad, madman
сумато́ха, bustle
су́мерки (pl), twilight, dusk (sg)
суме́ть (P), to be able (to)
су́мма, sum
су́мрак, dusk
су́мрачный, gloomy
сунду́к, trunk, chest
су́нуться (P) (colloq), to butt in
суп, soup
супру́га, wife
суро́вый, severe, stern
су́тки (pl), twenty-four hours
суть (fem) (sg only), essence
су́хо, drily
сухо́й, dry
су́хонький, withered
суще́ственный, essential
существо́, creature
существова́ние, existence
су́щность (fem), essence
сфе́ра, sphere
схвати́ть (P), to seize
схва́тка, skirmish
схе́ма, scheme
сходи́ть, to go down, to come down
сходи́ться, to come together
схо́дный (colloq), suitable
схо́дство, likeness, resemblance
схорони́ться (P), to conceal
сце́на, scene
сценари́ст, script writer
счастли́вец, lucky man
счита́ться, to consider
сшить (P), to sew
съёживаться, to shrivel, to shrink
съёжиться (P), to shrivel, to shrink
съезжа́ться, to meet
съесть (P), to eat (up)
съе́хаться (P), to meet
сыгра́ть (P), to play
сыни́шка, (little) son
сыно́к, son
сы́пать, to fall, to rain
сыпно́й тиф, typhus, spotted fever
сыр, cheese
сы́ро, it is damp
сыро́й, damp
сы́рость (fem), dampness
сыска́ть (P) (colloq), to find
сы́тый, satisfied, satiated
сюже́т, plot

Т

таба́к, tobacco
таба́чный, tobacco (adj)
табачо́к dim. of таба́к

табли́ца, table, list
табуре́тка, stool
та́йна, mystery
тайни́к, hiding-place
та́йно, secretly
таи́нственный, mysterious, secret
тако́в, such
такси́ (indecl), taxi
такт, time
та́к-то, yes, indeed
тала́нт, talent
тала́нтивый, gifted
та́лия, waist, figure
та́мошний (colloq), local
та́нец, dance
танк, tank
та́нковый, tank (adj)
танцева́ть, to dance
танцова́ть = танцева́ть
тапе́ря colloq for тепе́рь
тара́н, ram
таре́лка, plate
таска́ть, to drag, to pull
ТАСС = Телегра́фное аге́нтство Сове́т-
    ского Сою́за, Telegraph Agency of
    the Soviet Union (Tass)
тата́рский, Tatar (adj)
тафта́, taffeta
та́чка, wheelbarrow
тащи́ть, to drag, to pull
та́ять, to melt
тверди́ть, to reiterate
твёрдо, firmly
твёрдый, firm, strong
творе́ние, creation
твори́ть, to create
тво́рческий, creative
тво́рчество, creative work
теа́тр, theater
театра́льный, theatrical
теле́га, cart, wagon
теле́жка, small cart
теле́жный, cart (adj)
телёнок, calf
телеско́п, telescope
телефо́н, telephone
телефо́н-автома́т, pay phone
тем не ме́нее, nevertheless
тема́тика (sg only), subjects (pl)
темне́ть, to grow dark
темни́ца (arch), dungeon
темно́, dark
тёмно-си́ний, dark-blue
темнота́, dark, darkness
тенденцио́зный, tendentious
тенде́нция, tendency
тень (fem), shadow
теоре́тик, theorist
тепе́решний (colloq), present

теплица, hothouse
тепло (impers), it is warm
теплота, warmth
теплоход, motor ship
тёплый, warm
теребить, to pull (at)
тереться, to rub oneself
терпеливый, patient
терпение, patience
терпеть, to suffer
терраса, terrace
терять, to lose
теряться, to be lost
тесно здесь (impers), it is crowded here
тетрадка, notebook
тетрадь (fem), notebook
тётя, aunt
техникум, technical school
технический, technical
течение, course
тикать (colloq), to tick
тина (sg only), slime
тип, type
типографский, typographical
тиснение, stamping
титанический, titanic
титул, title
титулярный советник, titular coun-
    sellor (lowest civil rank in Czarist
    Russ.)
тихенький dim. of тихий
тишина, quiet, silence
тишь (fem) = тишина
-то (particle), just, precisely, exactly
товар, goods (pl)
товарищеский, comradely
тогдашний (colloq), of that time
толк, sense
толкать, to push, to shove
толкаться, to push one another
толкнуть (P), to push, to shove
толкователь, interpreter
толковать, to explain
толком (colloq), properly
толпиться, to crowd
толпой, in a body (adv)
толстенький (colloq), plump, stoutish
толстый, thick, heavy, fat
толстяк, stout man, fat man
том, volume
томительный, painful
томиться, to pine (for)
томление, languor
томный, languid
тон, tone
тоненький, thin, slender
тонуть, to sink, to go down
тончайший, finest
топать, to stamp

топиться, to melt
топор, axe
топот, tread
топотать (colloq), to stamp
торжественный, solemn
торжество, exultation
торопиться, to hurry
торопливо, hurriedly
торопливый, hurried
торчать, to stick out
тоска, melancholy, depression
тоскливый, dreary
тосковать, to long (for), to miss
тотчас, immediately, at once
точить, to sharpen
точка зрения, point of view
точный, exact
тошнить (impers), to be nauseating
тошнота, nausea
тошный, tiresome, tedious
тощий, gaunt
трава, grass
травка dim. of трава
трагедия, tragedy
трагически, tragically
трактир, tavern, inn
трамвай, streetcar
транспорт, transport
трап, (ship's) ladder
трата, expenditure
тратить, to spend
траурный, mourning
требование, demand
требовательный, exacting
тревога, alarm, anxiety, uneasiness
тревожить, to worry
тревожный, anxious, uneasy
трезво, soberly
треск, crackle
трескаться, to crack
трескучий, clattering
треснуть (P), to crack
трёхколёсный, three-wheeled
трёхрублёвый, of three rubles
трещать (impf only), to crack
трещина, to crack
тридцатый, thirtieth
трижды, thrice
трилогия, trilogy
триста, three hundred
трогательный, touching
трогать, to touch
трогаться, to make a move, to set out
тройка, troika (three horses harnessed
    abreast)
тронуть (P), to touch
тронуться (P), to make a move, to set
    out
тропа, path

тропи́нка, path
трость (fem), cane
тротуа́р, sidewalk
трофе́й, trophy
труба́, chimney
тру́бка, (telephone) receiver
труди́ться, to work, to toil (hard)
трудово́й, laboring
тру́женик, toiler
труп, corpse
тру́пик dim. of труп
тру́пный, putrid
трусли́вый, cowardly
трусы́ (pl) = тру́сики, shorts
тря́пка, rag
тряси́на, quagmire
трясти́сь, to shake
тряхну́ть (P), to shake
туале́т, dress
туберкулёз, tuberculosis
ту́го, tightly
ту́ловище, body
тулу́п, sheepskin (coat)
тума́нный, misty, foggy
ту́мба, curbstone
тупова́тый, dullish
тупо́й, dull
ту́склый, dim
ту́фля, slipper
ту́ча, cloud
ту́чка, cloudlet
ту́я (bot), thuja
тща́тельность (fem), thoroughness
тща́тельный, thorough
тщесла́виться, to brag
ты́кать (colloq), to poke (into)
тыл, home front
тьма (sg only), darkness
тьфу (colloq), phooey!
тюрьма́, prison
тя́гостный, distressing, oppressive
тяготе́ть, to hang (over)
тя́жба (arch), lawsuit
тяжело́, heavily
тя́жкий, heavy
тяну́ть, to pull, to drag
тяну́ться, to stretch

У

убавля́ть, to decrease
убега́ть, to run away, to make off
убеди́тельный, convincing
убеди́ться (P), to be convinced
убежа́ть (P), to run away, to make off
убежда́ть, to convince
убежде́ние, conviction
убива́ть, to kill, to murder

убива́ться (imperf only), to waste away with grief
убийственный, killing
уби́тый, dead, killed
убо́гий, wretched
убо́р (arch), attire, dress
убо́рная (n), (actor's) dressing-room; lavatory
убра́нство, furniture
убы́ток, loss
уважа́емый, dear
уважа́ть, to respect
уваже́ние, respect
уведомля́ть, to inform
увезти́ (P), to drive away, to take away
увели́чивать, to increase
уве́ренность (fem), confidence (in), certitude (in)
уве́ренный, assured, sure, confident
уве́рить (P), to assure
уверю́ра, overture
уверя́ть, to make believe
увива́ться (colloq), to dangle (after)
увида́ть (P) (colloq), to see
увлека́ть, to fascinate, to entice
увлека́ться, to be carried away, to take a great interest (in)
увлече́ние, enthusiasm, animation
увозить, to drive away, to take away
уво́лить (P), to dismiss
увольне́ние, dismissal
увяда́ть, to fade, to wither, to droop
увяза́ть, to get tied up (in)
угада́ть, to guess
углова́тость (fem), angularity
углова́тый, angular
углово́й, corner (adj)
углуби́ться (P), to become absorbed
углубле́ние, deepening
угна́ться (P) (colloq), to keep up (with)
угова́ривать, to persuade
уго́дно, as you choose, as you please
угоре́лый (colloq), like one possessed
угрожа́ть, threaten
угрожа́юще, threateningly
угрожа́ющий, threatening
угро́за, threat
угрю́мость (fem), sullenness
угрю́мый, gloomy
удава́ться, to turn out well
удало́й, daring, bold
уда́р, blow, thrust
уда́риться (P), to hit
ударя́ть, to hit
уда́ться (P), to turn out well
уда́ча, good luck
удво́енный, doubled
удержа́ться (P), to hold one's ground

удéрживать, to hold
удéрживаться, to hold one's ground
удивительно, wonderfully
удивительный, surprising, amazing
удивиться (Р), to be astonished
удивлённо, with amazement
удивлённый, astonished
удивлять, to astonish, to amaze
удить, to fish
удлинить (Р), to lengthen
удóбный, comfortable
удовлетворéние, satisfaction
удовóльствие (sg only), pleasure
удостóиться (Р), to honor
ýдочка, fishing-rod
уединéние, solitude
уединённый, secluded, solitary
уéздный (arch), district (adj)
уезжáть, to depart
уéхать (Р), to depart
уж = ужé
ýжас, horror
ужáсный, terrible
ýжин, supper
уздá, bridle
ýзел, knot
узóрчатый, figured, patterned
указáние, indication
укáзывать, to point out
украсть (Р), to steal
украшáть, to adorn
укрепиться (Р), to fortify oneself
укрепля́ть, to strengthen
укрывáтель, concealer
укрывáтельство, concealment
укрывáться, to cover
укрыться (Р), to cover oneself, to wrap oneself
ýксус, vinegar
укусить (Р), to bite
улáвливать, to catch
улáн (arch), lancer
улетáть, to fly (away)
улика, evidence
уличáть, to convict
уличить (Р), to convict
ýличный, street (adj)
уловить (Р), to catch
улыбнýться (Р), to smile
умéние, ability
уменьшáть, to diminish
уместить (Р), to confine (to)
умирáть, to die
умнéе, wiser
ýмник (colloq), wise guy
ýмный, clever, intelligent
умолять, to beseech
ýмственный, intellectual

умывáться, to wash (oneself)
ýмысел, intention
умы́шленный, intentional, deliberate
унавóживать, to manure
университéт, university
унижáть, to humiliate
унижённый, humble
унизительный, degrading
уничтожáть, to destroy, to abolish, to do away (with)
уничтóжить (Р), to destroy, to abolish, to do away (with)
уносить, to carry off
ýнтер-офицéрский, of a non-commissioned officer
уны́лый, dejected
уперéться (Р), to rest (against)
упирáться, to rest (against)
уплывáть, to swim away
упоéние, rapture, ecstasy
упоминáние, mention
упóрный, persistent
упóрство, stubbornness
употреблять, to use
употребля́ться, to be used
управитель (arch), estate-manager
управлéние, management
управлять, to govern, to rule
упразднить (Р), to vacate, to abolish
упразднять, to vacate, to abolish
упрáшивать, to entreat, to beg
упрёк, reproach
упрекнýть (Р), to reproach
упросить (Р), to entreat, to beg
упрóчивший, strengthened
упрýгий, elastic, resilient
упрямство, stubbornness
упрямый, stubborn
упустить (Р), to miss
урéзать (Р), to cut down
ýровень, level
урóдец, freak, little monster
уродиться (Р) (colloq), to take (after)
урóдовать, to disfigure
урожéнец, native (of)
уронить (Р), to drop, to shed
ус, moustache
усáживаться, to settle down
усéсться (Р), to settle down
усиленный, strenuous
усилие, effort
услаждáть (poetic), to delight
услóвие, condition
услóвиться (Р), to arrange, to agree
усложнять, to complicate
услýга (sg only) (arch), servants
услýжливо, helpfully
услыхáть (Р), to hear

услы́шать (P), to hear
усмеха́ться, to smile
усмехну́ться (P), to smile
усме́шка, (ironical) smile
усну́ть (P), to go to sleep
усоверше́нствование, improvement
успе́вший, successful
успе́х, success
успе́шный, successful
успока́ивать, to calm
успока́иваться, to calm, to quiet, to
   settle
успоко́иться (P), to calm, to quiet, to
   settle
успоко́енный, calmed
уста́вить (P), to set, to cover (with)
уставля́ть, to set, to cover (with)
уста́лость (fem), fatigue
уста́лый, tired
устана́вливать, to place, to set
устана́вливаться, to be settled
устано́вка, installation
устано́вленный, established, fixed
устарева́ть, to grow old (fashioned)
устаре́ть (P), to grow old (fashioned)
устра́ивать, to arrange, to organize, to
   carry out, to suit
устремле́ние, aspiration
устро́ить (P), to arrange, to organize,
   to carry out, to suit
уступа́ть, to yield (to), to give in
уступи́ть (P), to yield (to), to give in
утащи́ть (P), to carry off
утверди́ть (P), to affirm, to maintain,
   to assert
утвержда́ть, to affirm, to maintain, to
   assert
утвержде́ние, confirmation
утерпе́ть (P), to keep (from)
утеша́ть, to console
утира́ть, to wipe, to dry
утиха́ть, to die away
ути́хнуть (P), to die away
у́тка, duck
уткну́ться (P) (colloq), to bury oneself
утоми́тельность (fem), wearisomeness
утомлённый, tired
утра́та, loss
у́тренний, morning (adj)
ух, ugh! ouch!
уха́живать, to nurse
ухвати́ть (P), to grasp
ухвати́ться (P), to grip
ухва́тка (colloq), manner
ухмыля́ться (colloq), to smirk, to grin
ухо́д, departure
уча́ствовать, to participate (in)

уча́стие, participation
уча́стник, participant
у́часть (fem), fate
уче́ние, studies
учени́к, pupil
учени́ческий, pupil
учёность (fem), erudition
учёный, learned, erudite
учи́лище, school
учи́тывать, to take into account
учи́ть, to teach, to instruct
учи́ться, to learn, to study
учрежде́ние, institution
у́ши (pl), ears
у́шко dim. of у́хо, ear
ую́т, coziness
уязвлённый, wounded

Ф

факти́ческий, actual
факульте́т, faculty
факульте́тский, faculty (adj)
фами́лия, family name
фами́льный, family (adj)
фантази́ровать (imperf only), to
   dream
фа́ртук, apron
фарфо́р (sg only), china
фарфо́ровый, china, porcelain (adj)
фасо́н, fashion, style
фаши́ст, fascist
фаши́стский, fascist (adj)
февра́ль, February
фи́зик, physicist
физиологи́ческий, physiological
физионо́мия, physiognomy
физи́ческий, physical
фило́лог, philologist
филосо́фский, philosophical
фина́нсовый, financial
флаг, flag
фло́тский, naval (adj)
фон, background
фона́рь, lantern, lamp
фонта́н, fountain
фо́рма, form
фо́рменный (colloq), downright
формирова́ние, forming
фотогра́фия, photography
фра́за, phrase
фрак, dress-coat
франт, dandy
францу́з, Frenchman
францу́зский, French (adj)
фрачи́шка dim. of фрак
фро́нда (historical), opposition
фронт, front

фрукт, fruit
фу, ugh!
фу́нкция, function
фунт, pound
фура́жка, (peak) cap
футбо́льный, soccer (adj)
футури́ст, futurist
футури́ческий, futurist (adj)
фуфа́йка, sweater
фы́ркать, to snort

X

хала́т, dressing-gown, robe
хала́тик dim. of хала́т
хала́тник (arch), peddler
хам (colloq), boor
хандра́, the blues
характеризова́ть (P & I), to characterize
хвали́ть, to praise
хвата́ть, to seize, to catch hold (of)
хвати́ть (P) (impers), enough
хво́рост (colloq), brushwood
хвост, tail
хи́мик, chemist
хими́ческий, chemical
хитри́ть, to be cunning, to be crafty
хи́трый, sly, cunning
хлеба́ть (colloq), to gulp, to eat
хле́бный, of bread
хлобы́с(т)нуть (colloq), to whack
хло́пать, to slap, to clap
хло́пнуть (P), to slap, to clap
хло́пья (pl), flakes
хлы́нуть (P), to pour down
хму́риться, to blink
хны́кать (colloq), to whimper
хожде́ние, walking
хозя́йка, proprietress, landlady
хозя́йство, housekeeping
хо́леный, well-groomed
холе́ра, cholera
холм, hill
хо́лод, cold
холоди́ть, to cool
хо́лодность (fem), coldness
холодо́к, chill
холо́п (arch), serf, groveller
холостя́к, bachelor
холостя́цкий, bachelor (adj)
хор, chorus
хоре́й, trochee
хорони́ть, to bury
хоро́шенький, pretty, nice
хороше́нько, thoroughly, properly
хоть бы, if only
хотя́ бы, at least

хохо́л, tuft (of hair)
хохоло́к dim. of хохо́л
хохота́ть, to laugh (loud)
храни́лище, depository
храни́ть, to keep, to preserve
храпе́ть, to snore
хри́плый, hoarse
христиа́нский, Christian (adj)
Христо́в (arch), of Christ
христопрода́вец, Judas, betrayer of Christ
Христо́с, Christ
хромо́й, lame
хро́ника, newsreel
хронологи́ческий, chronological
хру́пкий, delicate
хруста́льный, crystal (adj)
худе́ть, to grow thin
худо́жественность (fem), high artistic value
худо́жественный, artistic
худо́жественная литерату́ра, belles-lettres
худо́жник, artist
худо́й, lean, thin, bad
ху́же, worse
хулига́нство, hooliganism
ху́тор, farm

Ц

ца́пля, heron
цара́пать, to scratch
цара́пнуть (P), to scratch
ца́рский, czar's
ца́рство, kingdom
ца́рствовать, to reign
царь, czar
цвет, color
цветно́й, colored
цвету́щий, blooming
целико́м, completely
целова́ть, to kiss
целова́ться, to kiss
цена́, price
цензу́ра, censorship
цени́ть, to estimate
це́нность (fem) (sg only), value
це́нности (pl), valuables
це́нный, valuable
центр, center
цепля́ться, to catch (on), to clutch (at)
цепо́чка, chain
цепь (fem), chain
церемо́ниться, to stand upon ceremony
цех (arch), guild
цика́да, cicada

цикл, cycle, series
цирк, circus
цирю́льник (arch), barber
цисте́рна, cistern, tank
цыга́н, gypsy
цыпля́чий, chicken (adj)
цырю́льник = цирю́льник

Ч

чаёк dim. of чай
ча́йка, (sea)gull
ча́йник, teapot
часо́к (colloq), an hour or so
ча́стник (colloq), petty private trader
ча́стный, private
часы́ (pl), watch
чахо́тка (colloq), consumption
ча́шка, cup
чва́нство, boastfulness
чей, whose
челно́к, canoe
челове́чество, mankind
челове́чий, human
че́люсть (fem), jaw
чемода́н, suitcase
чепухо́вый (colloq), trifling
червя́к, worm
червячо́к dim. of червя́к
черепа́ха, tortoise
черепо́к, crock
чересчу́р, too
черкну́ть (P) (colloq), to scribble
черне́ть, to blacken
черни́ла (pl), ink
черни́льница, inkwell
черномо́рский флот, Black Sea Fleet
чернота́, blackness
че́рпать, to draw, to ladle (out)
черта́, feature
чертёж, sketch
чеса́ться, to scratch oneself
чесно́к, garlic
честолю́бец, ambitious man
честолю́бие, ambition
чета́, pair
четве́рг, Thursday
чётки (pl), rosary
чёткий, clear, legible
четырёхле́тний, four-year-old
четырнадцатиле́тний, fourteen-year-old
чех, Czech (n)
чин, rank, grade
чини́ть, to point, to sharpen
чино́вник, functionary, bureaucrat
чино́вный (arch), of high rank, of high grade
чи́стенький dim. of чи́стый, spic and span, all shined up

чи́стить, to clean
чи́сто, clean
чистопло́тный, clean
чистота́, cleanness
чита́тель, reader
чиха́ть, to sneeze
чмо́кать (colloq), to smack one's lips
чрез = че́рез
чрезвыча́йно, extraordinarily, extremely
чрезвыча́йный, extraordinary
чрезме́рность (fem), excessiveness
чте́ние, reading
чугу́нный, cast iron (adj)
чуда́к, crank
чуде́сный, wonderful
чу́диться (colloq), to seem to perceive
чу́дный, wonderful, beautiful
чу́до, miracle, wonder
чудо́вищный, monstrous
чужда́ться, to shun
чу́ждый, alien
чужо́й (n), stranger
чуло́к, stocking
чуло́чек dim. of чуло́к
чур (colloq), mind you
чутьё, intuition
чухо́нка, Finnish woman

Ш

шагну́ть (P), to step
ша́лость (fem), prank
шаль (fem), shawl
ша́пка, cap
ша́почка, little cap
шар, sphere
шара́хаться (colloq), to dash aside
шара́хнуться (P) (colloq), to dash aside
ша́рик, small ball
ша́рканье, shuffling
шарф, scarf
шата́ться, to stagger
шве́дский, Swedish (adj)
швейца́р, hall porter
швейца́рская (n), porter's lodge
швели́ть, to move
швели́ться, to stir, to move
швельну́ться (P), to stir, to move
ше́йка dim. of ше́я, neck
ше́лест, rustle
шепну́ть (P), to whisper
шёпот, whisper
шёпотом, in a whisper
шепта́ть, to whisper
шерстяно́й, woollen
шест, pole
шестиле́тний, six-years-old

шестиэта́жный, six-storied
шесто́й, sixth
шестьдеся́т, sixty
ше́я, neck
ши́бко (colloq), quickly
шине́ль (fem), greatcoat, overcoat
ши́ре, broader
шить, to sew
ши́шка, lump
шкаф, cupboard
шко́ла, school
шко́льный, school (adj)
шку́ра, skin, hide
шлёпать, to splash
шля́па, hat
шо́потом = шёпотом
шо́рох, rustle
шоссе́ (indecl), highway
шофёр, chauffeur
шпро́ты (pl), sprats
штамп, letter seal, heading
штаны́ (pl) (colloq), trousers
шта́тский, civilian
штибле́ты (pl), boots
шту́ка (colloq), thing
штык (mil), bayonet
шу́ба, fur coat
шу́бка dim. of шу́ба
шум, noise
шуме́ть, to make a noise
шуми́ха (colloq), racket
шу́мный, noisy
шути́ть, to joke, to jest
шу́тка, joke
шутли́вый, witty
шутя́, in jest, for fun

Щ

щади́ть, to spare
ще́бень, gravel
щека́, cheek
щекота́ть, to tickle
щекотли́вый, ticklish
щёлкать, to crack
щёлкнуть (P), to crack
щено́к, puppy
щепа́ (sg only), smithereens
щёчка, cheek
щу́пать, to feel
щу́риться, to squint

Э

эвакуи́рованный (n), evacuee
эвакуи́роваться (P & I), to be evacuated
эге́, aha!
эгои́зм, egoism

эдакий = этакий
эка (colloq), what a . . .
экза́мен, examination
экзеку́тор, executive clerk
экземпля́р, specimen
эквиво́к, ambiguity, equivocality
экой = экий (colloq) what a . . .
эконо́м, economist
эконо́мика, economics
эконо́мить, to economize
эконо́мия, economy
экра́н, screen
экстра́кт, extract
экстренный, special
электри́ческий, electric(al)
электроэне́ргия, electricity
энерги́чный, energetic
энерголаборато́рия, electrical research laboratory
эпигра́мма, epigram
эпи́граф, epigraph
эпи́тет, epithet
эполе́т (mil), epaulet(te)
эпо́ха, epoch
эрза́ц, substitute
эскимо́с, Eskimo (n)
эстафе́та, relay-baton
эстети́ческий, aesthetic
эстра́да, variety art
эта́ж, floor, story
этак (colloq), so, in this manner
этакий (colloq), such, like this
этике́т, etiquette
эти́ческий, ethical
эффе́кт (sg only), effect

Ю

юбиле́й, jubilee
юг, south
ю́жный, southern
юли́ть (colloq), to bustle, to fuss (about)
юмори́ст, humorist
юмористи́ческий, humorous
ю́ный, youthful
ю́нкерский (mil) (arch), cadet
ю́ность (fem), youth
ю́ноша, youth
ю́ношеский, youthful
ю́ношество, youth
юри́ст, lawyer

Я

я́блоко, apple
явле́ние, phenomenon, occurrence
я́вный, obvious
я́вственность (fem), clarity

ядови́тый, poisonous
ядро́, shot
язычо́к dim. of язы́к
яйцо́, egg
ямб, iamb
ямщи́к (arch), coachman
янва́рь, January
я́ркий, bright
я́рко-гла́зный, bright-eyed

я́рмарка, fair
я́ростный, fierce
я́рус, tier
я́сли (pl), day nursery
ячéйка, cell
я́чневая ка́ша, finely ground barley
　　porridge
я́щик, box, drawer